国家级一流本科专业建设成果

高等学校会计学与财务管理专业系列教材

NEIBU KONGZHI YU FENGXIAN GUANLI

内部控制与风险管理

主　编　李　正

副主编　杨　静

中国教育出版传媒集团

高等教育出版社·北京

内容提要

本教材是国家级一流本科专业建设成果,本教材按照财政部《企业内部控制基本规范》及其指引编写,主要内容包括:内部控制和风险管理的基本理论、内部环境、风险评估、业务活动的内部控制与风险管理、信息与沟通、内部监督、内部控制评价、内部控制与风险管理的新发展等。本教材每一章都融入了课程思政元素,将课程思政贯穿教学全过程;包含丰富的案例,便于理解相关知识点;配有教学课件等教学资源。

本教材可作为会计学、审计学、财务管理等专业本科生教材,也可作为非会计专业研究生教材、国有企业党员干部了解内部控制与风险管理知识的读本。

图书在版编目(CIP)数据

内部控制与风险管理 / 李正主编. —北京:高等教育出版社,2023.8
ISBN 978 - 7 - 04 - 060927 - 1

Ⅰ. ①内… Ⅱ. ①李… Ⅲ. ①企业内部管理−风险管理 Ⅳ. ①F272.35

中国国家版本馆 CIP 数据核字(2023)第 146347 号

策划编辑 林 荫	**责任编辑** 林 荫	**封面设计** 张文豪	**责任印制** 高忠富	

出版发行	高等教育出版社	网　　址	http://www.hep.edu.cn
社　　址	北京市西城区德外大街 4 号		http://www.hep.com.cn
邮政编码	100120	网上订购	http://www.hepmall.com.cn
印　　刷	上海华教印务有限公司		http://www.hepmall.com
开　　本	787mm×1092mm　1/16		http://www.hepmall.cn
印　　张	17		
字　　数	396 千字	版　　次	2023 年 8 月第 1 版
购书热线	010-58581118	印　　次	2023 年 8 月第 1 次印刷
咨询电话	400-810-0598	定　　价	36.00 元

本书如有缺页、倒页、脱页等质量问题,请到所购图书销售部门联系调换

教师教学资源服务指南

关注微信公众号"**高教财经教学研究**",可浏览云书展了解最新经管教材信息、下载教学资源、申请教师样书、下载试卷、观看师资培训课程和直播录像等。

下载教学资源

电脑端进入公众号点击导航栏中的"教学服务",点击子菜单中的"资源下载",或浏览器输入网址链接http://101.35.126.6/,注册登录后可搜索相应资源并下载。

申请教师样书

点击导航栏中的"教学服务",点击子菜单中的"云书展",了解最新教材信息及申请样书。

下载试卷

高教财经教学研究公众号目前提供基础会计学、中级财务会计、财务管理、管理会计、审计学、税法、税收筹划、税务会计课程试卷下载。点击导航栏中的"教学服务",点击子菜单中的"免费试卷",下载试卷。

观看教师培训课程

高教财经教学研究公众号上线了名师谈"中级财务会计教学""高级财务会计教学""财务报表分析教学""管理会计教学""审计学教学",以及"智能投资在线课程""Python量化投资在线课程"等课程。点击导航栏中的"教师培训",点击子菜单中的"培训课程"即可观看教师培训课程和"名师谈教学与科研直播讲堂"的录像。

联系我们

联系电话:(021)56718921　　　高教社本科会计教师论坛QQ群:116280562

前　言

　　本教材面向会计学、审计学、财务管理专业的本科生、硕士研究生以及工商管理硕士。对于非会计学、审计学、财务管理专业的本科生和硕士研究生来说,也可以挑选相应的章节作为教材使用。

　　党的二十大报告指出,"我国发展进入战略机遇和风险挑战并存、不确定难预料因素增多的时期,各种'黑天鹅'、'灰犀牛'事件随时可能发生。我们必须增强忧患意识,坚持底线思维,做到居安思危、未雨绸缪,准备经受风高浪急甚至惊涛骇浪的重大考验"。根据二十大精神,实务界人士学习全面风险管理以及针对风险的内部控制措施,是十分必要的。

　　中共中央 2019 年 12 月发布的《中国共产党国有企业基层组织工作条例(试行)》指出,"符合条件的党委(党组)班子成员可以通过法定程序进入董事会、监事会、经理层,董事会、监事会、经理层成员中符合条件的党员可以依照有关规定和程序进入党委(党组)。"党员"双向进入、交叉任职",对于从未接触过内部控制与风险管理思想的党委会成员来说,学习内部控制与风险管理对于完善国有企业治理具有重要意义。本教材也可以作为国有企业党员干部了解内部控制与风险管理知识的读本。

　　本教材的特色如下:

　　(1) 按照教育部 2020 年印发的《高等学校课程思政建设指导纲要》要求,本教材每一章都融入了课程思政案例或者课程思政元素,将课程思政内容贯穿于教学全过程。

　　(2) 本教材采取"简洁的知识点与丰富的案例有机结合"的写作模式,严格限制全书篇幅。

　　(3) 当前,内部控制、内部控制与风险管理教材较多,本教材按照财政部等五部委发布的《企业内部控制基本规范》、系列《企业内部控制应用指引》,以及财政部会计司编写的《企业内部控制规范讲解 2010》的内容进行编写。

（4）本教材对以往教材讲述较少的内部控制痕迹、关键控制点，以及 COSO 在 2017 年发布的《企业风险管理——与战略和绩效的整合》进行了较为详细的讲解。

本教材获得了下列课题、项目的支持：

（1）国家一流专业"审计学"（教高厅函〔2021〕7 号）。

（2）云南省专业学位研究生教学案例库建设项目"内部控制与风险管理教学案例库"（云学位〔2021〕18 号）。

（3）云南财经大学课程思政示范课程"内部控制"（校教发〔2020〕444 号文件）。

（4）云南财经大学在线开放课程"内部控制"（校教发〔2021〕399 号文件）。

（5）云南财经大学一流课程"内部控制"（校教发〔2022〕102 号文件）。

本教材由云南财经大学从事内部控制与风险管理教学多年的一线教师编写；李正教授编写第 1、2、3、5、8 章；唐滔智教授编写第 6 章；杨静副教授编写第 4、7 章。毕建琴博士对稿件进行了校对，负责教材的 PPT 制作、参与内部控制系列教改课题建设、大纲修改等工作，李正对全书进行了审阅，提出修改意见，并对全书风格进行了统一。

教材中如有不足，欢迎读者批评指正。

编　者

2023 年 7 月

目　录

案例目录

第一章 内部控制与风险管理的基本理论

学习目标

1. 了解国外内部控制与风险管理的发展历程
2. 掌握中国的企业内部控制框架体系
3. 掌握内部控制的假设
4. 掌握内部控制的概念、目标、要素、原则
5. 掌握内部控制的局限性

我国财政部在 2012 年发布的《企业内部控制规范体系实施中相关问题解释第 1 号》指出,《企业内部控制基本规范》及其配套指引,充分吸收了全面风险管理的理念和方法,强调了内部控制与风险管理的统一。我国的内部控制五要素,吸收了 COSO 八要素的全部成分①。从以上内容可以看出,我国内部控制的政策体系是"大内控"的思想,内部控制的五要素之一的"风险评估"包括了目标设定、识别风险、分析风险、应对风险等内容,在内部控制的五要素之一的"控制活动"中包括了针对风险的多种控制措施,例如,不相容职务分离控制、授权批准控制、会计系统控制、财产保护控制等措施,体现了"企业的内部控制目标——实现内部控制目标过程中存在的风险——企业采取的控制措施"这条主线(图 1-1)。因此,在我国,内部控制与风险管理思想是全面融合在一起的。

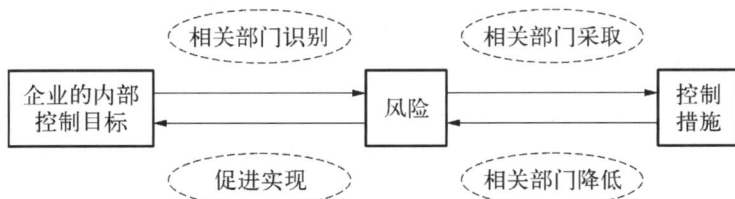

图 1-1 企业的内部控制与风险管理范式

---

① 财政部会计司.企业内部控制规范讲解 2010[M].北京:经济科学出版社,2010:56.

第一节　内部控制概述

一、内部控制的假设

（一）不同学者的观点

1. 罗伯特·西蒙斯提出的内部控制假设[①]

内部控制的假设是内部控制存在和发挥作用的前提。美国罗伯特·西蒙斯提出的内部控制假设包括如下七点：

（1）每个人都有固有的道德缺陷，因而有必要使用内部控制来确保资产的安全和信息的可靠，尽管管理者可以相信人们善良，愿意做出贡献，实现目标，为公司尽责，但内部控制考虑的是最糟糕的情况，这并不是说每个人都会马虎工作，都会趁机盗取资产和输入错误信息，内部控制是为了对付这以外的情况，针对那些很少发生，却会导致重大损失的情况，比如某些人在面对压力和诱惑时会做出错误的选择。

（2）有效的内部控制，能够使潜在的不轨者，害怕被发现，从而对舞弊行为产生威慑力，因此，设计者假设人们不会在明知可能被抓的情况下舞弊。

（3）独立的个人能够识别并报告他所发现的异常情况，这一假设是使职责分离达到效果的前提条件，如果发现了异常情况，但没有报告给高层管理者，那么独立的核查就失去了意义。

（4）要求其他人参与舞弊有很高的风险，因此，数人共谋的可能性很低，内部控制认为员工会报告其他人的错误和不当行为，如果数人合谋盗取公司资产，比如存货管理员和记录存货的会计人员合谋，那么内部控制就无法发现异常情况。

（5）正式的职称和职责决定了组织中个人的权限，内部控制理论认为，权力及其影响来自高层管理者，因而，员工会把关于控制的缺陷和异常情况反馈给管理者。

（6）记录和文件是行为和交易的证明，内部控制把文件和电子记录作为真实交易的凭证，如果这些凭证是伪造的，或者记录不正确，那么就无法保证交易是正确记录的。

（7）在实现业绩目标和提供正确信息之间不存在固有的矛盾，会计师认为出色的业绩和可靠的信息在组织内是可能同时实现的。

2. Carmichael 提出的内部控制的行为假设[②]

（1）每个人都有内在的精神的、道德的和身体的三个方面的弱点。因此，内部控制的方法和措施是实现信息处理系统目标所必需的。

（2）一个有效的内部控制系统，通过迅速曝光的威胁，将阻止个人实施欺诈。

（3）每个人在组织结构和职能上是独立的，因此，他不会执行不相容的行为，并且将

[①]　西蒙斯.战略实施中的绩效评估和控制系统：教程与案例[M].张文贤,译.沈阳：东北财经大学出版社,2002：233-234.

[②]　Carmichael D R. Behavioral Hypotheses of Internal Control [J]. The Accounting Review, 1970,45(2)：235-245.

识别并报告他注意到的违规行为。

（4）某位员工拒绝其他员工提出的违规建议是恰当的，因此，共谋的可能性很低。

（5）组织对于授权和责任的划分，确定了信息处理系统中的权力来源。

（6）不是由组织正式指定的行动，将损害组织实现信息处理目标。

（7）记录系统提供了足够的行动证据，书面证据意味着先前行动的记录，因此，可以确定业绩和责任。

（8）在生产效率、信息可靠性、保护资产等不同的目标之间没有内在冲突。

3. 潘琰、郑仙萍的观点[①]

（1）控制实体假设。控制实体限定了内部控制的空间范围。现代企业内部控制的界限也不再简单地局限于企业的物理边界或法律边界之内，而取决于企业目标对内部控制的定位和要求，它可以是单一的企业、一个事业部或者一个车间，也可以是因所有权关系而形成的一个企业集团或因供销等经营关系而形成的一条价值链。

（2）可控性假设。假设内部控制的对象是可以控制的。如果内部控制的对象不可控，那么，就只能合理保证实现内部控制的目标，例如，实现内部控制的战略目标、经营目标，涉及外界因素，有些外界因素不是企业所能控制的，因此，内部控制系统发挥作用的前提是内部控制的对象是可控的。

（3）复杂人性假设。人是经济性和道德性两种人格的复合体。经济性决定了人追求自身利益最大化；道德性决定了人要克制自己的私欲，纠正行为偏差。

（4）不串通假设。假设内部控制实体中，执行内部牵制任务的不同人员或者部门不串通，内部控制才能发挥应有的作用。如果执行内部牵制任务的不同人员或者部门串通舞弊，那么，内部控制的设计和执行就失去了效果。

（二）本教材的内部控制假设

根据上述不同作者的代表性观点，本书关于内部控制假设的内容如下：

（1）控制实体假设。内部控制由"内部""控制"两个部分组成。"内部"限定于"法律实体"或者签署法律协议的边界之内，例如，企业集团内部、企业内部、联营企业内部等。当然，企业内部控制的设计和执行过程中，需要评估企业外部的政治、经济、社会、文化、行业等多种因素带来的风险和机会，但是，这些因素都不是企业所能"控制"的，企业只能适应上述外部因素。

例如，企业和外部单位之间发生交易。T大学与专业商旅公司合作开发财务云平台，签署合作协议，学校师生出差可以在同期市场价格基础上以一定折扣进行机票、酒店、接送机产品的预订等。商旅平台所有费用结算可由学校与平台直接按月结账，实行先消费后结算方式。出差人员所有出差费用均通过商旅平台预定的行程完成后，无须提供支付记录，无须提供机票行程单、住宿费发票及清单，如无除商旅平台预订之外的其他费用，可直接通过财务云平台一键提交预约，出差人员无须到财务处进行传统的投递报销，减少了师生跑腿次数，也减少了财务人员沟通和审核的工作时间[②]。专业商旅公司是为T大学

---

① 潘琰，郑仙萍.论内部控制理论之构建：关于内部控制基本假设的探讨[J].会计研究，2008(3)63 - 67.

② 陈洋琴."放管服"背景下优化高校科研经费财务管理质量的思考——以T大学为例[J].经济师，2020(11)88 - 90.

提供业务服务,提升了 T 大学对于差旅费内部控制的效率和效果,但是,T 大学的内部控制制度并不能适用于该专业商旅公司。

有一个大公司,拥有各国政要所送珍藏品及名画,所以,公司做好各种保全及消防设施。但有一天公司把画送去画廊裱框,画廊的安全设施及消防设备不够好,结果画廊遭受火灾。上述的故事要强调的是很多风险不在萧墙之内,风险无所不在。所以,风险管理不仅是检查自己公司内部的风险,还要去看前端及后端,不单是只看企业自己本身。如果没做好风险管理,意外只不过是概率的问题,迟早会发生①。在这个案例中,该大公司应当与画廊签订合同,规定意外发生时的责任界定及赔偿。但是,画廊的内部控制仍然是画廊负责,该大公司的内部控制制度不适用于画廊。

(2)可控性假设。假设内部控制的对象是可以控制的。内部控制的对象,简单地说有三种:组织、业绩、人的行为,集中到一点,就是组织成员的行为②。内部控制通过设计和执行相应的制度,保留控制痕迹,达到控制"人的行为",使之符合内部控制目标的要求。

(3)复杂人性假设。人不是单纯的"经济人"或者"道德人",而是经济性和道德性两种人格的复合体。正是因为复杂人性,才需要设计和执行内部控制制度,好的内部控制制度,使人没有机会舞弊,可以使坏人变好;反之,不好的内部控制制度可以使好人变坏。

(4)不串通假设。假设内部控制实体中,执行内部牵制任务的不同人员或者部门不串通,内部控制才能发挥应有的作用。

(5)形式与实质并重假设。有些单位形式上履行内部控制的流程要求,实质上可能存在内部控制缺陷,比如代人签字的现象。因此,内部控制设计和运行过程中,假设内部控制的形式与实质受到同等程度的重视,而不是"走流程"。

二、内部控制的发展历史

(一)国外的内部控制发展历史

1. 内部牵制阶段

内部牵制是基于下面的两个假设:第一,两个或者两个以上的部门或人员无意识地犯同样错误的概率,远小于一个部门或人员犯该种错误的概率;第二,两个或者两个以上的部门或者人员有意识地串通舞弊的可能性,远低于一个部门或人员单独舞弊的可能性。

内部牵制包括四种类型:

(1)簿记牵制:是指原始凭证、记账凭证、会计账簿、会计报表相互之间的数据要核对一致。

(2)实物牵制:由两个或者两个以上的人员共同管理实物工具,才能完成。例如,两个或者两个以上人员掌握银行保险柜的钥匙,必须同时使用两把或者两把以上的钥匙,才能打开保险柜。

(3)机械牵制:只有按照正确的程序,借助专门的技术手段进行操作,才能完成。例如,对于保密信息系统,需要通过指纹和密码才能进入,并且二者有一定的输入顺序,如果指纹或密码错误,或者输入顺序错误,系统将报警或者自动锁定。

---

① 台湾《内部稽核》编辑部.风险管理的成功与失败案例探讨[J].中国内部审计,2012(12)48-50.
② 杨雄胜.内部控制发展问题研究[D].大连:东北财经大学,2004:58.

（4）职责牵制：是由不同的部门或人员完成不同的业务环节，达到相互牵制、防止错误和舞弊的目的。例如，出纳管钱不记账，会计记账不管钱。

2. 内部控制制度阶段

1958 年，美国注册会计师审计程序委员会发布《独立审计人员评价内部控制的范围》，把内部控制分为内部会计控制和内部管理控制。内部会计控制是指与财产安全和会计记录的准确性、可靠性有直接联系的方法和程序；内部管理控制是指与贯彻管理方针和提高经营效率有关的方法和程序。

3. 内部控制结构阶段

1985 年，美国会计学会（AAA）、美国注册会计师协会（AICPA）、财务经理人协会（FEI）、国际内部审计师协会（IIA）、美国管理会计师协会（IMA）组成了反虚假财务报告全国委员会（Treadway Committee），1987 年，该委员会发布了《全国委员会关于反虚假财务呈报的报告》，报告指出，50％的财务报告舞弊源于失效的内部控制。为了专门研究内部控制，Treadway Committee 赞助成立了 COSO 委员会（Committee of Sponsoring Organizations of the Treadway Commission）。

1988 年，美国注册会计师协会发布《审计准则公告第 55 号：财务报表审计中对内部控制结构的关注》，提出以"内部控制结构"代替"内部控制制度"。内部控制结构由以下三个要素构成：控制环境、会计系统、控制程序。

（1）控制环境：是指对建立、加强或削弱特定政策和程序的效率发生影响的各种因素，包括管理理念和经营风格、组织结构、董事会及其所属委员会确定职权和责任的方法等内容。

（2）会计系统：是指各类经济业务的确认、计量、记录、分析、归类、报告的各种方法。

（3）控制程序：是指管理当局所制定的用以保证达到目标的政策和程序。

4. 内部控制整合框架阶段

（1）1992 年版本的内部控制整合框架阶段。1992 年 9 月，COSO 委员会发布了《内部控制——整体框架》。该框架指出了内部控制的三个目标和五个要素。

内部控制包括三个目标：经营的效率与效果、财务报告的可靠性、相关法律法规的遵循性。内部控制包括如下五个要素：控制环境、风险评估、控制活动、信息与沟通、监控。

（2）2013 年版本的内部控制整合框架阶段。2013 年，COSO 委员会发布了新版《内部控制——整合框架》，主要内容包括：三个目标、五个要素和十七项原则。其中的三个目标（运营目标、报告目标、合规目标）、五个要素与 1992 年的版本基本相同，差异是内容上略有扩充。例如，运营目标是指组织运营的效率和效果，包括运营目标、财务业绩目标、保护资产安全目标等①。具体内容见第八章。

5. 全面风险管理阶段

（1）《企业风险管理——整合框架》。2004 年，COSO 委员会发布了《企业风险管理——整合框架》，COSO 委员会指出：企业风险管理整合框架涵盖了内部控制，但并不取代内部控制整合框架，企业可以用企业风险管理框架来满足内部控制的需要并且

---

① 　Treadway 委员会发起组织委员会.内部控制——整合框架（2013）［M］.财政部会计司，译.北京：中国财政经济出版社，2014：17.

推进企业建立全面风险管理流程。该框架包括企业风险管理的定义、四个目标、八个要素。

定义：企业风险管理是一个过程，它由一个企业的董事会、管理层和其他人员实施，应用于战略制订并贯穿于企业之中，旨在识别可能会影响企业的潜在事项，并且在风险容量之内管理风险，从而为组织目标的实现提供合理保证。

全面风险管理整合框架包括四个目标：战略目标、经营目标、报告目标、合规目标。

全面风险管理整合框架的八个要素：内部环境、目标设定、事件识别、风险评估、风险应对、控制活动、信息与沟通、监控。

（2）《企业风险管理——与战略和绩效的整合》。2017 年，COSO 委员会发布了《企业风险管理——与战略和绩效的整合》，具体内容见第八章。

通过以上的分析，我们可以发现，中国财政部等五部委在 2008 年发布的《企业内部控制基本规范》的五要素与 COSO 在 2004 年提出的八要素之间的关系可以用图 1-2 表示，说明了我国的内部控制是"大内控"。

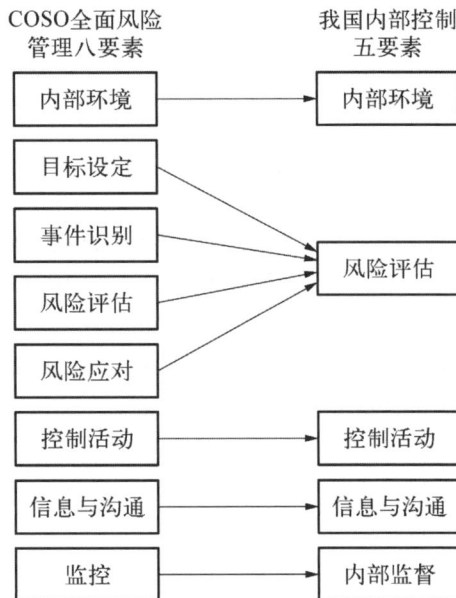

图 1-2　全面风险管理八要素与我国内部控制五要素的关系

（二）国内的内部控制发展历史

1. 中国古代的内部控制

（1）内部牵制阶段。内部牵制思想在中国古代源远流长。在公元前就有相应的历史资料。例如，虎符是古代皇帝调兵遣将用的兵符，用青铜或者黄金做成伏虎形状的令牌（图 1-3），劈为两半，其中左半交给将帅，右半由皇帝保存。只有两个虎符同时合并使用，持符者才可以获得调兵遣将的权力。

图 1-3　中国古代的虎符

案例 1-1　　　　　信陵君窃符救赵

公元前 257 年，秦军攻打赵国，大兵攻打到邯郸城下，赵国求救于魏国和楚国，魏国派大将晋鄙率兵 10 万去营救赵国。这时秦国向魏国施加压力，魏王屈服，命令晋鄙按兵不动。赵国的平原君赵胜见魏国不肯进兵，就写了一封告急信给魏国的信陵君魏无忌，信陵君曾经为魏王的妃子如姬报了父亲被杀之仇，他通过如姬的帮助，盗出了魏王亲自掌握的半个虎符，假传王命，击杀晋鄙，夺得兵权，然后率兵 8 万，会同楚军一起解救赵国，邯郸之围就此解决。这就是历史上著名的信陵君窃符救赵的故事。

案例来源：冯梦龙.东周列国志[M].北京：中国文联出版社，2016：643-657.缩略改编。

（2）多种内部控制措施并存阶段。从公元前的以实物为基础的内部牵制，到清朝时期，我国的内部控制已经包括了职责分工、职务分离、账簿记录控制、实物控制、监督控制等手段①。

2. 内部会计控制阶段

1978年，国务院颁布的《会计人员职权条例》，要求企业生产、改造以及重要的经济业务需总会计师签字。1984年，财政部发布的《会计人员工作规则》，要求岗位轮换、职务分开。1985年，全国人民代表大会常务委员会通过的《中华人民共和国会计法》，要求各单位应建立、健全本单位的内部会计监督制度。1986年，财政部发布的《会计基础工作规范》，提出内部会计控制的要求。2001—2004年，财政部相继发布了《内部会计控制规范——基本规范》《内部会计控制规范——货币资金（试行）》《内部会计控制规范——采购与付款（试行）》《内部会计控制规范——销售与收款（试行）》《内部会计控制规范——担保（试行）》《内部会计控制规范——对外投资（试行）》《内部会计控制规范——工程项目（试行）》。

3. 全面内部控制阶段

内部会计控制具有很大的局限性，内部控制效果并不理想。因此，很多行业出台了针对所有业务的内部控制。

（1）金融业的内部控制。2002年，中国人民银行发布了《商业银行内部控制指引》；2002年，中国证券监督管理委员会发布了《证券投资基金管理公司内部控制指导意见》；2003年，中国证券监督管理委员会发布了《关于加强证券公司营业部内部控制若干措施的意见》；2003年，中国证券监督管理委员会发布了《证券公司内部控制指引》；2006年，中国保监会发布了《寿险公司内部控制评价办法（试行）》；2014年，中国银监会发布了《关于印发商业银行内部控制指引的通知》。

（2）非金融行业的内部控制。2013年，财政部发布了《石油石化行业内部控制操作指南》；2014年，财政部发布了《电力行业内部控制操作指南》。

（3）适用于所有类型企业的内部控制。无论是金融类企业还是非金融类企业，都适用于以下规范或指引。2008年，财政部、证监会、审计署、银监会、保监会联合发布了《企业内部控制基本规范》。2010年，财政部、证监会、审计署、银监会、保监会联合发布了《企业内部控制应用指引第1号——组织架构》等18项应用指引、《企业内部控制评价指引》《企业内部控制审计指引》。2017年，财政部发布《小企业内部控制规范（试行）》；2019年，国务院国有资产监督管理委员会发布《关于加强中央企业内部控制体系建设与监督工作的实施意见》。我国企业内部控制规范框架体系如图1-4所示。

（4）适用于行政事业单位的内部控制。2012年，财政部发布了《行政事业单位内部控制规范（试行）》，2014年1月1日开始施行。2015年，财政部发布了《关于全面推进行政事业单位内部控制建设的指导意见》；2017年，财政部发布了《行政事业单位内部控制报告管理制度（试行）》。

行政事业单位包括政府部门、高等学校、中学、小学、医院等单位，针对不同种类的行政事业单位，相关部门也发布了内部控制规定。

---

① 李若山，李树华.《红楼梦》中的内部控制思想观初探[J].审计理论与实践，1995(08)14-17.

图 1-4　我国企业内部控制规范框架体系

2016 年,教育部办公厅发布《教育部直属高校经济活动内部控制指南(试行)》。

2020 年,国家中医药管理局和国家卫生健康委员会联合发布《公立医院内部控制管理办法》。

三、内部控制的定义

《企业内部控制基本规范》指出,内部控制是由董事会、监事会、经理层和全体员工实施的、旨在实现控制目标的过程。

内部控制的定义可以从 5W1H 的角度来解析(图 1-5):

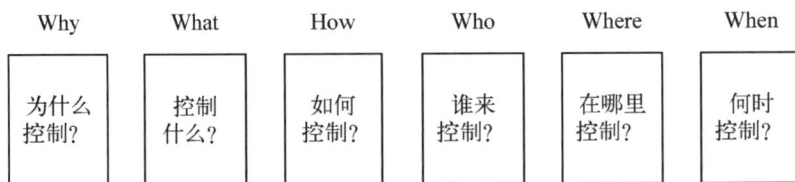

图 1-5　内部控制的 5W1H

1. 为什么控制? 答案:是为了实现内部控制的五个目标。

2. 控制什么? 答案:控制目标实现过程中的风险。

3. 如何控制? 答案:采取不相容职务相分离、会计系统控制、预算控制等控制措施。

4. 谁来控制? 答案:包括董事会、监事会、经理层和全体员工在内的所有人员。

5. 在哪里控制? 答案:内部控制覆盖了公司内部的所有部门、所有业务。

6. 何时控制? 答案:内部控制针对所有的业务流程;流程的执行是有时间先后顺序的,不能颠倒顺序。而且,内部控制是一个不断优化完善的过程,只有起点,没有终点,必须随着时间的推移,持续不断地加以改进。

四、内部控制的五个目标

按照《企业内部控制基本规范》第三条要求,企业建立与实施有效的内部控制,应当包括下列目标:

(一)资产安全目标

资产安全目标是为了防止资产流失、提高资产使用效能。要防止企业的货币资产被挪用、转移、侵占、盗窃;防止实物资产被低价出售,发挥资产应有的效能,提高资产管理水平。

(二)合规目标

企业要在法律和法规允许的范围内开展经营活动和非经营活动,严禁违法违规。

(三)报告目标

财务报告及相关信息真实完整。财务信息包括资产负债表、利润表、现金流量表等报表和报表附注的信息。非财务信息包括企业社会责任信息、公司治理信息、管理层讨论与分析等。当前,我国证监会、交易所对于信息披露有详细的规定。例如,不允许企业遗漏环境污染信息,如果企业在信息披露中遗漏环境污染信息,不但违背了报告目标,也违背了合规目标。

(四)经营目标

提高经营的效率与效果。企业内部控制要求相互制衡、相互监督,并没有降低经营效率,清晰的内部控制流程和职责分配有效地防止了内部控制的风险点和薄弱点,所有员工工作时有据可依,提高了经营效率和效果。反之,如果经营活动中忽视内部控制,将酿成重大风险,最终降低经营的效率和效果。

(五)战略目标

促进企业实现发展战略是内部控制的最高目标,也是终极目标。企业切实保证经营管理合法合规、资产安全完整、财务报告和相关信息的真实完整、经营效率和效果稳步提高,就一定能提高核心竞争力,促进企业实现发展战略。

五、内部控制的五个要素

按照《企业内部控制基本规范》第五条要求,企业建立与实施有效的内部控制,应当包括下列要素:

(一)内部环境

内部环境是企业建立和实施内部控制的基础,是其他四个内部控制要素的基础,影响着企业内部控制的方方面面。一般包括治理结构、机构设置及权责分配、内部审计、人力资源政策、企业文化等。我国企业内部控制应用指引中的组织架构、发展战略、人力资源、社会责任和企业文化五项指引属于内部环境的内容。

(二)风险评估

风险评估包括目标设定、事件识别、风险评估、风险应对四项内容。在企业生产经营过程中,只有进行科学的风险评估,自觉地将风险控制在可承受范围之内,才能实现企业的可持续发展。

(三)控制活动

控制活动是企业根据风险评估结果,通过手工控制、自动控制、预防性控制、发现性控制相结合的方法,采用相应的控制措施,将风险控制在可承受度之内。

1

控制措施一般包括：不相容职务分离控制、授权审批控制、会计系统控制、财产保护控制、预算控制、运营分析控制、绩效考评控制等。

（四）信息与沟通

信息与沟通是企业及时、准确、完整地收集、整理与内部控制相关的各种内外部信息，并借助信息技术，确保信息在企业内部各个层级之间、企业与外部相关方之间，进行及时传递、有效沟通、正确使用的过程。

（五）内部监督

内部监督是企业对内部控制建立与实施情况进行监督检查，评价内部控制的有效性，发现内部控制缺陷，应当及时加以改进。受成本效益因素影响，内部监督仅能对内部控制有效性提供合理保证，而不是绝对保证。

六、内部控制的五个目标、五个要素与企业业务的联系

针对不同的业务，需要设定不同的内部控制目标，但是，这些目标都与资产安全目标、合规目标、报告目标、经营的效率与效果目标、战略目标存在着一定程度的联系。

对于采购业务来说，如果采购来的资产无法使用，则违背了"资产安全目标"。在 1996 年，沈阳机床花费 1 亿美元引进美国桥堡公司的数控技术。本以为技术到手，桥堡只发来一个源代码，对核心技术和使用原理不做解释。破解技术原理需要时间，等产品上线，早已落后。上亿美元打了水漂①。

在药品毒胶囊事件中，一些药品生产企业在采购原材料时，为了降低采购成本，采购的胶囊产品是由有毒的工业皮革提炼的，药品企业使用这种毒胶囊生产的药品，违背了《中华人民共和国药品管理法》，属于劣质药品。而且，《侵权责任法》第十六条要求"产品投入流通后发现存在缺陷的，生产者、销售者应当及时采取警示、召回等补救措施。未及时采取补救措施或者补救措施不力造成损害的，应当承担侵权责任"。因此，作为药品生产企业来讲，对于缺陷药品应进行召回，若未进行召回或者召回不及时的，应该承担侵权责任②。因此，企业采购"毒胶囊"行为违背了"合规目标"。

采购业务也和内部环境、风险评估、控制活动、信息与沟通、内部监督五个要素相关联。例如，企业的董事会、经理层是否重视采购原料是否达标？业务部门是否评估了采购过程中可能存在的风险，作为控制活动的重要内容之一，采购部门是否检验了所采购油漆是否"铅超标"？采购部门是否建立了员工举报渠道？作为多年来处于生产一线的员工，对于油漆质量有切身的体会，如果员工发现了质量异常，并向公司高层举报，可能这一问题就此曝光。内部审计部门是否审查和评价了企业的采购业务是否具备上述的风险评估、控制活动流程？

综上所述，任何一个业务都涉及内部控制的五个目标、五个要素，企业对于业务活动与内部控制五个目标、五个要素的交融越好，企业的内部控制的设计和运行的效果就越好。

如果企业组织架构中没有分部、子公司、业务单元，那么，企业内部控制五目标、五要素、企业的业务之间的关系如图 1-6 所示。

---

① 熊剑辉.18 家大国企几乎全军覆没，"大国重器"亟需拯救[J]国企.2021(1)：16-17.
② 康琪，宋民宪.明胶生产者、胶囊制造商及药品生产企业的法律责任——以"毒胶囊事件"为视角[J]中药与临床.2012,3(4)：43-46.

图 1-6　中国企业内部控制五目标、五要素、企业的业务之间的关系

七、内部控制的五个目标、五个要素与企业层级之间的关系

如果企业的组织架构中涉及分部、业务单元、子公司,那么,关系如图 1-7 所示。从图 1-7 可以看出,内部控制的五个目标、五个要素与总部(企业层面)、分部、业务单元、子公司之间的相互交融关系。例如,内部环境中的企业社会责任,社会责任要贯彻到总部(企业层面)、分部、业务单元、子公司等四个层面,这四个层面的相关机构和人员都要履行企业社会责任,才能起到良好的效果。而且,履行企业社会责任涉及企业内部控制的战略目标、经营目标、合规目标、报告目标、资产安全目标。就战略目标来说,很多企业的使命中包含的"恪守商业伦理"就属于企业社会责任。就经营目标来说,如果企业的产品质量不达标,则无法完成销售指标。就合规目标来说,企业如果违背了环境保护法律、法规,就无法达到"合规目标"。就报告目标来说,很多企业发布的企业社会责任报告,ESG 报告(环境、社会、治理报告)则包括了企业社会责任的信息披露。就资产安全目标来说,企业的环保设备是否存在故障,则属于资产安全目标。

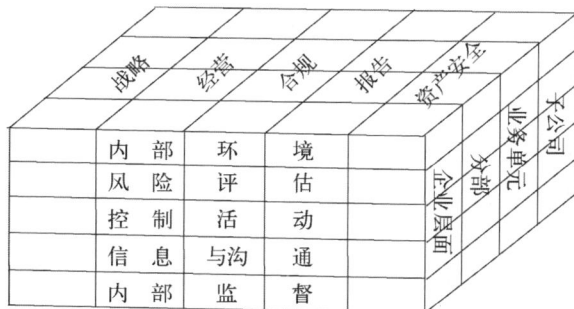

图 1-7　中国企业内部控制五目标、五要素、四层级的关系图

除了五要素与五目标、四个层级之间的关系之外,还可以从内部控制五个目标与四个层级之间的关系、五个要素与五个目标之间的关系进行分析。

(一)内部控制五个目标与企业层面、分部、业务单位、子公司等四个层级之间的贯通关系

战略目标贯穿于企业层面、分部、业务单位、子公司[1],在上述四个层级之间层层分解。

1

---

[1]　"企业层次、分部、业务单位、子公司"统称为"企业及其下属单位",具体内容见财政部会计司译.内部控制——整合框架(2013)[M].中国财政经济出版社,2014:20.

经营目标贯穿于企业层面、分部、业务单位、子公司,在上述四个层级之间层层分解。

报告目标贯穿于企业层面、分部、业务单位、子公司,这四个层级的财务报告和其他信息都要求真实、完整。

合规目标贯穿于企业层面、分部、业务单位、子公司,这四个层级的业务活动、员工行为都要求合法合规。

资产安全目标贯穿于企业层面、分部、业务单位、子公司,这四个层级的货币资产、实物资产、无形资产都要求安全。

(二) 内部控制五个目标与五个要素之间的贯通关系

除了上述的五个目标与企业层面、分部、业务单位、子公司等四个层级之间的贯通之外,还涉及内部控制五个目标与五个要素之间的贯通。

1. 合规目标与五要素之间的关系

以五个目标中的合规目标为例进行说明,按照《中央企业合规管理办法》的规定,合规风险,是指企业及其员工在经营管理过程中因违规行为引发法律责任、造成经济或者声誉损失以及其他负面影响的可能性。合规管理,是指企业以有效防控合规风险为目的,以提升依法合规经营管理水平为导向,以企业经营管理行为和员工履职行为为对象,开展的包括建立合规制度、完善运行机制、培育合规文化、强化监督问责等有组织、有计划的管理活动。

(1)"风险评估"要素需要评估企业层面、分部、业务单位、子公司四个层次的所有业务以及处理业务的员工行为所涉及的合规风险。

(2)"内部环境"要素需要建立合规制度、完善运行机制、培育合规文化。

(3)"内部监督"要素需要针对企业各个层级的不合规行为进行监督问责。

(4)"信息与沟通"要求企业及时报告各种违规信息、企业对违规行为的处置要进行宣传,以儆效尤。

(5)"控制活动"要素要求企业建立不相容职务相分离、会计系统控制、预算控制、授权审批控制等措施,来合理保证企业合规目标的实现。

2. 报告目标与五要素之间的关系

(1)内部环境。组织架构:在董事会设置董事会秘书,在主体及其下属单位设置与财务信息和非财务信息披露与报送相关的岗位。人力资源:吸引、培育、保留内部控制方面的人才,信息披露方面的人才,与实现报告目标相关。企业文化:诚信价值观有利于企业财务信息和其他信息的真实、完整。

(2)风险评估。识别与财务报告、非财务报告的真实、完整相关的风险,计量上述风险发生的概率和影响大小;所采取的风险应对措施。

(3)控制活动。需要建立不相容职务相分离、会计系统控制、授权审批控制等措施,来合理保证企业报告目标的实现。

(4)内部监督。需要强化与财务报告、非财务报告的真实、完整相关问题的监督问责。

(5)信息与沟通。需要及时生产相关的信息,并且在信息失效之前,与企业内部、外部的利益相关者沟通相关的信息。

3. 经营目标与五要素之间的关系

(1)内部环境。人力资源:吸引、培育、保留经营管理方面的人才,为提高经营效率和效果储备人才。企业文化:鼓励合作、开拓创新的企业文化有助于提高经营效率和效果。

(2) 风险评估。识别影响经营效率与效果相关的风险,计量上述风险发生的概率和影响大小;所采取的风险应对措施。

(3) 控制活动。需要建立不相容职务相分离、会计系统控制、授权审批控制等措施,来合理保证企业经营目标的实现。

(4) 内部监督。需要强化与经营效率与效果相关问题的监督问责,例如,分析存货周转率、生产效率低的原因,例如,员工消极怠工、先进生产设备功能使用不全,然后督促相关部门整改。

(5) 信息与沟通。需要收集和整理与经营的效率与效果相关的信息,并传递给决策者。

4. 资产安全目标与五要素之间的关系

(1) 内部环境。人力资源:招聘人才时,考虑其诚信和价值观,有利于保障企业的资产安全。企业文化:企业应当建设和宣传诚信价值观,有利于防止偷窃资产的案件发生,合理保证企业资产安全。

(2) 风险评估。识别资产安全方面可能存在的风险,例如,存货、货币资金等被盗风险发生的概率和影响大小;所采取的风险应对措施。

(3) 控制活动。需要建立不相容职务相分离、会计系统控制、授权审批控制、安装监控设备等措施,来合理保证企业资产安全目标的实现。

(4) 内部监督。审查和评价企业舞弊多发的业务领域,对相关问题进行监督问责,保障资产安全。

(5) 信息与沟通。要求企业及时报告各种偷窃资产的信息、企业对违规行为的处置要进行宣传,以儆效尤。

5. 战略目标与五要素之间的关系

(1) 内部环境。组织架构:在董事会设置战略委员会,负责战略的制定。人力资源:吸引、培育、保留实施战略规划方面的人才,例如,市场营销战略、财务战略方面的人才。企业文化:培育企业员工开拓创新的企业文化,促进企业实现战略目标。

(2) 风险评估。识别与战略目标相关的风险,计量上述风险发生的概率和影响大小;所采取的风险应对措施。例如,多元化战略实施过程中,发现非主业占用资源过度,但是,效益低下,就应当考虑出售非主业。

(3) 控制活动。需要建立合同控制、预算控制、授权审批控制等措施,来合理保证企业战略目标的实现。

(4) 内部监督。需要强化与战略目标相关问题的监督问责,内部审计的目标是增加企业价值,通过包括内部审计活动在内的内部监督,发现战略制定和实施中的问题,进行整改。

(5) 信息与沟通。需要及时收集宏观的、行业的与企业战略相关的信息,并且在信息失效之前传递给战略制定者。

八、内部控制的五个原则

《企业内部控制基本规范》第四条指出,企业建立与实施内部控制,应当遵循全面性、重要性、制衡性、适应性、成本效益五项原则。

(一)全面性原则

企业的内部控制应当贯穿决策、执行和监督的全过程,并且覆盖企业及其所属单位的各种业务和事项。

（二）重要性原则

企业在兼顾全面的基础上，格外关注重要业务事项和高风险领域，防范给企业带来"伤筋动骨"的重大风险。

（三）制衡性原则

企业内部控制在治理结构、机构设置、权责分配、业务流程等方面相互制约、相互监督，同时兼顾运营效率。例如，不相容机构、岗位、人员的相互分离和制约，是防止有关人员滥用权力、舞弊的重要措施。

（四）适应性原则

内部控制应当与企业经营规模、业务范围、竞争状况和风险水平等因素相适应，并随着情况的变化及时加以调整。内部控制建立和实施过程中，需要根据企业外界和内部的情况变化，不断地对内部控制进行调整和完善。

（五）成本效益原则

内部控制应当权衡实施成本与预期收益，以适当的成本实现有效控制。大企业的内部控制成本与小企业的内部控制成本是不同的，企业不可能不惜一切代价建设内部控制，企业应当在保证内部控制制度有效性的前提下，简化内部控制流程、改进控制手段，提高工作效率。

九、内部控制中的关键控制点

（一）HACCP 观点

内部控制中的关键控制点与食品安全中的 HACCP 观点密切相关。HACCP 是危害分析关键控制点（hazard analysis and critical control point）的英文缩写[1]，包括如下内容：

危害（hazard）：食品中存在的对消费者可能造成的生物、化学和物理的伤害或疾病。

危害分析（hazard analysis）：与原料、加工、贮存、运输、销售和消费有关的生物、化学和物理危害的判定。

控制点（control point）：为了保证质量，以满足法规要求，在制造和销售过程中可以控制的操作步骤。

关键控制点（critical control point）：在制造过程中，如果未加控制或控制不当，就会对消费者造成危害的操作步骤。在关键控制点，可以采取控制措施消除危害，或将危害降到最低程度。

（二）国内学者的观点

王跃堂、黄溶冰认为，影响审计质量的关键控制点，就是搜寻质量控制过程中发挥作用最大、影响范围最广甚至决定全局成效的控制点，因为它们对于实现审计质量控制的目标具有至关重要的影响[2]。

朱荣恩认为，关键控制点是指在一个业务处理过程中起着重要作用的那些控制环节，如果没有这些控制环节，业务处理过程很可能出现错误和弊端，达不到既定目标。设置关

---

① 黄福南.危害分析关键控制点（HACCP）[J].食品与发酵工业，2002(2)75-79.
② 王跃堂，黄溶冰.我国政府审计质量控制体系研究[J].审计与经济研究，2008,23(6)：15-20.

键控制点要针对错弊的发现和纠正。例如,为了保证会计记录的正确性,明细账和总账之间的核对是关键控制点;为了保证银行存款金额正确性,由非出纳人员核对银行对账单和存款余额就是关键控制点[①]。

王清刚认为,按照"目标—风险—控制"的逻辑关系,针对风险点在控制点上开展控制活动。控制点是在流程运行过程中,能抑制风险发生概率或减少风险损失,协助业务控制目标实现、保证前一步骤正确性的操作环节、步骤或过程。关键控制点是针对主要风险的预防和控制,应当设置在最佳、最有效的控制点上。企业应当依据风险评估的结果,确定关键控制点[②]。

(三) COSO 的观点

COSO 在 2009 年发布了《内部控制体系监督指南》,该指南中对关键控制点的界定是:

(1) 对业务活动涉及的多种风险,测算其发生概率和带来的损失大小,按照每一种风险发生的概率和产生的损失,计算出每一种风险的风险值,按照风险值大小进行排序,排序靠前的风险,是关键控制点。

(2) 可以防止其他控制失效,或者在其他控制失效并可能对组织产生重大影响之前,发现并进行整改的控制点。例如,订货单、收货单、发票三者之间进行比对,就可以在采购、收货、应付账款相关的流程中,及时发现其他控制是否失效。

关键控制点存在于组织的各个层级。例如,针对某风险的控制对于工厂经理来说,是关键控制点,但是,对于组织的总经理来说,并不是关键控制点,因为该风险对整个组织来说,并不重要。

本教材对关键控制点的界定与 COSO《内部控制体系监督指南》中的观点相同。关键控制点可以考虑以下因素;复杂程度较高的控制;需要高度判断力的控制;已知的控制失效;相关人员缺少实施某一控制所必需的资质或经验;管理层凌驾某一控制活动之上;某一控制失效是重大的,且无法补充、及时识别并整改。

第二节 内部控制与风险管理的局限性

一、目标设定不恰当

内部控制有资产安全目标、报告目标、合规目标、经营目标、战略目标五个目标,上述五个目标要在公司层面、业务活动层面,子公司、分支机构层面进行细分,细分的过程要保证不同层次的目标体系之间的逻辑一致性。例如,子目标加总是否等于总目标? 战略目标与经营目标之间是否一致? 如果公司的战略目标是产品成本低于竞争对手的成本,那么,在经营目标的设定方面,就要考虑生产成本、运营成本、管理费用等成本、费用目标的设定是否也符合降低总成本的思路。

---

① 朱荣恩.建立和完善内部控制的思考[J].会计研究,2001(01)24-31.
② 王清刚.内部控制与风险管理——理论、实践与案例[M].北京:高等教育出版社,2021:282.

案例 1-2　　　　　　史玉柱谈巨人投资失误内幕

我们 1992 年决定盖巨人大厦的时候，打算盖 18 层，但这个想法一闪而过，出来的方案是 38 层。当时巨人集团的资产规模已经有 1 个亿了，流动资金约有几百万。我们计划盖 38 层的本意是大多数自用，剩下一小部分租出去，并没想进军房地产，因此楼层面积设计也不是很大。1992 年下半年一位领导来我们公司参观，看到这座楼位置非常好，建议把楼盖得高一点，由自用转到开发地产上。于是，我们把设计改到 54 层。后来，很快又把设计改到 64 层，原因有两个：一是设计单位说 54 层和 64 层对下面基础影响都不大；二是我们也想为珠海市争光，盖一座标志性大厦。当时广州想盖全国最高的楼，定在 63 层，我们要超过它。1994 年初又一位领导来视察珠海，同时要参观巨人集团，大家觉得 64 有点犯忌讳，集团几个负责人就一起研究提到 70 层，打电话向香港的设计单位咨询，对方回复技术上可行，所以就定在 70 层。如果盖 38 层，工程预算大致为 2 亿，工期两年。改为 70 层，预算增加到 12 亿元，大约 6 年完工。

我们做这一系列决策时，正赶上全国房地产热，全国在发烧，我们也昏了头。

如果盖 38 层，在 1992 年，中国经济又上快车道，宏观调控也没开始，房地产形势特别好。虽然手中只有几百万流动资金，但在 1992 年时，巨人汉卡在市场上卖得非常好，销售额比上年增长 300%，一年回报四五千万资金是不成问题的，两年就是 1 个亿。另外 1 个亿资金靠卖点楼花也能筹到。此外，施工过程中很多款可以等完工之后再付，这样就有资金使用周期的空档，实际建设中用不了 1 个亿。

当大厦的设计改为 70 层时，全部投资预计是 12 个亿，但在实际操作上我们略改了设计，用不着掏那么多。因为巨人大厦是写字楼，不用装修，由租楼或买楼者按自己的风格装修。装修在建筑里面比重是相当大的，刨掉这块只需要 7 个亿资金就够了。当时的想法是，这 7 个亿我们自筹 1/3，卖楼花筹 1/3，剩下 1/3 向银行贷款。虽然动用自有资金这一块，从 1 个亿涨到 2 亿多，但因盖 70 层工期也延长 3 年，而且当时生物工程起势正火，这点资金不难筹集。

大厦动工后，总共筹了 2 亿元资金，其中我们自己投入 6 000 万元。银行方面我们没贷一分钱，很大一部分靠卖楼花。巨人大厦的楼花在香港卖得相当火，一平方米一万多港币，我们拿到 8 000 万港币，另外还有 5 000 万港币要到交楼的时候才能拿到。内地我们卖楼花筹到了 4 000 万元。在香港卖的楼花很规范，不退款的。国内签订楼花买卖契约规定，三年内大楼一期工程完工后履约，如果未能如期完工，退定金并给予经济补偿，三年的合同期限是 1994 年初至 1996 年底。

政府支持：首先是地皮上的优惠，巨人大厦原本地价是每平方米 1 600 元，后来，政府将地价降为每平方米 700 元。最后，大厦 5 万平方米地皮是按每平方米 350 元收的。这一项政府就优惠了 6 000 万元～7 000 万元。而且，土地购买款项等售楼之后再补交。其次，巨人大厦最初主项是自用，后来改为房地产开发，在报批和成立房地产公司时，有关部门也是一路绿灯，很顺利。

实际运行期间：在施工中我们碰到断裂带，如果当初决定盖 38 层也会碰到，但只需加进岩层 10 米就行，实施 70 层方案后，打进岩层 30 米。加上运气不好，两次发大水把地基全淹了。结果不仅资金预算增加，更重要的是拖长了工期。巨人大厦几次加高,费用跟着大量增加,计划做 64 层的时候,我们在地基上的预算是 6 000 万元,可等 70 层楼的地基打完,整个投进去 1 个亿。当卖楼花的钱用完后,我就从生物工程方面抽调资金,由于抽调过度,导致这一新兴产业过度贫血,生物工程业务出现萎缩,提供的资金越来越少,几近枯竭。1996 年 6 月份以后,我们迫切感到需要银行贷款。在这之前,大楼从来没有因为资金问题停过一天工。但这时候我们开始预感再往后发展,单靠自己的资金力量肯定耗不起。到了 10 月份,这种感觉非常强烈了。但这次巨人集团财务危机真正的导火索是卖给国内的那 4 000 万楼花。按合同讲,大厦施工三年盖到 20 层,年底兑现。可由于施工拖期,没有完工,当债主上门后,我至少要退给债主 4 000 万元本金。到目前为止,我已经咬牙退了 1 000 万元,那 3 000 万元因财务状况已经不良,无法退赔,结果债主天天上门催讨。

　　财务危机时刻,银行贷款很难。史玉柱拿巨人大厦这么大资产去银行抵押贷款,只贷款到了 1 000 万元,够委屈的。此事经过新闻媒介曝光之后,说巨人大厦要破产,弄得银行也不敢贷款了,许多经销我们产品的公司,不是不付款,就是撕毁订货合同,断了资金补给线。

　　案例来源:方向明,皮昊,韩慧.巨人兴衰真正奥秘——史玉柱吐露投资失误内幕[J].中国企业家.1997(04)1 - 20.

　　思考:从内部控制目标设定的角度,说明巨人集团存在哪些问题。

二、人员素质低

　　内部控制与风险管理的执行者是企业中的"人",低素质的员工是造成内部控制与风险管理失效的重要原因。例如,员工做错基本的会计分录;使用"人情"替代"制度";玩忽职守、马虎大意、过度疲劳等。

三、内部控制设计不恰当

　　内部控制在设计时,没有针对重点业务、重要的风险领域设计恰当的控制措施;或者随着时间的推移,企业没有调整内部控制设计,都可能导致内部控制与风险管理失效。

四、判断失误

　　无论是高素质的董事、监事、经理层、员工,还是低素质的董事、监事、经理层、员工,都可能出现判断失误。尤其是面临复杂的风险。例如,衍生金融工具的风险评估,对于风险值的判断失误,可能导致内部控制与风险管理失效。

五、多个员工或部门之间串通

　　履行内部牵制职能的不同部门、员工,通过串通、合谋进行舞弊,则内部控制与风险管理就可能失效。

1

案例 1-3　　　　　　内外勾结套取国有资本

　　韩某某,东风本田汽车零部件有限公司财务会计科成本核算员。
　　方某某,东风本田汽车零部件有限公司采购科稽核管理员。

周某某,东方本田汽车零部件有限公司供应商。

2015年,30岁的韩某某提拔未果开始动起"歪心思",便与方某某密谋,之后联络了愿意配合的供应商周某某。三人称兄道弟,内外勾结,方某某负责将虚拟的采购入库清单提供给周某某,周某某根据清单虚开增值税专用发票交回给方某某。方某某则利用QAD系统进行虚拟挂账,然后由财务人员韩某某操作"审核通过"。之后,方某某复制之前审批通过的签字字迹,伪造虚假审批单据,并与入库清单等资料一起交由韩某某进入财务审批付款流程。企业根据审批结果将货款支付给供应商。最后,周某某扣除税点后以现金或转账方式把非法所得分发给二人。

2017年,韩某某在体检中发现自己身患重病。他认为自己时日不多,必须抓紧一切机会敛财。他和方某某开始疯狂扩大可以"结盟"的供应商范围,只要觉得可以相信的供应商,几乎都被拉进这个利益链。2015年7月至2019年3月,韩某某和方某某伙同7家供应商,在没有实际供货的情况下,通过虚构业务、伪造凭证、虚开发票等方式,骗取东风本田汽车零部件有限公司资金2 500余万元,两人各分得740余万元。法网恢恢疏而不漏,两段原本光明的人生从此走向灰暗。

由于产业链长、规模大,汽车行业一直是面临腐败风险挑战的重点行业,而车企的诸多腐败问题也往往与数量庞大的供应商相关。伴随汽车产业的日益壮大,汽车交易市场也日趋复杂,市场销售、媒体公关、广告宣传等涉及庞大资金往来的部门,很容易成为腐败问题重灾区。

对于车企而言,要想根治靠企吃企等腐败顽疾,仅仅别除"内鬼"是不够的,只有内外双向治理、形成长效机制,才能从根本上斩断贪腐利益链条,压缩权力寻租空间。案件发生后,东风本田汽车零部件有限公司深刻剖析背后的原因,一方面,是堵住内部管理漏洞,强化自我监督,公司纪委先后组织开展广告、废旧物资处置、技术研发等重要环节专项治理。另一方面,推动关键岗位人员定期强制性轮岗,强化关键岗位人员职业道德、责任意识和风险意识教育,堵住监督管理漏洞,斩断利益输送链条。同时,公司纪委督促经营管理部门出台招标管理办法、广告宣传业务管理规定、广宣供应商信用管理指导意见等制度规定,建立健全供应商分类惩戒机制的"黑名单"工作机制,为市场交易主体廉洁合规行为拧上"安全阀"。

案例来源: 刘廷飞.除"内鬼"反"围猎"东风公司斩断贪腐利益链条[EB/OL].(2020 - 09 - 13)https://www.ccdi.gov.cn/toutiaon/202009/t20200913_98075.html.

思考: 案例中哪些人串通舞弊?如何遏制串通舞弊?

六、管理层凌驾于内部控制体系之上

如果企业的权责分配不当,导致权力集中在董事长、总经理手里,没有董事会、监事会、经理层之间的制衡机制,可能造成董事长、总经理滥用权力,形成"一言堂",导致内部控制与风险管理失效。

七、成本效益因素

一般来说,设计和实施内部控制的成本不能超过错误、舞弊、风险带来的损失。企业在权衡内部控制与风险管理的成本和收益的时候,由于内部控制与风险管理的"收益"是很难衡量的,例如,企业没有发生风险、舞弊,就可能使企业董事长或者总经理降低对内部控制与风险管理的投入。

内部控制与风险管理投入高,控制效果好、企业面临的风险低;反之,内部控制与风险管理投入低,控制效果就打折扣、企业面临的风险就可能高,如何寻求内部控制与风险管理的成本与效益之间的平衡,十分重要。如果平衡点选择不当,可能导致内部控制与风险管理失效。

八、例外事件

内部控制的设计主要是针对企业重复发生的常规事项,如果发生例外事件,则可能击垮企业的内部控制与风险管理。例如,美国"9·11事件"中,被撞击的美国世贸大厦中的很多公司没有考虑这种"例外事件"带来的内部控制与风险管理方面的影响,公司的业务数据没有备份,一些公司在"9·11事件"之后,因为业务数据丢失,导致破产。

每个公司的例外事件都是不同的,具有个体差异。

九、环境变化

经济、政治、社会、文化、卫生医疗等外部环境的变化,可能使企业的内部控制与风险管理失效。例如,疫情爆发给零售业、住宿和餐饮企业带来经营困境。俄罗斯与乌克兰之间的战争造成了德国企业因天然气短缺带来的经营困难。信息技术、商业模式的变更也会影响企业的内部控制与风险管理的效果。

环境变化往往影响处于这一区域的很多公司。

案例 1-4　　从统计数据看新冠肺炎疫情对中国经济的影响

新冠肺炎疫情对我国第三产业中的批发和零售业,交通运输、仓储和邮政业,住宿和餐饮业的冲击突出。2020年一季度,我国批发和零售业增加值同比下降17.8%,交通运输、仓储和邮政业增加值下降14%,住宿和餐饮业增加值下降35.3%,均表现为两位数下降,增速分别比2019年同期回落23.6个、21.3个和41.3个百分点。其中,住宿和餐饮业增加值降幅和回落幅度最大。新冠肺炎疫情期间,居民大幅减少外出购物与就餐,导致批发和零售业及住宿和餐饮业增加值大幅下降。疫情防控限制人口和货物流动,导致交通运输、仓储和邮政业受到严重冲击。然而,应对新冠肺炎疫情、支持经济恢复和发展的政策一定程度上减缓了对上述行业的影响,使第三产业增加值没有大幅度下降。灵活的货币政策和及时调整的信贷政策使一季度金融业增加值实现正增长,同比增长6.0%。为应对新冠肺炎疫情,一季度国家用于卫生防疫、医院及基层医疗卫生组织等方面的支出达1 372亿元,促进了公共管理、卫生和社会工作等行业增加值保持增长。

新冠肺炎疫情对我国第一产业中的畜牧业的冲击突出。2020年一季度,受新冠肺炎疫情和非洲猪瘟疫情持续影响叠加冲击,猪牛羊禽出栏减少,导致畜牧业总产值下降10.6%。

案例来源:许宪春,常子豪,唐雅.从统计数据看新冠肺炎疫情对中国经济的影响[J].经济学动态,2020(5)41-51.

思考:新冠肺炎疫情对哪些行业产生了不利和有利影响?

1

第三节 建立和实施内部控制的措施

一、不相容职务分离控制

不相容职务是指如果由一个人担任,既可能发生错误和舞弊行为,也可能掩盖其错误和舞弊行为的职务。

常见的五类不相容职务包括:授权批准、业务经办、审核监督、财产保管、会计记录。这五类职务之间应当实行如下分离:授权批准与业务经办相分离;业务经办与审核监督相分离;业务经办与会计记录相分离;财产保管与会计记录相分离;业务经办与财产保管相分离。如图 1-8 所示。

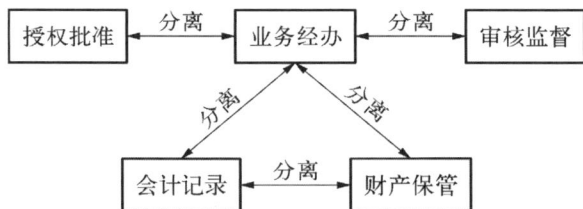

图 1-8 不相容职务分离的示意图

不相容职务分离控制要求企业全面系统地分析、梳理业务流程中所涉及的不相容职务,实施相应的分离措施,形成各司其职、各负其责、相互制约的工作机制。

不相容职务分离措施的理念基础是两个或两个以上的部门或人员无意识地犯同样错误的可能性更小,而有意识地合伙作弊的可能性低于一个部门或人员舞弊的可能性。

二、授权审批控制

(一)授权审批的分类

常规授权是指企业在日常经营管理活动中按照既定的职责和程序进行的授权。一般表现为由管理层制定整个组织应当遵守的相关制度,员工按照规定的权限范围和岗位职责自行办理或执行相关业务。

特别授权是指企业在特殊情况、特定条件下进行的授权。特别授权通常是临时性的,例如,在收购兼并、对外担保、法律纠纷等重要的业务中需要临时做出的某项承诺,或者超过常规授权限制的交易,都需要特别授权。特别授权一般是由董事会给经理层或经理层给内部机构及其员工授予处理某一突发事件、作出某项重大决策、代替上级处理日常工作的临时性权力。

授权审批控制要求企业根据常规授权和特别授权的规定,明确各岗位办理业务和事项的权限范围、审批程序和相应责任。企业应当编制常规授权的权限指引,规范特别授权的范围、权限、程序和责任,严格控制特别授权。

（二）授权审批的责任

企业各级管理人员应当在授权范围内行使职权和承担责任。授权审批应当实现：

（1）企业所有人员没有经过授权，不能行使相应的权力。

（2）企业的所有业务没有经过授权不能执行。

（3）对于审批人超过授权范围的审批业务，经办人员有权拒绝办理，并且向上级授权部门报告。

（三）集体决策审批

企业对于重大的业务和事项，应当实行集体决策审批或者联签制度，任何个人不得单独进行决策或者擅自改变集体决策。

企业的重大决策、重大事项、重要人事任免及大额资金支付业务等（即通常所说的"三重一大"），应当按照规定的权限和程序实行集体决策审批或者联签制度；任何个人不得单独进行决策或者擅自改变集体决策意见。

三、会计系统控制

会计系统控制主要是对企业发生的经济业务事项进行确认、计量和报告过程所实施的控制。

会计系统控制要求企业严格执行国家统一的会计准则制度，加强会计基础工作，明确会计凭证、会计账簿和财务会计报告的处理程序，保证会计资料真实完整。

企业应当依法设置会计机构，配备会计从业人员。会计机构负责人应当具备会计师以上专业技术职务资格或者从事会计工作三年以上经历。

大中型企业应当设置总会计师。设置总会计师的企业，不得设置与其职权重叠的副职。

四、财产保护控制

财产保护控制要求企业建立财产日常管理制度和定期清查制度，采取财产记录、实物保管、定期盘点、账实核对等措施，确保财产安全。

（一）财产记录控制

财产记录控制是指妥善保管涉及资产的各种文件资料，避免记录受损、被盗、被毁。第一，应当严格限制接近记录的人员，以保持保管、批准和记录职务分离的有效性；第二，各种记录应当妥善保存，尽可能减少记录受损、被盗、被毁的可能性；第三，某些重要资料，应当留存备份记录，以备意外发生时恢复。

（二）实物保管控制

包括限制接近控制、财产保险控制。

限制接近控制：企业应当严格限制未经授权的人员接触和处置财产。

财产保险控制：采用火灾险、盗窃险等财产投保的方式，降低财产风险。

（三）定期盘点

定期盘点是定期对实物资产进行盘点，并将盘点结果与会计记录进行比较。

（1）实物资产定期与会计记录核对。

（2）如果实物盘点结果与有关记录之间存在差异，进行差异调查和调整。

五、全面预算控制

（一）概念

全面预算，是指企业对一定期间经营活动、投资活动、财务活动等作出的预算安排。

（二）全面预算控制的目标

（1）合规目标。全面预算要符合相关法律法规的要求。

（2）经营目标。全面预算应当有助于提高企业经营的效率与效果，明确各责任单位在预算管理中的职责权限，规范预算的编制、审定、下达和执行程序，强化预算约束。例如，在提高企业存货周转率方面，增加预算投入。

（3）战略目标。全面预算应当配合企业战略目标，在需要重点投入的领域增加预算。

（4）资产安全目标。全面预算应当配合资产安全目标，例如，增加公司的监控设备、是否配备保安、人工监督和机器监督之间的预算对比分析等。

（5）报告目标。全面预算应支持公司的会计电算化、财务共享需求，提高信息与沟通的及时性、真实性。

（三）全面预算管理的过程与风险控制

全面预算管理的过程包括预算编制、预算审批、预算下达、预算指标分解和责任落实、预算执行、预算分析、预算调整和预算考核。

1. 预算编制

预算编制是企业实施全面预算管理的起点。

（1）预算编制环节的主要风险。

第一，预算编制以财务部门为主，业务部门参与度较低。

第二，预算编制所依据的相关信息不足，可能导致预算目标与战略规划、经营计划、市场环境、企业实际等相脱离；预算编制基础数据不足，可能导致预算编制准确率降低。

第三，预算编制程序不规范。

第四，预算编制方法选择不当。

第五，预算目标及指标体系设计不完整、不合理、不科学，可能导致预算管理在实现发展战略和经营目标、促进绩效考评等方面的功能难以有效发挥。

第六，编制预算的时间太早或太晚，可能导致预算准确性不高，或影响预算的执行。

（2）预算编制环节的主要控制措施。

第一，全面性控制。明确企业各个部门、单位的预算编制责任，使企业各个部门单位的业务活动全部纳入预算管理；把企业经营、投资、财务等各项经济活动的各个方面、各个环节都纳入预算编制范围，形成由经营预算、投资预算、筹资预算、财务预算等一系列预算组成的相互衔接和勾稽的综合预算体系。

第二，编制依据和基础控制。制定明确的战略规划，并依据战略规划制定年度经营目标和计划，作为制定预算目标的首要依据，确保预算编制真正成为战略规划和经营计划的年度具体行动方案。

第三，编制程序控制。企业应当按照上下结合、分级编制、逐级汇总的程序，编制年度全面预算。

第四,编制方法控制。选择或综合运用固定预算、弹性预算、滚动预算等方法编制预算。

第五,预算目标及指标体系设计控制。按照"财务指标为主体、非财务指标为补充"的原则设计预算指标体系。把企业的战略规划、经营目标体现在预算指标体系中;把企业产、供、销、投融资等各项活动的各个环节、各个方面的内容都纳入预算指标体系。

第六,预算编制时间控制。企业可以根据自身规模大小、组织结构和产品结构的复杂性、预算编制工具和熟练程度、全面预算开展的深度和广度等因素,确定合适的全面预算编制时间,并应当在预算年度开始前完成全面预算草案的编制工作。

2. 预算审批

(1)预算审批环节的主要风险是:全面预算未经适当审批或超越授权审批,可能导致预算权威性不够、执行不力,或可能因出现重大差错、舞弊而导致损失。

(2)预算审批环节的主要控制措施是:企业全面预算应当按照《公司法》等相关法律法规及企业章程的规定报经审议批准。

3. 预算下达

(1)预算下达环节的主要风险是:全面预算下达不力,可能导致预算执行或考核无据可查。

(2)预算下达环节的主要控制措施是:企业全面预算经审议批准后应及时以文件形式下达执行。

4. 预算指标分解和责任落实

(1)预算指标分解和责任落实环节的主要风险。预算指标分解不够详细、具体,可能导致企业的某些岗位和环节缺乏预算执行和控制依据;预算指标分解与业绩考核体系不匹配,可能导致预算执行不力;预算责任体系缺失或不健全,可能导致预算责任无法落实,预算缺乏强制性与严肃性;预算责任与执行单位或个人的控制能力不匹配,可能导致预算目标难以实现。

(2)预算指标分解和责任落实环节的主要控制措施。

第一,企业全面预算一经批准下达,各预算执行单位应当认真组织实施。

第二,建立预算执行责任制度,对照已确定的责任指标,实施考评。

第三,分解预算指标和建立预算执行责任制应当遵循定量化、全局性、可控性原则。

5. 预算执行

(1)预算执行环节的主要风险。缺乏严格的预算执行授权审批制度,可能导致预算执行随意;预算审批权限及程序混乱,可能导致越权审批、重复审批,降低预算执行效率和严肃性;预算执行过程中缺乏有效监控,可能导致预算执行不力,预算目标难以实现;缺乏健全有效的预算反馈和报告体系,可能导致预算执行情况不能及时反馈和沟通,预算差异得不到及时分析,预算监控难以发挥作用。

(2)预算执行环节的主要控制措施。

第一,加强资金收付业务的预算控制,及时组织资金收入,严格控制资金支付,调节资金收付平衡,防范支付风险。

第二,严格资金支付业务的审批控制,及时制止不符合预算目标的经济行为,确保各项业务和活动都在授权的范围内运行。

1

第三，建立预算执行实时监控制度，及时发现和纠正预算执行中的偏差。确保企业办理采购与付款、销售与收款、成本费用、工程项目、对外投融资、研究与开发、信息系统、人力资源、安全环保、资产购置与维护等各项业务和事项，均符合预算要求；对于涉及生产过程和成本费用的，还应严格执行相关计划、定额、定率标准。

第四，建立重大预算项目特别关注制度。对于工程项目、对外投融资等重大预算项目，企业应当密切跟踪其实施进度和完成情况，实行严格监控。对于重大的关键性预算指标，也要密切跟踪、检查。

第五，建立预算执行情况预警机制，科学选择预警指标，合理确定预警范围。

第六，建立健全预算执行情况内部反馈和报告制度，确保预算执行信息传输及时、畅通、有效。

6. 预算分析

（1）预算分析环节的主要风险。预算分析不正确、不科学、不及时，可能削弱预算执行控制的效果，或可能导致预算考评不客观、不公平；对预算差异原因的解决措施不得力，可能导致预算分析形同虚设。

（2）预算分析环节的主要控制措施。

第一，企业预算管理工作机构和各预算执行单位应当建立预算执行情况分析制度，提出改进措施。

第二，企业应当加强对预算分析流程和方法的控制，确保预算分析结果准确、合理。

第三，企业应当采取恰当措施处理预算执行偏差。并作为下期预算编制的影响因素。

7. 预算调整

（1）预算调整环节的主要风险。预算调整依据不充分、方案不合理、审批程序不严格，可能导致预算调整随意、频繁，预算失去严肃性和"硬约束"。

（2）预算调整环节的主要控制措施。

第一，明确预算调整条件。由于市场环境、国家政策或不可抗力等客观因素，导致预算执行发生重大差异确需调整预算的，应当履行严格的审批程序。企业应当在有关预算管理制度中明确规定预算调整的条件。

第二，强化预算调整原则。一是预算调整应当符合企业发展战略、年度经营目标和现实状况，重点放在预算执行中出现的重要的、非正常的、不符合常规的关键性差异方面；二是预算调整方案应当客观、合理、可行，在经济上能够实现最优化；三是预算调整应当谨慎，调整频率应予以严格控制，年度调整次数应尽量少。

第三，规范预算调整程序，严格审批。调整预算一般由预算执行单位逐级向预算管理委员会提出书面申请，详细说明预算调整理由、调整建议方案、调整前后预算指标的比较、调整后预算指标可能对企业预算总目标的影响等内容。预算管理委员会根据授权进行审批。

8. 预算考核

（1）预算考核环节的主要风险。预算考核不严格、不合理、不到位，可能导致预算目标难以实现、预算管理流于形式。其中，预算考核是否合理受到考核主体和对象的界定是否合理、考核指标是否科学、考核过程是否公开透明、考核结果是否客观公正、奖惩措施是否公平合理且能够落实等因素的影响。

（2）预算考核环节的主要控制措施。

第一，建立健全预算执行考核制度。预算考核的周期一般应当与年度预算细分周期相一致，即一般按照月度、季度实施考评，预算年度结束后再进行年度总考核。

第二，合理界定预算考核主体和考核对象。预算考核主体分为两个层次：预算管理委员会和内部各级预算责任单位。预算考核对象为企业内部各级预算责任单位和相关个人。

第三，科学设计预算考核指标体系。

第四，按照公开、公平、公正原则实施预算考核。企业应当将全面预算考核程序、考核标准、奖惩办法、考核结果等及时公开。考核结果要客观公正。

六、运营分析控制

运营分析控制要求企业建立运营情况分析制度，经理层应当综合运用生产、购销、投资、筹资、财务等方面的信息，通过因素分析、对比分析、比率分析、趋势分析等方法，定期开展运营情况分析，发现存在的问题，及时查明原因并加以改进。

（一）因素分析法

1. 主次因素分析法

分析影响分析对象的各种因素，按照影响大小进行排序，区分主要因素、次要因素、一般因素，重点分析主要因素。

2. 因果分析法

影响分析对象的原因有哪些？是正相关还是负相关，如何促进正相关因素？抑制负相关因素？

（二）对比分析法

与计划的标准进行对比，与本企业的过去指标进行对比，与行业平均值进行对比等；通过对比，发现差异，并进行分析和改进。

（三）比率分析法

使用不同种类的比率进行分析，例如，对于生产环节来说，可以采用废品率、材料成本差异等指标；对于采购环节来说，可以采用采购成本节约额、采购原料合格率等指标；对于销售环节来说，可以采用销售利润率、应收账款周转率等指标。

（四）趋势分析法

通过分析两期或者连续多期的财务指标、非财务指标，确定增减的方向、数额、幅度，掌握变动趋势，分析原因并加以改进。

七、绩效考评控制

绩效考评控制要求企业建立和实施绩效考评制度，科学设置考核指标体系，对企业内部各责任单位和全体员工的业绩进行定期考核和客观评价，将考评结果作为确定员工薪酬以及职务晋升、评优、降级、调岗、辞退等的依据。

（一）绩效考评的方法

1. 平衡计分卡

财务：资产收益率、现金流量；

顾客：顾客满意度、退货量、市场份额；

内部业务流程：存货周转率、返工率、机器停工率；

学习和成长：员工建议数量、员工建议质量、员工流失率、员工培训次数、员工在职学历提升比例等。

2. 关键事件法

根据被考评人员在工作中极为成功或者极为失败的事件，来进行考评的方法。

3. 目标管理法

把组织目标分解成为各个部门员工的个人目标，根据完成情况进行考核。

4. 360 度绩效考评法

与被评价者有密切关系的人，包括被评价者的上级、同事、下级、员工自己、客户等，从不同角度对员工进行考核和评价。

（二）绩效考核指标的要求

（1）绩效考核指标应当与企业战略目标相一致，与企业发展战略、企业目标、企业文化的要求相一致。

（2）绩效考核指标的明确性，绩效考核应当为被考评对象提供一种明确的指导，告诉员工要达到什么目标以及如何才能达到目标。

（3）绩效考核指标的可接受性。绩效考评指标能够被员工接受和认可，同时公平对待每一位员工，考核政策、办法、程序公开透明。

（4）考评结果要与被考评者的奖惩相挂钩，定期公布考评通报，树立正确的用人导向。

第四节　内部控制痕迹

内部控制痕迹在企业或行政事业单位内部控制建设中具有重要价值。李若山等（2009）指出，企业在《内部控制手册》建设中，应当明确企业内部控制的主要留痕，尤其需要重视表单和书面证据，以达到企业内部控制的可复核性。王蕾、池国华认为，内部控制建设过程中的"痕迹化"的主要目的是留下控制证据，一方面表明企业实施了相应的控制措施，另一方面便于监督检查时追溯责任。高建航认为，控制过程当中没有留下可审查的痕迹、证据，难以保证内部控制执行到位；不利于内部控制的监督和评价；不利于信息传递和沟通；不利于责任清晰界定。虽然内部控制痕迹在内部控制设计和实施中具有重要价值，但是，鲜见研究者详细论述内部控制痕迹的概念、具体内容、作用和注意事项。

一、内部控制痕迹的概述

（一）内部控制痕迹的概念

关于内部控制痕迹的概念尚未统一，刘宏灿认为，控制痕迹是记录控制的载体。张岩松等，张俊杰、李满威，张庆龙、王洁等研究者从控制单据、业务表单、佐证材料等角度来诠释内部控制痕迹。借鉴以上研究者的观点，我们认为，内部控制痕迹是内部控制设计和实施过程中，企业董事会、监事会、经理层和全体员工行为的记录，包括书面文档、电子文档、口头询问记录、实物资产和无形资产四种形式。

（二）内部控制痕迹的种类

1. 书面文档类的内部控制痕迹

（1）各种会议记录。

① 公司层面的各种会议记录。例如,党委会、董事会、监事会、内部控制建设小组、内部控制评价小组、公司战略会议等。

② 业务层面的各种会议记录。例如,发行债券会议记录、预算工作会议记录、采购会议记录、销售会议记录、投资会议记录、合同签订的会议记录等。

（2）各种会计资料。包括各类原始凭证、记账凭证、会计账簿、会计报表。其中,原始凭证数量庞大,包括自制原始凭证和外来原始凭证。

① 自制原始凭证:企业生成的交易小票、资产盘点记录、资产台账、材料验收单、产品入库验收单、销售发货票、发出材料汇总表、领料单等。

② 外来原始凭证:餐饮发票、餐饮发票所附的菜单、采购物品发票所附的明细单据、住宿发票、乘坐的交通工具的发票等。

（3）公司各类文件。

① 公司层面的各种文件,包括党委会、董事会、监事会、内部控制建设小组等发布的针对公司运作的各种文件,例如,组织架构制度、社会责任制度、公司文化文件、人力资源制度、内部审计规章制度、预算管理制度等。

② 业务层面的各种文件,例如,收入管理制度、支出管理制度、招标制度、投标制度、对外投资制度、对外捐赠制度等。

（4）各类业务文档。

① 公司内部的各类业务文档。例如,公司签订的各种合同、合同执行情况检查记录、合同验收文档、各类申请材料、各类授权审批材料、工程竣工验收材料、工程变更材料、竣工决算报告、洽谈小组人员名单、企业风险评估报告、内部控制自我评价报告、内部审计报告等。

② 公司外部的各类业务文档。例如,第三方检测报告、供应商提供的业务文档、客户提供的业务文档等。

2. 电子文档类的内部控制痕迹

（1）企业内部的电子文档类的内部控制痕迹。

① 录像类。包括企业工程招标过程录像、人力资源招聘过程录像、企业监控录像等各类录像。例如,监控录像有助于识别公司人员是否偷窃公司资产、投毒、违反操作流程等行为。

② 计算机操作日志。计算机系统的操作日志可以记录哪些人在什么时点、在哪台计算机上进行了操作,操作的内容是什么? 上述内部控制痕迹是识别利用计算机舞弊的重要依据。反之,如果相关人员的业务活动在操作日志没有留下内部控制痕迹,将带来舞弊隐患。

（2）企业外部的电子文档类的内部控制痕迹。

① 企业外部的各类录像。机场录像、高铁录像,上述两种录像可以核查公司涉嫌舞弊人员是否乘坐了该时间段的交通工具。酒店录像,可以核查公司涉嫌舞弊人员是否在某一时间入住该酒店。旅游区的录像,可以核查公司涉嫌舞弊人员是否接受客户提供的旅游服务。

② 银行卡交易记录、微信或支付宝转款记录。该记录可以核查公司涉嫌舞弊人员在何时、何种交易渠道、收取何人或何单位具体的金额数量。

1

③ 酒店、旅游区的门票、住宿发票、餐饮发票等。该记录可以核查公司涉嫌舞弊人员是否接受了客户的宴请、旅游接待服务等可能影响业务公正履行的行为。

3. 口头询问记录

口头询问记录包括对企业外部人员和企业内部人员的询问记录。口头询问获得的内部控制痕迹,不但可以发现重要线索,也可以作为证据直接使用。例如,企业销售人员在没有招待客户的情况下,将私人消费的餐饮发票拿到企业财务部门报销,并声称招待某个公司的某几位客户。此时,通过询问该员工声称的客户是否在某一时间、某一饭店就餐,就可以获得相应的证据。而且,对于企业内部员工的询问,可以了解相应的内部控制流程是否得到执行。

4. 实物资产和无形资产

公司各类实物资产和无形资产是由过去的交易或事项形成,有形资产包括采购的原材料、库存产品、固定资产等。无形资产包括专利、商标、土地使用权等。如果公司采购的资产与合同要求不一致,通过复核资产采购全流程的内部控制痕迹链条,就可以追溯到责任单位和责任人。例如,某石化公司采购德国产疏水阀,但是,实际采购到公司的疏水阀是江苏某阀门厂生产的产品。在核查时,该公司疏水阀的请购单、采购合同、订货单、验收单、卖方发票、付款单据、现金支出日记账、应付账款明细账、库存的疏水阀、已经安装的疏水阀、第三方对疏水阀的质量检测报告等,构成了疏水阀采购的完整的内部控制痕迹链条,因此,资产作为内部控制痕迹链条的一个组成部分,是切实存在的证据,不可或缺。

二、内部控制痕迹的作用

完整的内部控制痕迹可以形成证据链条,作用广泛,现从以下七个方面进行说明。

(一)内部控制痕迹可以用于员工的绩效考评

企业或者行政事业单位规定了考勤时间,如果员工违反规定,则通过内部控制痕迹可以识别。例如,某企业的考勤制度规定,行政坐班员工的工作时间是上午 8:30 至中午 12:00,下午 1:30—4:30,该企业绩效考核小组在工作日中午 11:30 调取职工食堂的刷卡记录,发现部分行政坐班员工连续多日在 11:30 之前刷卡就餐,刷卡记录所构成的内部控制痕迹为奖惩员工提供了依据。

(二)内部控制痕迹有助于降低公司损失

不同岗位的人员通过复核内部控制痕迹,可以降低公司损失。例如,某客户在某水果店购买价格较为昂贵的进口水果,销售人员错把价格昂贵的进口水果按照价格较为廉价的国内水果进行计量,并且把计价结果的小票粘贴在水果袋上面。当客户拿着水果去收银员处买单时,收银员通过检查粘贴在水果袋上面的价格标签中含有的水果品种、单价、重量等信息,发现销售人员计价错误,要求销售人员重新按照进口水果价格进行计量。因此,收银员并不是单纯的履行收款职责的人员,也具有内部牵制的职责,其内部牵制的着眼点就是作为内部控制痕迹的小票。前述的销售员可能是有意识地给熟人故意打错价格;也可能是无意识地给陌生人打错价格。如果企业使用自助收银系统,前提是顾客拿到收银台的商品的计价是准确无误的,否则将给企业带来损失。

(三)内部控制痕迹有助于界定责任

在内部控制设计和运行过程中,内部控制痕迹有助于界定不同人员的责任。内部控制痕迹除了应用于企业之外,在行政事业单位也可以应用。例如,2006年,浙江理工大学设计研究所原所长沈丁挪用公款65万元用于个人购房,如果浙江理工大学设计研究所是个人承包,则涉及的问题是偷漏税;如果研究所属于浙江理工大学下属单位,则涉及职务犯罪。案发时担任浙江理工大学党委书记的白同平和时任副校长夏金荣两人共同出具了浙江理工大学设计研究所是沈丁个人承包的书面证明,但是,按照"三重一大"规定,个人承包需要党委会或者校长办公会集体决定,因此,白同平和夏金荣出具的证明,并没有被采用,办案人员调阅了2000年以来的浙江理工大学的党委会会议记录、校长办公会会议记录,都没有设计研究所"个人承包"的定论。之后证实白同平和夏金荣也是涉案人员。因此,党委会会议记录、校长办公会会议记录作为内部控制痕迹,对于界定法律责任发挥了重要作用。

(四)内部控制痕迹可以增加舞弊的难度

在企业中,有的员工打企业招待费的主意,存在"低消费高报销""无消费也报销"现象,这些员工在企业正常的招待工作中,与个别饭店熟识,通过与饭店负责人协商,要求饭店负责人在没有业务招待的情况下,也开具高额发票,并且伪造与发票金额相同的点菜单,一些饭店负责人为了留住客户,采取了迎合客户的行为。

对于企业来说,可以要求员工和接受招待的客户在发票背面签名,或用其他方式证明真实的消费情况。此外,在企业指定的酒店或者企业内部自办的饭店用餐,这类饭店一般不会配合企业员工的造假行为。

(五)内部控制痕迹有助于识别舞弊

内部控制痕迹记录了相关人员的行为,在识别舞弊中发挥着重要作用。例如,某企业的出纳员去某银行办理取款业务,该银行前台柜员记录了该企业出纳员取款5万元,该银行的计算机系统管理员与该企业的出纳员串通,企图删掉取款记录从而达到侵吞企业公款5万元的目的。该系统管理员首先通过私人感情获取了另一位计算机系统管理员掌管的密码,突破了内部牵制,然后,进入到计算机主机操作系统,删除了该银行前台柜员记录的该企业出纳员取款5万元的交易记录,紧接着,这名系统管理员把该企业存款记录里面的存款余额改为取款5万元之前的金额。该系统管理员自认为做得天衣无缝,但是,他只是手动修改了该企业存款金额里面的存款余额,并没有手动修改该企业在银行计算机系统其他位置的存款金额,这就造成了该企业在银行计算机系统不同位置的存款金额不一致的情况。而且,该系统管理员的操作行为也被计算机操作日志记录下来,内部控制痕迹为识别舞弊提供了有力的证据。

(六)内部控制痕迹有助于提高内部控制设计和运行的有效性

企业或行政事业单位的内部控制自我评价小组依据相应的内部控制痕迹,获得完整的证据链,提出内部控制评价意见,将有助于提高企业内部控制设计和运行的有效性。反之,缺乏内部控制痕迹、人为故意损毁内部控制痕迹、伪造内部控制痕迹所涉及的凭证、会议记录、表单等,就可能形成内部控制缺陷;从而降低内部控制设计和运行的效率和效果。

(七)企业的内部控制痕迹有利于降低审计成本

我国审计准则要求,注册会计师先了解被审计单位的内部控制,并且在评估被审计单位内部控制风险的基础上,才能决定财务报表实质性测试的性质、范围、时间安排等内容。企业拥有各类业务完整的内部控制痕迹链条,对于注册会计师评估企业内部控制设计和运行的有效性具有重要意义,不但可以节约投入审计人员的数量,还可以减少审计时间,企业高质量的内部控制痕迹也意味着高质量的内部控制,从而,外部审计的成本也会相应降低。

1

三、保证内部控制痕迹有效性的措施

内部控制痕迹如果要发挥作用,需要注意以下事项:

(一)保证内部控制痕迹链条的完整性

企业对于各类业务,都应当形成完整的内部控制痕迹链条。例如,某酒店为了控制餐饮服务的质量,通过招标的方式定点采购食材;在厨房间、餐厅安装监控设备;保留食材和成品的样本,经过以上步骤,从食材采购、加工、食用就形成完整的内部控制痕迹链条。

(二)保证内部控制痕迹资料的真实性

虚假的资料伪造的内部控制痕迹资料将误导利益相关者的决策。例如,原巴林银行前交易员尼克·里森伪造花旗银行巨额存单骗过巴林银行总部的内部审计人员;贵州省毕节市织金经济技术开发区财政局原出纳员王红梅通过抠图技术伪造银行对账单,模仿领导签字,私刻单位公章等行为构建了虚假的内部控制痕迹资料,盗取单位大额款项。因此,真实的内部控制痕迹资料才具有证明效力。

(三)保证内部控制痕迹资料的规范性

规范的内部控制痕迹资料才具有证明效力。例如,企业原始凭证表单没有编号;企业各类单据上面的相关人员签字使用个性化十足的艺术签名,无法准确辨认签字人,或者存在涂改签字的现象。上述不规范的行为都将削弱内部控制痕迹资料的证明效力。

(四)在多个位置设置内部控制痕迹

如前所述的银行案例,银行的主机操作系统中,不但在企业存款的位置设置了企业的存款余额,而且在企业贷款的位置,设置了企业的存款余额,这一方面是为了增加计算机系统操作员手工修改存款余额的难度,另一方面,银行在给该企业贷款时,方便了解该企业在本银行的存款余额现状,以免盲目放贷。此外,银行的主机操作系统还可以在其他位置设置企业的存款余额,但是,具体在哪里设计了"内部控制痕迹",银行计算机系统管理员是不知道的,只有高层管理者或者内部审计人员了解,增加了计算机系统操作人员舞弊的难度。上述案例简述了计算机系统的内部控制痕迹设置,在手工控制活动中,也可以采用在多个位置设置内部控制痕迹的做法,达到增加舞弊难度的效果。

案例 1 - 5 内部控制痕迹在内部控制设计和实施中的具体应用

某医院药品采购与风险管理控制,如表 1 - 1 所示。

表 1 - 1　　　　　　　　　药品采购与风险管理控制

编号	风险描述	对应控制目标	关键控制措施	不相容职务	控制方式	对应制度	控制痕迹
R1	采购管理制度不健全	确保采购方式合法合规	(1) 加强学习国家、地方层面的规章制度;(2) 建议完善医院《药品采购管理制度》	编制/审批	人工控制/系统控制	药品采购管理制度	药品采购管理制度

续　表

编号	风险描述	对应控制目标	关键控制措施	不相容职务	控制方式	对应制度	控制痕迹
R2	岗位职责分工不合理，造成管理效率低下	确保明确合理的管理流程和岗位职责	(1)明确采购管理各机构的工作职责；(2)确保采购、审批、执行、评价等不相容岗位相互分离	编制/审批	人工控制	岗位职责制度	各工作岗位职责管理制度
R3	采购管理没有适当审批或审批越权，可能会出现重大差错、舞弊、欺诈等行为	确保采购得到适当审批，确保临床使用药品的合理性和经济性	(1)合理设置采购管理决策机构、工作机构、执行机构；(2)确保采购经过适当审批	经办/审核	人工控制/系统控制	药品采购管理制度	药品采购管理制度
R4	药品的遴选不合理等，影响临床药品使用疗效及安全	确保采购药品满足单位实际要求	按照临床使用要求通过药事管理与药物治疗学委员会进行疗效比较，确定合理的品种	申请/审核	人工控制	药品遴选和动态管理制度、新药申请管理制度、抗菌药物遴选和定期评估制度	新药申请报告、药品相关证件
R5	新药申请过程中存在收受厂家贿赂的廉洁风险	确保临床使用药品的合理性和经济性	认真执行有关规定，提高个人防控能力，廉洁自律，自觉杜绝各种诱惑	经办/监督	人工控制	药品遴选和动态管理制度	廉洁合同
R6	在新药引进和年度药品遴选、基本药物遴选中未能客观地制定遴选原则和标准	确保舞弊和防范腐败的关键控制点已落实	由药事管理与药物治疗学委员会全体专家委员共同民主商讨决策，严格执行《新药申请管理制度》	编制/审批	人工控制	药品遴选和动态管理制度、新药申请管理制度、抗菌药物遴选和定期评估制度	药事会议记录
R7	药品准入对科室医疗均次费用和药品占比等指标影响评估不充分	确保临床使用药品的合理性、经济性及客观必要性	由药事管理与药物治疗学委员会全体专家委员共同民主商讨决策	经办/监督	人工控制/系统控制	药品遴选和动态管理制度	药事会议记录
R8	药品准入中存在不相容职责未分离的重大风险	确保明确合理的管理流程和岗位职责	认真执行有关规定，提高个人防控能力，执行各自的岗位职责	编制/审批	人工控制/系统控制	药品遴选和动态管理制度	各岗位职责

1

续　表

编号	风险描述	对应控制目标	关键控制措施	不相容职务	控制方式	对应制度	控制痕迹
R9	采购程序管理不到位或不合规,可能导致采购的药品质量差、价格高,造成损失、舞弊或欺诈	确保采购方式合法合规	采用政府规定业务路径合理采购药品	经办/监督	人工控制/系统控制	药品遴选和动态管理制度、药品临时采购程序	采购计划、临时采购申请单
R10	药品没有安全库存,采购申请不及时,影响药品临床持续使用	确保采购药品满足单位实际要求	按照计划下单前要核实药品库存,根据实际库存和需求提出采购申请	申请/审批	人工控制/系统控制	药品采购管理制度	采购计划
R11	药品采购数量不恰当,导致库存过多,影响药品质量和增加成本	保证药品日常采购的采购量和周期合理	药品采购计划必须根据库存和将来使用计划,并经药库审核通过后执行	申请/审批	人工控制/系统控制	药品采购管理制度	采购计划
R12	采购预算和计划编制不合理,造成资金浪费或药品剩余等问题	确保采购纳入医院预算内或预算外控制	由预算管理委员会下拨本年度采购预算	经办/监督	人工控制/系统控制		采购计划
R13	采购人员的授权不明确,授权不合理,导致采购效率低	确保预防舞弊和防范腐败的关键控制点已落实	制定合理的采购授权体制,层层授权,明确采购人员的采购范围,对超过授权范围的须进行申报审批,审核通过后进行采购	经办/监督	人工控制	药品采购管理制度	药库采购员岗位职责
R14	药品价格提高时,医院药品采购工作小组未与医药公司进行讨论,可能增加成本	确保药品采购价格合理	明确药品采购工作小组职责,对涨价药品与医药公司谈判讨论	申请/审批	人工控制	药品采购价格管理暂行办法及管理流程	药品采购工作小组工作会议纪要

续 表

编号	风险描述	对应控制目标	关键控制措施	不相容职务	控制方式	对应制度	控制痕迹
R15	临时准入采购不规范,采购中未能客观评价必要性	保证临时采购药品的客观必要性	严格执行《药品临时采购管理制度及程序》《抗菌药物临时采购制度和程序》,特殊使用级抗菌药物严格执行特殊药品使用会诊制度	申请/审核	人工控制	药品临时采购管理制度及程序	药品临时采购申请表;抗菌药品临时采购申请表

案例来源:胡文娟,孙华君,柴昱,等.医院药品采购及供应工作内部控制风险点研究[J].儿科药学杂志,2017(1)42－46.

课后练习题

一、单项选择题

1. 下列哪个项目属于企业文化(　　)。

A. 员工薪酬　　　　B. 管理层薪酬　　　C. 董事会薪酬　　　D. 企业精神

2. 实物牵制的基本内容是(　　)。

A. 两名仓库保管员共同管理实物工具　　B. 会计记录牵制

C. 会计凭证牵制　　　　　　　　　　　D. 税务凭证牵制

3. COSO是(　　)。

A. 发起组织委员会的简称　　　　　　　B. 财务经理协会简称

C. 内部审计师协会简称　　　　　　　　D. 美国注册会计师简称

4. 以下哪项是内部控制的终极目标(　　)。

A. 战略目标　　　B. 资产安全目标　　C. 合规目标　　　D. 报告目标

5. 以下哪项不是内部控制的要素(　　)。

A. 内部环境　　　B. 风险评估　　　C. 控制活动　　　D. 厂区整改

二、多项选择题

1. 内部牵制的提出主要基于以下哪两个设想(　　)。

A. 单位所处的行业状况

B. 单位所处的法律环境

C. 单位所处的监管环境

D. 两个或者两个以上人员或部门无意识地犯同样错误的概率,远小于一个人或部门犯该种错误的概率

E. 两个或者两个以上人员或者部门有意识地串通舞弊的可能性,远低于一个人或者

1

部门单独舞弊的可能性。

2. 下列哪些内容属于内部控制要达到的目标（　　）。

A. 合法合规 　　　　　　　　　　B. 资产安全

C. 促进企业实现发展战略 　　　　D. 经营效率和效果

E. 安排职工子女工作

3. 联合颁布《企业内部控制基本规范》及其配套指引的部门包括（　　）。

A. 财政部 　　　B. 证监会 　　　C. 审计署 　　　D. 保监会

E. 银监会

4. 以下哪项是企业建立与实施内部控制，应当遵循的原则（　　）。

A. 全面性原则 　　B. 制衡性原则 　　C. 适应性原则 　　D. 成本效益原则

E. 重要性原则

5. 以下哪些项目是内部控制的局限性（　　）。

A. 目标设定不恰当 　　　　　　　B. 人员素质低

C. 管理层凌驾于内部控制体系之上 　　D. 成本低于效益

E. 重要而全面

三、判断题

1. 内部控制是一种全员控制（　　）。

2. 小企业不需要内部控制，内部控制是大企业的要求（　　）。

3. 只要有了内部控制体系，企业就可以不用担心风险了（　　）。

4. 因为内部控制对企业十分重要，小企业也应该仿照大企业建立复杂的内部控制体系（　　）。

5. 内部控制具有固有的局限性，内部控制制度不是一成不变的，但也不是万能的（　　）。

四、简答题

1. 内部控制的五个目标是什么？

2. 内部控制的五个要素是什么？

3. 内部控制的四个假设是什么？

4. 内部控制的五个原则是什么？

5. 内部控制的九种局限性是什么？

6. 国外内部控制发展的五个阶段分别是什么？

7. 内部牵制包括哪四种类型？

8. 内部控制痕迹的内容有哪些？

9. 内部控制痕迹的作用有哪些？

五、案例分析题

82人集体舞弊串标养殖塘　涉案金额317万元

西周莲花片的养殖塘位于象山县，属于象山县象西水产养殖有限公司。2011年12月9日，该公司发布投标通告，对其所属的莲花片区的15个养殖塘公开招租。当时规定投标底价为每年2 600元/亩，每标押金10万元。报名期间共有82人报名，取得103个投标资格。2011 年 12 月 21 日上午,当地部分村民以"塘少人多,老塘养老,不同意外地人投标"为由,对招投标进行阻挠,造成上午公开投标不成功。当天下午进行第二次投标,最终按照养殖塘位置和面积不同,15 个养殖塘分别以每年 2 604.22～2 611.63 元/亩不等的价格中标。2012 年 3 月,象山工商分局接到群众举报,称西周莲花片的养殖塘在投标过程中,有人把公开招标变为内定,存在串通投标违法行为。

平均中标价为每年 2 607.69 元/亩,只比每年 2 600 元/亩的起标价多了 7.69 元,最高的中标价也仅比起标价高了 11.63 元。这不得不让工商人员产生怀疑,并切实加大了调查力度。历时三个多月后,真相终于揭开。"竞标者之所以能以那么低的价格竞到标,是因为存在内定中标者,人为压低了投标价。"工商办案人员透露,本案中投标人内定张某等 10 个本村的老养殖户中标,另外 5 个养殖塘则由新报名的人按抓阄方式确定塘号,然后内定好的 15 户养殖户把签好姓名的空白投标单交给张某,由张某按照事先约定的塘号和投标金额统一填写投标单。其他 67 人均将签好姓名的空白 88 份投标单上交,这样就能确保内定投标者顺利中标事先确定的塘号。"那 67 人愿意放弃投标是因为当时被许诺给予 5 000 元的'香烟钱'"。办案人员指出,投标后的第二天,中标的 15 个人就按照养殖塘的面积计算出了应承担的"香烟钱",并支付给放弃投标者每标 5 000 元,总计 44 万元。

案例来源:刘畅.82 人集体舞弊串标养殖塘　涉案金额 317 万元[J].中国招标,2017(12)42.

要求:从内部控制角度来分析,如何遏制投标舞弊行为?

第二章 内部环境

💡 学习目标

1. 掌握内部环境的五个要素
2. 掌握组织架构、发展战略、人力资源、社会责任、企业文化各自的概念
3. 掌握组织架构、发展战略、人力资源、社会责任、企业文化各自的风险及控制措施

内部环境是企业实施内部控制的基础,支配着企业全体员工的内部控制意识,影响着全体员工实施控制活动和履行控制责任的态度、认识和行为。内部环境包括组织架构、发展战略、人力资源、社会责任、企业文化五个部分。

第一节 组织架构

一、概念

组织架构是企业按照国家有关法律法规、股东(大)会决议和企业章程,结合本企业实际,明确股东(大)会、董事会、监事会、经理层和企业内部各层级的机构设置、职责权限、人员编制、工作程序和相关要求的制度安排。

二、组织架构的构成

组织架构包括治理结构和内部机构。

(一)治理结构

治理结构即企业治理层面的组织架构。包括内部治理结构和外部治理结构。

1. 我国企业的内部治理结构

我国企业的内部治理结构包括股东(大)会、董事会、监事会、经理层。

(1)股东(大)会享有法律法规和企业章程规定的合法权利,依法行使企业经营方针、筹资、投资、利润分配等重大事项的表决权。

（2）董事会对股东（大）会负责，依法行使企业的经营决策权。董事会负责内部控制的建立健全和有效实施。企业应当在董事会下设立审计委员会。审计委员会负责审查企业内部控制，监督内部控制的有效实施和内部控制自我评价情况，协调内部控制审计及其他相关事宜等。审计委员会负责人应当具备相应的独立性、良好的职业操守和专业胜任能力。

（3）监事会对股东（大）会负责，监督企业董事、经理和其他高级管理人员依法履行职责。监事会对董事会建立与实施内部控制进行监督。

（4）经理层负责组织实施股东（大）会、董事会决议事项，主持企业的生产经营管理工作。经理层负责组织领导企业内部控制的日常运行。

企业应当成立专门机构或者指定适当的机构具体负责组织协调内部控制的建立实施及日常工作。

2．国外企业的内部治理结构

（1）美国企业的内部治理结构包括股东（大）会、董事会、经理层。独立董事履行监督职能。董事会聘用并考核经理层。

（2）德国企业的内部治理结构包括股东（大）会、监事会、董事会、经理层。监事会权力大于董事会。

（3）韩国、日本、东南亚国家的企业内部治理结构包括股东（大）会、监事会、董事会、经理层。监事会与董事会的权力是对等的。

🎓 案例 2-1　　美国南方保健公司财务舞弊案例剖析

斯克鲁西是南方保健的缔造者，被誉为变革美国理疗业的灵魂人物。他创造性地提出将理疗和恢复性治疗等手术辅助环节从医院中独立出来运作的构想，并探索出一套低成本、高疗效的诊所运营模式。从 20 世纪 90 年代开始，斯克鲁西带领南方保健疯狂扩张，终于让南方保健旗下的理疗诊所像麦当劳一样开遍美国的每一个角落。截至 2002 年，南方保健在全球拥有了 1 229 家诊所、203 家外科手术中心和 117 家疗养院，成为全美最大的保健服务商。

斯克鲁西是个开拓进取的创业者，却也是个独断专行、刚愎自用之徒。在南方保健，他实行独裁式的强权管理。曾与其共事过的董事和高管人员对斯克鲁西敬畏有加。"在南方保健，你根本分不清 CEO 的职能和董事会的职能有何区别"。董事们即便"懂事"，也不敢管事，任凭斯克鲁西左右公司的重大决策。斯克鲁西在公司内外均以集权式的铁腕管理风格著称。而且，南方保健的一些董事包括审计委员会的两名成员也都与公司存在明显的业务关系，所有这些迹象都表明南方保健内部控制弱化，极具舞弊风险。南方保健的薪酬委员会迎合斯克鲁西"成为世界上报酬最高的 CEO"，仅在 1999 至 2001 年期间，斯克鲁西总共领取了至少 790 万美元的工资，1 180 万美元与虚假利润挂钩的业绩奖励。在此期间，他还抛售了 780 万股南方保健股票，至少获利 7 700 万美元。此外，斯克鲁西行使的股票期权达到 1.75 亿美元。2002 年 5 月，他行使认股权，购买了 530 万股公司股票之后马上转手卖出，从中渔利 5 200 万美元；7 月，他回售给南方保健 250 万股普通股以抵偿公司提供的 2 500 万美元贷款。在斯克

2

鲁西打理完这一切后，南方保健便不断对外发布坏消息，其股价开始了"自由落体"运动。2002年下半年，在南方保健的一次"家庭会议"上，与会高管人员中曾有人建议斯克鲁西停止造假行动，但遭到其断然拒绝并大言不惭地表示："等我卖完了手头的股票再说。"在南方保健，审计委员会的玩忽职守使内部审计部门势单力薄、无依无靠，开展工作时处处受阻。据一名叫 Neal Webster 的前任内审人员透露，1989年，他曾因试图向斯克鲁西索要公司的一些账簿资料而遭解雇。南方保健的内审人员无法接触重要的账簿资料，而且会计软件中的一些模块，也没有进入的权限。由于执行财务审计时受到种种限制，大多时候，内部审计人员是在前后五任涉嫌舞弊的CFO的领导下窝火且碌碌无为地工作着。

此外，斯克鲁西及其同伙还投资了数十家医疗企业，编织成一张以斯克鲁西为中心的复杂的关联交易网，成为他们中饱私囊的"提款机"。

南方保健至少从1997年开始就使用各种会计造假手法对经营利润和资产负债表科目进行操纵，以满足华尔街的盈利预期。在斯克鲁西的领导下，南方保健的高管人员每个季度末都要开会商讨会计造假事宜，他们亲切地称这种独特的会议为"家庭会议"，与会者被尊称为"家庭成员"。SEC在起诉状中指出，南方保健使用的最主要造假手段是通过"契约调整"（contractual adjustment）这一收入备抵账户进行利润操纵。"契约调整"用于估算南方保健向病人投保的医疗保险机构开出的账单与医疗保险机构预计将支付的账款之间的差额。营业收入总额减去"契约调整"的借方余额，作为营业收入净额反映在南方保健的收益表上。"契约调整"是一个需要大量估计和判断的账户，具有很大的不确定性。南方保健的高管人员恰恰是利用这一特点，通过毫无根据地贷记"契约调整"账户，虚增收入蓄意调节利润。从1997年至2002年6月30日，南方保健通过凭空贷记"契约调整"的手法，虚构了近25亿美元的利润总额，虚构金额为实际利润的247倍；虚增资产总额15亿美元，其中包括固定资产10亿美元、现金3亿美元。

此前，南方保健就曾因多次诈骗联邦医疗保险金的行为而臭名昭著。根据美国医保服务中心（CMS）的调查，长期以来南方保健向CMS提交理疗服务成本报告时就存在如下问题：① 成本报告中有相当数量的服务种类是其从未对医保病人开放的（将一部分非医保病人发生的支出归于医保病人的户头，以骗取老年人医疗保险计划和国民医疗补助计划的补偿）；② 在南方保健上报的理疗服务中，有50%缺乏指定医师的诊疗记录，即虚构莫须有理疗支出；③ 南方保健经常将助理医师给多个病人提供的诊疗服务按照执业医师单人诊疗的标准列示，以寻求高额补偿。

案例来源：黄世忠，叶丰滢.美国南方保健公司财务舞弊案例剖析——萨班斯-奥克斯利法案颁布后美国司法部督办的第一要案[J].会计研究，2003(6)59-63.

思考：从组织架构中的董事会、内部审计等角度说明该公司存在的内部控制问题。

3. 企业的外部治理结构

Gillan认为，外部治理结构包括政府监管、多个市场（证券市场、产品市场、劳动力市场、公司控制权市场）、中介机构（证券分析师、注册会计师、评级机构、投资银行）、媒体监督等①。在中国，除了上述外部治理机构之外，还包括中国共产党上级党组织巡视。

（二）内部机构

内部机构是企业内部职能机构层面的组织架构，是指企业根据业务发展需要，分别设置不同层次的管理人员及其由各专业人员组成的管理团队，针对各项业务功能行使决策、计划、执行、监督、评价的权力并承担相应的义务，从而为业务顺利开展进而实现企业发展战略提供组织机构的支撑平台。企业应当根据发展战略、业务需要和控制要求，选择适合本企业的内部组织机构类型。

企业应当结合业务特点和内部控制要求设置内部机构，明确职责权限，将权利与责任落实到各责任单位。例如，采购、生产、后勤、销售、人事、内部审计、财务部门等。

企业应当通过编制内部管理手册，使全体员工掌握内部机构设置、岗位职责、业务流程等情况，明确权责分配，正确行使职权。

三、国有独资企业组织架构的特点

（1）国有资产监督管理机构代行股东（大）会职权。国有独资企业不设股东（大）会，由国有资产监督管理机构行使股东（大）会职权。

（2）国有独资企业董事会成员中应当包括公司职工代表。董事会成员由国有资产监督管理机构委派；但是，董事会成员中的职工代表由公司职工代表大会选举产生。国有独资企业董事长、副董事长由国有资产监督管理机构从董事会成员中指定产生。

（3）国有独资企业监事会成员由国有资产监督管理机构委派；但是监事会成员中的职工代表由公司职工代表大会选举产生。监事会主席由国有资产监督管理机构从监事会成员中指定产生。

（4）外部董事由国有资产监督管理机构提名推荐，由任职公司以外的人员担任。外部董事在任期内，不得在任职企业担任其他职务。外部董事制度对于规范国有独资公司治理结构、提高决策科学性、防范重大风险具有重要意义。

四、组织架构设计和运行的内部控制目标

（一）合法合规

这个目标属于内部控制五个目标中的合规目标。组织架构设计必须符合各级各类法规的需求。例如，《公司法》《证券法》《公司治理准则》《中央企业合规管理办法》等。再例如，按照《中央企业合规管理办法》的规定，中央企业应当结合实际设立首席合规官。

（二）符合发展战略要求

这个目标属于内部控制五个目标中的战略目标。组织架构设计应当有助于公司的战略目标实现。例如，金融类企业面临的风险较为复杂，因此，董事会一般下设风险管理委员会。

（三）符合经营的效率和效果要求

这个目标属于内部控制五个目标中的经营目标。对于拥有很多分部的大型企业，高

---

① Gillan S L. Recent developments in corporate governance：An overview［J］. Journal of Corporate Finance，2006，12(3)：381－402.

度结构化的组织架构是必要的,有利于各单位、各部门按照统一的规范行动。但是,对于一个小型企业,组织架构过于复杂,影响经营的效率。

再例如,较少的组织层级或较小的管理跨度可以增强控制功能,但是,随着市场竞争加剧,很多企业走向了多元化,在设计组织架构时,要通过熟练的员工经验、提高工作的标准化程度、提高信息系统的先进程度等手段,降低组织层级过多、管理跨度过大带来的降低控制功能的负面影响。

(四)符合信息与沟通的要求

这个目标属于内部控制五个目标中的报告目标。对于拥有很多分部的大型企业,正式的报告途径是必要的。但是,对于一个小型企业,组织架构过于复杂,影响信息传递的效率。

(五)符合资产安全和反舞弊的要求

这个目标属于内部控制五个目标中的资产安全目标。在设计组织架构时,要使得下级组织及其业务能够切实纳入上级组织所控制的范围之内,并且在各个层级之间可以实现不同部门和人员之间的相互监督、相互制约。

五、组织架构设计和运行中的风险点

(一)治理结构层面的主要风险

治理结构形同虚设,缺乏科学决策、良性运行机制和执行力,可能导致企业经营失败,难以实现发展战略。下面举例进行说明:

(1)股东大会是否规范而有效地召开,股东是否可以通过股东大会行使自己的权利。

(2)企业与控股股东是否在资产、财务、人员方面实现相互独立。

(3)企业是否对中小股东权益采取了必要的保护措施。

(4)董事会是否独立于经理层和大股东,董事会及其审计委员会中是否有适当数量的独立董事存在且能有效发挥作用。

(5)监事会的构成是否能够保证其独立性,监事能力是否与相关领域相匹配;对经理层的权力是否存在必要的监督和约束机制。

(6)企业是否对董事、监事、高级管理人员的权限有明确的制度规定,对授权情况是否有正式的记录。

(二)内部机构层面的主要风险

内部机构设计不科学,权责分配不合理,可能导致机构重叠、职能交叉或缺失、推诿扯皮、运行效率低下。下面举例进行说明:

(1)是否存在不相容职务未分离的情况。

(2)企业是否存在关键职能缺位或职能交叉的现象。

(3)企业内部组织机构是否支持发展战略的实施,并根据环境变化及时调整。

(4)企业内部组织机构的设计与运行是否有利于为员工提供履行职权所需的信息。

(5)关键岗位员工是否对自身权责有明确的认识,有足够的胜任能力去履行权责,是否建立了关键岗位员工轮换制度和强制休假制度。

(6)企业是否对全体员工的权限有明确的制度规定,对授权情况是否有正式的记录。

六、组织架构设计和运行中的风险控制措施

（一）从治理结构层面看，应着力从设计运行两个方面入手

1. 在设计方面，关注董事、监事、经理及其他高级管理人员的任职资格和设置是否合规

（1）就任职资格而言，重点关注行为能力、道德诚信、经营管理素质、任职程序等方面。

（2）关注股东（大）会、董事会、监事会、经理层的设置是否符合相关的规定。

2. 在运行方面，关注董事会、监事会和经理层的运行效果

（1）董事会是否按时定期或不定期召集股东（大）会并向股东大会报告；是否严格认真地执行了股东（大）会的所有决议；是否合理地聘任或解聘经理及其他高级管理人员等。

（2）监事会是否按照规定对董事、高级管理人员的行为进行监督；在发现违反相关法律法规或损害公司利益时，是否能够对其提出罢免建议或制止纠正其行为等。

（3）经理层是否认真有效地组织实施董事会决议；是否认真有效地组织实施董事会制定的年度生产经营计划和投资方案；是否能够完成董事会确定的生产经营计划和绩效目标等。

（4）就履职情况而言，着重关注合规、业绩以及履行忠实、勤勉义务等方面。

（二）从内部机构层面看，应着力关注内部机构设计的合理性和运行的高效性

1. 从设计的合理性角度梳理应关注的重点

（1）内部机构设置是否适应内外部环境的变化；

（2）是否以发展目标为导向；

（3）是否满足专业化的分工和协作，有助于企业提高劳动生产率；

（4）是否明确界定各机构和岗位的权利和责任，不存在权责交叉重叠，不存在只有权利而没有相对应的责任和义务的情况等。

2. 从运行的高效性角度梳理应关注的重点

（1）内部各机构的职责分工是否针对市场环境的变化做出及时调整。特别是当企业面临重要事件或重大危机时，各机构间表现出的职责分工协调性，可以较好地检验内部机构运行的效率。

（2）关注权力制衡的效率评估，包括机构权力是否过大并存在监督漏洞；机构权力是否被架空；机构内部或各机构之间是否存在权力失衡等。

案例 2-2　　　　　　　　串通变卖废旧物资

某公司 2001 年、2002 年的产品销售收入分别为 4 563 万元、5 323 万元，呈上升趋势，财务反映的废旧物资销售的数量分别是 863 吨、510 吨，废旧物资销售的收入分别是 78 万元、45 万元，呈下降趋势。正常情况下，生产过程中发生的边角料等废旧物资应该与生产规模同比例增长或下降，为什么财务数据反映的却是不合理的趋势呢？带着疑问，审计处对公司物资处的废旧物资的回收、销售、收款等情况进行了重点审计。查出异常情况的背后是一起舞弊案件。

2

经审计,发现物资处处长、综合室主任、仓库主任、废旧回收站站长、计划员等人为了小团体的利益,擅自决定出售、截留废旧物资数量81.5吨,款额91 200元,截至审计时,已经将私自出售和截留的销售收入私分50 605.80元,涉及63人,每人分得500元至2 000元不等,同时擅自决定降价销售废旧物资,造成损失1.4万元。

一、舞弊的手法

1. 擅自出售废旧物资并全部截留货款

主要是与租赁公司厂房的湖南个体经营者串通,擅自将废旧物资销售给没有此项业务来往,也没有签订合同的湖南个体经营者,并要求其将销售货款不交财务,而直接交物资处。私自销售的废旧物资出门时,借湖南个体经营者的名义,由湖南个体经营者以自己在锻工房加工的少许产品掩盖,或以其加工的产品或废料需要出门为由,堂而皇之地将盗卖的废旧物资办理出门手续。

2. 私自截留出售废旧物资款

主要是通过与签有合同业务的柳州个体经营者截留收入,物资处处长要求柳州个体经营者在销售废旧物资过程中,一部分销售的废旧物资款交财务,另一部分销售的废旧物资款截留下来,交到物资处作小金库,即通俗说的开阴阳收据。私自截留出售废旧物资出门时,以部分销售的废旧物资办理出门手续,即以少量的废旧物资申报并取得出门单,然后,以超过出门单标明的废旧物资实际数量的舞弊手法出门。

3. 收买门卫

为了能将违规销售的废旧物资顺利办理出门,物资处处长指使综合室主任,给予门卫送钱物等好处,致使门卫在违规废旧物资办理出门时放弃职守,大开方便之门。

4. 擅自决定降价

物资处处长明知道废旧物资销售及其销价变动要经过有关部门审核并履行合同手续,但其却擅自决定将废旧物资销售价格降价,造成损失1.4万元。由于舞弊性质恶劣,这起案件的主要责任人物资处处长被给予党内严重警告处分和行政免去物资处处长职务的处理,其他人员也受到相应的处理。

二、原因分析

1. 超越内部组织分工责任处理业务

根据公司内部职责权限,废旧物资的出售业务需要计划处(签合同)、财务处(价格审批)等部门和主管领导的审批,但是2002年下半年大部分废旧物资的出售违反了组织分工控制原则,不通过计划处、财务处等业务部门,擅自决定和处理。在物资处内部也出现了这样的越位行为,本来公司为了规范废旧物资的出售,在物资处内专门设立了废旧物资回收站,负责废旧物资回收和销售,但很多废旧物资业务没有经过废旧物资回收站,由物资处处长指定没有此项业务权限的综合室主任直接处理。

2. 违反职务分离原则

按照职务分离原则,某项经济业务的授权批准职务,应与执行该业务的职务分离,但在废旧物资出售业务处理中,出现了批准人物资处处长亲自与客户处理降价、交款等业务。又如物资计量有过磅员专司其职,却出现综合室主任参与废旧物资过磅等现象。

3．不遵守业务流程控制

每一项经济业务的完成都需要经过一定的业务流程环节。废旧物资销售业务的环节包括：业务批准、物资过磅、填单（包括磅码单和结算单）、交款、办出门单、门卫验单放行（包括复验或抽检）。但是案件中废旧物资销售却违反了业务流程，门卫复检先通知物资处人员后复检，致使参与废旧物资销售舞弊的人知道复检则按过磅如实填报，不复检则以少量的废旧物资申报并取得出门单，然后以超过出门单标明废旧物资实际数量出门的现象。又如废旧物资应先交款，才能办理出门单，门卫据此验单决定是否放行，但实际操作中出现了没有交款，也没有办出门单就放行的现象。湖南个体经营者就是采用先做生意后交款的方式，将废旧物资拉出门卖了之后隔几天才将款交到物资处。

4．不遵守业务单据控制管理原则

《磅码单》《产品、材料转移结算单》随意置放，无专人管理。《产品、材料转移结算单》有两种，其中一种没有编号，无法知道使用了多少，什么时间使用，谁领用。由于单据管理不当，审计核查废旧物资销售业务时，竟出现了有废旧物资销售业务却没有《磅码单》和《产品、材料转移结算单》相对应的现象。

案例来源：温胜精.内部控制制度缘何失效：一起舞弊案例引发的思考[J].中国内部审计，2005(12)21-23.

思考：从职能机构负责人、员工串通的角度如何遏制串通舞弊？

第二节　发展战略

一、发展战略概述

发展战略，是指企业在对现实状况和未来趋势进行综合分析和科学预测的基础上，制定并实施的长远发展目标与战略规划。

长远发展目标是指导企业生产经营活动的准绳，一般来说，包括盈利能力、生产效率、市场竞争地位、技术领先程度、生产规模、组织结构、人力资源、用户服务、企业社会责任等方面的目标[①]。发展目标的制定以企业使命为依据，并综合考虑企业所处的外部环境、内部资源、管理层的价值观等因素。

战略规划是指采用何种手段、采取何种措施、运用何种方法来达到上述的长远发展目标。

（一）发展目标

我国国有企业的发展目标规划一般是 5 年，并且与国家的"十三五""十四五"等的规划时间一致。发展目标一般包括如下内容：

2

---

① 　财政部会计司.企业内部控制规范讲解2010[M].北京：经济科学出版社，2010：98.

（1）盈利能力。使用净利润、营业收入、净资产收益率、每股净利润等来表示。

（2）市场竞争地位。使用市场占有率、销售额、销售量来表示。

（3）生产效率。使用投入产出比率、单位产品成本来表示。

（4）产品。使用产品的销售额、盈利能力、开发新产品的数量或完成期来表示。

（5）生产规模。用工作面积、生产量来表示。

（6）技术领先程度。使用研发成果数量来表示。

（7）组织结构。用将实行变革的项目来表示。例如，减缓煤炭、火电等过剩领域的组织规模，增加新能源、医药医疗等产业的组织结构。

（8）人力资源。使用经理人流动率、培训次数等指标来表示。

（9）企业社会责任。用企业社会责任活动的类型、服务天数、企业税费上缴总额等指标来表示。

（二）战略规划

企业的战略规划分为如下层次：

（1）总体战略：发展战略（一体化战略、密集型战略、多元化战略）、稳定战略、收缩战略。

（2）业务单位战略：基本竞争战略（成本领先战略、差异化战略、集中化战略）、中小企业竞争战略、蓝海战略。

（3）职能层次战略：市场营销战略、财务战略、研究与开发战略等。

二、发展战略的内部控制目标

企业内部控制的五个目标中，促进企业实现发展战略是内部控制最高层次的目标。它一方面表明，企业内部控制最终所追求的是如何通过强化风险管控促进企业实现发展战略；另一方面也说明，实现发展战略需要建立和健全企业的内部控制体系。发展战略为企业内部控制指明了方向，内部控制为企业实现发展战略提供了坚实保障。

（1）制定科学合理的发展战略。

（2）企业执行层在日常经营管理和决策时把战略作为行动的指南，知晓哪些是应着力做的"正确的事"；有效利用企业宝贵的资源，形成竞争优势，把握发展机会，使企业走向发展和壮大。

三、企业制定与实施发展战略至少应当关注下列风险

（1）缺乏明确的发展战略或发展战略实施不到位，可能导致企业盲目发展，难以形成竞争优势，丧失发展机遇和动力。

（2）发展战略过于激进，脱离企业实际能力或偏离主业，可能导致企业过度扩张，甚至经营失败。

（3）发展战略因主观原因频繁变动，可能导致资源浪费，甚至危及企业的生存和持续发展。

四、对发展战略面临的风险采取的控制措施

（一）发展目标方面的风险控制措施

（1）发展目标应当突出主业。

（2）发展目标不能过于激进，也不能过于保守。

（3）发展目标方案拟定后,需要专家和有关人员论证是否正确;是否可行;是否需要完善。

（二）战略规划方面的风险控制措施

1. 在组织架构方面

企业应当在董事会下设立战略委员会,或指定相关机构负责发展战略管理工作,履行相应职责。企业必须在发展战略制定后,尽快调整企业组织结构、业务流程、权责关系等,以适应发展战略的要求。

2. 在制定战略阶段

企业要综合分析评价影响发展战略的外部、内部因素。

（1）分析外部因素。

① 宏观环境分析。宏观环境分析一般通过政治和法律环境、经济环境、社会和文化环境、技术环境等因素分析企业所面临的状况。

② 行业环境及竞争对手分析。企业应当加强对所处行业调研、分析、发现影响该行业盈亏的决定性因素、当前及预期的盈利性以及这些因素的变动情况。

③ 经营环境分析。经营环境分析侧重于对市场及竞争地位、消费者消费状况、融资者、劳动力市场状况等因素的分析。

案例 2－3　中国企业海外并购文化整合失败的案例与经验教训

上汽收购韩国的双龙汽车一度被视为中国企业走出去的标杆,而且,上汽并购双龙也被认为是在战略以及业务组合上比较契合的。对于上汽而言,并购双龙一是希望通过跨国兼并,尝试构筑全球经营体系,实现全球化战略;二是双龙的 SUV 以及柴油发动机与上汽的产品体系有较强的互补性,重组后,可以发挥双方在产品设计、开发、零部件采购和营销网络的协同效益,提升核心竞争力。2004 年年底,上汽斥资约 5 亿美元,收购了经营状况岌岌可危的韩国双龙汽车 48.92% 的股权;2005 年,通过证券市场交易,上汽增持双龙股份至 51.33%,成为绝对控股的大股东。

并购后双龙并未给上汽带来理想中的业绩,反而因为文化上的差异导致了整合的步履维艰。一方面,这一并购并没有很好地解决企业文化差距和相互认同的障碍,双龙尽管是韩国企业,与中国企业同属于亚洲文化圈,但双龙和上汽之间的认同感仍然不高,并购后的双方存在着何方企业文化为主的选择。在这样的基础上去推进技术与品牌的融合,难度可想而知。实际上,收效也几乎没有,并购以来双龙的发展一直不佳,结果导致当初上汽设想中的技术引进与合作几乎成为泡影。而且,上汽与双龙管理层一起提出减员增效、收缩战线等"精兵简政"的计划也遭到了双龙工会的反对。韩国过于强大的工会力量和过度紧张的劳资关系也大大超乎了上汽的想象,这也是上汽并购整合过程中另外一个最为棘手的问题。韩国工会动辄以罢工相要挟,要求分享管理层的利益。工会之强势,到了上汽难以想象的地步,管理层的经营决策须经过工会许可,而且工会每年的劳资谈判都会伴随着罢工,这些都让上汽身心疲惫,使本来就整合不顺的并购更是雪上加霜。2009 年 1 月,双龙申请法院接管,上汽正式放弃对双龙的经营权。2009 年 2 月 6 日,韩国法院批准双龙的破产保护申请,正式启动双龙"回生"

2

程序,这也意味着上汽对双龙的并购失败。

在上汽入主双龙后,董事会罢免了双龙原社长后,中方没有派一个熟悉国际收购与运作的整体团队来支撑双龙运作。相比之下,美国通用收购韩国大宇后,马上从通用全球机构中抽调50人的经营团队来整体接管大宇,并配备有500人的后方支持。这凸显了上汽在国际经营人才体系及人才培养方面的缺失。

案例来源: 余典范.中国企业海外并购文化整合失败的案例与经验教训[J].中国市场,2013(9)27-29.

思考: 并购战略中如何考虑企业面临的文化差异带来的风险?

(2)分析内部资源。内部资源是企业发展战略的重要制约条件,包括企业资源、企业能力、核心竞争力等各种有形和无形资源。

① 企业资源分析。企业资源分析应着重对企业现有资源的数量和利用效率,以及资源的应变能力等方面的分析。

② 企业能力分析。企业能力是企业有形资源、无形资源和组织资源等各种资源有机组合的结果,主要包括:研发能力分析、生产能力分析、营销能力分析、财务能力分析、组织管理能力分析等。

③ 核心竞争力分析。核心竞争力是指能为企业带来相对于竞争对手存在竞争优势的资源和能力。能够有助于企业构建核心竞争力的资源主要包括:稀缺资源、不可模仿的资源、不可替代的资源、持久的资源等。

3. 在实施战略阶段

企业需要关注如下内容:

(1)要培育与发展战略相匹配的企业文化,统一全体员工的观念行为,共同为发展战略的有效实施而努力奋斗。

(2)要整合内外部资源。企业能够利用的资源是有限的,如何调动和分配企业不同领域的人力、财力、物力和信息等资源来适应发展战略,是促进企业发展战略顺利实施的关键所在。

(3)要相应调整管理方式。企业在战略实施过程中,往往需要克服各种阻力,改变企业日常惯例,在管理体制、机制及管理模式等方面实施变革,由粗放、层级制管理向集约、扁平化管理转变,为发展战略的有效实施提供强有力的支持。

(4)发展战略制定后,企业经理层应着手将发展战略逐步细化,确保"文件上"的发展战略落地变为现实。

① 要根据战略规划,制定年度工作计划。

② 要按照上下结合、分级编制、逐级汇总的原则编制全面预算,将发展目标分解并落实到产销水平、资产负债规模、收入及利润增长幅度、投资回报、风险管控、技术创新、品牌建设、人力资源建设、制度建设、企业文化、社会责任等可操作层面,确保发展战略能够真正有效地指导企业各项生产经营管理活动。

③ 要进一步将年度预算细分为季度、月度预算,通过实施分期预算控制,促进年度预算目标的实现。

④ 要通过建立发展战略实施的激励约束机制,将各责任单位年度预算目标完成情况纳入绩效考评体系,切实做到有奖有惩、奖惩分明,以促进发展战略的有效实施。

(5) 要加强对发展战略实施的监控。企业应当建立发展战略评估制度,加强对战略制定与实施的事前、事中和事后评估。从发展战略监控的角度讲,重点应当放在对实施中及实施后的评估。总结经验教训,并为制定新一轮的发展战略提供信息、数据和经验。

(6) 发现下列情况之一的,应当调整、优化发展战略,以促进企业内部资源能力和外部环境条件保持动态平衡:

① 经济形势、产业政策、技术进步、行业竞争态势以及不可抗力等因素发生较大变化,对企业发展战略实现有较大影响。

② 企业内部经营管理发生较大变化,确有必要对发展战略做出调整。

(7) 发展战略调整需要经过战略执行单位、战略管理部门、战略委员会、企业董事会、股东(大)会等不同层级的审批之后才能进行调整。

第三节　人力资源

一、人力资源概述

(一) 人力资源的概念

人力资源,是指企业组织生产经营活动而录(任)用的各种人员,包括董事、监事、高级管理人员和全体员工。

(二) 人力资源的具体构成

(1) 决策层,包括企业董事会成员和董事长,是决定企业发展战略的关键管理人员,决策层团队要具有战略眼光,具备对国内、国际形势和宏观政策的分析判断能力,要对同行业、本企业的优势具有很强的认知度。决策层决策失误,很可能葬送企业的前程。现代化企业要通过建立和完善良好的人力资源制度和机制,促进企业决策层处于优化状态。

(2) 执行层,通常是指经理层。经理层应当树立的重要理念就是执行力。企业科学的发展战略必须通过经理层强有力地贯彻实施才能实现;否则,再好的发展战略如果执行不力,也会导致经营失败。建立和完善良好的人力资源制度和机制,必须能够引进优秀的管理团队,其中,总经理人选至关重要。近年来,大型企业不断创新引进优秀高管人才的方法,例如向国内外聘请职业经理人,就是为了实现上述目标。

(3) 监督层,是指监事会主席和监事构成的监事会,负责监督董事和经理层。审计委员会和内部审计部门也具有监督职能,审计委员会隶属于决策层,内部审计部门隶属于执行层。

(4) 专业技术人员,是核心技术的创造者和维护者。

2

🎓 **案例 2 - 4**　　　　　**"老干妈"遭遇"泄露门"**

2009 年 5 月，"老干妈"公司原工艺师何某、周某，违反公司保密协议，擅自将"老干妈"公司 8 个产品的配方、加工流程和制作工艺等商业秘密，通过计算机网络传送给内蒙古通辽市某公司，然后辞职来到通辽市担任某技术部门负责人。此外，何某、周某利用"老干妈"公司的生产技术，指导通辽市某公司生产辣椒制品，给"老干妈"公司造成了巨大经济损失。2009 年 11 月，贵阳市工商局南明分局执法监管科科长栾剑在掌握了犯罪嫌疑人犯罪事实后，协助公安民警远赴内蒙古通辽市，将犯罪嫌疑人何某、周某抓获归案，有力地打击了侵犯"老干妈"公司商业秘密的违法犯罪行为，有效地维护了"老干妈"公司的合法权益。据悉，贵阳南明区老干妈风味食品有限公司是贵州省辣椒制品生产销售的龙头企业，成立 15 年来，凭其优质的产品质量，得到广大消费者的好评及认可，产品远销欧盟、美国、澳大利亚、日本、韩国等 35 个国家和地区。但在企业良好发展的同时，不法商贩盯上了这一国家级农业产业化重点龙头企业，市场上出现大量"四川干妈""成都老妈""香干妈""老干妈烩面"以及模仿"老干妈"字迹的"老子好"等侵权产品，给"老干妈"公司造成了不可估量的损失。

案例来源：卜锐，吴园园."老干妈"遭遇"泄露门"[N].法制生活报，2010 - 2 - 24(1).

思考：技术员工作为人力资源，其权益如何有效保障？

（5）一般员工，是企业人力资源的主体。

🎓 **案例 2 - 5**　　　　　**富士康的一般员工管理实践**

富士康有一项复杂的辞职手续，"进富士康容易，出富士康难"，工人辞职必须提前一个月申请，先给线长签字，再给组长签字，最后到人力资源管理，人力资源负责人有时会协调劝工人不要辞职，如果不成功才批准工人辞职。辞职整个流程正常情况需要半个月左右，但有时会因为生产任务紧等原因线长会限制工人辞职，"我们那里每个月允许 1 个人辞职，现在辞职的已经排到了 10 月份。"工人要想尽快离开富士康，就不得不选择"自愿离职"，根据富士康的规定，每月工作算到 28 号，每月 12 号发工资，如果工人选择自离，就会有半个月左右的工资拿不到。富士康就是通过这样的办法变相来克扣工人的工资。

案例来源：程平源，潘毅，沈承，等.因在富士康——富士康准军事化工厂体制调查报告[J].青年研究，2011(05)60 - 74.

思考：如何有效保障一般员工权益？

二、人力资源管理的内部控制目标

（1）人力资源结构合理、数量充足，能够满足企业追求战略目标、提高经营效率和效果、内部牵制、信息与沟通的需要。

（2）人力资源开发机制健全有效。

（3）人力资源激励约束机制健全有效。

（4）人力资源管理合法合规。

人力资源管理包括企业层面和业务层面两个方面的内容。

三、人力资源管理的企业层面的风险和控制措施

人力资源管理的企业层面的内容包括企业人力资源管理的理念、制度、技术。

（一）人力资源管理在企业层面的风险

1. 人力资源管理的理念风险

人力资源管理的理念是指企业对待人力资源的价值取向，例如"以结果论成败"就是一种人力资源管理理念。人力资源管理理念会深刻地影响着企业的人力资源制度和实践。

2. 人力资源管理的制度风险

人力资源管理的制度欠缺或者不健全，都将影响具体的人力资源业务的实施过程和效果。

3. 人力资源管理的技术风险

人力资源管理方面的心理测评技术、素质测评技术、业绩考评技术等多种多样，但是，如果选择不当，则可能发生因技术失误带来的人力资源评价错误。

（二）人力资源管理在企业层面的风险的控制措施

（1）学习发达地区或者同行业先进企业的人力资源管理理念，避免理念超前或者落后。

（2）企业应当加强文化建设，培育积极向上的价值观和社会责任感，倡导诚实守信、爱岗敬业、开拓创新和团队协作精神。

（3）健全现有人力资源管理制度，避免出现制度真空。包括但不限于如下制度：

① 员工的聘用、培训、辞退与辞职。

② 员工的薪酬、考核、晋升与奖惩。

③ 关键岗位员工的强制休假制度和定期岗位轮换制度。

④ 掌握国家秘密或重要商业秘密的员工离岗的限制性规定。

（4）选择适合本企业的人力资源管理技术，避免盲目西化、盲目崇拜。

四、人力资源管理业务层面的风险和控制措施

人力资源管理的业务层面的内容包括人力资源的引进、开发、使用、退出四个方面。

分别说明企业的高管、技术人员、一般员工的引进、开发、使用、退出四个方面的风险和控制措施。

（一）高管的引进、开发、使用、退出四个方面的风险和控制措施

1. 高管人员引进的风险和控制措施

（1）风险。

① 不能在较短的时间内准确判断和遴选符合企业需要的人选；

② 试用期制度流于形式，试用期满的绩效考评指标不易量化；

③ 缺乏对人力资源部门招聘工作的效益和效果进行评价，导致人力资源部门可能招聘到品德低、业务素质差的高管。

（2）控制措施。

① 实施高管人员的准入制度。对高管候选人员的价值观、战略思维、企业家精神、道德与诚信记录进行任前考察、集体审议；并进行任前公示。

② 对高管人员进行试用期制度、任职亲属回避制度，无法通过试用期考核，则不予任

用。避免任人唯亲。

2. 高管人员开发的风险和控制措施

（1）风险。高管人员短期内无法适应现有工作，成绩平平。

（2）控制措施。对高管人员实施系统培训，挖掘技能，提升其胜任能力和履职水平。

3. 高管人员使用的风险和控制措施

（1）风险。

① 道德风险：高管人员为了个人私利，损害公司利益。

② 能力风险：高管人员的能力无法适应变化的环境、激烈的竞争，导致业绩平平。

（2）控制措施。

① 在产权制度、治理结构等方面调动高管的热情。例如，赋予高管股票期权，使高管对职位晋升产生预期等。

② 有效监督高管的行为。监督使得高管的道德风险更有可能被发现，从而降低其道德风险的概率。

③ 实施高管的管理效益审计。通过审计，评估高管的贡献，对于管理贡献小的高管给予调整岗位、转岗培训等措施。

④ 实施高管的绩效评估。通过绩效评估的结果来确定高管的能力高低，对于能力差的高管予以降低职务，对于能力强的高管予以提升。

⑤ 企业应当将职业道德修养作为选拔和晋升高管的重要标准，切实加强高管的素质。

4. 高管人员退出的风险和控制措施

（1）风险。

① 前任高管的问题遗留给继任高管。

② 退出机制不当，可能导致法律诉讼或企业声誉受损。

（2）控制措施。

① 对高管进行离任审计。审计高管在任期间的合法合规、经济责任、绩效等方面的工作业绩，防止前任高管遗留问题对继任高管产生不利影响。

② 使高管退出的流程符合法律法规的要求。

案例 2-6　　　　高盛高管离职与企业文化

1999 年，高盛上市以来，公司面临着更大的压力：一方面要符合华尔街的盈利预期；另一方面传统的融资、并购和承销服务收入占比不断下降，而交易相关的业务收入日益增长。公司披露的 2011 年年报显示，以金融产品买卖为主的机构客户服务的收入达到 172.8 亿美元，占比高达 60%，而以财务咨询、股票和债券承销为主的投资银行业务仅占 15%。这种业务模型和构成的转变，在给公司带来巨大回报的同时，也带来了一些利益冲突，并在一定程度上影响着公司的文化，尤其是在 2006 年之后，高盛CEO 引入银行家记分卡制度，每日列出员工的利润和损失情况，并借此来评估员工的表现，这显然会引导公司更加关注短期利益而非长期成长。2009 年全球金融危机后，

《纽约时报》先后接触了近20位高盛的现任和前任合伙人,他们认为高盛的CEO已经将高盛建设成为一个赚钱机器,把获取利润放在第一位,并表达了对公司文化的质疑。

史密斯是负责美国证券衍生品业务在欧洲、中东和非洲的主管,担任高盛的执行董事。2012年3月14日,史密斯以《我为何离开高盛》为题在《纽约时报》撰文公开宣称辞职。文中提及他为公司服务12年,坚信足以了解高盛的文化、员工、特性,但不得不诚实地表示,时至今日高盛在文化建设方面有所缺失,简而言之,公司现在只关注如何赚钱,而把客户利益放在一边。史密斯认为,高盛成功的一个重要原因是其文化建设,它围绕着团队合作、诚信、人文精神展开,并始终按照客户的利益行事。文化是高盛制胜的秘密武器,使得公司变得伟大,并让其赢得客户的信任。正是高盛的文化吸引了史密斯,让他在为公司工作时感到骄傲和体面,但现在这种文化已经变质。刚入职时,史密斯从零学起,受到的指导是"了解客户及其投资的动因,了解他们如何定义成功及我们如何做能够让他们获得成功"。这也是高盛文化的集中体现——客户利益至上,只要为客户尽心服务,成功就会随之而来。在为高盛服务期间,史密斯始终将自己认为是正确的事情提供给客户并以此为荣,即使这些事情可能意味着公司赚取的利润减少也在所不惜。而这种观点对于现在的高盛来说显得过时了:刚入职的初级分析师们经常讨论的话题是"我们从这个客户身上赚了多少钱"。史密斯在出席衍生品销售会议时,与会人员完全没有花时间来讨论如何帮助客户,而仅仅讨论如何从客户身上赚取更多的利润。过去的12个月里,5个不同的董事、经理们将客户称为"布偶"(muppets);公司员工奉行的、迅速成为领导者的法则中,到处充斥着如何通过出售复杂、不透明的产品来为高盛获得最大利润。

2010年4月16日,美国证券交易委员会(SEC)发布文件,指控高盛在2007年的次贷危机中打包并销售了一种与住房抵押证券挂钩的合成式抵押债务凭证——算盘2007-AC1交易。在营销过程中,高盛没有向投资者披露一些关键信息,致使包括德国IKB银行在内的投资者损失超过10亿美元。最终高盛支付了5.5亿美元对其误导投资者的指控进行和解。无论是SEC的调查和指控,还是高盛执行董事的辞职,都揭露了一个事实——在制度不健全的环境中,在制度无法到达的地方,文化发挥着巨大的作用。诚信、人性化、客户利益、员工利益等要素如何体现在公司的价值观中并切实指导公司的日常运营,对公司的生存、发展和长远目标的达成至关重要。

史密斯认为高盛的CEO失去了对公司文化的掌控。在史密斯发布辞职信的当日,高盛股价下跌3.4%,市值蒸发21.5亿美元。

案例来源:袁敏.高盛高管离职与企业文化[J].财务与会计,2012(7)69-71.

思考:高管离职给公司带来哪些不利影响?

(二)技术人员的引进、开发、使用、退出四个方面的风险和控制措施

1. 技术人员的引进和开发的风险

企业在短期内无法判断和遴选符合企业需求的技术人员。

2. 技术人员的引进和开发的风险控制措施

① 树立尊重知识、尊重人才的工作氛围;降低现有技术人才的离职率。

② 帮助技术人员形成团队,对团队成员进行梯队管理、培训,保证人才的递补性。

3. 技术人员的使用和退出的风险

① 人才流失风险。

② 技术、商业机密泄露风险。

4. 技术人员的使用和退出的风险的控制措施

① 建立恰当的激励机制，综合使用事业、待遇、感情留人，使本企业的技术人员的工资和待遇不低于同行业的平均水平。

② 与离职的技术人员签订技术保密协议、竞业禁止协议。

③ 营造公平的工作环境，技术高的技术人员的待遇更好、职务更高。

④ 企业应当将职业道德修养和专业胜任能力作为选拔和聘用技术人员的重要标准，切实加强技术人员的培训和继续教育，不断提升员工素质。

（三）一般员工的引进、开发、使用、退出四个方面的风险和控制措施

1. 一般员工的引进和开发的风险

① 一般员工流动性较大，企业在短期内无法判断一般员工的素质、是否适合企业文化。

② 在引进和开发阶段，一般员工需要适应企业文化，公司管理程序，因此，一般员工可能与技术人员、保安、管理层发生冲突。

2. 一般员工的引进和开发的风险的控制措施

① 树立尊重一般员工的工作氛围；降低现有一般员工的离职率。

② 加强岗前培训，使一般员工尽快熟悉企业文化、管理流程。

③ 对于一般员工的工资待遇，符合国家的最低工资标准，考虑同行业平均工资水平。

3. 一般员工的使用和退出的风险

① 一般员工流失风险。

② 岗位胜任风险。

4. 一般员工的使用和退出的风险的控制措施

① 建立恰当的激励机制，工资水平不低于同行业平均水平；使一般员工有晋升预期、增加工资的预期。

② 明确一般员工的惩戒制度。

③ 建立一般员工的培训制度，增加胜任能力。

④ 企业应当将职业道德修养和专业胜任能力作为选拔和聘用员工的重要标准，切实加强员工培训和继续教育，不断提升员工素质。

第四节 社会责任

一、概念

社会责任，是指企业在经营发展过程中应当履行的社会职责和义务，主要包括安全生产、产品质量（含服务，本节下同）、环境保护、资源节约、促进就业、员工权益保护、支持慈善事业等。

案例 2－7　　　资本论中提到的企业社会责任缺失问题

一、职业病

1863 年童工委员会的报告,有这样的话:"陶工,当作一个阶级,不分男女,代表了生理上道德上退化的人口。他们通常是发育不全的,是体态不正的,且往往是胸腔不正的。他们是早老的,从而是短命的。他们是迟钝的,没有血气的,虚弱的,为消化不良症,肝脏肾脏病,风湿症所袭击。他们最容易犯的病,是肺炎、肺结核、支气管炎、气喘等呼吸器病。有一种病,似乎是他们特有的,称作陶工气喘或陶工肺结核。陶工中有 2/3 以上的人,患有侵害腺、骨,及其他部分的瘰疬。"

案例来源:马克思.资本论:第一卷[M].郭大力,王亚南,译.上海:上海三联书店,2011:161.

二、使用童工

从事花边制造业那一部分都市人口,比世界任何文明地方的人,都更痛苦,更贫乏……那里,9 岁至 10 岁的儿童,在天未亮的 2 点钟,3 点钟,4 点钟,就从污秽的床上被拉起来,单为生存,而劳动到夜里 10 点钟,11 点钟,甚至 12 点钟。他们的四肢是破裂的,他们的身体是萎缩的,他们的面容是惨白的,他们的人性简直僵化了,叫人想到就害怕。

案例来源:马克思.资本论:第一卷[M].郭大力,王亚南,译.上海:上海三联书店,2011:159.

三、恶劣的工作条件、过度劳动

排字工人的情况同裁缝工人相似。对他们来说,除了缺少通风设备,呼吸有毒的空气以外,还要加上做夜工。他们的劳动时间通常是 12 到 13 小时,有时是 15 到 16 小时。煤气灯点着后,室内非常闷热……此外,往往还有铸字房的烟雾,机器或下水道的恶臭,从楼下侵入,使楼上的空气更加污浊。下面房间的热气使天花板发热,增加了楼上房间的温度。如果房间矮,煤气消耗量大,那就是很大的祸害。而在楼下装有蒸汽锅炉、整个房屋闷热得难受的地方,情形就更坏……一般说来,通风极差,完全不足以在日落之后把热气和煤气燃烧的产物排除出去。很多工场,特别是原来作为住房的工场,情况尤为悲惨。有些工场,特别是印刷周报的工场(这里也雇用 12 岁到 16 岁的少年),工人几乎要接连不断地劳动两天一夜;而另一些承担"急"件的排字房,星期日也不让工人休息,他们每周的工作日是 7 天,而不是 6 天。

案例来源:马克思.资本论:第三卷[M].中共中央编译局,译.北京:人民出版社,2018:109-110.

四、产品质量问题

面包掺假的程度,简直是叫人不能置信的。尤其是在伦敦。这情形,最初是由下院食品掺假调查委员会(1855—1856 年)及哈塞尔医士"食物掺假"一文指发的。其结果,是 1860 年 8 月 6 日"防止饮食品掺假"法的制定。这个法律未发生何等效果。它对于买卖掺假货以赚"正当钱"的自由贸易家,还是抚慰体恤有加的。该委员会曾坦直承认,自由贸易在本质上就是掺假货的贸易。同时,伦敦面包工人对于过度劳动及其他

2

种种虐待所发出的呼声,又由公众集会及议会请愿,发放出来了。读过圣经的英国人,很知道,除得天独厚的资本家地主或领干薪者外,每一个人都须用额头的汗,来换面包,但不知道在他每天吃的面包中,除含有明矾,砂粒,及其他种种不讨厌的矿物质以外,尚含有一定量的人的汗,并且是混有脓血,蜘蛛网,死虫,腐败酵母。

砂糖有 6 种掺假方法,橄榄油有 9 种,牛油有 10 种,盐有 12 种,牛乳有 19 种,面包有 20 种,白兰地有 23 种,面粉有 24 种,巧克力有 28 种,葡萄酒有 30 种,咖啡有 32 种,等等。

案例来源:马克思.资本论:第一卷[M].郭大力,王亚南,译.上海:上海三联书店,2011:163-164.

五、生产安全事故

《资本论》提到 1860 年前后,在英国煤矿中平均每周有 15 人死亡。根据《煤矿事故》的报告(1862 年 2 月 6 日),在 1852—1861 年的十年内共死亡 8 466 人。但是,正如报告本身所指出的,这个数字大大缩小了,因为在刚开始设立视察员的最初几年,他们的管区太大,大量不幸和死亡的事故根本没有呈报。尽管死亡事故还是很多,视察员的人数不够,他们的权力又太小,但是,自从视察制度建立以来,事故的次数已经大大减少。正是这种情况,表明了资本主义剥削的自然趋势——这种草菅人命的情况,绝大部分是由于煤矿主的无耻贪婪造成的,例如,好些地方只开一个竖井,以致不仅没有足够的空气流通,而且一旦这个竖井堵塞,连一个出口都没有。

习近平强调,各级安全监管监察部门要牢固树立发展决不能以牺牲安全为代价的红线意识,以防范和遏制重特大事故为重点,坚持标本兼治、综合治理、系统建设,统筹推进安全生产领域改革发展。

思考:习近平总书记对企业社会责任的论述与马克思存在哪些差异?你是否知道习总书记对企业社会责任的其他论述?

二、企业社会责任的内部控制目标

(一)报告目标

就企业社会责任情况与利益相关者进行恰当的沟通,及时、真实、全面地披露负面社会责任信息;当然,也需要恰当地披露正面的社会责任信息。

(二)合规目标

企业应当按照法律、法规的要求履行在安全生产、产品质量、环境保护、员工权益等方面的社会责任。

(三)战略目标

企业在价值创造过程中履行社会责任,企业战略中的中长期发展目标应当包括企业社会责任的内容。例如,产品质量优良率、生产安全事故率、环境污染降低率等指标。根据上述中长期发展目标,要拟定恰当的战略规划,促进企业社会责任方面的战略目标实现。

(四)经营目标

企业履行社会责任活动不应当影响企业经营的效率与效果。例如,企业捐赠不能超出企业能力范围,影响企业正常的经营活动开展。再例如,企业提高产品质量、保护员工的生产安全,并不降低企业经营的效率与效果。相反,如果企业发生安全事故,带来停工、整顿、处罚,反而降低了企业经营的效率和效果。

(五)资产安全目标

企业履行社会责任活动所需要的生产安全设备、环境保护设备、产品质量检测设备应当安全运行,防止损坏、荒废不用。

三、企业社会责任方面的风险和控制措施

(一)生产安全方面的风险和控制措施

1. 风险

(1)生产安全主体责任不落实的风险,安全生产规章制度流于形式,安全生产机构形同虚设,安全生产管理人员配备不足。

(2)企业安全投入不足带来的风险。企业没有按照规定提取和使用安全生产的费用,没有记录安全设备投入的台账,特种设备不进行安全检查。

(3)企业负责人、企业员工缺乏安全生产意识,不按照规定流程操作设备,特种作业人员欠缺操作资格。

(4)安全隐患排查不力,排查出的生产安全问题不进行整改。

(5)缺乏生产安全事故的应急预案,没有应急演练。

(6)隐瞒或者谎报事故是否发生、事故的严重程度。

2. 控制措施

(1)建立健全生产安全规章制度;建立生产安全机构;落实生产安全制度。

(2)加大生产安全投入和经常性的设备维护管理。

(3)开展生产安全教育,实现特殊岗位资格认证制度。

(4)建立生产安全事故应急预警和演练制度。

(5)建立安全生产事故报告制度,避免瞒报、谎报发生。

(二)产品质量方面的风险和控制措施

1. 风险

(1)因产品质量瑕疵导致产品质量风险。例如,不符合产品质量说明书的质量标准、不符合实物样品的质量标准。

(2)因产品缺陷导致的质量风险。例如,产品的设计缺陷、制造缺陷、标识缺陷。产品标识是指表明产品的名称、产地、生产者名称、地址、产品的质量状况、保存期限、使用说明等信息情况的表述和指示。

(3)不重视售后服务带来的风险。售后服务是生产者和消费者之间的联系的纽带。如果企业不重视消费者的诉求,将影响企业形象和声誉。

2. 控制措施

(1)建立健全产品质量标准体系。例如,采用 ISO9001 质量标准体系。

(2)严格产品质量检验和质量控制制度。产品从原料采购到销售的全流程,都需要质量控制和检验。供应商提供的产品经过检测不合格,应当列入黑名单。

(3)重视和加强售后服务。

2

案例 2-8　　　　　中国企业海外经营风险中的质量纠纷

　　近年来,在中国企业参建海外工程的过程中,频频暴发工程质量纠纷事件。比如,某企业参建英国海上风电场工程质量纠纷事件,引发了中国企业对于工程质量管理风险的审视。2008 年,某企业与英国福陆有限公司(以下简称“英国福陆”)签订风力发电钢管桩产品的销售及安装协议,用于英国某海上风电场工程。在该工程中,英国福陆是向业主提供设计、采购和建造地基及基础设施服务的总承包商。在英国福陆与业主签订的合同中,业主要求风力发电钢管桩应进行无损检测,以确保焊缝质量。检测方式包括“D 扫描”(焊缝磨平)和“E 扫描”(焊缝未磨平)。在英国福陆与某企业的合同中,也有类似规定,并约定要符合合同目的。在合同履约过程中,该企业未对部分产品实施 D 扫描质量检测,导致产品交付后,被发现存在部分横向裂缝,业主认定属于质量不合格产品。英国福陆在该企业的协助下就产品进行了重新测试,双方均认为尽管有裂缝,但在结构上没有问题。然而,当英国福陆与业主的仲裁案件失败后,英国福陆继而以该企业提供的产品不符合使用目的为由,向英国高等法院王座法庭技术工程庭提起诉讼,要求该企业赔偿额外测试修理费用、工期延误及其他相关损失。

　　2018 年 1 月,法院判决该企业支付英国福陆 5 893 591 美金、15 033 681 英镑、7 165 740 欧元、7 259 加元以及 485 346 元人民币,合计人民币约 2.3 亿元,且不含利息、增值税、法律费用及其他费用。

　　在上述事件中,中国企业支付了巨额赔偿,体现出中国企业在对标东道国质量标准、履行合同质量约定、内部质量体系建设等方面,还有待提升。这一案例的惨痛教训对中国企业内部质量管理体系提出了更加严格的要求,只有视产品质量为企业生存发展的根本才能更好地适应全球化发展。

　　案例来源:朱海成.中国企业海外经营风险案例研究[J].中国工程咨询,2020(12)91-95.

　　思考:如何控制海外产品质量的风险?

(三) 环境保护与资源节约方面的风险和控制措施

1. 风险

(1) 环境法律法规、行业规范带来的环境方面的约束。例如,企业原属于高碳排放企业,在国家“碳达峰、碳中和”的制度背景下,高碳排放企业将面临更大的碳减排压力。

(2) 消费者提倡绿色消费,发达国家提倡绿色贸易壁垒,给企业产品的设计、生产带来了绿色环保方面的压力。

(3) 企业所属的行业是高污染行业,将面临更大的信息披露、降低污染水平达到国家标准方面的压力。

(4) 生产技术落后、管理水平不足,导致企业环境污染事故高发的风险。

2. 控制措施

(1) 转变生产方式,实现清洁生产和循环经济。

(2) 依靠科技进步和技术创新,开发和利用可再生资源。

(3) 建立环境保护和资源节约监测考核体系。

（4）董事会、监事会、管理层重视环境保护工作，形成良好的内部控制环境。

（四）促进就业与员工权益保护方面的风险和控制措施

1. 促进就业方面

（1）风险。

① 企业因违反法律规定，在就业方面，因民族、种族、毕业院校、毕业专业等形成歧视，导致被投诉的风险。

② 企业招聘失败风险。企业招聘的员工不符合企业发展的要求，招聘过程中带来的各种成本（招聘人员的工资、差旅费）等。

③ 企业为了促进就业，招收的员工数量和结构与企业的需求不匹配。

（2）控制措施。

① 提供公平的就业机会。

② 加强对应聘人员的资格审查，避免招聘不具有胜任能力的员工。

③ 平衡企业需要与政府促进就业号召之间的差距。避免冗余人员给企业运营带来负担。

2. 员工权益保护方面

（1）风险。

① 侵犯员工人身和心理权益。例如，不尊重员工的身体健康、工作安全、辱骂员工等。

② 侵犯员工的民主权益。剥夺员工的投票权，搞形式主义。

③ 薪酬管理风险。企业给员工的薪酬过低，与管理层差距过大，远低于其他城市的同行业的平均水平等，将导致员工对企业失去忠诚，增加离职率。

（2）控制措施。

① 维护员工的身心健康。

② 加强职工代表大会、工会制度建设。

③ 建立员工薪酬管理制度，员工职位晋升制度。

🎓 案例 2-9　　中国企业海外经营风险中的职工权益

2006 年 4 月，中信泰富与澳大利亚 MINERALOGY 公司签署协议，以 4.15 亿美元收购西澳大利亚 20 亿吨磁铁矿资源开采权。西澳铁矿项目计划于 2009 年投产，预计资本支出 25 亿美元。2008 年 4 月，该项目正式开工，由 E 企业承建。由于 E 企业没有澳大利亚工程建设经验，加之市场环境不熟悉、安全环保规定严格等各种因素叠加，项目推进极为艰难，在海外劳动用工方面也遇到重重障碍。最初 E 企业乐观地认为，可以大量使用中国工人参与建设，可以像国内一样加班赶工。但根据澳大利亚的用工政策，调遣中国工人的计划几乎不具有可操作性，加班计划也无法实现。项目施工高峰时用了 4 000 多名工人，中国工人还不到 200 人，给项目带来高昂的人工成本，项目进度滞后时，E 企业也无法通过赶工措施弥补工期，偏离了最初策划。

E 企业根据国内经验，按照几个工人共用一间宿舍的计划，给出了 3 000 万美元的营地建设报价。但是，澳大利亚规定的工人住宿标准远超预期，最后项目耗费了近 3 亿美元进行含宿舍在内的营地设施建设。仅从劳动用工一个方面，项目的困难和复杂程度就远超承建方 E 企业以及投资方中信泰富的预期，在多因素困难的叠加下，项目

2

投产日期一推再推,项目成本也节节攀升。直到 2013 年底,西澳铁矿项目才生产出首批精矿粉,比最初计划时间延误 4 年,比最初预计投资超出 43 亿美元。而且,从 2012 年起铁矿石价格持续下行,项目面临投产即亏损的状况。

案例来源:朱海成.中国企业海外经营风险案例研究[J].中国工程咨询,2020(12)91-95.

思考:海外劳工权益保护与国内员工权益保护有哪些差异?

(五) 支持慈善事业方面的风险和控制措施

1. 风险

(1) 企业脱离自身能力,大量捐款,导致自身经营活动所需资金不足。

(2) 支持慈善事业需要核实被资助的慈善事业是否属真实、合法,防止被诈骗。

(3) 捐赠程序需要合法合规,避免董事长或者总经理"一言堂"。

2. 控制措施

(1) 慈善支出有预算控制,避免盲目支出。

(2) 对企业慈善活动的过程和结果实施监督和评价,保证合法、合规、产生实际效果。

(3) 宣传和披露企业慈善捐赠的全过程,避免公众误解。

案例 2-10　　善心被诈捐、骗捐恶意消费

2021 年夏天,河南水灾牵动着全国人民的心,众多企业和个人纷纷行动,积极参与救援、捐赠钱款物资,为河南抗洪尽一份力量。福建鞋企鸿星尔克更是凭借向郑州捐赠价值 5 000 万元的物资火出圈,线上线下的门店一度被热情民众抢购一空。

2021 年 7 月 21 日,说唱歌手"孩子王 DrakSun"在微博转发了媒体关于河南水灾的消息,并晒出自己向郑州市红十字会捐款 1.8 万元的转账记录,称自己将"剩下所有的零钱都捐了,多少贡献点力量"。可随后,就有网友发现"孩子王 DarkSun"的捐款金额有问题。根据"孩子王 DarkSun"提供的捐款单号,网友查询出他实际只捐出了 100 元,坐实了他对捐款记录 P 图造假的行为。不久,"孩子王 DarkSun"删掉了之前的微博,并重新发布一条微博,为自己捐款 P 图的行为道歉。

针对诺而不捐的诈捐行为,慈善法第四十一条规定,捐赠人应当按照捐赠协议履行捐赠义务。捐赠人违反捐赠协议逾期未交付捐赠财产,如有两种情况任一发生,慈善组织或者其他接受捐赠的人可以要求交付。这两种情况分别为:捐赠人通过广播、电视、报刊、互联网等媒体公开承诺捐赠的;捐赠财产用于扶贫、济困的,用于扶老、救孤、恤病、助残、优抚的,用于救助自然灾害、事故灾难和公共卫生事件等突发事件造成的损害并签订书面捐赠协议的。慈善法规定,捐赠人拒不交付捐赠财产的,慈善组织和其他接受捐赠的人可以依法向人民法院申请支付令或者提起诉讼。

案例来源:王莹.诈捐骗捐背后有多少善心被恶意消费[N].法治日报,2021-10-17(5).

思考:分析诈捐、骗捐带来的经济后果。

第五节　企业文化

一、企业文化概述

企业文化,是指企业在生产经营实践中逐步形成的、为整体团队所认同并遵守的价值观、经营理念和企业精神,以及在此基础上形成的行为规范的总称。

价值观告诉企业员工"企业应该怎样做"。它明确了企业提倡什么、反对什么;哪一种行为是企业所崇尚的、鼓励大家去做的,哪一种行为是企业反对的、大家不应该去做的。正像一个人的所有行为都是由他的价值观所决定的那样,一个企业的行为取向也是由企业的价值观所决定的。

经营理念是告诉企业员工"企业遵循何种法则",是企业经营活动的总体原则。例如,企业遵循合法合规、诚实守信的法则。

企业精神是告诉企业员工"企业应当具有什么样的内心态度和行为风格",例如,企业的内心态度和行为风格是开拓创新、积极践行社会责任,那么,企业员工在上述企业精神的熏陶下,必然积极创新、履行社会责任。

二、企业文化的内部控制目标

企业文化作为集体价值观和行为准则的集合体,在组织中发挥一种控制功能,可以使员工的行为集中于特定的、有范围的安排之中。具体来说,包括如下内容:

(1) 企业培育诚实守信的经营理念,促进员工诚信披露财务信息和非财务信息;降低或者杜绝舞弊事件,保证企业的资产安全。

(2) 企业培养合法合规的企业文化,促进企业合规目标实现。虽然企业内部控制要求企业所有的业务活动都要进行控制,但基于成本效益因素、内部控制的重要性原则,有些业务并不是重点控制的,因此,如果企业的管理层和员工能够践行合法合规的企业文化,将降低企业内部控制的运行成本,员工的自觉行为也将促进企业运营的合法合规。

(3) 培育企业员工团队协作、风险意识、开拓创新的企业文化,促进企业实现运营目标和战略目标。团队协作的企业文化在企业内部,可以促进合作,减少不同部门或员工之间的讨价还价的成本;风险意识可以促使管理层和员工考虑运营中的风险和控制措施;开拓创新的企业文化增加了企业未来的发展空间,因此,企业文化的内部控制目标也包括促进企业实现经营目标和战略目标。

三、企业文化的风险

(1) 缺乏积极向上的企业文化,可能导致员工丧失对企业的信心和认同感,企业缺乏凝聚力和竞争力。

(2) 缺乏开拓创新、团队协作和风险意识,可能导致企业发展目标难以实现,影响可持续发展。

(3) 缺乏诚实守信的经营理念,可能导致舞弊事件的发生,造成企业损失,影响企业

2

信誉。

（4）忽视企业间的文化差异和理念冲突，可能导致并购重组失败。

四、企业文化的风险控制措施

（1）企业积极培育具有自身特色的企业文化，充分体现企业特色的发展愿景、积极向上的价值观、诚实守信的经营理念、履行社会责任和开拓创新的企业精神，以及团队协作和风险防范意识，以此引导和规范员工行为，打造以主业为核心的企业品牌，形成整体团队的向心力，促进企业长远发展。

（2）企业重视并购重组后的企业文化建设，平等对待被并购方的员工，促进并购双方的文化融合。无论是在中国还是在国外经营活动中，被并购公司员工的文化认同都是十分重要的。

（3）企业的董事、监事、高级管理层在企业文化建设中发挥主导和示范作用，以自身的言传身教，带动影响整个团队，共同营造积极向上的企业文化环境。

（4）企业加强宣传贯彻企业文化，促进企业文化在企业内部各层级有效传达，并确保全体员工共同遵守；同时，要求企业文化建设融入生产经营全过程，切实做到文化建设与发展战略有机结合，增强员工的责任感和使命感，规范员工的行为方式，使员工自身价值在企业发展中得到充分体现。

案例 2－11　　企业价值观管理体系的构建及其作用机制

"史密斯公司"是一家经营热水器和净水设备的外资公司，于1995年在南京成立。起初，该公司是由美国 A.O. Smith 公司与南京玉环热水器公司共同出资成立的合资公司。1998年，A.O. Smith 美国总部又投资3 000万美元，决定独资成立史密斯（中国）热水器有限公司。成为独资公司的头3年，连年巨额亏损，2000年底在中国热水器市场的占有率仅为5.3％，销售额全行业排名第9。从2001年开始，"史密斯公司"开始实现连年20％以上的销售增长率。截至2013年底，公司在中国的热水器市场销售额占有率达到25％，全行业排名第1。与此同时，公司于2010年进入净水器行业，截至2013年底也取得了17.1％的市场占有率，成为行业的领导品牌。

1998—2000年，"史密斯公司"连续更换了3个CEO，都未能摆脱亏损，自从现任CEO丁威上任后，才扭转了颓势。丁威也因此成了公司的灵魂人物，带领公司一路向前，取得了今天的巨大成功。

一、清晰表达价值观

在丁威就任之前，"史密斯公司"直接翻译采用了美国 A.O.Smith 公司的价值观，即"争创利润，力求发展；重视科学，不断创新；遵纪守法，保持声誉；一视同仁，工作愉快；保护环境，造福社区。"丁威上任后，认为这一舶来品的价值观虽然全面，却不易于员工记忆，因此，在与管理层及员工沟通确认后，对来自美国总部的价值观进行总结提炼，最终归纳出"四个满意"的公司价值观，即"客户满意，股东满意，员工满意，社会满意"。丁威特别强调"四个满意"价值观中涉及的对象不分先后，公司在管理决策过程中要保证同时实现四方满意，不能厚此薄彼。与此同时，丁威还高度重视价值观管理，他曾表示："'史密斯公司'一直致力于企业文化建设，与很多企业不同的是，公司的企业文化非常落地，并且坚持了140年之久。行之有效，持之以恒，就是'史密斯公司'成功的捷径。"

二、以身作则，践行价值观

丁威在平日的工作中，始终坚持开门办公，公司员工不分等级，只要有事都可随时进入办公室同其沟通交流。此外，丁威还十分关心下属和员工，尤其一线生产车间的工人。平时，他常常会走进车间，与工人进行交谈，了解他们的需求并及时解决他们遇到的问题。在做任何决策时，丁威都会用"四个满意"做指导。例如，曾经有一家生产热水器插座的厂商经理多次找丁威沟通，询问为什么"史密斯公司"的竞争对手都接受自己的产品，而该公司却不采用。对此，丁威表示热水器并非普通家用电器，是一种对产品安全有高度要求的产品。虽然这家供应商的资质和产品质量都符合国家标准要求，但"史密斯公司"认为对于这种事关热水器着火点的关键部件，一定要以更高的标准对待，尽力确保万无一失，因为一旦发生事故将会是无法挽回的后果，不仅会让顾客不满意，带来的负面影响也势必会影响股东、员工和社会的满意度。"史密斯公司"的领导人言行一致，自觉遵守企业的价值规范，形成了巨大的示范作用。

三、顶层设计，推动价值观

丁威从顶层设计开始，为企业价值观的落地定下总体方案和基调。丁威曾表示："价值观推广最有效的办法就是做正面激励。要做好一件事，即不断通过庆祝，发奖品和礼品来鼓励符合公司价值观的行为。"他认为："企业文化太抽象，一定要转化成企业招聘什么样的人、奖励什么样的人、提升什么样的人这样的可执行的标准。当这些标准都再清晰不过时，企业文化也就真正形成并且落地了。"为此，丁威指导公司人力资源部制定一系列政策，审核人力资源部及总裁办的"价值观推动活动"方案等，并亲自参与制定有关活动的流程、评审等环节。除此之外，丁威还注重监督机制的建设，辅助审计部进行围绕"价值观"的审计政策及措施的制定，亲自审批其"年度审计计划"等。

四、要求、教导、传播价值观

丁威始终认为价值观就是"一把手"的行为习惯。推动价值观就是要从上到下，一级到一级地起到影响作用。在公司日常的高层管理会议上，丁威总是以"四个满意"的价值观来分析问题，并仔细向高层管理人员解释其中的缘由。在平时的管理过程中，丁威严格要求高管按照"四个满意"的价值观行动。对于违反企业价值观的行为，立即予以纠正。例如，"史密斯公司"曾经辞退违背公司价值观的中高层管理者。丁威在与公司普通管理人员及员工的接触过程中，"四个满意"总是像口头禅一样挂在其嘴边，有任何机会，都会大力宣传。例如，在每年公司的营销年会和管理大会上，丁威都会随意挑选与会的员工提问："为什么史密斯会取得今天的成功？"正确答案是"对'四个满意'的坚守和践行"。若员工回答正确，他又会接着追问"你认为'四个满意'哪个最重要？"正确答案为"同等重要"。由于每年都会有新员工入职，当其被提问而回答错误时，丁威会现场进行纠正。

案例来源：刘鑫，杨东涛.企业价值观管理体系的构建及其作用机制——基于A.O.史密斯公司的案例研究[J].管理学报，2015，12(9)：1273-1285.

思考：企业文化是否能够为公司增加价值？

2

课后练习题

一、单项选择题

1. 我国企业的内部治理结构,不包括的是( )。
   A. 董事   B. 监事   C. 管理层   D. 资本市场

2. 下列属于内部环境的内容是( )。
   A. 组织架构   B. 预算控制   C. 采购控制   D. 销售内控

3. 以下哪项提供了企业的价值观、经营理念、企业精神( )。
   A. 企业的组织架构   B. 企业的规章制度
   C. 企业文化   D. 社会责任

4. 以下哪项不是我国企业的外部治理结构( )。
   A. 证券市场   B. 产品市场
   C. 党组织巡视   D. 股东大会

5. 以下哪项不属于企业外部环境分析( )。
   A. 宏观环境分析   B. 行业环境分析
   C. 经营环境分析   D. 企业资源分析

二、多项选择题

1. 以下哪些内容属于人力资源( )。
   A. 董事长   B. 总经理   C. 副董事长   D. 工人
   E. 技术人员

2. 下列各内容中,属于企业社会责任的有( )。
   A. 安全生产   B. 产品质量   C. 环境保护   D. 企业文化
   E. 员工权益

3. 公司的业务单位战略包括( )。
   A. 基本竞争战略   B. 中小企业竞争战略
   C. 蓝海战略   D. 多元化战略
   E. 一体化战略

4. 人力资源管理在企业层面的风险包括( )。
   A. 人力资源管理的理念风险   B. 人力资源管理的制度风险
   C. 人力资源管理的技术风险   D. 人力资源的引进风险
   E. 人力资源的退出风险

5. 哪些因素构成了促进就业与员工权益保护方面的风险( )。
   A. 因为员工是少数民族而拒绝招录该员工
   B. 因为员工不是 985 大学毕业而拒绝招录该员工
   C. 员工住宿条件潮湿,在酷暑天气没有降温设备
   D. 员工餐腐败变质
   E. 安排员工子女入读相应的学校

三、判断题

1. 企业外部的政治环境变化带来的风险将影响企业的发展战略( )。
2. 企业的发展战略一旦形成,不能更改( )。
3. 只有公司的董事、监事、管理层才属于人力资源( )。
4. 企业经商就是为了赚钱,不需要考虑企业文化( )。
5. 企业应当制定各级管理人员和关键岗位员工定期轮岗制度,明确轮岗范围、轮岗周期、轮岗方式等,形成相关岗位员工的有序持续流动,全面提升员工素质( )。

四、简答题

1. 组织架构的风险和控制措施有哪些?
2. 发展战略的风险和控制措施有哪些?
3. 人力资源的风险和控制措施有哪些?
4. 社会责任的风险和控制措施有哪些?
5. 企业文化的风险和控制措施有哪些?

五、案例分析题

海鑫钢铁缘何盛极而衰?

1. 历史渊源

李海仓(李兆会的父亲)出生在山西运城闻喜县东镇川口村。1987年初,李海仓集资40万元,在闻喜县建起了第一个合股经营的洗煤焦化厂。此后,他几乎是以一年办一个新厂的速度在黄土地上建起了包括三铁焦化厂、海鑫钢铁、海鑫投资、海鑫轧钢、海鑫国际钢铁、海鑫房地产、海鑫鑫公水泥七个独立法人企业,7300多名职工,拥有总资产30亿元的大型民营企业集团——山西海鑫钢铁集团有限公司。在山西,海鑫是仅次于太原钢铁集团的第二大钢铁企业,经济规模跨入全国钢铁企业前20名。还没来得及思考物色接班人,更谈不上培养接班人的李海仓,于2003年1月在集团办公室遭枪杀身亡。突发变故,在国外留学的李兆会被紧急召回。

2. 组织架构

李家大家长、李兆会的爷爷李春元主持召开家族会议,商讨遗产继承权和新任董事长人选问题。由于海鑫集团是李海仓以一己之力创办而成,其所持有的90%以上的股份,在没有任何争议的情况下,绝大部分给了长子李兆会。然而,在新任董事长的人选问题上,李家内部却产生了极大的分歧。

李兆会的五叔李天虎,在海鑫集团总经理的位置上已经任职八年,无论是经验、能力和人脉资源,都是董事长的最合适人选,但这一提议却被李春元否决。随后有人建议由李兆会六叔李天杰做董事长,李天虎继续担任总经理,但还是没能通过李春元这一关。

最终,李春元力排众议,坚持由李兆会担任董事长,接掌这家万人规模的钢铁巨企。时年22岁、对接班没有丝毫准备的李兆会开始了企业家生涯。对于这样的决定,李家众人一片愕然。年轻的李兆会毕竟从未涉足过企业管理,加上对钢铁行业一无所知,谁都不敢保证他会把集团带往何处。

在接受外界采访时,他曾坦言不想当董事长。然而,在这个以家族成员为核心的企业当中,大家长李春元一言九鼎,不容任何人违背。

2

为了让李兆会能快速上手,李家特地为他打造了一套保驾班子:五叔李天虎继续担任总经理,六叔李天杰则担任常务副总经理;曾和李海仓一起打天下的辛存海担任常务副董事长;还有其他 10 名"托孤"元老分别担任各部门要职,全心辅佐"少帅"。

由于李兆会在家族中是从小到大被宠惯了的,加上多年留学海外,在思维上与土生土长的长辈有着巨大的分歧,这种"傀儡"的滋味自然不好受。而更令他无奈的是,恃才傲物的李天虎并没把侄儿放在眼里,时常表露出对李兆会掌权的不满。自尊心受到伤害的李兆会进而下定决心要"夺权"。他以"离家出走"来要挟家族,迫使心疼孙子的李春元最终点了头。

就像电视剧里的宫廷戏一样,当初负责辅佐李兆会的叔父们和海鑫钢铁的创业者们在几年间相继因各种原因和方式被调整出了决策层。李海仓时代的老人基本都走了,李兆会在此时才真正掌舵海鑫钢铁,其醉心的资本运作大戏才得以真正顺利拉开。

早在李兆会转向投资时,就让自己最信任的六叔李天杰掌舵海鑫钢铁。而 2009 年后,李天杰逐渐淡出管理层。有消息称,两人因为发展重心的问题闹僵。随后心灰意冷的李天杰最终选择离开。而接替六叔李天杰的,则是李兆会的妹妹李兆霞,李兆霞对企业经营既不懂也不上心。更有传闻说,李兆霞在嫁人后一心想摆脱李家,不但不管公司业务,反而"光顾着自己捞钱"。

3. 内部管理

海鑫钢铁内部的管理比较粗放,存在任人唯亲、人浮于事、内部人控制等大型企业的常见问题。原料质量也不好,钙灰粉掺了石墨粉,硅锰镁合金进了几百吨都不达标等。一辆运原料的车,在进货时去那儿反复转几圈,就等于拉了好几车的原料。

4. 多元化

李兆会在资本市场上最令人称道的运作,是 2004 年 11 月,受让中色股份所持民生银行股权,成为民生银行的第十大股东。在 2007 年的胡润百富榜中,李兆会因持股民生银行身家飙升至 85 亿元,排名第 78 位,身家较 2006 年暴涨了 112%,并成为最年轻的山西首富。然而据一位内部人士透露,这起投资的功劳主要应归其父亲李海仓,而不是李兆会。

巨大的成功,使得李兆会更加醉心于资本市场,渐渐远离了钢铁主业,平时也不在海鑫钢铁办公。

从 2004 年开始,他先后建起多家投资平台公司,从事对基金、证券、影视等领域的投资。李兆会的上述投资,大多带有金融投机性质,李兆会不时套现退出。虽有所收益,但大部分实业投资都亏了。

2009 年,李兆会又先后斥资亿元在北京、青岛建设了两家"儿童体验城"。如果不是迫于破产逼近,按照他的先前规划,还将布局成都、上海、天津等各大城市;并在动漫、玩具以及儿童医药、服装、教育等相关行业领域拓展。这些投资同样占用了海鑫钢铁大量的资金流,也为未来的破产危机埋下隐患。

5. 铺张浪费

与国内女演员车晓于 2010 年的婚礼也一度成为当时的热门话题。李兆会送给车晓的礼物达上千万元,婚宴大摆 500 桌,婚车 200 余辆,公司近 1 万名员工参加婚礼,不仅不需要随"份子钱",每人还发了 500 元的红包。好景不长,2012 年,车晓与李兆会离婚。同年,李兆会和参演过《红楼梦》的程媛媛又起绯闻。据媒体报道,他豪掷上千万投资电影《黄金大劫案》,让程媛媛当主角。

李兆会的自控能力不强,做事缺乏理性,这对经营企业来说,是致命的缺陷。据称他生气时不止砸过一次酒店。在山西运城时,他在酒店摆阔,和服务员发生冲突,砸了酒店,事后赔了几百万。在北京的一间酒店大厅,他看上一个花瓶,服务员说不能碰,结果李兆会说"我碰怎么了,我还砸了",动手之后被抓,也赔了不少钱。

6. 履行企业社会责任

李兆会在担任海鑫集团董事长兼总经理以后,先后投资 7 200 万元为员工建设了 13 栋住宅楼、31 座小别墅,拿出 347 万元重奖贡献突出的人才,一次奖励 10 辆"帕萨特"汽车,开创了全省乃至全国民营企业员工奖励的先例。

7. 主业亏损

钢铁行业主业从 2011 年四季度开始陷入亏损,在这样的环境下,钢企之间竞争惨烈。银行因行业不景气盯紧海鑫钢铁贷款,还贷之后不再借贷。李兆会进行资本运作需要大量资金,银行大幅度抽贷与资本市场沉淀资金两种因素的叠加效应,最终成为压垮海鑫钢铁的最后一根稻草。

8. 破产重组

2014 年 6 月,海鑫钢铁向当地政府递交了破产重整的预案。最终,河北建龙集团对海鑫集团实施并购重组。海鑫集团,已于 2016 年点火复产,但这已经和李兆会无关了。虽然他至今还是山西海鑫实业股份有限公司的法人,但集团已被建龙 100% 控股。2017 年,李兆会因为无力偿还 1 亿元贷款债务,在北京的两处豪宅被法院查封。2018 年 11 月,李兆会因为一笔逾期未清偿的 2.16 亿元债款负有连带责任,被列为失信人,限制出境。

9. 究竟谁是人才,应该如何对待人才?

在 2014 年海鑫遇到经营危机,银行堵着门要钱时,李兆会的爷爷召集家族开会,说每家拿出一亿元支持孙子,但李兆会的几个叔叔都不愿意,尤其是五叔李天虎。当年李爷爷宣布由孙子接班时,李天虎曾表示反对,但出于对长辈的尊重,最后也不得不接受。后来李兆会羽翼渐丰,就把海鑫集团旗下的一家水泥厂给了李天虎,李天虎知道是要把他打发走了,叔侄关系也因此破裂。令人唏嘘的是,李兆会的海鑫集团逐渐走向下坡路,而李天虎后来经营的水泥厂蓬勃发展。

案例来源:陈旺年.海鑫钢铁缘何盛极而衰[J].经理人,2015(4)59 - 61.

邓元杰.海鑫,商海"触礁"[J].中国中小企业,2020(8)38 - 41.

要求:分析海鑫钢铁的内部控制缺陷有哪些? 如何克服这些内部控制缺陷?

2

第三章 风险评估

学习目标

1. 掌握风险评估的四个要素
2. 掌握识别风险的方法
3. 掌握评估风险的方法
4. 掌握应对风险的四种方式

在第二章讲述的"发展战略"中的发展目标是指导企业生产经营活动的准绳,一般来说,包括盈利能力、生产效率、市场竞争地位、技术领先程度、生产规模、组织结构、人力资源、用户服务、企业社会责任等方面的目标[①]。除了上述战略目标之外,内部控制的目标还包括合规目标、报告目标、资产安全目标、经营目标。然而,在企业追求实现上述目标的过程中,必然存在各种各样的风险,如何识别风险、分析风险、应对风险,从而促进企业实现上述目标,就是本章所讲授的内容。

第一节 目标设定

《企业内部控制基本规范》讲解指出,目标设定就是指内部控制的五个目标[②]。要实现合规目标,需要进行风险管理;要实现资产安全目标,需要进行风险管理;要实现财务报告和信息真实完整,需要进行风险管理;要实现经营的效率与效果,需要进行风险管理;要实现战略目标,需要进行风险管理。因此,目标设定之后需要进行风险识别、风险分析、风险应对,以及采取内部控制措施降低或消除风险,才能有助于目标实现。

---

① 财政部会计司.企业内部控制规范讲解 2010[M].北京:经济科学出版社,2010:98.
② 财政部会计司.企业内部控制规范讲解 2010[M].北京:经济科学出版社,2010:59.

一、细分内部控制的五个目标,构建目标体系

内部控制的五个目标中所包括的内容是多种多样的,因此,企业设定的目标是一整套目标体系,根据目标体系中的内容,去识别风险、分析风险、应对风险、设置控制措施。

(一)合规目标

2022年8月,国务院国有资产监督管理委员会发布的《中央企业合规管理办法》指出,"合规"是指企业经营管理行为和员工履职行为符合国家法律法规、监管规定、行业准则和国际条约、规则,以及公司章程、相关规章制度等要求。

企业为了满足合规目标,需要逐项梳理国家法律法规、监管规定、行业准则、国际条约、规则,以及公司章程、相关规章制度,数量庞大,构成了合规目标中各类子目标。

(二)报告目标

报告目标包括财务报告、非财务报告,内部报告、外部报告等所涉及的信息真实、完整。企业可以制定财务报告目标、非财务报告目标、对内报告目标、对外报告目标等。

(三)资产安全目标

资产安全目标包括货币资产安全、实物资产安全、无形资产安全等。企业因盗窃损失了资产,就属于没有达到资产安全目标[①]。企业可以设置货币资产安全目标、实物资产安全目标、无形资产安全目标等子目标。

(四)经营目标

经营目标是指有效率地和有效果地利用企业的资源。经营目标需要反映企业运营所处的特定的经营环境、行业环境、经济环境。经营目标包括的内容较多,例如,提高生产效率,缩短将产品投入到市场的时间[②];较低的存货水平可能导致延迟交货,企业的经营目标包括了提高存货周转率。企业可以根据自身运营情况,在不同时期,设置不同的经营子目标。

(五)战略目标

战略目标是企业的高层次目标,与企业使命相关联,并支撑企业使命的实现,战略目标反映了董事会如何为利益相关者创造价值。在本教材的第二章,"发展战略"包括发展目标和战略规划[③]。发展目标表明企业在未来一段时期内努力达到的水平;战略规划是企业为了实现发展目标而制定的具体规划,例如,多元化战略、低成本战略、差异化战略等;在发展战略中,发展目标简称为"战略目标"。对于战略目标来说,包括盈利能力、生产效率、市场竞争地位、技术领先程度、生产规模、组织结构、人力资源、用户服务、企业社会责任等方面的目标[④]。

---

① 在美国,COSO在2004年发布的《企业风险管理——整合框架》中,盗窃资产、浪费、低效率地使用资产,都属于违背了经营目标,具体内容见:美国COSO.企业风险管理——整合框架[M].方红星,王宏,译.大连:东北财经大学出版社,2005:26.在本书的第一章,COSO发布的2013年发布的《内部控制——整合框架》中,资产安全也是列入在经营目标中的。但是,按照我国的《企业内部控制基本规范》,资产安全目标在内部控制目标体系中是单列的。

② 美国COSO.企业风险管理——整合框架[M].方红星,王宏,译.大连:东北财经大学出版社,2005:47.

③ 财政部会计司.企业内部控制规范讲解2010[M].北京:经济科学出版社,2010:97.

④ 财政部会计司.企业内部控制规范讲解2010[M].北京:经济科学出版社,2010:98.

3

国内学术界林广瑞、李沛强(2006)从以下七个方面来确定企业的战略目标:利润目标、产品目标、市场目标、竞争目标、发展目标、员工福利目标、社会责任目标等[①]。战略目标的设定需要每个企业结合自身实际情况来确定,不一定数量越多越好。

企业根据使命,制定战略目标,再把战略目标分解到职能部门的系列子目标,如图3-1所示。

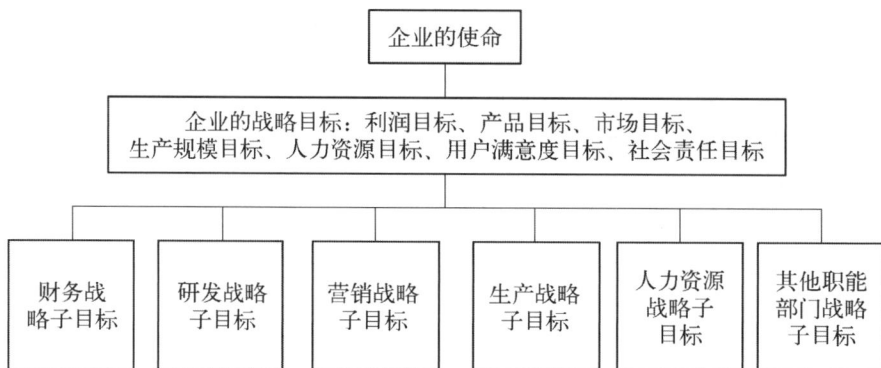

图3-1 使命、战略目标与职能部门战略目标的关系图

案例3-1 依靠战略引领 实现高质量发展——华润集团"十三五"战略实施成果与启示

以"引领商业进步、共创美好生活"为使命,以"跑赢大市、转型升级"为战略目标,按照"实业与资本双擎驱动、国际化与互联网两翼助力"的发展模式推动战略实施。

规模总量方面,2015年至2020年,集团营业收入由4812亿元人民币(以下简称亿元)增至预计6861亿元,总资产由9945亿元增至预计18300亿元,净利润由298亿元增至预计590亿元,营业额和利润在中央企业中列第一梯队,在《财富》杂志世界500强的排名提升36位至第79位。增长速度方面,营业收入、净利润及资产总额年复合增长率分别为7.4%、14.6%和13%,实现了跑赢央企、跑赢全国经济增速的目标。

竞争力提升方面,集团业绩考核连续5年获得国资委A级评价,华润雪花、燃气、商业地产等业务的经营规模保持了全国第一。社会贡献方面,年上缴税费由472亿元增至609亿元。

区域战略得到落实。大湾区建设中,广州南沙华润国际物流有限公司揭牌,华润银行成功发行金融债助力粤港澳大湾区小微企业,太平洋咖啡推出大湾区首个创业培训项目。雄安新区建设中,中标绿色建筑展示中心项目,开发商务服务中心、高铁站枢纽核心区等项目。集团成熟业态、先进产业在长江及黄河流域、成渝、海南、东北等地加快了复制。

集团层面完成了规范董事会建设,明确了决策主体的权责及授权机制,加强干部

① 林广瑞,李沛强.企业战略管理[M].杭州:浙江大学出版社,2006:69.

管理制度体系建设,建立起领导班子和经理人综合考核评价常态化机制,开展优秀年轻经理人队伍建设,推进管理层任期制与契约化管理,完善经理人退出机制,取消退休返聘制度,实行以中长期激励和薪酬业绩双对标为核心的分配制度改革。

内控管理夯实基础。进一步加强内控风险体系建设,完善公司章程和"三重一大"决策制度,修订了近百项管理制度。继续完善财务管理体系、战略管理体系,集团战略管控模式进一步走向成熟。加强了对关键业务、重点领域、重要环节、境外资产、重要岗位、关键人员的专项风险治理。落实依法治企,推进风险、内控与合规管理相融合,守住了不发生系统性和重大风险的底线,满足了外部监管和内部管理要求。

保持"战略""组织""文化"一致性是确保有效实施的重要保障。战略明确之后,组织是保障,文化是支撑,三位一体,相互影响和促进。首先,要坚持以战略为导向的原则不动摇,将其作为统领,引导组织变革和文化建设的方向。坚持行动学习、高层培训的方法,群策群力制定具有前瞻性、可执行的战略,将战略共识作为实施的思想基础。其次,要坚持以组织能力提升确保战略落地的意志不动摇,学会用工程师的思维去执行战略,咬定目标不放松,一张蓝图干到底,有任务分解、有责任人、有工期表、有台账反馈、有验收考核,由此形成强大的战略执行力。再次,坚持将华润文化作为原动力的地位不动摇,将华润"以身许国的奉献精神、敢为人先的创新精神、笃定前行的坚守精神、自强不息的奋斗精神",在新的时期传承和发扬好,发挥文化凝聚人心、统一意志、激发斗志的作用。

案例来源:王祥明.依靠战略引领　实现高质量发展——华润集团"十三五"战略实施成果与启示[J].国资报告,2021(3)53-56.

思考:如何按照使命、战略目标、业务目标进行目标体系的分解?

二、内部控制的五个目标在保证程度方面的差异

《企业内部控制基本规范》指出,"内部控制的目标是合理保证企业经营管理合法合规,资产安全,财务报告及相关信息真实完整,提高经营效率和效果,促进企业实现发展战略。"

合规目标、报告目标、资产安全目标处于企业内部,是企业边界范围之内的三个目标,企业运用恰当的内部控制手段,例如,识别风险、评估风险、应对风险、内部牵制、会计系统控制、预算控制等手段,为上述三个目标的达成提供合理保证。

但是,经营目标、战略目标的实现,受企业外部的政治、经济、社会、疫情等多种因素的影响,内部控制只能为企业实现经营目标、战略目标提供有限保证。

合理保证的程度比有限保证的程度高,但根据内部控制的局限性,合理保证和有限保证都不是绝对保证。

3

第二节　风险识别 ————————————————●

风险识别是指应当准确识别与实现控制目标相关的内部风险和外部风险,为后续的

分析风险、应对风险做好准备。

一、风险的相关概念

风险是未来的不确定性对企业实现其目标的影响。

风险偏好：为了实现目标，企业在承担风险的种类、大小等方面的基本态度。

风险承受度：企业能够承担的风险限度，包括整体风险承受能力和业务层面的可接受风险水平。

固有风险：企业管理层没有采取任何措施改变风险发生的可能性和影响的情况下，企业所面临的风险。

剩余风险：企业管理层采取应对措施之后，企业残留的风险。

组合的风险观：企业面临的风险并非单一风险逐个发生，而是不同种类的风险以某种方式组合在一起，对企业实现其目标带来影响，因此，企业必须以组合观念考虑不同种类风险集中爆发的现象。

二、企业面临的风险种类

（一）外部风险

1. 政治及政策风险

（1）国内经营中的政策风险。产业政策变更、监管政策变更、资源供给等方面的政策变更给企业带来的风险。

（2）跨国经营中的政治风险。

① 限制投资的领域。东道国出于产业保护的目的，对外国企业对本国的投资领域进行限制。

案例 3-2　　　　德国外资安全审查机制

技术获取型外商直接投资在对外直接投资中非常常见，从收购方与被收购方的获益情况来看，这种投资行为本身无可厚非。一方面，一些发展迅速、资金充足的中国企业通过向德国等发达国家的企业开展投资活动，以技术合作等方式，学习发达国家先进的技术知识、管理经验，并将其逆向转移回国，助推技术升级和国际竞争力提升；另一方面，一些技术强大但资金和市场薄弱的被收购企业在得到中方企业的收购之后，有助于开拓中国市场，渡过企业生存难关。因此，这种投资方式可以说一举两得、双方获益。

但 2016 年以来，德国外资安全审查制度对中资企业涉足关键技术领域造成了一定的封锁。例如，烟台市台海集团收购德国特种机床制造商莱菲尔德金属旋压机股份公司（Leifeld）被德国政府否决，便是近年来首例欧洲政府借用投资审查机制干预并购案的典型案例。Leifeld 拥有 200 多名员工，是一家小型的机床制造商，其产品多为专门用于航空航天和核工业的高强度材料。台海集团的经营范围则主要包括金属材料、化工原料（不含危险品）、矿产品等。由于投资涉及德国外资安全审查所涵盖的关键领域，2018 年德国政府以该项交易可能会"危及德国的公共秩序与安全"为由，对该交易予以否决。

近年来,德国联合法国、意大利等国,助推欧盟在统一层面建立起了外资安全审查制度,而在此欧盟框架下,中资企业尤其是具有国企背景的中资企业成为重点审查对象。

案例来源:张昕,孟翡,张继行.德国外资安全审查机制:特征、影响及我国应对举措[J].国际贸易,2022(8)43-52.

思考:外资安全审查机制如何影响企业战略目标?

② 设置贸易壁垒。一些发达国家对于新兴经济体企业设置了多种贸易壁垒。例如知识产权保护政策、反倾销、反补贴、反垄断等。

③ 外汇管理规定。通常欠发达国家制定的外汇管理规定更加严格。

案例 3-3 "走出去"企业海外公司外汇管理初探——基于"一带一路"沿线国家的实践

资金只有自由流动才能体现价值,跨国企业在当地持有的外汇,如果不能自由地汇入或者汇出,则对经营会产生很大的风险。"一带一路"沿线国家多数是发展中国家,对外汇的需求比较大,大部分是外汇管制国家。一般对资本项外汇管制比较严厉,对正常贸易项的外汇管理也相对严格。比如非洲的尼日利亚,由于石油市场的价格长期低位运行,尼日利亚央行对外汇的兑换实施了非常严格的控制,导致黑市汇率畸高,不管是贸易项下还是资本项下,国家严控外汇流出。有的国家比如伊朗,由于受到国际制裁,美元结算被禁止,国外的金融机构基本绝迹。在伊朗,中国仅有一家昆仑银行从事业务,而且只能采用欧元进行结算。外汇管制不仅存在于国外。由于中国对贸易项下的资金仍实施监管,特别是2016年中资企业疯狂海外并购后,导致国家面临外汇储备急剧下降危险,中国继而采取了严格的外汇流出管制措施,跨国公司的正常海外并购需要的外汇支付,因此也面临一定困难。外汇管制对资金管理的影响,是任何跨国企业都不得不面对的挑战。

一个国家的利率和汇率之间存在重要的相互作用,"一带一路"沿线的新兴经济体国家,资金利率偏高,在一定条件下,比如当利率水平高于汇率波动水平,可以通过将资金收益对冲汇率变动损益,从而实现一定程度的外汇风险对冲的效果。以某公司在巴西子公司的案例为例,由于巴西的利率长期居高不下,巴西子公司做了一个尝试,从2016年8月底开始,将一笔1 800万雷亚尔的资金存放于巴西CCB银行进行理财,代替常规的通过贸易项下汇回中国。巴西央行从2016年10月19日开始调整利率,年利率从14.25%降至14%,此后正式进入降息周期,2017年7月26日第七次降息,折合年利率为9.342 5%。如表3-2所示,方案二为巴西子公司实际实施的方案,在持有期期末按照当期汇率折合人民币为4 154.82万元;对比的方案一则为人民币3 830.7万元,方案二获取的综合收益高于方案一,持有期差异数为人民币324.11万元。可见,通过综合考虑所在国家资金收益水平和汇率变动情况,可以有效抵消外汇风险,甚至取得一定的预期收益。

3

表 3 - 1　　　方案一：1 800 万雷亚尔期初换成美元汇回国内,结成人民币并进行理财

持有期:2016 - 8 - 31 至 2017 - 8 - 31

本金 万雷亚尔	1 800
USD/BRL 汇率	3.260 3
折 USD 万	552.10
USD/CNY 汇率	6.671 6
CNY	3 683.37
CNY 理财平均收益率	4%
CNY 合计人民币 万	3 830.70

表 3 - 2　　　方案二：1 800 万雷亚尔在当地存款,理财平均收益率按 10% 测算

持有期:2016 - 8 - 31 至 2017 - 8 - 31

本金 万雷亚尔	1 800
BRL 理财平均收益率	10%
BRL 合计	1 980
USD/BRL 汇率	3.140 5
折 USD 万	630.47
USD/CNY 汇率	6.59
CNY 合计人民币 万	4 154.82

　　案例来源:许广安."走出去"企业海外公司外汇管理初探——基于"一带一路"沿线国家的实践[J].中国总会计师,2018(5)32 - 34.

　　思考:汇率风险可能给企业带来哪些损失?

　　④ 进口配额和关税规定。进口配额可以限制在东道国出售的商品数量;关税则增加了外国企业产品的税率,使外国企业难以盈利。

案例 3 - 4　　　加拿大乳品进口配额外关税超 200%

　　在加拿大,奶业是一个受到高度保护的产业,对配额外进口征收高额关税,因此加拿大乳制品进口量很小,美国和加拿大之间的乳制品贸易量也非常少。加拿大国内的原料奶和乳制品价格明显高于美国。2013 年,加拿大奶价为 78 美元/100 kg,高出美国(44美元/100 kg)70%以上。为保护本国奶业,在WTO、北美自由贸易区等的谈判中加拿大都将乳制品作为例外产品,对进口乳制品实行配额管理,对出口到加拿大配额外的乳制品征收高额的关税,多数产品关税都在200%以上。据有关资料显示,2014年加拿大进口液态奶配额外关税为241%或292.5%,脱脂奶粉为201.5%,全脂奶粉为243%或295.5%,奶酪为245.5%。由于高关税保护,加拿大进口乳制品总量很少,主要是乳清、奶酪和液态奶。虽然美国的乳制品相对加拿大有较强的价格竞争优势,加拿大也允许消费者去美国采购自己消费,但是由于高额关税限制,美国对加拿大乳制品贸易量也很少。美国方面正准备通过跨太平洋伙伴关系协议(TPP),敲开加拿大乳制品的大门。

案例来源:农业部农业贸易促进中心政策研究所,中国农业科学院农业信息研究所国际情报研究室.加拿大乳品进口配额外关税超200%[J].世界农业,2014(12)179.

思考:进口配额和关税如何影响企业内部控制目标?

⑤ 最低持股比例。东道国规定了外资企业的最低持股比例。

🎓 案例3-5 日本限制外国对钨钼稀土等稀有金属领域投资

2020年6月,日本实施了新修订的外汇法,加强了对石油、电力、天然气、通信、自来水、铁路、核能、网络安全、武器、飞机、宇宙和可转用于军事的通用品的12个行业开展业务的约500家公司的外国投资进行控制。根据修订后的法律,外国投资者在这些公司中的股份从原来的10%以上减少至1%以上。

鉴于2020年全球新冠肺炎疫情的发生发展及临床治疗的需求,2020年7月日本增加了药品和医疗器械行业。此次追加后,事前申请制度的对象企业数量也从518家扩大到715家。为了防止技术流到外国企业,日本自民党表示要强化外汇法的运用,同时还提议扩充事前申请的审查及事后的监控体制。然而,在脱碳和数字化潮流兴起的时代,日本政府于2020年10月25日公布了实现2050年"碳中和"目标的工程表——绿色增长战略,该战略书中不仅确认了"2050年日本实现净零排放"的目标,还提出了对海上风能、电动汽车、氢燃料等14个重点领域的具体计划目标和年限设定。不论是海上风能、电动汽车领域还是氢燃料、核电等其他领域,它们都需要用到钨钼等稀土金属。

2021年8月,日本政府加强限制外国对钨、钼、稀土、锂、钴、铟等34种稀有金属领域的投资,即将钨钼稀土等重要矿产相关行业追加到修正外汇法对外国人投资的重点审查对象中,旨在最大限度地减少该国关键原材料供应链的脆弱性,同时提高该国各个行业如汽车、电池、航空母舰等在国际上的竞争地位。

案例来源:编辑部.日本限制外国对钨钼稀土等稀有金属领域投资[J].黄金科学技术,2021,29(4):534.

思考:最低持股比例在其他国家是否存在?

⑥ 无法从东道国的银行获得开展业务所需要的款项。

我国的国有银行和民营银行在国外网点少、规模小、增长缓慢,无法满足跨国企业的

3

日常管理需要。境外的中资企业更倾向于选择口碑良好、实力雄厚的老牌外资银行。但是，在外界因素发生变化时，中资企业可能无法从东道国银行获得足够的资金。

⑦ 没收资产。东道国可能会没收外国企业的资产。

案例 3-6　　　浙商收购俄罗斯森林突遭没收　百亿资产蒸发

浙江民企商人傅建中斥巨资收购了俄罗斯哈巴罗夫斯克的一处林场，经过 3 年多开发，当森林资产估值从当初的 70 亿元飙升至 150 亿元时，林场公司却突然被俄方以涉嫌违法为由查封，公司资产被强制拍卖，森林经营权被提前收回。2.5 亿元的投资，价值上百亿的资产，短短数月间被席卷一空。

2003 年，中俄两国政府签订的《中俄森林资源开发利用合作长期规划》开始实施。以房地产为主业的浙江新洲集团也正筹谋转战资源领域。掌舵人傅建中决定乘潮而下，跨境投资俄罗斯森林资源。他采取的是股权收购方式。新洲集团与黑龙江国有企业辰能贸易有限公司联手组建了黑龙江新洲材源木业有限责任公司，作为项目收购平台，新洲占股 70%，黑龙江辰能占股 30%。2003 年 12 月 25 日，新洲木业分别与哈巴罗夫斯克（以下简称"哈巴"）边疆区国资局、俄罗斯霍尔金格林木出口公司签订收购协议，以股权转让形式收购了俄方哈巴罗夫斯克木兴林业有限公司（下简称"木兴公司"）的 100% 股权，获得该公司旗下林场 24.7 万公顷，经营权 49 年。中国国家开发银行给予该项目 2.3 亿元的长期贷款。这是当时浙江与黑龙江两省境外投资的最大项目，也是中俄经贸合作重大项目之一，并曾为两国舆论所瞩目。

2007 年 3 月 7 日，受俄罗斯另一林场租用的一家运输公司的货车，在运货途中被俄罗斯交警拦截检查，其中一名司机李元生的护照签证，上面显示是木兴林场办理。根据俄罗斯法规，木兴林场的司机为别家林场运输木材，属于盗采盗伐行为，李元生当即被俄交警扣留。俄方主流媒体连夜在现场进行报道，一时间，关于"中国企业盗采盗伐俄罗斯森林资源"的舆论铺天盖地。俄方很快查明，李元生并不是木兴公司的员工，这张护照签证上所谓木兴公司负责人的签名，其实是有人假冒的。但这并没能阻止大祸向木兴公司袭来。

2007 年 3 月 29 日，在事先无任何书面通知情况下，哈巴罗夫斯克边疆区检察院以涉嫌盗采盗伐为由，查封了木兴公司的全部资产。4 月 13 日，检察院搜查了木兴林场的办公楼，抄走公司的财务和生产文件。5 月 25 日，检察院查封储木场。3 天后再次搜查，并传讯木兴林场运输队司机。6 月 4 日，以木兴林场未及时缴纳税金为名，启动破产、资产拍卖等程序。7 月 23 日，哈巴边区自然资源部木兴林管所公函传达，决定提前终止林地资源租赁合同。

2007 年 9 月 6 日，国家发改委外资司曾联合外交部、商务部等部门召开关于此事件的协调会。此后连续数次在相关的中俄投资贸易会议上提出，并准备在 2007 年 11 月在中国海南召开的中俄项目协调工作会议上，正式向俄方提出交涉。但此计划因俄方换届、部长易人而未能如期召开。事件一直拖延至今悬而不决。一位在哈巴罗夫斯克的资深中方驻外人士认为，俄罗斯国别投资风险一直较高，官员腐败盛行，中央法律法规难以得到有效贯彻执行,加上贸易保护主义,境内外投资者的正常经营遭受侵害甚至破坏的事件时有发生。之前就有过壳牌在远东萨哈林岛投资石油项目,因油价上涨油田被以各种借口强行收回的事。

案例来源: 李伊琳.浙商收购俄罗斯森林突遭没收　百亿资产蒸发[N].21世纪经济报道,2013-01-04(2).

思考: 在其他国家运营,是否也存在没收资产的风险?

2. 经济形势、市场竞争、融资环境的变化带来的风险

(1) 总体经济形势下行甚至金融危机给企业运营带来的风险。

(2) 市场竞争形势日趋严峻。

(3) 融资环境日趋严格。例如,中国人民银行、中国住房和城乡建设部约谈12家房地产企业,提出针对房地产企业的三道红线:剔除预收款后的资产负债率大于70%、净负债率大于100%、现金短债比小于1倍,对高负债房地产企业的运营带来了风险。

3. 法律风险与合规风险

(1) 合规风险是指因违反法律或监管要求而受到制裁,遭受金融损失以及因没有履行适用的法律法规、行为准则、相关标准给企业带来损失的可能性。

(2) 法律风险是指企业在经营过程中,因自身经营行为的不规范或者外部法律环境发生重大变化而造成的不利的法律后果的可能性。例如,立法不完备,执法不公正,市场主体法律意识淡漠,在经营过程中不考虑法律因素,交易对方的失信、违约和欺诈等。

案例3-7　　美国政府"长臂管辖"带来的合规风险

美国的"长臂管辖(long arm jurisdiction)"从美国境内伸向了全世界,从法院的管辖权问题扩张到美国政府在全世界强行适用美国法律。例如,美国之外的公司,将含有原产于美国的受限制零部件的产品卖给受美国制裁的国家,则有关公司可能受到美国制裁。再例如,美国利用对银行的控制,对有关银行美元结算进行规制,银行的客户与被美国制裁的国家使用美元结算需要向相关银行说明,如果没有说明,或者说明不实,就可能构成"欺诈银行罪",美国的司法部就可以在美国境内甚至境外对该人采取人身强制措施,并向美国联邦法院起诉,从而实现了美国法律长臂管辖的新形态。这种银行与客户之间的交流本来属于正常的经济行为,而美国政府居然可以把客户与银行之间交流行为中所谓"提供虚假信息"认定为欺诈银行,成为违反美国法律的重罪,并加以过度的惩罚。

2016年3月8日,美国商务部指控中兴通讯涉嫌违反美国出口管制政策,中兴通讯因"违法"向伊朗和朝鲜输送美国技术,中兴通讯及其数家子公司被列入实体名单,并被实施贸易禁运。中兴公司表示,2012年美国发起调查之后,中兴公司及时停止了与伊朗等国的相关项目。但是,最终美国有关部门还是以中兴通讯"违反美国出口限制法规"等名目为由,对中兴公司采取限制出口措施,要求中兴公司彻底改组董事会、管理层,采取更高规格的安全保障,确保遵守美国法律,并对中兴公司处以巨额罚款和

3

设定了合规考察期。2017 年 3 月，双方达成和解协议，中兴通讯向美国政府共支付 11.92 亿美元，美方指派独立监察官对中兴通讯进行监管。而在被监管期间，限制及禁止公司购买美国出口的受美国出口管制约束的任何物品等事项，在中兴未违反双方协议的情况下，暂缓执行，并在暂缓期届满后予以解除。

2018 年中兴与美国商务部工业与安全局(BIS)达成和解协议，BIS 签发为期 10 年的禁令，包括限制及禁止中兴通讯申请、获取、使用任何许可证或许可例外，及从事任何涉及受美国出口管制条例约束的任何物品、软件或技术等交易，但在中兴通讯遵守协议和 2018 年 6 月 8 日命令的前提下，新禁令在监察期内将被暂缓执行，并在监察期届满后予以豁免。到 2028 年，如果其间未修改和解协议，美商务部对中兴的监管直到 2028 年才能终结，这也意味着中兴通讯向美国政府的通报义务还在持续。

中兴通讯处于监管之时，其业务运营都没有受到太大影响。区别在于，被监管时中兴每年要向美国递交相关的报表，来达到美国的合规要求。总体上，中兴没有受到所谓监管影响。美国对中兴过去的监察主要是出口履行方面，并不介入公司生产经营。公司在 2018 年与美国完成和解协议之后，生产经营就正常开展了。

2022 年 3 月 22 日，美国法官裁定中兴通讯合规监察期结束，中国电信设备制造商中兴通讯与违反美国对伊朗制裁令有关的合规监察期结束，监察官任期将于原定的 2022 年 3 月 22 日结束。但是，直到 2028 年之前，中兴通讯继续向美国政府履行通报义务。

杨宇冠认为，我国有关单位和个人如果受到美国长臂管辖，需要视案件具体情况，可以利用中国法律、美国法律以及国际法中相关规定应对。对美国行政部门的长臂管辖行为，特别是以"暂缓审判"等方式绕过司法审判的行为要保持警惕，不要轻易放弃合法权利。"暂缓审判"是英美法刑事诉讼中公诉方和被告方达成的协议，经过法官审查批准后可以暂缓审判，如果被告方满足协议条件，在协议期满时控诉方可以撤回起诉。美国司法部使用"暂缓审判"方式处理案件的条件通常特别苛刻，包括要求被告方承认美国政府的指控是事实，而这些所谓"事实"是在美国政府的起诉书中所列的情况，这些需要美国检察官证明后才能作为定案的根据。协议通常还要求被告同意支付一定的罚金，放弃诉讼时效权利，与美国政府合作，做出一定的合规和补救承诺。被告人失去了法庭审判中享有的合法诉讼权利，特别是与证人对质的权利。美国司法部与被告人达成的"暂缓审判"协议中通常要求被告人放弃法庭审理的权利，包括质证权、辩护权、上诉权等。尽管条件如此苛刻，可是世界范围内依然有许多企业和个人为了早日脱身，被迫接受了与美国检察机关签署的"暂缓审判"协议，而且还要在协议中声明是自愿放弃许多合法的权利。

案例来源：倪浩，任重，青木.结束五年"监察"，中兴通讯胜诉！[N].环球时报，2022-03-24(16).

杨宇冠.美国长臂管辖的起源、扩张和应对[J].法学杂志，2022，43(4)：73-92.

思考：长臂管辖在哪些方面影响了企业的风险评估？

4. 社会文化风险

(1) 跨国经营活动引发的文化风险，东道国文化与母国文化差异较大带来的风险。

(2) 企业并购活动引发的文化风险。

（3）社会习俗带来的风险。

（4）组织内部因素引发的文化风险。

5. 自然环境因素带来的风险

洪水、火灾、地震等因素带来的风险。

6. 技术因素带来的风险

技术进步、工艺改进、电子商务等因素带来的风险。

🎓 案例 3-8　　　　　　技术风险需要斟酌

1. 曾经的食品主业发达

浙江金义集团组建于 1993 年,净资产超过 5 亿元,其下属公司金义食品的纯净水、牛奶、乳酸饮料和果冻等产品,都是市场的绝对先入者,但在消费品领域经营十多年后的陈金义觉得这些已经极度竞争的行业,经营起来味同嚼蜡——门槛极低,前期积累的优势在更雄厚的外资面前丧失殆尽,每年都有打不完的价格战、广告战和推销战。

2. 失败的技术转型

陈金义决定另辟蹊径,进军能源领域,意图借助在能源行业的孤注一掷来开辟自己的"蓝海"。陈金义进行的项目实际就是重油乳化。长期以来,国外从事重油乳化研究的企业多如牛毛,国内也有 50 多家企业在研究,但得出的结果总是不理想,出来的产品含硫量高,不稳定,容易分层,而且降低了热值。但陈金义认为自己研究出来的燃料克服了重油乳化可能的全部弊端,由于每吨产品中加了 40%～50% 的水,成本降低了一半。

再看金义集团,它长期从事食品饮料加工业,没有丝毫重化工业的基础和积累,没有这方面的经验、技术和人才,却在没有任何前期论证的情况下贸然进入重化工业领域。据了解,重油乳化研究在美国进行了近 50 年,投入资金几十亿美元,依然没有攻克,陈金义却一下子将自己的企业带向那里,这种突兀的转型肯定将招致巨大的风险,大得让陈金义难以承受。

陈金义版本的"水变油"实质是"油包水"技术。金义集团的一位工程师向记者介绍,该项技术以重油为原材料,配以价格低廉的辅料,经过特殊工艺流程的物理和化学反应,完成乳化改性,成为新燃油。"乳化燃油的原理,其实是使水均匀地分布在油中,达到'油包水'的状态。在这样的状态下加温,水会由于沸点较低而提前蒸发冲破油的包裹,使油发生微爆从而达到充分燃烧的目的。"该工程师说。

浙江省发改委高新处和科技厅成果处召集了专家对金义油进行科技论证。一位当时在场的科技厅官员这样描绘了论证会上的情形。当天,浙江大学能源系的两位教授根据能量守恒定律,认为金义油热值提高,硫含量和冷凝点降低的现象是不可能同时出现的。金义油的研发专家王先伦却坚信,自己的产品没有出问题,只可能是能量守恒定律错了。

全国人大常委会副委员长盛华仁批示中石化股份有限公司咨询委员乔映宾前往海盐考察。乔映宾和中石化石油化工研究院的杨海鹰博士在 2004 年底两次前往海盐

3

考察。陈金义回忆,这一老一少两次去海盐,看法走了个极端。第一次到海盐时,两位专家看了之后,批评陈金义弄虚作假;第二次,则对研究重视起来,杨海鹰博士当时十分激动,因为中石化搞了 10 多年重油乳化,分别采用阴离子和阳离子乳化剂,都有问题,前者会腐蚀,后者会结垢。"但对于使用重油乳化油的长期影响,要花时间检验,中石化的乳化油曾经在镇海炼化使用,烧了快一年,才发现锅炉的管道会变脆,所以金义油的影响要长期才看得出来。"乔映宾说。他并不赞成陈金义所说的金义油热值提高了,他认为重油加水之后,热值必然随着水的比例而下降。陈金义则认为乔映宾的检测结果可能和他们没有等到乳化 24 小时就抽样有关,不能说明金义油真正的品质。不过专家们可能并不知晓,这种油的发明是经过一次次配方试验出来,而且发明者自己也无法写出反应过程的化学方程式。

2005 年 9 月 1 日,浙江省安全生产监督管理局给陈金义的能源开发有限公司颁发了危化品生产批准证书,公司旗下系列产品之一的重油乳化产品获准生产。2005 年 12 月 23 日和 2006 年 7 月 11 日,浙江省经贸委、浙江省环保局分别在杭州之江饭店和杭州肉类联合集团为金义集团召开了"金义乳化燃油科技成果推荐会"和"市场应用推介会"。

杭州联合肉类集团有限公司总经理陈宝良介绍说,一年来他们总共用了 500 吨左右的金义生物乳化燃油,包括节能以及价格因素,他们全年节省开支 40 万元左右。这样平均每用 1 吨就可以节省 800 元。

3. 债务危机

但是,社会和人们对生物乳化油的项目不了解,从而引起金融界对金义集团开发的新项目不看好。为了避免风险,个别和金义集团有着正常业务关系的金融单位纷纷使用各种手段从金义集团抽取回笼资金。正在金义集团的乳化燃油项目开发成功的关键时刻,受到个别银行的打击。如 2004 年 12 月份,中国农业银行采荷支行对金义集团许诺要贷款 2 000 万元,给金义集团作为用于新能源开发"生物乳化油项目"的支持,但条件是要金义集团把在该行 2005 年 7 月份才到还款期限的 800 万元贷款先行还清,800 万元先还贷后,才给予金义集团 2 000 万元的支持,抱着对农业银行的信任和感激心,金义集团在资金困难的情况下,筹集资金 800 万元还给了农业银行采荷支行,但农业银行在收到金义集团提前 8 个月的还款 800 万元后,之前承诺支持金义集团的 2 000 万元就没有了下文。

三年来,陈金义几近固执地将所有家当都押在了他寄予全部希望的乳化燃油项目上。陈金义已经把其最核心的资产——金义控股的股权转让,置换成现金准备继续追加对"金伦油"进行投入。显然,为了支持新的项目,陈金义已决定破釜沉舟。三年多只有投入毫无产出的经营终于导致了金义集团的财务危机。陈金义成了又一位因为投资失误面临资金链断裂的民营企业家。在杭州市中级人民法院的集中执行中,金义集团被曝累计欠 3 家银行执行款项达到 3 600 多万元,在杭州市中级人民法院当天的执行中,金义集团名下的一处房产被查封。

4. 如何降低风险?

通过各种措施分担风险,对于已经有一定事业基础的企业来说,这一点更是需要重点考虑。企业可以通过社会资源来分解风险,比如从创新体制上,影响深远同时也风险巨大的基础研究可以由政府力量投入研发;在投资管理上,可以让风险投资的资本力量介入风险期开发,而风险投资自身可以通过在多个项目上的盈亏管理化解风险。此外,还可以通过股权结构的设置化解风险。如摩托罗拉投入铱星项目是一个典型的高科技投资失败案例,这个项目前期被外界一致看好,但是投入运营之后很快就因为入不敷出而陷入破产。摩托罗拉在这个失败项目上的成功之处在于,它通过分散股权,避免了公司因为一个项目的失败而整体被拖入破产的窘境。项目虽然失败了,但摩托罗拉依然是一家优秀的高科技企业。

案例来源: 周慧敏,苏振华.陈金义难题[N].中国企业报,2006 - 08 - 08(5).

英侠,李琴.豪赌:财富不能承受之重[N].中华工商时报,2006 - 08 - 14(6).

思考: 企业应当如何降低技术风险?

(二)内部风险

2010年由财政部等五部委联合发布的《企业内部控制应用指引》,指出了相关业务应当关注的风险,除了指引中提到的18项业务之外,其他的业务也是按照确定风险、评估风险、应对风险的风险管理流程来做的。综合起来看,企业内部风险包括如下内容:

(1)董事、监事、经理及其他高级管理人员的职业操守、员工专业胜任能力等人力资源因素。

(2)组织机构、经营方式、资产管理、业务流程等管理因素。

(3)研究开发、技术投入、信息技术运用等自主创新因素。

(4)财务状况、经营成果、现金流量等财务因素。

(5)营运安全、员工健康、环境保护等安全环保因素。

(6)其他有关内部风险因素。

三、企业需要收集的风险信息

企业收集风险信息,是识别风险的重要环节。

(一)外部政治、经济、技术因素、文化方面,应收集的重要信息

(1)国内外宏观经济政策以及经济运行情况、本行业状况、国家产业政策;

(2)科技进步、技术创新的有关内容;

(3)市场对本企业产品或服务的需求;

(4)与企业战略合作伙伴的关系,未来寻求战略合作伙伴的可能性;

(5)本企业主要客户、供应商及竞争对手的有关情况;

(6)与主要竞争对手相比,本企业实力与差距;

(7)国内外与本企业相关的政治、法律环境;

(8)影响企业的新法律法规和政策;

(9)企业在国外经营中涉及的文化因素带来的风险。

(二)在外部市场风险方面,应收集的重要信息

(1)产品或服务的价格及供需变化;

(2)能源、原材料、配件等物资供应的充足性、稳定性和价格变化;

3

（3）主要客户、主要供应商的信用情况；

（4）税收政策和利率、汇率、股票价格指数的变化；

（5）潜在竞争者、现有竞争者及其主要产品、替代品情况。

（三）在企业内部财务风险方面，应收集的重要信息

（1）负债、或有负债、负债率、偿债能力；

（2）现金流、应收账款及其占销售收入的比重、资金周转率；

（3）产品存货及其占销售成本的比重、应付账款及其占购货额的比重；

（4）制造成本和管理费用、财务费用、营业费用；

（5）盈利能力；

（6）成本核算、资金结算和现金管理业务中曾发生或易发生错误的业务流程或环节；

（7）与本企业相关的行业会计政策、会计估算、与国际会计制度的差异与调节（如退休金、递延税项等）等信息。

（四）在企业内部战略风险方面，应收集的重要信息

（1）本企业发展战略和规划、投融资计划、年度经营目标、经营战略，以及编制这些战略、规划、计划、目标的有关依据；

（2）本企业对外投融资流程中曾发生或易发生错误的业务流程或环节。

（五）在企业内部运营风险方面，应收集的重要信息

（1）产品结构、新产品研发；

（2）企业在新市场开发，市场营销策略，包括产品或服务定价与销售渠道，市场营销环境状况等；

（3）企业组织效能、管理现状、企业文化，高、中层管理人员和重要业务流程中专业人员的知识结构、专业经验；

（4）期货等衍生产品业务中曾发生或易发生失误的流程和环节；

（5）质量、安全、环保、信息安全等管理中曾发生或易发生失误的业务流程或环节；

（6）因企业内、外部人员的道德风险致使企业遭受损失或业务控制系统失灵；

（7）给企业造成损失的自然灾害以及除上述有关情形之外的其他纯粹风险；

（8）对现有业务流程和信息系统操作运行情况的监管、运行评价及持续改进能力；

（9）企业风险管理的现状和能力。

（六）在企业内部法律风险方面，应收集的重要信息

（1）员工道德操守的遵从性；

（2）本企业签订的重大协议和有关贸易合同；

（3）本企业发生重大法律纠纷案件的情况；

（4）企业和竞争对手的知识产权情况。

四、根据收集的风险信息，识别企业面临的风险

企业对收集的初始信息应进行必要的筛选、提炼、对比、分类、组合，使用以下一种或几种方法来识别本企业的核心风险。

（一）德尔菲法（delphi method）

该方法又称为专家意见法。该方法的步骤是组成专家小组，向小组内的专家提出所

要预测的风险,专家提出意见,汇总专家对于风险的意见,最后形成核心风险清单。该方法适用于风险识别。

(二)头脑风暴法

刺激并鼓励一群知识渊博、了解企业风险的人员畅所欲言,产生尽可能多的风险事项,然后逐一质疑,由风险管理小组对集体讨论的风险事项进行复核,并认定核心风险清单。

(三)流程图分析法

对流程的每一个阶段、每一个环节逐一进行调查分析,从中发现潜在风险,找出导致风险发生的因素,分析风险产生后可能造成的损失以及对整个组织可能造成的不利影响。

(四)现场调查法

风险管理小组到工作现场进行调研,了解设备运行情况;以往是否发生过事故或其他风险,与现场工作人员进行沟通,识别出企业的核心风险。

五、形成企业的风险清单

企业对于识别出的风险,编制风险清单。

表 3-3　　　　　　　　　　　　　　　　法律风险清单

基 础 信 息 区				法 律 信 息 区				管 理 信 息 区			
风险代码	风险名称	行为代码	引发法律风险的行为	涉及的法律法规	涉及的法条	引发的法律责任和后果	案例	法律建议	涉及的部门	涉及的法律主体	涉及的业务/管理活动
……	……	……	……	……	……	……	……	……	……	……	……

3

以法律风险为例,在法律风险事件及法律风险名称确定后,应将这些事件统一列表,并在列表中补充每一风险事件适用的法律法规、风险动因、可能产生的法律后果、相关的案例、法律分析意见及其涉及的部门、经营管理流程等信息,最终形成企业的法律风险清单。

第三节　风险分析

企业应当采用定性与定量相结合的方法,按照风险发生的可能性及其影响程度等,对识别的风险进行分析和排序,确定关注重点和优先控制的风险。

企业进行风险分析,应当充分吸收专业人员,组成风险分析团队,按照严格规范的程序开展工作,确保风险分析结果的准确性。

一、风险分析的方法

(一)风险评估系图法

处于风险坐标系图右上角象限内的风险不但发生的可能性高,而且一旦发生,其影响也很大,因此,是企业需要重点关注的风险;反之,处于风险坐标系图左下角的风险发生可能性低,而且一旦发生,影响也很小。

(二)情景分析法

分析最佳情景、最差情景、基准情景的影响因素、发生概率、潜在后果。例如,一家企业评估一个项目时,使用了情景分析。

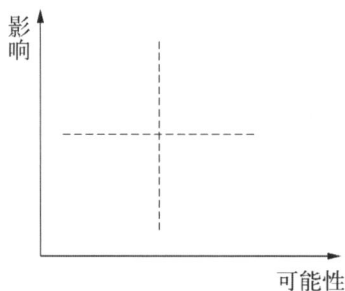

图 3-2　风险坐标系图

表 3-4　　　　　　　　　　　某投资项目未来情景分析

影响因素	因素	最佳情景	基准情景	最差情景
	市场需求	不断提升	不变	下降
	经济增长	增长 5%~10%	增长<5%	负增长
发生概率		20%	45%	35%
结果		投资项目可在 5 年达到收支平衡	投资项目可在 10~15 年达到收支平衡	不确定

(三)敏感性分析法

假设其他因素不变,分析某一种不确定性因素变化到一定幅度时,计算主要经济指标变化率及敏感程度的一种方法。

例如,假设其他因素不变,美元兑人民币汇率由 1 美元兑换 6.7 元人民币,上升为 1 美元兑换 6.9 元人民币时,公司的出口额将下降 70 万元;净利润下降 30 万元。

(四)压力测试法

持续不断地给被测系统增加压力,直到将被测系统压垮为止,用来测试系统能够承受的最大压力。

承压指标是压力测试中反应压力测试结果对企业被测系统程度影响的指标,常用的承压指标包括但不限于:资产价值、资产质量、会计利润、经济利润、流动性指标等。这些指标运用于不同的风险的压力测试之中。

信用风险压力测试的承压指标包括:违约概率、违约损失率;

市场风险压力测试的承压指标包括:收益率、资产市场价值;

流动性风险压力测试的承压指标包括:流动比率、速动比率等。

(五)风险价值法(Value at Risk,简称 VaR)

风险价值是指在一定的置信水平下,某一金融资产或者证券组合的市场价值在未来特定的时期内的最大可能损失金额。

例如,某投资组合的置信水平为 95%,持有期为一天时的 VaR 为 89 万元,表示有 95% 的把握相信持有该投资组合一天的最大损失是 89 万元,或者说持有该投资组合一天内损失超过 89 万元的可能性只有 5%(1−95%)。

计算 VaR 常用的方法有历史模拟法、方差-协方差法、蒙特卡罗模拟法等。如图 3-3 所示。

$$P\{损失额 > M\} < a$$

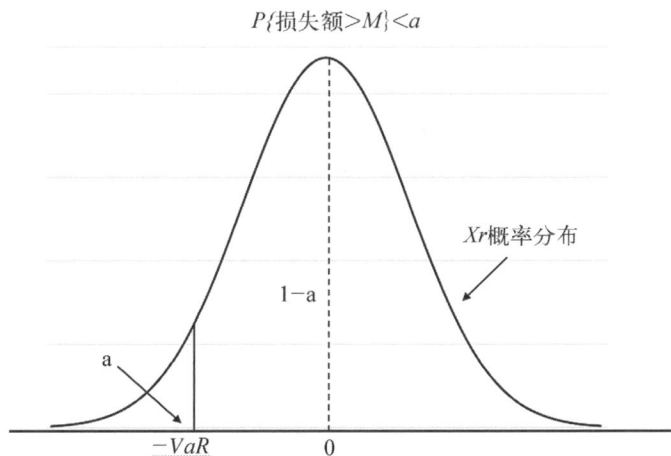

*Xr*概率分布

1−a

a

−VaR   0

图 3-3 VaR 方法的示意图

(六)事件树分析法

当故障发生时,在各种减轻事件严重性的措施是否实施的情况下,对多种可能后果进行的定性和定量的分析。

如图 3-4 所示,初始事件是爆炸,发生概率为 10^{-2},约为 100 年发生一次,爆炸之后,发生火灾的概率为 0.8,不发生火灾的概率为 0.2,发生火灾后,洒水系统工作的概率是 0.99,不工作的概率是 0.01,在洒水系统工作的情况下,火警被激活的概率是 0.999,不激活的概率是 0.001,因此,爆炸发生以后,发生火灾、洒水系统工作、火警激活,并且结果可控的这个概率是 $10^{-2} \times 0.8 \times 0.99 \times 0.999 = 7.9 \times 10^{-3}$。

3

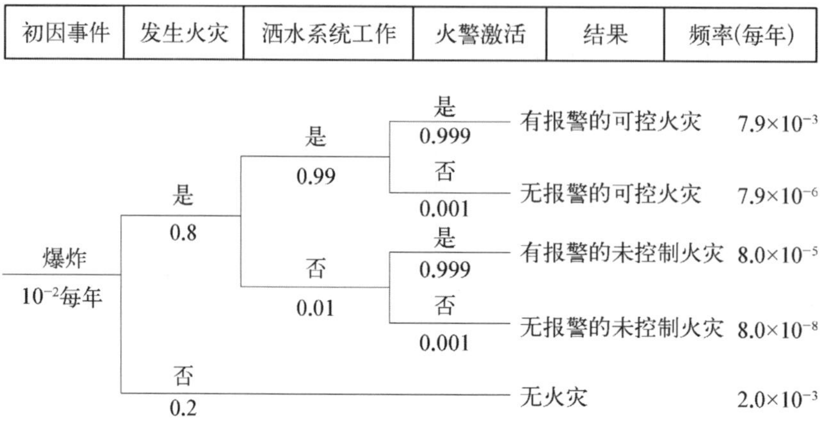

初因事件	发生火灾	洒水系统工作	火警激活	结果	频率(每年)

图 3－4　火灾事件树分析

（七）综合评价法

企业到海外开展经营活动,需要综合评估东道国的政治、经济、社会、文化、国际关系方面的风险,然后进行综合评分。如表 3－5 所示,采用上述五个指标进行风险加权分析,各个指标的权重是根据专家打分法来确定。

表 3－5　　　　　　　　　　　湄公河流域国家地缘政治风险评估体系

一级指标	二级指标	意　义	指标方向	权重
政治风险	政府稳定程度	反映政府政权的稳定性	－	0.15
	监管程度	反映政府的监管能力	－	0.09
	腐败控制程度	反映政府对腐败的控制程度	－	0.09
	民主程度	反映政府对民众诉求的回应	－	0.05
	法治程度	反映对社会规则的信任和遵守程度	－	0.03
	恐怖主义活动/次	反映恐怖主义形势	＋	0.03
	武装冲突/次	反映国家内部稳定	＋	0.03
经济风险	财政平衡指数	反映国家的财政实力	－	0.06
	开放程度	反映国家开放和贸易依赖程度	－	0.05
	人均GDP/美元	反映国家经济发展水平	－	0.06
	债务指数	反映政府负债水平	＋	0.02
	通货膨胀率/%	反映国家物价水平变化情况	＋	0.02
	增长率/%	反映国家经济增长活力	－	0.04

续　表

一级指标	二级指标	意　义	指标方向	权重
社会风险	基尼系数	反映社会贫富差距	＋	0.08
	失业率/%	反映就业情况	＋	0.03
	犯罪指数	反映社会治安情况	＋	0.03
文化风险	文化水平/%	反映国家教育水平	－	0.05
	舆情指数	反映媒体对国家的政治影响	＋	0.01
	宗教冲突/次	反映国家处理民族文化差异的能力	＋	0.01
国际关系	大国关系	反映与大国之间的政治合作程度	－	0.03
	经济关系	反映大国对国家经济影响力	－	0.02
	空间关系	反映地理距离影响贸易规模和方式	－	0.02

案例来源：葛旭瑞,李灿松,胡平平,等.湄公河流域国家地缘政治风险评估与影响研究[J].地理与地理信息科学,2022(6)1－8.

二、形成包含各种风险发生概率和影响的风险清单

按照风险发生的概率和影响值,计算风险价值。并在列表中进行排序。

表 3－6 是某企业的风险值统计表,该表是根据风险影响大小与风险概率相乘得到的风险价值作为风险排序的依据。

表 3－6　　　　　　　　　　风险值统计表

序号	风险编号	风 险 名 称	风险影响大小	风险概率	风险价值
1	11	会计信息失真的风险	10	10	100
2	46	危险化学品泄漏造成风险	9	9	81
3	5	投资计划执行发生偏差的风险	10	8	80
4	47	民用爆炸物品管理风险	10	8	80
5	95	安全隐患管理不到位带来的风险	10	8	80
6	9	汇率风险	10	7	70
		……			
96	50	环境污染风险	8	5	40

案例来源：王海燕,叶茵.风险导向在年度审计计划中的应用[J].中国内部审计,2012(10)56－59.

3

第四节　风险应对

一、企业风险应对的考虑因素

企业应当根据风险分析的结果,结合风险承受度,权衡风险与收益,确定风险应对策略。企业应当合理分析、准确掌握董事、经理及其他高级管理人员、关键岗位员工的风险偏好,采取适当的控制措施,避免因个人风险偏好给企业经营带来重大损失。

二、企业风险应对的方法

企业应当综合运用风险规避、风险降低、风险分担和风险承受等风险应对策略,实现对风险的有效控制。

(一)风险规避

风险规避是企业对超出风险承受度的风险,通过放弃或者停止与该风险相关的业务活动以避免和减轻损失的策略。

1. 放弃

通过前述的识别风险、分析风险,放弃某个项目。例如,某公司卖掉一个连续 3 年亏损的业务分部。

2. 停止

在项目运营的过程中,终止承担某项风险。例如,企业销售的某种产品出现了质量危机,企业决定不再销售该产品。

(二)风险降低

风险降低是企业在权衡成本效益之后,准备采取适当的控制措施降低风险发生的概率或者减轻损失的严重程度,将风险控制在风险承受度之内的策略。

例如,某工厂所在地治安情况不好,企业通过在工厂边界以及重要资产区域,安装监控设备,虽然付出了一定的成本,但是,降低了盗窃风险发生的概率;一旦发生案件,监控也可以帮助破案,尽可能地挽回损失。

(三)风险分担

风险分担是企业准备借助他人力量,采取业务分包、购买保险等方式和适当的控制措施,将风险控制在风险承受度之内的策略。

> **案例 3 - 9　　　　建筑公司分包与党建相结合**
>
> 在工程承包领域,分包能够达到降低风险,节约成本的目的。
>
> 中建四局第一建筑工程有限公司党委以创建先进基层党组织为抓手,大力实施"五联四创三服务"基层党建创新方案,通过立足企业及行业实际,找准有力抓手,促进企业党建与生产经营深度融合,进一步夯实了基层党建基础,有效激发了基层党建活力。五联:即组织联建(同业主、监理、分包联建),贫困联扶(结对帮扶、技能帮扶、生活

帮扶),廉洁联助(监督岗位互设、廉洁风险互查、工作作风互提),治安联抓(防偷、防盗、防暴),资源联用(活动场所联用、科技信息联用、人才培训联用、机械设备联用)。四创:即创建党员先锋岗、党员责任区、党员示范区、党员突击队。三服务:即对上游服务好业主、对内部服务好员工、对下游服务好分包。

对下游服务好分包。分包单位是企业的合作伙伴,各级党组织通过与工程、商务、技术等相关部门联动,将统筹协调和全面保障服务作为对各分包单位的责任和义务。一是成立中建四局一公司分供方协会,加强供我双方沟通、交流,发挥桥梁纽带作用。二是同步建立党员服务站,切实加强了党建服务引领作用,及时传达党的路线、方针、政策以及企业各项规章制度。三是将分包的方案、计划、质量安全管理等纳入管理体系,在做好监管的同时加强过程沟通与服务。四是适当延伸管理终端,加强与一线工人的沟通,及时了解其思想动态,及时解决合理诉求。

案例来源:李晓阳,曹克全,李建成,等.破解企业党建与生产经营"两张皮"难题[J].国企管理,2020(15)42-45.

思考:党建在内部控制中的作用有哪些?

(四) 风险承受

风险承受是企业对风险承受度之内的风险,在权衡成本效益之后,不准备采取控制措施降低风险或者减轻损失的策略。

企业应当结合不同发展阶段和业务拓展情况,持续收集与风险变化相关的信息,进行风险识别和风险分析,及时调整风险应对策略。

三、企业把风险识别、风险分析、风险应对的最终结果,列入风险清单(表 3-7)

表 3-7　　　　　　　　　　　　　　　　企业整体风险清单

风 险 识 别						风险描述	风 险 分 析							风险应对
风险类别							关键风险指标	可能产生的后果	关键影响因素	风险责任主体	风险发生可能性	风险后果严重程度	风险值	风险应对措施
一级风险		二级风险		……										
编号	名称	编号	名称	编号	名称									
1	战略风险	1.1												
		1.2												
		……												
2	营运风险	2.1												
		2.2												
		……												

3

续　表

风　险　识　别							风　险　分　析							风险应对
风险类别						风险描述	关键风险指标	可能产生的后果	关键影响因素	风险责任主体	风险发生可能性	风险后果严重程度	风险值	风险应对措施
一级风险		二级风险		……										
编号	名称	编号	名称	编号	名称									
3	财务风险	3.1												
		3.2												
		…												

课后练习题

一、单项选择题

1. 企业风险评估的起点是（　　　）。

A. 风险分析　　　　B. 风险应对　　　　C. 风向识别　　　　D. 目标设定

2. "为了实现目标,企业在承担风险的种类、大小等方面的基本态度"被称为（　　　）。

A. 风险数量　　　　　　　　　　　B. 风险分担

C. 风险承受能力　　　　　　　　　D. 风险偏好

3. "企业能够承担的风险限度,包括整体风险承受能力和业务层面的可接受风险水平"被称为（　　　）。

A. 风险承受度　　　B. 风险偏好　　　C. 固有风险　　　D. 剩余风险

4. "企业管理当局没有采取任何措施改变风险发生的可能性和影响的情况下,企业所面临的风险"被称为（　　　）。

A. 固有风险　　　B. 剩余风险　　　C. 残余风险　　　D. 可容忍风险

5. 下列各项中,哪项不是风险应对的方法（　　　）。

A. 规避　　　　B. 降低　　　　C. 残余　　　　D. 分担

二、多项选择题

1. 风险评估包括（　　　）。

A. 目标设定　　　B. 风险识别　　　C. 风险分析　　　D. 风险应对

E. 风险规避

2. 下列各项中,引发外部风险的因素有(　　　)。

A. 经营因素　　　　　　　　　　B. 自然灾害

C. 政策变化带来的风险　　　　　D. 法律因素

E. 社会因素

3. 下列各项中,属于风险识别的方法的是(　　　)。

A. 现场调查法　　　　　　　　　B. 风险清单分析法

C. 流程图法　　　　　　　　　　D. 事件树分析法

E. 德尔菲法

4. 下列各项中,引发内部风险的因素有(　　　)。

A. 公司财务因素　　　　　　　　B. 公司管理层违规

C. 公司员工不按流程操作设备　　D. 法律变更

E. 政策因素

5. 下列各项中,属于风险分析的方法有(　　　)。

A. 情景分析法　　　　　　　　　B. 敏感性分析法

C. 德尔菲法　　　　　　　　　　D. 风险价值法

E. 头脑风暴法

三、判断题

1. 风险规避优于风险降低,其损失更小(　　　)。

2. 风险分析的方法包括定性和定量分析方法,实务中通常采用定性的分析方法
(　　　)。

3. 战略目标是企业的高层次目标,与企业使命没有关联(　　　)。

4. 战略目标还需要在不同的职能部门进行目标分解(　　　)。

5. 内部控制五个目标与内部控制五个要素之间不存在联系(　　　)。

四、简答题

1. 内部控制的五个目标和五个要素之间的关系有哪些?

2. 使命、战略目标与职能部门战略目标的关系是什么?

3. 内部控制的五个目标在保证程度方面有哪些差异?

4. 企业外部的风险包括哪些类别?

5. 企业内部的风险包括哪些类别?

五、案例分析题

大众汽车"排放门"

大众汽车是欧洲最大的汽车公司,截至 2020 年 3 月,大众汽车在全球设有 124 个生产基地,其中 72 个位于欧洲,雇佣近 67 万名员工。

2015 年 9 月 18 日,美国环境保护署与加州空气资源委员会发布公告,称大众汽车旗下部分产品在美国的排放测试中利用软件控制的方法进行造假,对公共健康构成威胁,共有大约 48.2 万辆柴油车受影响。随后,时任大众汽车 CEO 马丁·文德恩引咎辞职。监管部门调查发现,大众汽车所售部分柴油车安装了专门应付尾气排放检测的软件,能够识别汽车是否处于被检测状态。该软件在车检时秘密启动,将所排放的尾气加以调控,能以

3

"高环保标准"过关,而在平时行驶时却超标排放污染物。违规排放涉及的车款包括 2008 年之后销售的捷达、甲壳虫、高尔夫、奥迪 A3 和 2014 至 2015 款帕萨特等车型。2017 年 1 月 11 日,美国司法部宣布,大众汽车同意支付 43 亿美元刑事与民事罚款,以了结柴油车排放造假的丑闻。加上此前大众汽车同意花费约 150 亿美元以了结车主们的集体诉讼,这家德国汽车制造商在美国因"排放门"损失近 200 亿美元。

最早揭露大众柴油车丑闻的是清洁交通人士彼得·莫克和约翰·杰曼。为了在欧洲证明清洁的柴油燃料是可以生产出来的,两人 2014 年初开始检测美国汽车排放量。在一次从圣迭戈开往西雅图的检测中,他们意外地发现,尽管通过了实验室检测,但是大众品牌汽车排出的有毒物质却达到了危险的水平。原来,该公司并没有生产出清洁的汽车,而是利用软件造假蒙混过关,这也解释了为什么美国的汽车可以毫不费力地通过比欧洲更为严格的官方污染检测。

作为总部设在柏林的国际清洁运输委员会的工作人员,杰曼将发现的相关情况提供给了加州空气资源委员会和美国环境保护署。随后数月,他和莫克遭遇了大众汽车的阻拦。直到美国环境保护署与加州空气资源委员会拒绝为大众 2016 年柴油车颁发合格证书时,大众汽车才在 2015 年 9 月初承认犯下了错误。大众柴油车尾气排放造假丑闻曝出后,美国环境保护署宣布在现有尾气检测标准上增加新的测试,开始对美国国内所有柴油汽车重新进行检测,以找出类似的"作弊"软件。德国运输部也表示,不仅会把注意力放在大众的汽车上,还会随机对其他一些汽车制造厂商进行相关的检查,以弄清其是否存在违规行为。

2018 年 6 月 13 日,德国布伦瑞克检方公布了针对大众汽车的处罚令:依据德国《违反秩序法》,针对大众汽车在此前曝出的柴油排放危机("排放门")事件中的行为开出了总额为 10 亿欧元的罚单。2020 年 1 月 15 日,波兰竞争和消费者保护局说,大众汽车因在排放问题上误导消费者被罚款 1.206 亿兹罗提。"这是波兰消费者监督机构开出的历史最高罚单。"该局负责人涅赫恰乌指出,"如此力度的处罚是因为大众汽车近年来的不公平竞争行为,以及该公司并没有采取实质性措施,以求在这一问题上达成和解"。

2020 年 4 月 6 日,英国高等法院裁定德国大众汽车集团利用"作弊软件"让柴油车尾气排放"符合"欧洲联盟排放标准的行为违法。此案成为英国法律史上最大规模的集体诉讼事件,意味着大众要向诉讼所涉的奥迪、斯柯达、西雅特以及大众品牌共计 9 万多名英国车主支付高额赔偿。

2022 年 2 月 28 日,大众汽车与德国消费者协会就"排放门"集体诉讼案达成协议,支付 8.3 亿欧元结束与德国 40 万车主的集体诉讼。根据其车型和车龄,车主将获得 1 350 欧元至 6 257 欧元不等的赔偿。

此次德国质量危机的根源就是质量管理中的"人治",即单纯依靠人的自觉性去维护产品质量。实践证明,这种质量管理方式风险极大。在没有约束机制的情况下,一旦人丧失自觉性,质量问题就会如江河决堤,一发而不可收。因此,质量管理必须依靠严格的制度。企业要根据自身实际制定全面、系统的质量管理制度。制定制度的过程中,必须基于防范坏人的目的,对质量工作的责任人严加约束,尤其是要确立领导者为质量的第一负责制人。企业对质量管理制度的执行要有法律般的严肃性,对制度执行情况要进行监督检查,对质量工作负责人做到赏罚分明。总之,企业质量管理必须做到"依法治质"。

案例来源:章江.大众汽车"排放门"再起波澜[J].检察风云,2020(11)50-51.

王丽.从大众汽车"排放门"看德国质量危机的深层成因[J].中国质量万里行,2016(6)58-61.

要求:分析案例公司的风险对其内部控制目标的影响有哪些?

第四章　业务活动的内部控制与风险管理

学习目标

1. 了解资金活动、采购业务、资产管理、销售业务、研究与开发、担保业务、工程项目、业务外包、财务报告等业务活动的基本流程

2. 掌握资金活动、采购业务、资产管理、销售业务、研究与开发、担保业务、工程项目、业务外包、财务报告等业务活动各环节的主要风险

3. 掌握资金活动、采购业务、资产管理、销售业务、研究与开发、担保业务、工程项目、业务外包、财务报告等业务活动各环节的内部控制措施

2010 年由财政部等五部委联合发布的《企业内部控制应用指引》为企业建立、完善内部控制提供了指导。《企业内部控制应用指引》中，企业业务活动类指引包括资金活动、采购业务、资产管理、销售业务、研究与开发、工程项目、担保业务、业务外包、财务报告 9 项指引。本章主要讲述企业这 9 类业务活动的内部控制。

第一节　资金活动的内部控制与风险管理

资金是企业正常开展生产经营活动的血液，是企业生存和发展的基础。企业的资金管理水平对其竞争能力和可持续发展能力产生直接影响。加强资金活动控制有利于企业防范资金活动风险，维护资金安全；有利于促进企业资金合理使用，提高资金效率；有利于促使企业规范开展业务活动、实现可持续发展。

《企业内部控制应用指引第 6 号——资金活动》中所称的资金活动是指企业筹资活动、投资活动和资金营运活动的总称。

一、资金活动控制的总体要求

第一，科学规划资金。企业应当根据自身发展战略，综合考虑宏观经济政策、市场环

境、环保要求等因素,结合本企业发展实际,科学确定投融资目标和规划。

第二,夯实制度建设。企业应当根据内部控制规范等法律法规及企业自身的管理需要,完善资金管理制度,强化资金内控管理。企业资金活动内部控制制度主要涉及资金授权、批准、审验等方面。

第三,梳理业务流程。企业应梳理各种资金活动的业务流程,确定每一业务环节的职责权限,并将其落实到具体的部门和个人。

第四,明确关键控制点。企业应当识别并关注主要风险来源和关键控制点,针对关键风险控制点制定有效的控制措施。

第五,集中统一管控。资金集中管理的优势明显,无论是单个的较大规模的企业,还是企业集团,都应该加强资金的集中统一管控。

第六,严格执行制度。制度的执行好坏,直接影响资金活动内部控制的实际效果。只有严格执行制度,才能保证资金活动决策目标的实现。

二、筹资活动的控制

筹资活动是企业资金活动的起点。通过筹资活动,企业取得投资和日常生产经营活动所需的资金,从而使企业投资活动和生产经营活动能够顺利进行。

(一)筹资活动的业务流程

通常情况下,企业筹资活动的主要流程如下:

(1)筹资方案提出。企业的初始筹资方案一般由财务部门根据企业经营战略、预算情况与资金现状等因素提出。

(2)筹资方案论证。筹资方案论证是指企业组织相关专家对初始筹资方案进行可行性论证,对方案的战略性、经济性和风险性进行充分评估。

(3)筹资方案审批。筹资方案审批是指对于那些通过可行性论证的筹资方案,企业按照分级授权审批的原则进行审批。针对重大筹资方案,企业贯彻集体决策的原则,实行集体决策审批或者联签。

(4)筹资计划编制与执行。筹资计划编制是指企业根据审核批准的筹资方案,编制较为详细的筹资计划;筹资计划执行是指企业依照经过批准的筹资计划严格按照相关程序筹集资金。

(5)筹资活动的会计控制。筹资活动的会计控制是指企业通过加强筹资活动的会计系统控制,详细记录筹资活动中的各种情况。

(6)筹资活动的监督、评价与责任追究。筹资活动的监督是指企业严格按照筹资方案确定的用途使用资金,确保款项的各个环节符合有关规定;筹资活动的评价与责任追究是指筹资活动完成后企业进行的筹资后评价活动,并对存在的违规现象进行追究责任。

企业筹资活动控制主要流程如图 4-1 所示。

(二)筹资活动的关键控制点及控制措施

筹资活动的关键控制点及控制措施包括以下内容:

1. 筹资方案的提出环节

(1)主要风险。制作筹资方案前未全面了解企业的资金现状,将使得企业无法正确评估资金的实际需要数量以及期限,容易导致筹资过度或者筹资不足;制作筹资方案时忽

4

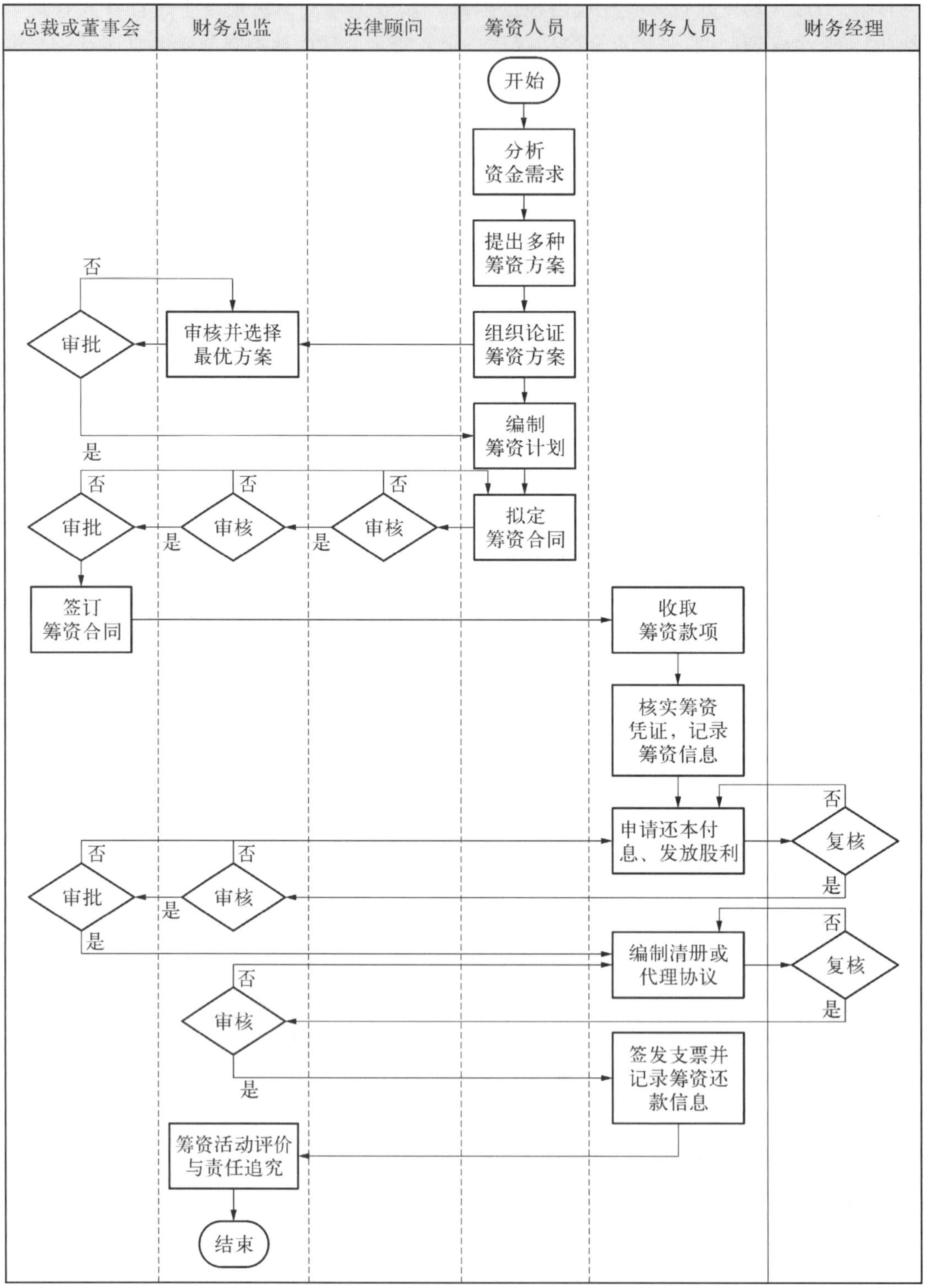

总裁或董事会	财务总监	法律顾问	筹资人员	财务人员	财务经理

图 4－1　企业筹资活动控制主要流程

视战略导向,缺乏对目标资本结构的清晰认识,容易导致企业盲目筹资。

(2)控制措施。该环节风险的控制措施包括:第一,在筹资之前,应该对企业的资金现状有一个深入全面的了解,并在此基础上结合企业战略、经营计划以及宏观、微观形势等提出筹资方案。第二,企业在筹资活动中,应该贯彻既定的资金战略,以目标资本结构为指导,协调企业的资本结构、资金来源、期限结构、筹资成本等内容。

2. 筹资方案的论证环节

(1)主要风险。对筹资方案的论证不科学、不全面,可能导致企业不能发现方案中的问题。

(2)控制措施。该环节风险的控制措施包括:第一,对筹资方案的战略性进行评估,判断方案是否与企业发展战略相符合,筹资规模是否适当。第二,对筹资方案的经济性进行评估,判断筹资成本是否最低,资本结构是否恰当,筹资成本与资金收益是否匹配。第三,对筹资方案的风险性进行评估,判断筹资方案面临的风险类别、风险大小是否适当,是否与收益匹配。

3. 筹资方案的审批环节

(1)主要风险。缺乏完善的授权审批制度或者审批不严密,可能导致方案草率决策、仓促上马,给企业带来潜在风险。

(2)控制措施。该环节的风险控制措施包括:第一,企业应当根据分级授权审批制度,按照规定程序严格审批经过可行性论证的筹资方案。第二,重大筹资方案,应贯彻集体决策的原则,实行集体决策审批或者联签。第三,筹资方案发生重大变更的,应当重新进行可行性研究并履行相应的审批程序。

4. 筹资计划的编制与执行环节

(1)主要风险。筹资计划不严密以及对偿还本息和支付股利等安排不当,容易导致违约风险;对筹资活动的跟踪管理不到位,可能导致企业资金管理失控;会计记录和处理不准确,可能导致企业不能如实反映筹资状况。

(2)控制措施。该环节风险的控制措施包括:第一,企业应当根据批准的筹资方案,财务部门应该制定严密细致的筹资计划,对筹资活动进行周密安排,使筹资活动在严密控制下高效、有序进行。第二,在实施筹资计划的过程中,企业应当做好筹资合同的签订、资金的划拨、使用以及跟踪管理等工作,保证筹资活动按计划进行且妥善管理所筹集的资金,保证资金的安全性。第三,企业应当加强债务偿还和股利支付环节的管理,对偿还本息和支付股利等做出适当安排,防止发生违约风险,导致诉讼损失。

5. 筹资活动的会计控制环节

(1)主要风险。筹资活动记录错误或者会计处理不正确可能导致企业债务不真实或筹资成本不准确;筹资活动相关的资料保管不善,可能导致企业陷入经济纠纷。

(2)控制措施。该环节风险的控制措施包括:第一,企业应当加强筹资活动的会计系统控制,按照会计准则和会计制度的要求正确设置有关会计账户,核算资金筹集、资金使用、本息偿还、股利支付等相关业务;第二,加强筹资活动相关备查账簿的控制;第三,妥善保管筹资合同或协议、收款凭证等资料,定期与资金提供方进行账务核对。

6. 筹资活动的监督、评价与责任追究环节

(1)主要风险。对筹资活动的监督、评价与责任追究不严格,可能导致筹集的资金不

4

能正确有效使用。

（2）控制措施。该环节风险的控制措施包括：第一，加强监督检查，促成各部门严格按照确定的用途使用资金；第二，加强债务偿还和股利支付环节的监督管理；第三，建立筹资活动的后评估制度，评价筹资活动过程，追究违规人员责任。

三、投资活动的控制

企业投资活动是筹资活动的延续，也是筹资的重要目的之一。投资活动作为企业的一种盈利活动，对于企业补偿筹资成本和创造利润，具有举足轻重的意义。

（一）投资活动的业务流程

投资活动的主要流程一般包括如下内容：

（1）投资方案提出。投资方案提出是指企业根据自身发展战略、宏观经济环境、市场状况等因素，提出投资项目规划并进行筛选，确定投资项目，初步拟定投资方案。

（2）投资方案论证。投资方案论证是指企业组织专家团队对初步拟定的投资方案进行严格的可行性研究与分析论证。

（3）投资方案决策。投资方案决策是指企业对通过可行性论证的投资方案按照分级授权审批的原则进行审批并决策。对于重大投资方案，企业贯彻集体决策的原则实行集体决策审批或者联签。

（4）投资计划编制与执行。投资计划编制是指企业根据审批通过的投资方案，与被投资方签订投资合同或协议，编制详细的投资计划并按程序报经有关部门批准；投资计划执行是指企业按照经过审批的投资计划展开投资活动。

（5）投资活动的会计控制。投资活动的会计控制是指企业通过加强投资活动的会计系统控制，详细记录投资活动中的各种情况。

（6）投资项目的到期处置。投资项目的到期处置是指企业对已到期的投资项目经过相关审批流程后进行妥善处置。

（7）投资活动的监督、评价与责任追究。投资活动的监督是指企业严格按照投资方案和投资计划对投资活动进行监督检查；投资活动的评价与责任追究是指投资活动完成后企业进行投资的后评价活动，对存在的违规现象进行责任追究。

企业投资活动控制主要流程如图4-2所示。

（二）投资活动的关键控制点及控制措施

1. 投资方案的提出环节

（1）主要风险。投资行为违反国家法律法规，可能导致企业遭受外部处罚、经济损失和信誉损失；投资方案与公司发展战略不符、投资项目未突出主业或投资风险与收益不匹配，可能导致企业资金损失。

（2）控制措施。该环节风险的控制措施包括：企业应根据自身发展战略、宏观经济环境、市场状况、投资目标及规划，合理安排资金投放结构，确定投资项目和投资规模，权衡投资项目的收益和风险，拟定投资方案。

2. 投资方案的论证环节

（1）主要风险。投资项目未经论证或者论证不科学、不全面，可能导致企业投资决策失误。

总裁或董事会	财务总监	法律顾问	投资人员	财务人员

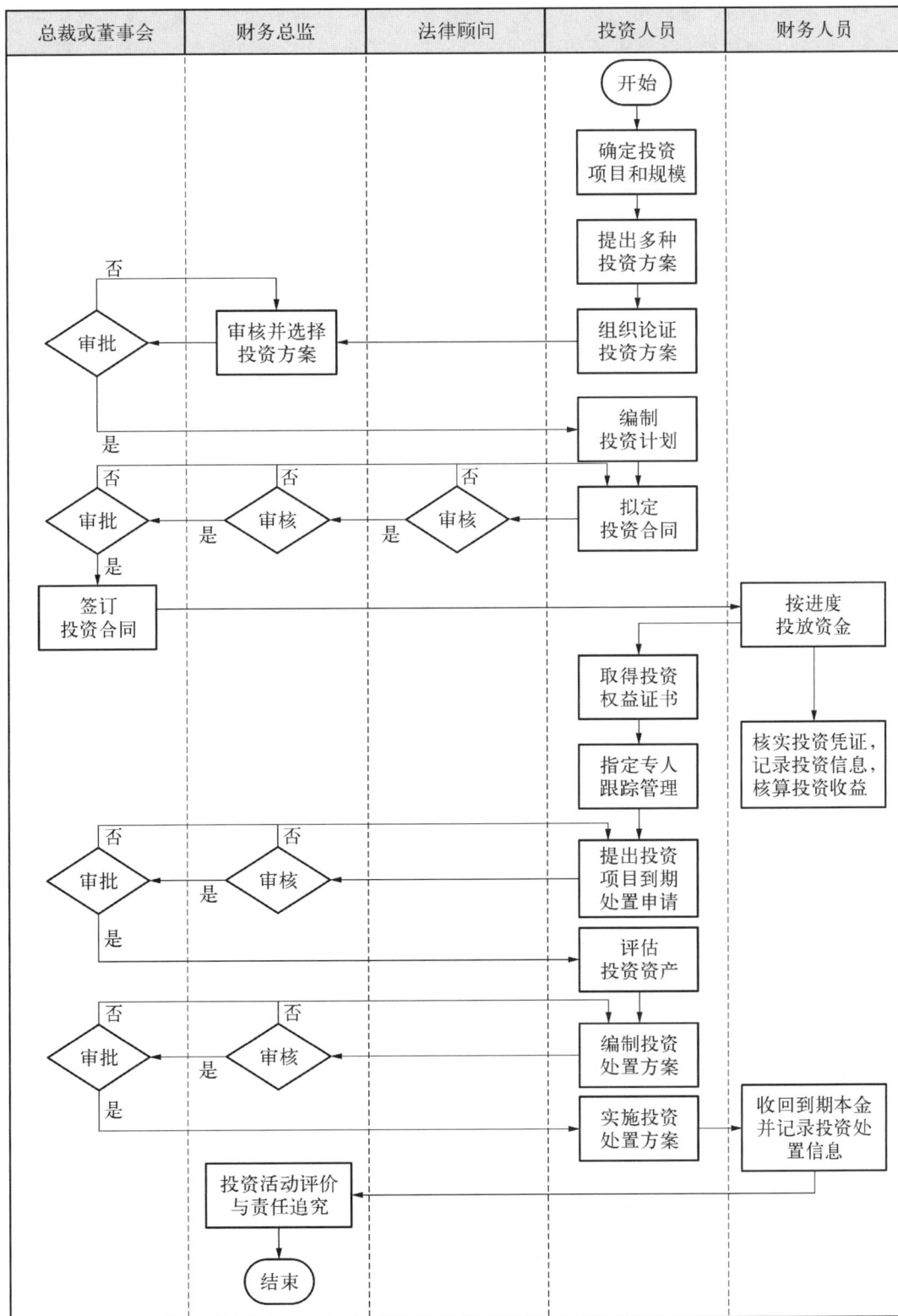

图 4-2 企业投资活动控制主要流程

（2）控制措施。该环节风险的控制措施包括：第一，企业应组织人员从投资战略是否符合企业的发展战略、资金来源是否可靠、投资规模是否恰当、投资收益是否稳定、投资风险是否可控或处于企业可以承担的范围内、投资活动在技术上是否可行、市场容量是否充足、市场前景是否向好等方面进行重点论证。第二，对于重大投资项目，企业应委托具备相应资质的专业机构进行可行性研究并出具独立的可行性研究报告。

3. 投资方案的决策环节

（1）主要风险。投资业务未经适当程序审批或者超越权限审批，可能导致企业因重大差错、舞弊或欺诈而形成损失。

（2）控制措施。该环节风险的控制措施包括：第一，企业应按照规定的权限和程序对投资项目进行决策审批，重点审查投资方案是否可行、投资项目是否符合投资战略目标和规划、资金能力是否具备、投入资金是否能按时收回、预计收益是否能实现以及投资和并购风险是否可控等。第二，重大投资项目，应贯彻集体决策的原则，实行集体决策审批或者联签。第三，投资方案需要经过有关管理部门审批的，应当履行相应的报批程序。

4. 投资计划的编制与执行环节

（1）主要风险。投资计划不科学或者缺乏对项目执行的跟踪管理，可能导致企业无法保障投资安全、实现投资收益。

（2）控制措施。该环节风险的控制措施包括：第一，根据审批通过的投资方案，编制详细的投资计划，落实不同阶段的资金投资数量、投资具体内容、项目进度、完成时间、质量标准与要求等，并按程序报经有关部门批准。第二，根据投资计划进度，严格分期、按进度适时投放资金，严格控制资金流量和时间。第三，以投资计划为依据，按照职务分离制度和授权审批制度，督促各环节和各责任人正确履行审批监督责任，对项目实施过程进行监督和控制。第四，企业应当指定专门机构或人员对投资项目进行跟踪管理；企业应及时收集被投资方经审计的财务报告等相关资料，定期组织投资效益分析，关注被投资方的财务状况、经营成果、现金流量以及投资合同履行情况，发现异常情况的，应当及时报告并妥善处理。

5. 投资活动的会计控制环节

（1）主要风险。投资活动记录错误或者会计处理不正确可能导致企业资产不真实或投资收益不准确；投资凭证保管不善，可能导致企业利益受损或陷入经济纠纷。

（2）控制措施。该环节风险的控制措施包括：第一，企业应当加强对投资活动的会计系统控制，根据对被投资方的影响程度，合理确定与投资相关的会计政策，建立投资管理台账，详细记录投资相关的事项；第二，密切关注投资项目的市场条件和政策变化，合理计提减值准备；第三，妥善保管投资合同或协议、出资证明等资料。

6. 投资项目的到期处置环节

（1）主要风险。投资项目的到期处置决策和执行不当，可能导致企业权益受损。

（2）控制措施。该环节风险的控制措施包括：第一，企业应加强投资收回和处置环节的控制，对投资收回、转让、核销等决策和审批程序做出明确规定。第二，重视投资到期本金的回收。第三，转让投资应当由相关机构或人员合理确定转让价格，报授权批准部门批准；必要时可委托具有相应资质的专门机构进行评估。第四，核销投资时，应当取得不能收回投资的法律文书和相关证明文件。

7.投资活动的监督、评价与责任追究环节

（1）主要风险。对投资活动的监督、评价与责任追究不严格，可能导致投资活动的效益不能得以体现。

（2）控制措施。该环节风险的控制措施包括：第一，企业应加强对投资活动的监督检查，严格按照投资方案和投资计划展开投资活动。第二，企业应建立投资活动的后评估制度，在投资活动完成后对投资过程进行评价，对投资活动中存在的违规现象或到期无法收回的投资，应追究相关责任人的责任。

四、资金营运活动的控制

资金营运是指企业日常生产经营中各类资金的组织和调动，保证资金正常循环周转的过程。企业加强资金营运全过程的管理，有利于保障资金的安全，有利于保持生产经营各环节资金供求的动态平衡，还有利于促进资金合理循环和周转，提高资金使用效率。

（一）资金营运活动的主要流程

资金营运活动的主要流程一般包括如下内容：

（1）发起活动。发起活动是指企业的业务部门发起资金收付活动。企业所有的收款或付款需求，都应以业务发生为基础发起资金收付。

（2）授权审批。授权审批是指企业收取资金时，向对方提交相关业务发生时的票据，或者证明已经收取资金，支付资金时应严格履行分级授权审批程序。

（3）财务复核。财务复核是指企业财务部门收到了经过授权审批签字的相关凭证或者证明后，对资金收付业务的真实性、金额的准确性、票据的齐备性以及手续的完整性等方面进行复核并签字确认。

（4）资金收付。资金收付是指企业的出纳或资金管理部门根据相关凭证，收取或者支付资金。

（二）资金营运活动的关键控制点及控制措施

1.资金的统筹协调环节

（1）主要风险。资金调度不合理、营运不畅，可能导致企业陷入财务困境或资金冗余。

（2）控制措施。该环节风险的控制措施包括：第一，企业应当加强资金营运全过程的管理，统筹协调企业各部门在生产经营过程中的资金需求，切实做好资金在采购、生产、销售等环节的综合平衡，全面提升资金营运效率。第二，企业应当充分发挥全面预算管理在资金综合平衡中的作用，严格按照预算要求组织协调资金调度，确保资金及时收付，实现资金的合理占用和营运良性循环。

2.资金营运的管控环节

（1）主要风险。企业的资金管控活动不严格，可能导致资金被侵占、挪用或遭受欺诈。

（2）控制措施。该环节风险的控制措施包括：第一，企业应当定期组织召开资金调度会或资金安全检查，对资金预算执行情况进行综合分析，发现异常情况应及时采取措施妥善处理，避免资金冗余或资金链断裂。第二，企业在营运过程中出现临时性的资金短缺，可以通过短期融资等方式获取资金；资金出现短期闲置的，在保证安全性和流动性的前提

4

下,可以通过购买国债等多种方式提高资金效益。第三,企业应当严禁资金的体外循环,切实防范资金营运中的风险。

3. 资金营运的审批环节

(1) 主要风险。资金营运没有经过适当的程序审批或者审批权限的划分不合理,可能导致企业因重大差错、舞弊或欺诈而形成损失。

(2) 控制措施。该环节风险的控制措施包括:第一,制定资金活动的限制接近措施,未经授权的人员不得办理资金活动相关业务;第二,合理划分不同级别管理人员的资金营运审批权限。

4. 资金营运的会计控制环节

(1) 主要风险。资金记录不准确、不完整,可能造成账实不符或导致财务报表信息失真;重要票据保管不善,非法使用印章,上述行为可能导致企业陷入法律诉讼或者造成财产损失和信用损失。

(2) 控制措施。该环节风险的控制措施包括:第一,企业应当加强对营运资金的会计系统控制,严格规范资金的收支条件、程序和审批权限。第二,企业在生产经营及其他业务活动中取得的资金收入应当及时入账,不得账外设账,严禁收款不入账、设立“小金库”。第三,企业办理资金支付业务,应当明确支出款项的用途、金额、预算、限额、支付方式等内容,并附原始单据或相关证明,履行严格的授权审批程序后,方可安排资金支出。第四,企业办理资金收付业务,应当遵守现金和银行存款管理的有关规定,不得由一人办理货币资金全过程业务,严禁将办理资金支付业务的相关印章和票据集中一人保管。

案例 4 - 1　　柏堡龙公司的筹资业务和投资业务控制

广东柏堡龙股份有限公司 2022 年 6 月 30 日签发的《2021 年度内部控制评价报告》中显示,公司在筹资业务和对外投资业务中存在如下状况:

(1) 公司于 2021 年度未经董事会审批,用闲置的首次公开发行募集资金 800 万元用于偿还银行贷款;用闲置的非公开发行募集资金暂时补充流动资金 13 755.79 万元,其中 10 223.99 万元已被用于偿还银行贷款,其余款项用于支付供应商货款及日常经营。

(2) 截至 2021 年 12 月 31 日,公司两个募投项目累计预付工程款 10 265.00 万元,其中创意展示中心建设项目累计预付工程款 5 615 万元,深圳柏堡龙全球项目(含创意设计中心项目及全球时尚设计生态圈项目)累计预付工程款 4 650.00 万元。上述工程项目进度落后,未能按期完工。

2019 年 9 月 24 日,柏堡龙公司与广东南华建设集团有限公司签订《合同终止协议书》,约定合同终止,不再履行;2019 年 11 月 15 日,柏堡龙公司与广东润盟建设有限公司签订编号为(GF - 2017 - 0201)的建设施工合同。截至 2021 年 12 月 31 日,预付给广东南华建设集团有限公司的预付工程款尚余 5 615 万元未收回。

(3) 公司在 2021 年度对联营公司福建柏悦品牌运营管理有限公司未有效实施对外投资的跟踪管理,致使报告期内无法取得该公司合法有效的审计报告、财务数据或其他相关资料,也无法知晓其实际经营状况。

（4）2020年公司设立的3家控股子公司：普宁市柏羿信息科技有限公司、天津柏堡龙融耕产业发展有限公司、天津柏堡龙天合产业发展有限公司，在2021年度尚未出资。同时公司投资设立上述子公司并未制订有效的可行性研究报告，内部决策文件尚不完善，未有效实施对外投资的跟踪管理。

案例来源：根据东方财富网中ST柏龙（002776）2022-07-02公告内容整理编写。

思考：广东柏堡龙股份有限公司的筹资业务和对外投资业务的内部控制存在哪些问题？应如何整改？

第二节　采购业务的内部控制与风险管理

《企业内部控制应用指引第7号——采购业务》中所称的采购，是指企业购买物资（或接受劳务）及支付款项等相关活动。采购是企业生产经营的起点，既是企业"实物流"的重要组成部分，又与"资金流"密切关联。

一、采购业务控制的总体要求

企业应当结合实际情况，全面梳理采购业务流程，完善采购业务相关管理制度，统筹安排采购计划，明确请购、审批、购买、验收、付款等环节的职责和审批权限，按照规定的审批权限和程序办理采购业务，建立价格监督机制，定期检查和评价采购过程中的薄弱环节，采取有效控制措施，确保物资采购满足企业生产经营需要。

企业的采购业务应当集中，避免多头采购或分散采购，以提高采购业务效率，降低采购成本，堵塞管理漏洞。企业应当对办理采购业务的人员定期进行岗位轮换。重要的和技术性较强的采购业务，应当组织相关专家进行论证，实行集体决策和审批。

二、采购业务的主要流程

企业采购业务的主要流程涉及编制需求计划和采购计划、提出采购申请、选择供应商、确定采购方式和采购价格、订立框架协议或采购合同、管理供应过程、物资验收、货款支付、会计系统控制等环节。

（一）编制需求计划和采购计划

实务中，物料需求部门一般根据生产经营需要向采购部门提出物资需求计划，采购部门根据该需求计划分类汇总并充分考虑现有库存物资后，统筹编制采购计划，并按规定的权限和程序审批后执行。

（二）提出采购申请

提出采购申请是指企业生产经营部门根据采购计划和实际需要，提出采购申请。

（三）选择供应商

选择供应商是指企业在众多备选供应商中进行择优选择，确定采购渠道。

（四）确定采购方式和采购价格

确定采购方式是指企业根据市场情况和采购计划选择恰当的采购方式；确定采购价格是指企业进行多方比价，确定最优"性价比"的采购价格。

（五）订立框架协议或采购合同

订立框架协议是指企业与供应商之间为建立长期物资购销关系签订的一种长期协议；订立采购合同是指企业根据采购需要、采购方式、采购价格等与供应商签订的具有法律约束力的协议。

（六）管理供应过程

管理供应过程是指企业通过建立采购合同跟踪制度，科学评价供应商的供货情况，实时掌握物资采购供应过程的情况。

（七）物资验收

物资验收是指企业对所采购的物资和劳务的检验接收，以确保其符合合同相关规定或产品质量要求。

（八）货款支付

货款支付是指企业在对采购预算、合同、相关单据凭证、审批程序等内容审核无误后，按照采购合同规定向供应商办理支付款项的过程。

（九）会计系统控制

会计系统控制是指企业通过加强采购业务的会计系统控制，详细记录采购业务中的各种情况。

企业采购业务主要流程如图4-3所示。

三、采购业务的关键控制点及控制措施

采购业务的关键控制点及控制措施包括以下内容：

（一）编制需求计划和采购计划环节

（1）主要风险。需求计划或采购计划不合理、不按实际需求计划安排采购、采购计划与企业生产经营计划不协调，造成库存短缺或积压，可能导致企业生产停滞或资源浪费。

（2）控制措施。该环节风险的控制措施包括：第一，生产、经营、项目建设等部门，应当根据实际需求及时、准确编制需求计划。第二，企业在制定年度生产经营计划过程中，应当根据发展战略的需要，结合物资库存和在途情况，科学安排采购计划，防止采购量过高或过低。第三，采购计划应纳入采购预算管理，经相关负责人审批后严格执行。

（二）提出采购申请环节

（1）主要风险。缺乏采购申请制度、请购未经适当审批或超越授权审批，可能导致采购物资过量或短缺，影响企业正常生产经营。

（2）控制措施。该环节风险的控制措施包括：第一，建立采购申请制度，依据购买物资或接受劳务的类型，确定归口管理部门，授予相应的请购权，明确相关部门或人员的职责权限及相应的请购程序。企业可以根据实际需要设置专门的请购部门，对需求部门提出的采购需求进行审核，并进行归类汇总，统筹安排企业的采购计划。第二，具有请购权

使用部门	仓储部门	采购部门	检验部门	财务部门	高管层

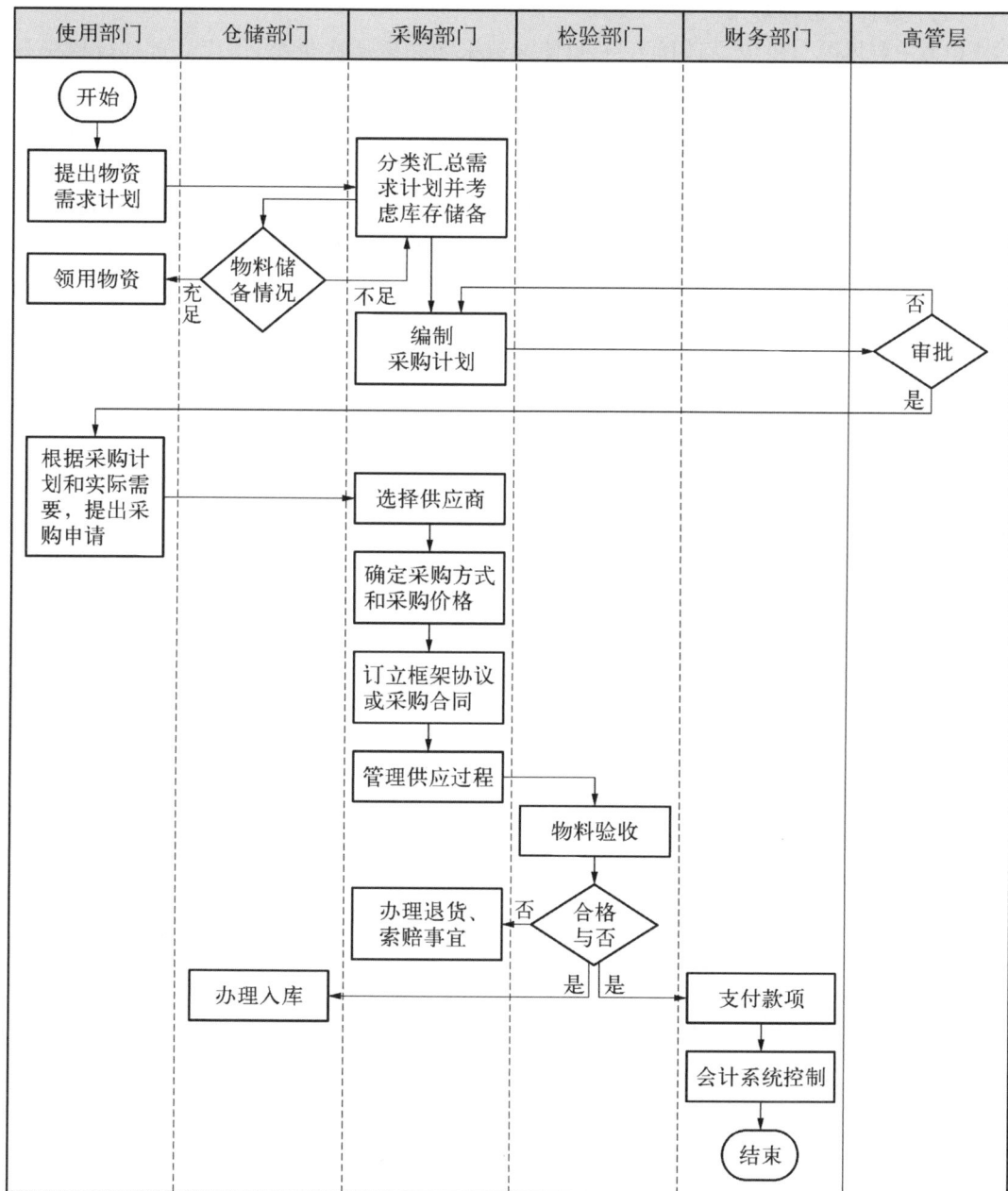

图 4-3 企业采购业务控制主要流程

的部门对于预算内采购项目,应当严格按照预算执行进度办理请购手续,并根据市场变化提出合理采购申请。对于超预算和预算外采购项目,应先履行预算调整程序,由具备相应审批权限的部门或人员审批后,再行办理请购手续。第三,具备相应审批权限的部门或人员审批采购申请时,应重点关注采购申请内容是否准确、完整,是否符合生产经营需要,是否符合采购计划,是否在采购预算范围之内等。对不符合规定的采购申请,应要求请购部门调整请购内容或拒绝批准。

4

（三）选择供应商环节

（1）主要风险。供应商选择不当，可能导致采购物资质次价高；供应商选择过程中存在舞弊行为，可能导致企业利益受损。

（2）控制措施。该环节风险的控制措施包括：第一，建立科学的供应商评估和准入制度，对供应商资质信誉情况的真实性和合法性进行审查，确定合格的供应商清单，健全企业统一的供应商网络。企业可委托具有相应资质的中介机构对供应商进行资信调查。第二，采购部门应当按照公平、公正和竞争的原则，择优确定供应商，并与供应商签订质量保证协议。第三，建立供应商管理信息系统和供应商淘汰制度，对供应商提供物资或劳务的质量、价格、交货及时性、供货条件及其资信、经营状况等进行实时管理和考核评价，根据考核评价结果，提出供应商淘汰和更换名单，经审批后对供应商进行合理选择和调整，并在供应商管理系统中作出相应记录。

（四）确定采购方式和采购价格环节

（1）主要风险。采购方式选择不恰当、采购定价机制不科学、采购定价方式不合理、缺乏对重要物资价格的跟踪监控等，可能造成企业资金损失。

（2）控制措施。该环节风险的控制措施包括：第一，企业应当根据市场情况和采购计划合理选择采购方式。大宗采购应当采用招标方式，合理确定招投标的范围、标准、实施程序和评标规则；一般物资或劳务等的采购可以采用询价或定向采购的方式并签订合同协议；小额零星物资或劳务等的采购可以采用直接购买等方式。第二，企业应当建立采购物资定价机制，采取协议采购、招标采购、谈判采购、询价比价采购等多种方式合理确定采购价格，最大限度地减小市场变化对企业采购价格的影响。第三，大宗采购等应当采用招投标方式确定采购价格，其他商品或劳务的采购，应当根据市场行情制定最高采购限价，并对最高采购限价适时调整。

（五）订立框架协议或采购合同环节

（1）主要风险。框架协议签订不当，可能导致物资采购不顺畅；未经授权对外订立采购合同、合同对方主体资格和履约能力等未达到要求、合同内容存在重大疏漏和欺诈，可能导致企业合法权益受到侵害。

（2）控制措施。该环节风险的控制措施包括：第一，对拟签订框架协议的供应商的主体资格、信用状况等进行风险评估；框架协议的签订应引入竞争制度，确保供应商具备履约能力。第二，根据确定的供应商、采购方式、采购价格等情况，拟订采购合同，准确描述合同条款，明确双方权利、义务和违约责任，按照规定权限签署采购合同。第三，对于影响重大、涉及较高的专业技术或法律关系复杂的合同，应当组织法律、技术、财会等专业人员参与谈判，必要时可聘请外部专家参与相关工作。

（六）管理供应过程环节

（1）主要风险。缺乏对采购合同履行情况的有效跟踪、运输方式选择不合理、忽视运输过程风险，可能导致采购物资损失或无法保证供应。

（2）控制措施。该环节风险的控制措施包括：第一，企业应该建立采购合同跟踪管理制度，依据采购合同中确定的主要条款跟踪合同履行情况，对有可能影响生产或工程进度的异常情况，出具书面报告并及时提出解决方案。第二，企业应根据生产建设进度和采购物资的特性，选择合理的运输工具和运输方式，办理运输、投保等事宜，尽量降低采购物资的损失。第三,企业应当做好采购业务各环节的记录,实行全过程的采购登记制度或信息化管理,确保采购过程的可追溯性。

（七）物资验收环节

（1）主要风险。缺乏验收制度、验收标准不明确、验收程序不规范、对验收中存在的异常情况处理不当,可能造成采购物资损失。

（2）控制措施。该环节风险的控制措施包括:第一,企业应当建立严格的采购验收制度,确定检验方式,由专门的验收机构或验收人员对采购项目的品种、规格、数量、质量等相关内容进行验收,出具验收证明。涉及大宗的、新特物资采购的物品,还应该进行专业测试。第二,对验收过程中发现的异常情况,应及时向企业有权限的管理部门报告,查明原因并及时处理。第三,对于不合格物资,采购部门应依据检验结果,办理退货以及索赔等事宜。

（八）货款支付环节

（1）主要风险。付款审核不严格、付款方式不恰当、付款金额不准确、付款时间不及时等,可能导致企业资金损失或信用受损。

（2）控制措施。该环节风险的控制措施包括:第一,企业应当加强采购付款的管理,完善付款流程,明确付款审核人的责任和权力,严格审核采购预算、合同、相关单据凭证、审批程序等内容,审核无误后按照合同规定及时办理付款。第二,企业在付款过程中,应当严格审查采购发票的真实性、合法性和有效性;发现虚假发票的,应查明原因并及时报告处理。第三,企业应当合理选择付款方式,并严格遵循合同规定,防范付款方式不当带来的法律风险,保证资金安全。除了不足转账起点金额的采购可以支付现金外,采购价款应通过银行办理转账。第四,加强预付账款和定金的管理,涉及大额或长期的预付款项,应当定期进行追踪核查,综合分析预付账款的期限、占用款项的合理性、不可收回风险等情况,发现有疑问的预付款项,应当及时采取措施处理。

（九）会计系统控制

（1）主要风险。缺乏有效的采购会计系统控制、采购业务的会计处理不准确或不及时、相关采购记录与仓储记录不一致等,可能导致企业采购业务未能如实反映以及采购物资和资金受损。

（2）控制措施。该环节风险的控制措施包括:第一,企业应当加强对购买、验收、付款业务的会计系统控制,详细记录采购申请、采购合同、采购通知、验收证明、入库凭证、退货情况、商业票据、款项支付等情况,做好采购业务各环节的记录,确保会计记录、采购记录与仓储记录核对一致。第二,指定专人通过函证等方式,定期核对应付账款、应付票据、预付账款等往来款项,对供应商提出的异议应及时查明原因,拥有权限的部门批准后做出相应处理。

案例 4-2　　　　有毒玩具谁之过?

2007 年 8 月 2 日,美国最大的玩具商美泰公司向美国消费者安全委员会提出召回佛山利达生产的 96.7 万件塑胶玩具,理由是召回的这批玩具表漆含铅量超标,对儿童的脑部发育会造成很大影响。

造成这次事件最大的问题在于玩具所使用的有毒油漆的采购方面。此次向佛山利达提供不达标油漆的企业,是与佛山利达仅一墙之隔的东兴新能源有限公司,该公司老板是佛山利达的合伙人张某鸿多年的好友梁某彬。东兴公司 2001 年投产,经营范围包括塑料制品制造及销售、包装装潢印刷品印刷、油墨丝印材料和涂料以及丝印材料产销等。东兴公司是佛山利达的油漆主要供应商。

佛山利达为美泰公司生产并供应玩具,属于来样加工型企业。为了保证玩具质量,美泰公司给利达提出两种选择油漆供应商的办法:一是由美泰公司直接指定;二是由美泰提供质量标准后,由佛山利达自行决定。佛山利达选择了按质量标准自行决定,选定了东兴作为油漆主要供应商。为方便合作,佛山利达和东兴公司两家公司选择相邻建厂,油漆生产出来直接通过两家公司的内部通道运入佛山利达。双方合作数年一直没有出过问题。

有毒玩具召回事件调查中发现,佛山利达生产的涉毒玩具生产时使用的含铅量超标油漆,由东兴公司提供。起因是 2007 年 4 月初,东兴公司生产油漆的黄色色粉短缺,为尽快采购到色粉,东兴公司在网上查找色粉供应商。东兴公司找到了东莞众鑫色粉厂,该厂向东兴公司提供了无铅色粉证书、认证资料、相关执照等材料。按规定,东兴公司采购的色粉要到检测机构进行认定,但佛山本地没有相关的检测机构,只有到广州才能检验并且检验需要 5～10 个工作日才能出检测结果。东兴公司为了尽快给佛山利达供货,省略了检测环节,粗略查验了东莞众鑫色粉厂提供的各项材料之后采购了黄色色粉并组织油漆生产。东兴公司没料到的是东莞众鑫色粉厂提供的无铅色粉证书、认证资料等材料是假的,匆忙中采购的这批黄色色粉含铅量超标。

有毒玩具召回事发前,佛山利达的玩具产量已居佛山玩具制造业第二。一夜之间,这家拥有十多年良好生产记录的合资企业成为众矢之的。在美国舆论的不断声讨下,佛山利达及其上下游供应链、检验链上的疏忽被一一曝光和放大。事件发生后,佛山利达被出入境检验检疫部门要求整改,中国国家质量监督管理总局宣布暂停其产品的出口,佛山利达被迫停产,2 500 名工人瞬间无事可做,佛山利达的合伙人张某鸿承受不了重大压力,最终一死了之。

案例来源:刘素贞.采购质量管理、内部控制与企业生存——基于利达公司致命玩偶案例的思考[J].现代经济,2008(8)83.

思考:

1. 佛山利达有毒玩具召回事件中佛山利达和东兴公司的采购业务内部控制分别存在什么问题?

2. 佛山利达有毒玩具召回事件在采购业务控制方面给我们哪些启示?

第三节 资产管理的内部控制与风险管理

《企业内部控制应用指引第 8 号——资产管理》中所称的资产是指存货、固定资产和无形资产。资产作为企业重要的经济资源,是企业从事生产经营活动并实现发展战略的物质基础。企业的资产管理贯穿于企业生产经营全过程。加强资产管理,有助于保障资产安全,提高资产效能。

一、资产管理控制的总体要求

企业应当加强各项资产管理,全面梳理资产管理流程,及时发现资产管理中的薄弱环节,切实采取有效措施加以改进,并关注资产减值迹象,合理确认资产减值损失,不断提高企业资产管理水平。

二、存货管理

存货主要包括原材料、在产品、产成品、半成品、商品及周转材料等;企业代销、代管、代修、受托加工的存货,虽不归企业所有,也应纳入企业存货管理范畴。

企业应当采用先进的存货管理技术和方法,规范存货管理流程,明确存货取得、验收入库、原料加工、仓储保管、领用发出、盘点处置等环节的管理要求,充分利用信息系统,强化会计、出入库等相关记录,确保存货管理全过程的风险得到有效控制。

(一)存货管理的流程

通常情况下,一般生产企业存货管理的主要流程如下:

(1)取得存货。存货的取得有外购、委托加工或自行生产等多种方式,企业应根据行业特点、生产经营计划和市场因素等综合考虑,确定不同类型存货的取得方式。

(2)验收入库。不论是外购原材料,还是本企业生产的产品,都必须经过验收才能入库,以保证存货的数量和质量符合相关要求。

(3)仓储保管。企业为保证生产过程的连续性,通常安排专门的场所和人员对存货进行仓储保管。

(4)领用发出。企业生产部门领用原材料、辅料、燃料和零部件等用于生产加工以及仓储部门根据销售部门开出的发货单向经销商或用户发出产成品,都涉及存货的领用和发出。

(5)盘点清查。企业对存货进行盘点清查时既要核对实物的数量是否与相关记录相符,又要关注实物的质量是否有明显异常。

(6)存货处置。存货处置是存货退出企业生产经营活动的环节,包括产成品的正常对外销售以及存货因变质、毁损等进行的处置。

企业存货中材料收发业务控制主要流程如图 4 - 4 所示。

(二)存货管理的关键控制点及控制措施

存货管理的关键控制点及控制措施包括以下内容:

1. 取得存货环节

(1)主要风险。存货预算编制不科学、采购计划不合理,可能导致存货积压或短缺。

(2)控制措施。该环节风险的控制措施:第一,企业应当根据不同存货的采购间隔期和当前库存,综合考虑企业实际情况,合理确定存货取得时间和数量,确保存货处于最佳库存状态。第二,企业应当依照成本效益原则要求,确定不同类型的存货取得方式。

2. 验收入库环节

(1)主要风险。验收程序不规范、验收标准不明确,可能导致出现数量不足或以次充好等问题。

4

财务总监 或总裁	采购部经理	采购人员	仓储部门	物料使用部门	财务部门

```
                                              ┌─────┐
                                              │开始1│
                                              └─────┘
  否          否        ┌──────┐  ┌──────┐  ┌──────┐
┌────┐    ┌────┐      │汇总编制│  │根据库存情│ │提出材料│
│审批│◄───│审批│◄─────│采购计划│◄─│况编制补仓│◄│请购单 │
└────┘    └────┘      └──────┘  │采购计划│ └──────┘
              是                  └──────┘
              │                 ┌──────┐
              └────────────────►│进行询比价│
                                └──────┘
  否          否                    │
┌────┐ 是  ┌────┐      ┌──────┐
│审批│◄───│审批│◄─────│选择供应商│
└────┘    └────┘      └──────┘
  │
  │        ┌──────┐   ┌──────┐  ┌──────┐              ┌────────┐
  └───────►│签订  │   │接收材料│  │验收入库│              │核对凭证,│
     是    │采购合同│◄──└──────┘◄─└──────┘              │支付材料款项│
           └──────┘              │                    └────────┘
                                 ┌──────┐                  │
                                 │填写入库│              ┌────────┐
                                 │单,登记 │─────────────►│登记    │
                                 │材料台账│              │材料账簿│
                                 └──────┘              └────────┘
                                 │                          │
                                 ┌──────┐              ┌─────┐
                                 │对材料进行│             │结束1│
                                 │日常巡查和│             └─────┘
                                 │定期抽检│
                                 └──────┘
```

```
                                 ┌─────┐
                                 │开始2│
                                 └─────┘
                    ┌──────┐  ┌──────┐
                    │核对领料单│◄─│填写领料单│
                    └──────┘  └──────┘
                       │          ▲
                    ╱是否╲   否    │
                   ╱ 授权 ╲───────┘
                    ╲    ╱
                      │ 是
                    ┌──────┐
                    │签发出库单│
                    └──────┘
                       │                      ┌──────┐
                    ┌──────┐                  │登记   │
                    │办理   │─────────────────►│材料账簿│
                    │物料交接│                  └──────┘
                    └──────┘
                    ┌──────┐
                    │登记   │
                    │材料台账│
                    └──────┘
                    ┌──────┐
                    │对材料进行│
                    │盘点清查并│
                    │按授权进行│
                    │处置   │
                    └──────┘
                    ┌─────┐
                    │结束2│
                    └─────┘
```

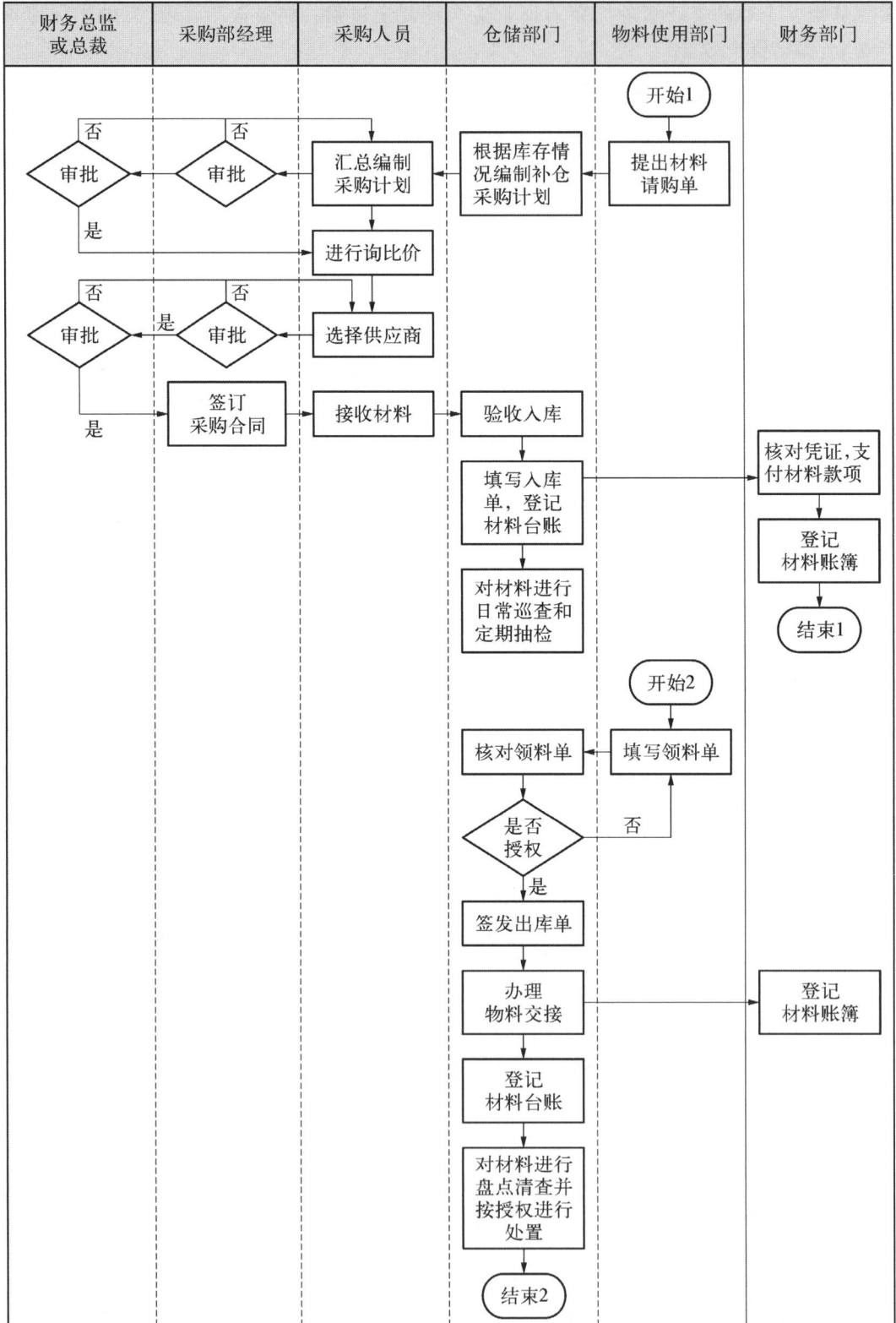

图 4-4　企业存货中材料收发业务控制主要流程

(2)控制措施。该环节风险的控制措施：第一，企业应当重视存货验收环节的工作，规范存货验收程序和方法，对入库存货的数量、质量、技术规格等方面进行查验，验收无误方可入库。第二，外购存货的验收，应当重点关注合同、发票等原始单据与存货的数量、质量、规格等核对一致。涉及技术含量较高的货物，必要时可委托具有检验资质的机构或聘请外部专家协助验收。第三，自制存货的验收，应当重点关注产品质量，通过检验合格的半成品、产成品才能办理入库手续，不合格品应及时查明原因、落实责任、报告处理。第四，其他方式取得存货的验收，应当重点关注存货来源、质量状况、实际价值是否符合有关合同或协议的约定。

3. 仓储保管环节

(1)主要风险。存货仓储保管方法不适当、监管不严密，可能导致存货损坏变质、价值贬损，形成资源浪费。

(2)控制措施。该环节风险的控制措施：第一，仓储部门应对库存物料和产品进行每日巡查和定期抽检，详细记录库存情况；发现毁损、存在跌价迹象的，应及时与生产、采购、财务等相关部门沟通；对于进入仓库的人员应办理进出登记手续，未经授权人员不得接触存货。第二，存货在不同仓库之间流动时应当办理出入库手续。第三，应当按仓储物资所要求的储存条件贮存，并健全防火、防洪、防盗、防潮、防病虫害和防变质等管理规范。第四，加强生产现场的材料、周转材料、半成品等物资的管理，防止浪费、被盗和流失。第五，对代管、代销、暂存、受托加工的存货，应单独存放和记录，避免与本单位存货混淆。第六，结合企业实际情况，加强存货的保险投保，保证存货安全，合理降低存货意外损失风险。

4. 领用发出环节

(1)主要风险。存货领用发出审核不严格、手续不完备，可能导致货物流失。

(2)控制措施。该环节风险的控制措施包括：第一，企业应当明确存货发出和领用的审批权限，健全存货出库手续。第二，大批存货、贵重商品或危险品的发出应当实行特别授权。第三，仓储部门应当根据经审批的销售(出库)通知单发出货物。第四，企业仓储部门应当详细记录存货入库、出库及库存情况，做到存货记录与实际库存相符，并定期与财会部门、存货管理部门进行核对。

5. 盘点清查环节

(1)主要风险。存货盘点清查制度不完善、盘点清查计划不合理、盘点清查执行不到位，可能导致工作流于形式、无法查清存货真实状况。

(2)控制措施。该环节风险的控制措施包括：第一，企业应当建立存货盘点清查制度，结合自身实际情况确定盘点周期、盘点流程等相关内容。第二，企业至少应当于每年年末开展全面盘点清查，盘点清查时应拟定详细的盘点计划，合理安排相关人员，使用科学的盘点方法，保持盘点记录的完整。第三，盘点时应严格按照盘点计划核查存货数量，及时发现存货减值迹象。第四，盘点清查结果要及时编制盘点表，形成书面报告。第五，对盘点清查中发现的问题，应及时查明原因，落实责任，按照规定权限报经批准后处理。

6. 存货处置环节

(1)主要风险。存货报废处置责任不明确、审批不到位，可能导致企业利益受损。

(2)控制措施。该环节风险的控制措施包括：第一，企业应定期对存货进行检查，及时、充分了解存货的状态，对于存货变质、毁损、报废或流失的处理要分清责任、分析原因。

4

第二,企业处置存货时应按程序填制相关单证,报经批准后进行处置。

二、固定资产管理

固定资产主要包括房屋、建筑物、机器、机械、运输工具,以及其他与生产经营活动有关的设备、器具、工具等,是企业开展正常的生产经营活动必要的物资条件。企业应当根据固定资产的特点,分析、归纳、设计合理的业务流程,查找管理的薄弱环节,健全全面风险控制措施,保证固定资产安全、完整、高效运行。

(一)固定资产管理的流程

通常情况下,企业固定资产管理的主要流程如下:

(1)资产取得。通常固定资产可通过投资者投入、外购、自行建造、非货币性资产交换、接受捐赠等方式取得。

(2)资产验收。不论是哪种方式取得的固定资产,都必须经过验收。不同类型的固定资产有不同的验收程序和技术要求。

(3)登记造册。企业取得每项固定资产后均需要进行详细登记,编制固定资产目录,建立固定资产卡片,便于固定资产的统计、检查和后续管理。

(4)资产投保。企业通常通盘考虑固定资产状况并根据其性质和特点,确定固定资产的投保范围和政策并严格执行。

(5)日常维护。固定资产在使用过程中需要进行日常维修和保养。

(6)更新改造。企业定期或不定期对固定资产进行升级改造,以便不断提高产品质量、开发新品种或降低能源资源消耗。

(7)资产清查。企业建立固定资产清查制度,对固定资产的数量和存在状态,定期或不定期进行清点和查验,确保固定资产账实相符。

(8)抵押质押。企业有时因资金周转等原因以固定资产作抵押物或质押物向银行等金融机构借款,如到期不能归还借款,银行有权依法处置该固定资产。

(9)资产处置。企业对正常报废的固定资产、拟出售的固定资产、投资转出的固定资产及非货币交换的固定资产按规定权限和程序进行处置。

企业固定资产业务控制主要流程如图4-5所示。

(二)固定资产管理的关键控制点及控制措施

固定资产的关键控制点及控制措施包括以下内容:

1. 资产取得环节

(1)主要风险。固定资产预算不科学、固定资产取得的审批不严密,可能导致企业固定资产的增加不符合企业发展需要。

(2)控制措施。该环节风险的控制措施:第一,企业应当建立并完善固定资产的预算制度,根据企业的发展战略和投资计划编制固定资产的预算并报管理部门审批。第二,对固定资产的增加应严格执行预算安排。第三,对于具有权属证明的资产,取得时必须获得合法的权属证书。

2. 资产验收环节

(1)主要风险。固定资产验收程序不规范,可能导致固定资产质量不符合要求,影响资产正常运行。

总裁	财务总监	财务部门	采购部门	资产管理部门	使用部门

开始

下达固定资产投资预算 → 填写固定资产请购单

审核是否在预算范围内

不予采购

审批（否→） ← 是 ← 审批（否→） ← 是 ← 审核（否→） ← 是 ← 是否超预算

编制采购方案（是→）

审批（否→） ← 是 ← 审批（否→） ← 拟定采购合同

签订固定资产采购合同（是↑） → 收到固定资产 ← 组织固定资产验收

与供应商协商解决 ← 否 ← 合格 → 是 → 固定资产安装调试使用

固定资产编号、贴牌并登记造册

对固定资产进行投保、日常维护更新改造

对固定资产进行盘点清查

提出固定资产处置意见

审批（否→） ← 是 ← 审批（否→）

核实固定资产凭证，记录固定资产信息 ← 对固定资产进行处置

结束

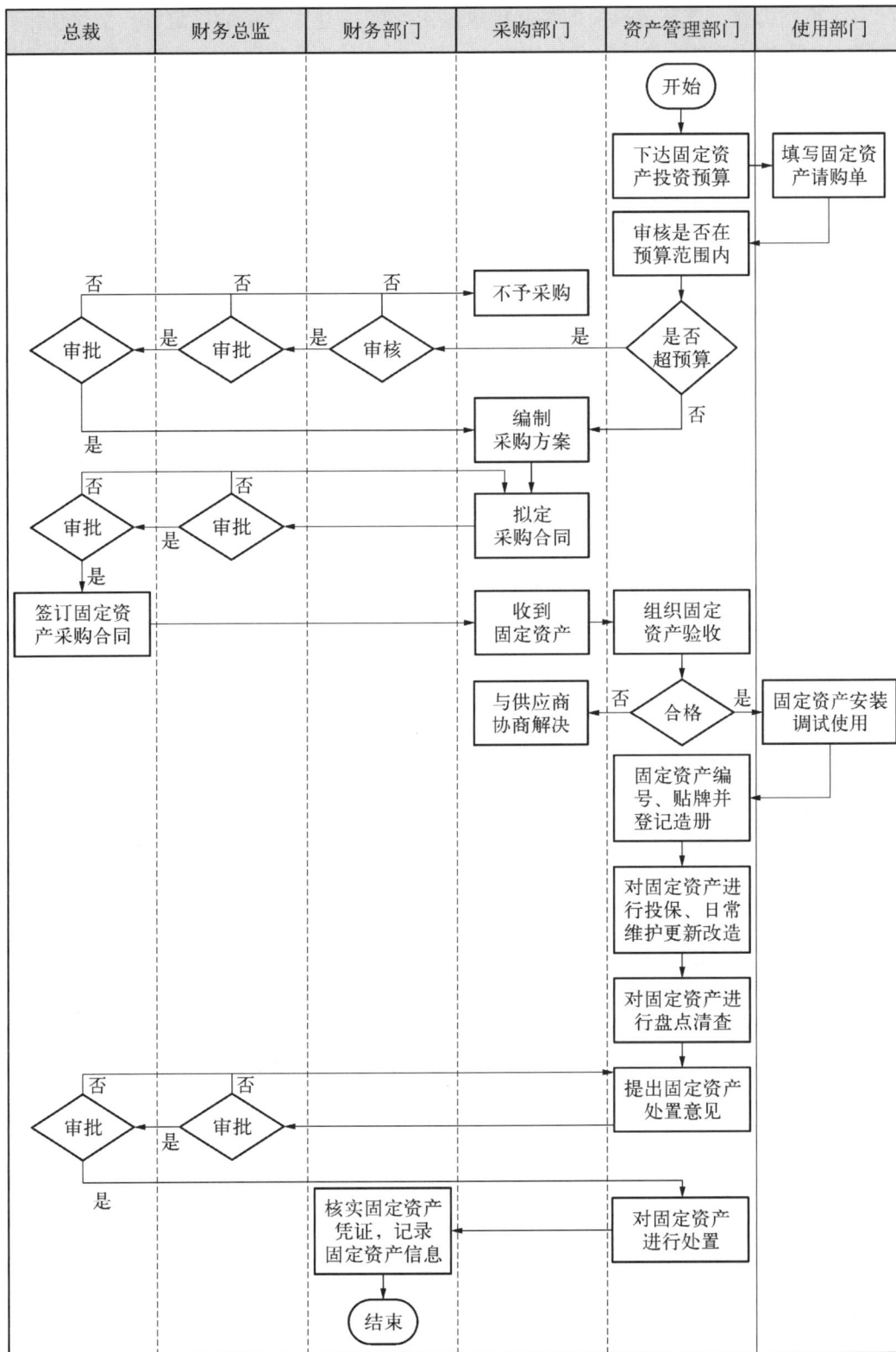

图 4 - 5 企业固定资产业务控制主要流程

（2）控制措施。该环节风险的控制措施包括：第一，建立严格的固定资产交付使用验收制度，确保固定资产验收后符合使用要求。第二，对企业外购固定资产验收时应当根据合同、供应商发货单等材料，重点关注其品种、规格、数量、质量、技术要求及其他内容，验收完毕出具验收单或编制验收报告。第三，对企业自行建造的固定资产，应由建造部门、固定资产管理部门和使用部门共同验收，验收合格后填制固定资产移交使用验收单，移交使用部门投入使用。第四，未通过验收的不合格固定资产，不得接收，必须按照合同等有关规定办理退换货或实施其他弥补措施。

3. 登记造册环节

（1）主要风险。固定资产登记内容不完整，可能导致资产流失、资产信息失真、账实不符等问题。

（2）控制措施。该环节风险的控制措施包括：第一，企业应当制定固定资产目录，对每项固定资产进行编号。第二，企业应当按照单项资产建立固定资产卡片，详细记录各项固定资产的来源、验收、使用地点、责任单位和责任人、运转、维修、改造、折旧、盘点等相关内容。第三，固定资产目录和卡片均应定期或不定期复核，保证信息的真实和完整。

4. 资产投保环节

（1）主要风险。固定资产投保制度不健全、投保工作不到位或投保手续不健全，可能造成投保资产覆盖不全、投保环节舞弊、投保事后索赔不力等问题。

（2）控制措施。该环节风险的控制措施包括：第一，企业应当健全固定资产投保制度，根据固定资产的性质和特点，确定固定资产的投保范围和政策。第二，企业应当严格执行固定资产投保政策，对应投保的固定资产项目按规定程序进行审批，及时办理投保手续。第三，对于重大固定资产项目的投保，应当考虑采取招标方式确定保险人，防范固定资产投保舞弊。第四，已投保的固定资产发生损失的，及时调查原因及受损金额，向保险公司办理相关的索赔手续。

5. 日常维护环节

（1）主要风险。固定资产使用过程中，人员操作不当、长期失修或维护不当，可能造成资产使用效率低下、产品残次率高，甚至发生生产事故。

（2）控制措施。该环节风险的控制措施包括：第一，企业应当强化对生产线等关键设备运转的监控，严格操作流程，实行岗前培训和岗位许可制度，确保设备安全运转。第二，固定资产使用部门及管理部门建立固定资产运行管理档案，并据以制定合理的日常维修和大修理计划，并经主管领导审批。第三，企业应定期对固定资产进行维护保养，切实消除安全隐患。

6. 更新改造环节

（1）主要风险。固定资产更新改造不及时、不到位，可能造成企业产品线老化、产品缺乏市场竞争力。

（2）控制措施。该环节风险的控制措施包括：第一，企业应当根据发展战略，充分利用国家有关自主创新政策，加大技改投入，不断促进固定资产技术升级，淘汰落后设备，切实做到保持本企业固定资产技术的先进性和企业发展的可持续性。第二，企业应定期对固定资产的技术先进性进行评估，提出技改方案，进行可行性分析之后，报管理部门审核批准。第三，管理部门需要对技改方案实施过程适时监控、加强管理，有条件的企业可以建立技改专项资金并展开定期或不定期审计。

7. 盘点清查环节

（1）主要风险。企业清查制度不完善、清查工作不落实，可能导致固定资产丢失、毁损、账实不符。

（2）控制措施。该环节风险的控制措施包括：第一，企业应当建立固定资产清查制度，至少每年进行全面清查，明确资产权属，确保实物与卡、财务账表相符。第二，在清查作业实施之前编制清查方案，经过管理部门审核后进行相关的清查作业。第三，在清查结束后，清查人员需要编制清查报告。第四，对清查中发现的问题，企业应当查明原因，追究责任，妥善处理。

8. 抵押质押环节

（1）主要风险。固定资产抵押制度不完善，可能导致抵押资产价值低估和资产流失。

（2）控制措施。该环节风险的控制措施包括：第一，企业应当规范固定资产抵押管理，明晰固定资产抵押、质押流程，规定固定资产抵押、质押的程序和审批权限等。第二，企业将固定资产用作抵押的，应由相关部门提出申请，经企业授权部门或人员批准后，由资产管理部门办理抵押手续。第三，企业应当加强对接收的抵押资产的管理，编制专门的资产目录，合理评估抵押资产的价值。

9. 资产处置环节

（1）主要风险。固定资产处置制度不完善、处置方式不恰当、处置价格不合理，可能给企业造成经济损失。

（2）控制措施。该环节风险的控制措施包括：第一，企业应当建立健全固定资产处置的相关制度，区分不同固定资产的处置方式，采取相应控制措施，确定固定资产处置的范围、标准、程序和审批权限，保证固定资产处置的科学性，使企业的资源得到有效的运用。第二，固定资产的处置应由独立于固定资产管理部门和使用部门的相关授权人员办理。第三，对于重大固定资产处置，应当考虑聘请具有资质的中介机构进行资产评估，采取集体审议或联签制度。第四，企业应特别关注固定资产处置中的关联交易和处置定价，固定资产处置价格应报经企业有关部门或人员审批后确定。

三、无形资产管理

无形资产是企业拥有或控制的没有实物形态的可辨认的非货币性资产，通常包括专利权、非专利技术、商标权、著作权、特许权、土地使用权等。企业应当加强对无形资产的管理，建立健全无形资产分类管理制度，保护无形资产的安全，提高无形资产的使用效率，充分发挥无形资产对提升企业创新能力和核心竞争力的作用。

（一）无形资产管理的流程

通常情况下，企业无形资产管理的主要流程如下：

（1）无形资产取得与验收。企业无形资产可通过自创、外购、接受赠与、非货币性交易换入、调拨或划转等方式取得。不论是哪种方式取得的无形资产，都必须经过验收；不同类型的无形资产有不同的验收程序和技术要求。

（2）无形资产的使用与保全。无形资产的管理部门负责根据无形资产的使用状况，及时维护本部门的无形资产台账。无形资产的管理部门需要实时关注企业无形资产的权

4

利保持以及特许使用的期间和权利义务。

（3）无形资产的升级与更新。为了保持无形资产的先进性，企业需要定期或不定期对无形资产进行技术升级和更新换代。

（4）无形资产的处置。无形资产不能继续使用时，企业通常会按规定权限和程序进行处置。

企业无形资产业务控制主要流程如图 4-6 所示。

（二）无形资产管理的关键控制点及控制措施

无形资产的关键控制点及控制措施包括以下内容：

1. 无形资产取得与验收环节

（1）主要风险。取得的无形资产先进性不足、权属不清，可能导致企业资源浪费或引发法律诉讼。

（2）控制措施。该环节风险的控制措施包括：第一，企业应当建立严格的无形资产交付验收制度，明确外购、自行开发或以其他方式取得的无形资产的权属关系，及时办理产权登记手续。第二，企业购入或者以支付土地出让金方式取得的土地使用权，必须取得土地使用权的有效证明文件。当无形资产权属关系发生变动时，应当按照规定及时办理权证转移手续。第三，企业应当全面梳理外购、自行开发以及其他方式取得的各类无形资产的权属关系，加强无形资产权益保护，防范侵权行为和法律风险。

2. 无形资产的使用与保全环节

（1）主要风险。无形资产使用效率低下，可能导致企业资产效能发挥不到位；使用中缺乏严格的保密制度，可能导致企业商业机密泄漏；对商标等无形资产疏于管理，可能导致其他企业的侵权行为，损害企业利益。

（2）控制措施。该环节风险的控制措施包括：第一，企业应当加强对无形资产的管理，分类制定无形资产管理办法，落实无形资产管理责任制，促进无形资产有效利用，充分发挥无形资产对提升企业核心竞争力的作用。第二，企业应建立健全无形资产核心技术保密制度，严格限制未经授权人员直接接触技术资料，对技术资料等无形资产的保管及接触应保有记录，实行责任追究，保证无形资产的安全与完整。第三，对侵害本企业无形资产的行为，要积极取证并形成书面调查记录，提出维权对策，按规定程序审核并上报。

3. 无形资产的升级与更新环节

（1）主要风险。无形资产未能及时升级换代，可能导致技术落后、自主创新能力不足、品牌的社会认可度低或存在重大技术安全隐患。

（2）控制措施。该环节风险的控制措施包括：第一，企业应当定期对专利、专有技术等无形资产的先进性进行评估，淘汰落后技术，加大研发投入，促进技术更新换代，不断提升自主创新能力，努力做到核心技术处于同行业领先水平。第二，企业应当重视品牌建设，加强商誉管理，通过提供高质量产品和优质服务等多种方式，不断打造和培育主业品牌，切实维护和提升企业品牌的社会认可度。

4. 无形资产的处置环节

（1）主要风险。无形资产处置不当，可能造成企业资产流失。

（2）控制措施。该环节风险的控制措施包括：第一，企业应当建立无形资产处置的相关管理制度，明确无形资产处置的范围、标准、程序和审批权限等要求。第二，无形资产的

董事会	总裁	财务部门	资产管理部门	使用部门

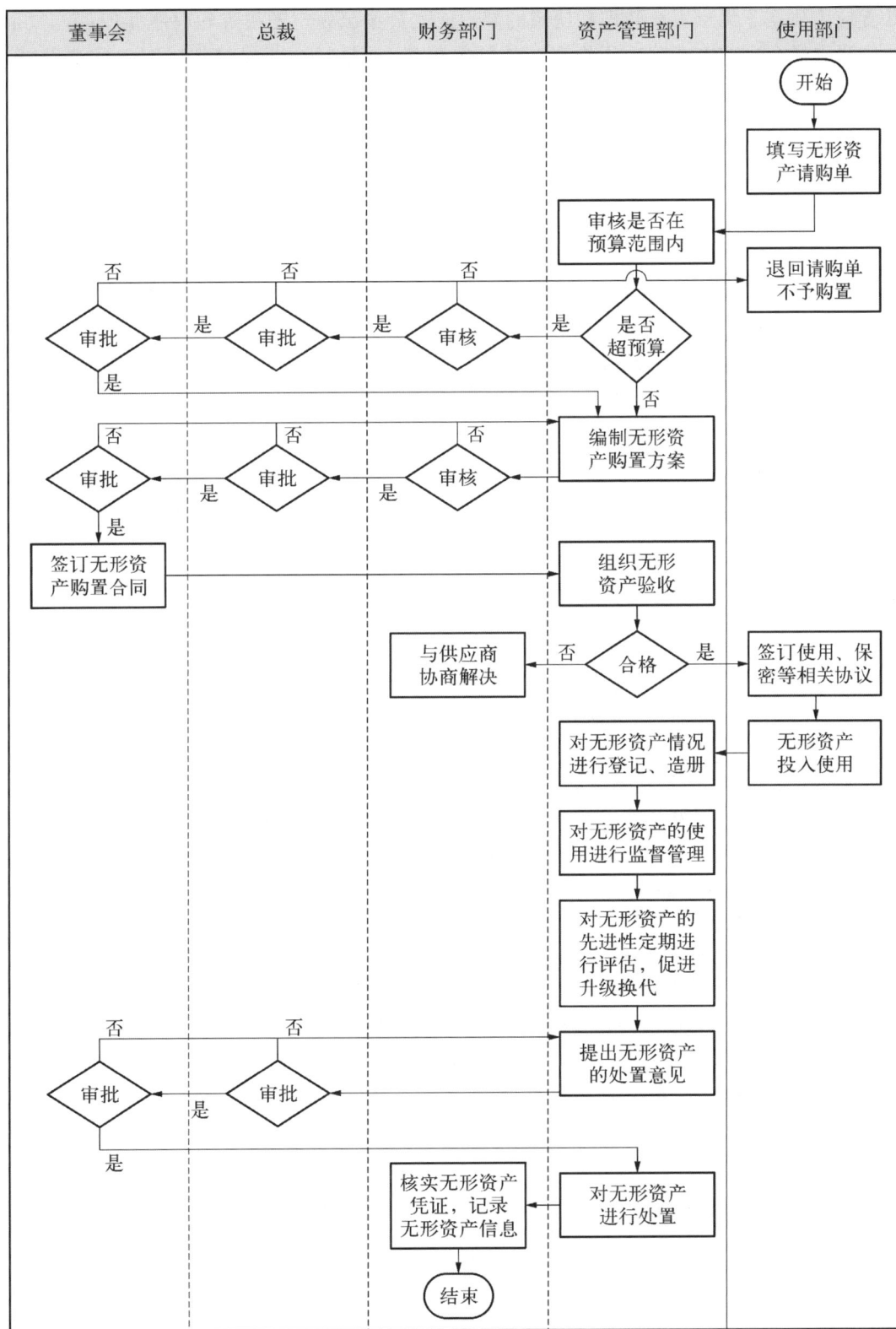

图 4-6 企业无形资产业务控制主要流程

处置应由独立于无形资产管理和使用的部门或人员按照规定的权限和程序办理;第三,企业应当选择合理的方式确定无形资产的处置价格,并报经企业授权部门或人员审批;第四,重大的无形资产处置,应当委托具有资质的中介机构进行资产评估。

案例 4-3　　　　　　　　广州浪奇的存货黑洞

广州市浪奇实业股份有限公司(简称"广州浪奇")1959 年成立,属于国有企业;1993 年改制为股份制企业,在深圳证券交易所挂牌上市。广州浪奇属于化学原料及化学制造品制造业,主营业务是日化产品的生产与销售,主要服务于华南地区。作为一家老字号日化企业,其产品在受众群体中具有一定的知名度。

2020 年 9 月 27 日,广州浪奇声称在辉丰公司、鸿燊公司下设的仓存放的货物,分别丢失了 1.19 亿元、4.53 亿元。事件发生后,广州浪奇及上述两家公司针对事件情况分别进行了说明。

广州浪奇声称,2017 年曾经在辉丰仓库放置存货,双方签订了 6 份存货方面的存储合同,对方的仓库负责人也签收了存货,广州浪奇为此支付了相应的费用,双方约定仓储期满之后自动续期。广州浪奇采取同样的方法在瑞丽仓库存货物,每一次存储都签订了相关合同。广州浪奇相关人员多次前往瑞丽仓、辉丰仓均无法正常开展货物盘点及抽样检测工作,因此于 2020 年 9 月 7 日分别向鸿燊公司、辉丰公司发函要求配合公司进行货物盘点及抽样检测工作。结果两家公司均否认保管有广州浪奇存储的货物。广州浪奇价值 5.72 亿元的存货竟然离奇失踪。

鸿燊公司相关负责人表示,自己公司从未保管过广州浪奇的产品,没有接受过,也没有开展过此方面的业务,根本不存在存货丢失问题。除此之外,鸿燊公司曾经收到过两项共计 64 万元的"管理费用",目的是帮助广州浪奇公司"改善数据"。

辉丰公司表示,从未接受过这方面的业务,双方也没有签订过存储合同,所以才没有协助广州浪奇公司进行盘点。另外针对广州浪奇公司所提供的《2020 年 6 月辉丰盘点表》,辉丰公司表示从没有签订过,也没有盖过公司的公章,关于广州浪奇公司所提供的盘点表和上面所盖的公章,辉丰方认为其疑似伪造。

广州浪奇巨额存货不翼而飞引发监管关注。2020 年 9 月,深交所下发了关注函。

2020 年 10 月 30 日,广州浪奇就存货丢失事件回复深交所《关注函》时披露,有问题的仓库除了瑞丽仓、辉丰仓外,还有四川仓库 2、广东仓库 2、四川仓库 1、广东仓库 3,共 6 处仓库的存货存在账实不符的情形,全额计提减值准备合计 8.67 亿元。

2020 年 12 月 25 日,广州浪奇再发公告,存储于会东仓的 2 428 吨黄磷,金川公司在未经公司正式确认的情况下销售,"账实不符"的金额又增加了 0.32 亿元,累计达到 8.98 亿元。

2021 年 1 月,广州浪奇收到了证监会《调查通知书》,因公司涉嫌信息披露违法违规,根据有关规定,决定对公司进行立案调查。

2021 年 11 月 11 日,广东证监局公布了调查结果。调查结果中关于存货方面的内容如下：2018 年 1 月 1 日至 2019 年 12 月 31 日，为美化报表，广州浪奇将部分虚增的预付账款调整为虚增的存货。通过上述方式，广州浪奇《2018 年年度报告》虚增存货金额为 956 423 831.44 元，占当期披露存货金额的 75.84%、披露总资产的 13.54%、披露净资产的 50.53%。《2019 年年度报告》虚增存货金额为 1 082 231 342.91 元，占当期披露存货金额的 78.58%、披露总资产的 12.17%、披露净资产的 56.83%。

广东证监局决定对广州浪奇给予警告，并处 450 万元罚款；对时任董事长傅勇国给予警告，并处以 300 万元罚款；对时任总经理陈建斌、董事会秘书王志刚、商务拓展部副总经理邓煜、子公司财务总监黄健彬给予警告，并分别处以 150 万元罚款；对副总经理陈文给予警告，并处以 50 万元罚款；对财务总监王英杰给予警告，并处以 5 万元罚款。同时对傅勇国采取 10 年证券市场禁入措施。除了监管处罚，广州浪奇还将面临受损投资者索赔。

案例来源：根据东方财富网中广州浪奇(000523)2021－11－12 公告内容整理编写。

思考：广州浪奇存货管理的内部控制存在什么问题？

案例 4-4　华为的无形资产管理

华为针对无形资产的外购和自创设计了不同的控制程序。华为有着相当具体而且切实可行的知识产权战略，公司以自主研发为基础并且和其他知识产权人开展广泛合作，自 2003 年开始，华为利用专利许可、专利交叉许可等知识产权规则，与世界范围内的多家专利权人谈判合作，在利用他人知识产权的时候经过对方许可，并向他人付费，充分尊重他人的知识产权，成功地利用了知识产权的许可使用，支撑和促进了企业的快速发展。

华为在无形资产研发过程中，确保开发研究所需的巨额资金；公司设立了知识产权部来负责有关的知识产权事务；知识产权战略在实施过程中，随时进行修正。2002年电信业最不景气的时候，华为仍然将总营业额的 17% 的巨额资金投入到研究与开发，这一比例甚至超过了诺基亚和思科。同时，华为建立了知识产权中央研究部，购买最先进的仪器和设备，猎取全球最前沿的专业人才，华为不惜投入巨额的资金，将目光锁定在知识产权上，自主开发研制产品，并将知识产权保护工作渗透到研究与开发的各个阶段。

在无形资产确认之前，华为建立严格的无形资产交付使用验收制度，确保无形资产数量、质量等符合使用要求。外购的无形资产要检查其品种、规格、出具的验收单及验收报告、所有权的有效证明等文件。自行研发的无形资产由研发部门、无形资产管理部门、使用部门共同填制无形资产使用验收单，之后再把自行研发的无形资产移交使用部门使用。

华为公司选择以知识资产管理为国际化经营及持续发展的驱动力，对自己的原始创新成果进行知识产权保护，对他人的知识产权成果采取许可使用、支付使用费的方式来获得使用权。华为学习、遵守、运用国际知识产权规则，与知识产权所有人建立了

4

良好的协商机制和交叉许可机制，同时从研发流程上着手，从项目追踪、分析、立项，一直到项目实施、比较、后期管理，都有一整套完善的制度，采取务实的态度，进行自主研发，投入大量资金，吸纳培养大批专业技术人才，从事技术创新。在知识产权人才的培养上，华为不光培养专业技术人员，每一名员工入职华为时都对其进行知识产权方面的培训。

华为把自己的专利拿出来，与其他企业进行交叉许可使用。华为在全世界范围内累计获得授权专利 50 377 件，单纯地申请、维持一件专利，大概要十几万元人民币。华为每年花费数千万美元在全球申请专利，再把这些专利拿出来与其他企业进行交叉许可，每年节省的专利许可费达数亿甚至十亿美元以上。

华为限制未经授权人员直接接触技术资料等无形资产；对技术资料等无形资产的保管及接触有详细记录；对重要无形资产及时申请保护。华为每年年末由无形资产管理部门和财务部门共同对无形资产进行检查、分析，预计无形资产未来带来经济利益的能力，核对无形资产明细账与总账，对差异及时分析与调整。

案例来源：何之雨.知识产权：企业的无形资产——华为公司知识产权战略引发的思考[C].中国知识产权法学研究会 2015 年年会论文集：948-955.

思考：华为在无形资产控制的不同阶段分别有哪些可取之处？

第四节　销售业务的内部控制与风险管理

《企业内部控制应用指引第 9 号——销售业务》中所称的销售是指企业出售商品（或提供劳务）及收取款项等相关活动。通过加强销售业务控制，可以帮助企业规范销售行为，防范销售风险；促进企业销售稳定增长，扩大市场份额。

一、销售业务控制的总体要求

企业应当结合实际情况，全面梳理销售业务流程，完善销售业务相关管理制度，确定适当的销售政策和策略，明确销售、发货、收款等环节的职责和审批权限，按照规定的权限和程序办理销售业务，定期检查分析销售过程中的薄弱环节，采取有效控制措施，确保实现销售目标。

二、销售业务的主要流程

企业销售业务的主要流程包括制定销售计划、客户开发与信用管理、建立定价机制、订立销售合同、发货、收款、客户服务和会计系统控制等环节。

（一）制定销售计划

制定销售计划是指企业在销售预测的基础上，结合自身生产能力，设定销售的总体目标及不同产品的销售目标，以及营销方案和实施计划。

（二）客户开发与信用管理

客户开发与信用管理是指企业应加强现有客户维护，开发潜在目标客户，对有销售意向的客户进行资信评估,根据自身风险接受程度确定具体的信用等级。

（三）建立定价机制

建立定价机制是指与商品价格的确定、调整及审批相关的机制建设。

（四）订立销售合同

企业与客户订立销售合同,明确双方权利和义务,以此作为开展销售活动的基本依据。

（五）发货

发货是指企业根据销售合同的约定向客户提供商品的环节。

（六）收款

收款是指企业经授权发货后与客户结算的环节。

（七）客户服务

客户服务是指企业对客户提出的问题进行及时解答、反馈和处理的环节。客户服务包括产品维修、销售退回、维护升级等。

（八）会计系统控制

会计系统控制包括销售收入的确认、应收款项的管理、坏账准备的计提和冲销、销售退回的处理等内容。

企业销售业务控制主要流程如图 4-7 所示。

三、销售业务的关键控制点及控制措施

销售业务的关键控制点及控制措施包括以下内容:

（一）制定销售计划环节

（1）主要风险。销售计划缺乏或不合理,或未经授权审批,导致产品结构和生产安排不合理,难以实现企业生产经营的良性循环。

（2）控制措施。该环节风险的控制措施包括:第一,企业应当根据发展战略和年度生产经营计划并结合客户订单情况,制定年度销售计划和月度销售计划,并按规定的权限和程序审批后下达执行。第二,定期对各产品的区域销售额、进销差价、销售计划与实际销售情况等进行分析,结合生产现状,及时调整销售计划。

（二）客户开发和信用管理环节

（1）主要风险。现有客户管理不足、潜在市场需求开发不够,可能导致客户丢失或市场拓展不利;客户档案不健全,缺乏对客户的资信评估,可能导致客户选择不当、销售款项不能收回或遭受欺诈。

（2）控制措施。该环节风险的控制措施包括:第一,企业应当灵活运用多种销售策略和营销方式,促进销售目标实现,不断提高市场占有率。第二,企业应当健全客户信用档案,由信用管理部门对客户付款情况进行持续跟踪和监控,提出划分、调整客户信用等级的方案。第三,根据客户信用等级和企业信用政策,拟定客户赊销限额和时限,再由销售、财会等部门具有相关权限的人员审批。第四,企业对于境外客户和新开发客户,应当建立严格的信用保证制度。

（三）建立定价机制环节

（1）主要风险。定价不合理或未能结合市场供需状况、盈利测算等进行适时调整,可

4

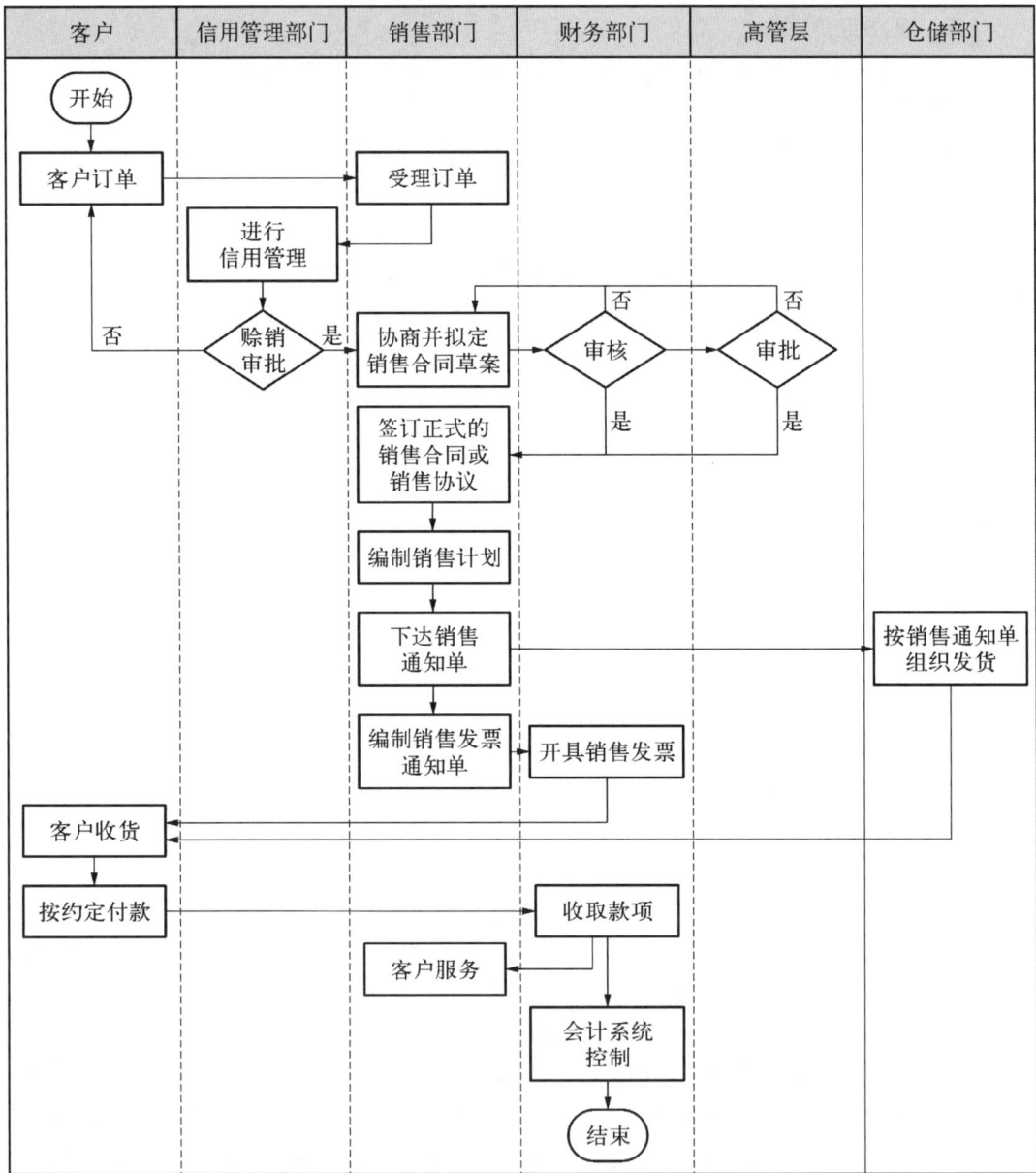

图 4 - 7　企业销售业务控制主要流程

能造成价格过高或过低,导致企业受损。

（2）控制措施。该环节风险的控制措施包括：第一,企业应当根据有关价格政策,综合考虑自身实际情况、市场状况及竞争对手情况等因素,确定产品基准定价并定期评估,定价或调价需要经过具有相应权限的人员审核批准。第二,在执行基准定价的基础上,针对某些商品可以授予销售部门一定限度的价格浮动权,权限执行人必须严格遵守规定的价格浮动范围。第三,销售折扣、销售折让等政策的制定应由具有相应权限人员审核批准。

（四）订立销售合同环节

（1）主要风险。未经授权对外订立销售合同；合同内容存在重大疏漏和欺诈；销售价格、收款期限等违背企业销售政策，可能导致企业合法权益受到侵害。

（2）控制措施。该环节风险的控制措施包括：第一，企业订立销售合同前，应当指定专门人员与客户进行业务洽谈、磋商或谈判，关注客户信用状况，明确销售定价、结算方式、权利与义务条款等相关内容。重大的销售业务谈判还应当吸收财会、法律等专业人员参加，并形成完整的书面记录。第二，销售合同应当明确双方的权利和义务，审批人员应当对销售合同草案进行严格审核。重要的销售合同，应当征询法律顾问或专家的意见。第三，销售合同草案经审批同意后，企业应授权有关人员与客户签订正式销售合同。

（五）发货环节

（1）主要风险。未经授权发货或者不按合同约定发货，可能造成货物损失或与客户产生销售争议，导致销售款项不能收回。

（2）控制措施。该环节风险的控制措施包括：第一，销售部门应当按照经审核后的销售合同，开具相关的销售通知，送达仓储部门和财会部门。第二，发货和仓储部门应当对销售通知进行审核，严格按照所列项目组织发货，确保货物的安全发运。第三，企业应当加强销售退回管理，分析销售退回的原因，及时妥善处理。

（六）收款环节

（1）主要风险。企业信用管理不到位、结算方式选择不当、票据管理不善或者账款催收不力，可能导致销售款项不能收回；收款环节存在舞弊行为，可能导致企业利益受损。

（2）控制措施。该环节风险的控制措施包括：第一，企业应加强赊销管理，由信用管理部门按照客户信用等级审核并报具有相应权限的人员审批之后才可以赊销。第二，销售部门应结合企业销售政策，选择恰当的结算方式，加快款项回收，提高资金的使用效率。第三，企业应建立票据管理制度，加强商业汇票的管理。第四，完善应收款项管理制度，落实责任、严格考核，销售部门负责应收款项的催收，催收记录应妥善保存。第五，收取的现金、银行本票、汇票等应及时缴存银行并登记入账，防止由销售人员直接收取款项，如果必须由销售人员收取的，应由财会部门加强监控。

（七）客户服务环节

（1）主要风险。服务水平低，客户满意度不足，容易造成客户流失。

（2）控制措施。该环节风险的控制措施包括：第一，企业应当建立和完善客户服务制度，设专人或部门进行客户服务和跟踪。第二，加强售前、售中和售后技术服务，提升客户满意度和忠诚度。第三，做好客户回访工作，定期或不定期开展客户满意度调查；第四，建立客户投诉制度，记录所有的客户投诉，并分析产生原因及解决措施。

（八）会计系统控制环节

（1）主要风险。销售业务会计处理不及时、会计记录不准确或不完整，可能导致企业账实不符、账账不符、账证不符，不能反映销售的实际情况。

（2）控制措施。该环节风险的控制措施包括：企业应当做好销售业务各环节的记录，填制相应的凭证，设置销售台账，实行全过程的销售登记制度。

4

第五节 研究与开发的内部控制与风险管理

《企业内部控制应用指引第 10 号——研究与开发》中所称的研究与开发,是指企业为获取新产品、新技术、新工艺等所开展的各种研发活动。强化研究与开发控制,有助于促进企业自主创新,增强核心竞争力,有效控制研发风险,实现发展战略。

一、研究与开发控制的总体要求

研究与开发是企业核心竞争力的本源,是促进企业自主创新的重要体现,是企业加快转变经济发展方式的强大推动力。企业应当重视研发工作,根据发展战略,结合市场开拓和技术进步要求,科学制定研发计划,强化研究与开发全过程管理,规范研发行为,促进研发成果的转化和有效利用,不断提升企业自主创新能力。

二、研究与开发的主要流程

企业研究与开发的主要流程涉及项目立项、研发过程管理、结题验收、核心研究人员管理、研究成果开发和研究成果保护等环节。

(一)项目立项

项目立项主要包括立项申请、立项评审和立项审批等活动。

(二)研发过程管理

研发过程是研发的核心环节,主要有自主研发、委托研发和合作研发三种方式。自主研发是企业依靠自身的科研力量,独立完成项目;委托研发是企业委托具有资质的外部承办单位进行研究和开发;合作研发是企业与合作方就科研项目以合作形式进行研究和开发。

(三)结题验收

结题验收是对研究过程形成的交付物进行质量验收。

(四)核心研究人员管理

核心研究人员管理是企业研究与开发活动的关键人员的任职资格、任职要求、离职条件以及保密要求等方面的管理。

(五)研究成果开发

研究成果开发是指企业将研究成果经过开发过程转换为企业的产品。

(六)研究成果保护

研究成果保护是企业对专利权、非专利技术、商业秘密及研发过程中形成的各类涉密材料的管理。

企业研究与开发业务控制主要流程如图 4-8 所示。

三、研究与开发的关键控制点及控制措施

(一)项目立项环节

(1)主要风险。研发计划与国家或企业的科技发展战略不匹配、研究项目未经科学论证或论证不充分、研究项目评审和审批环节把关不严,可能导致项目创新不足或企业资源浪费。

董事会或股东大会	总裁	第三方机构	研发部门	生产部门	财务部门

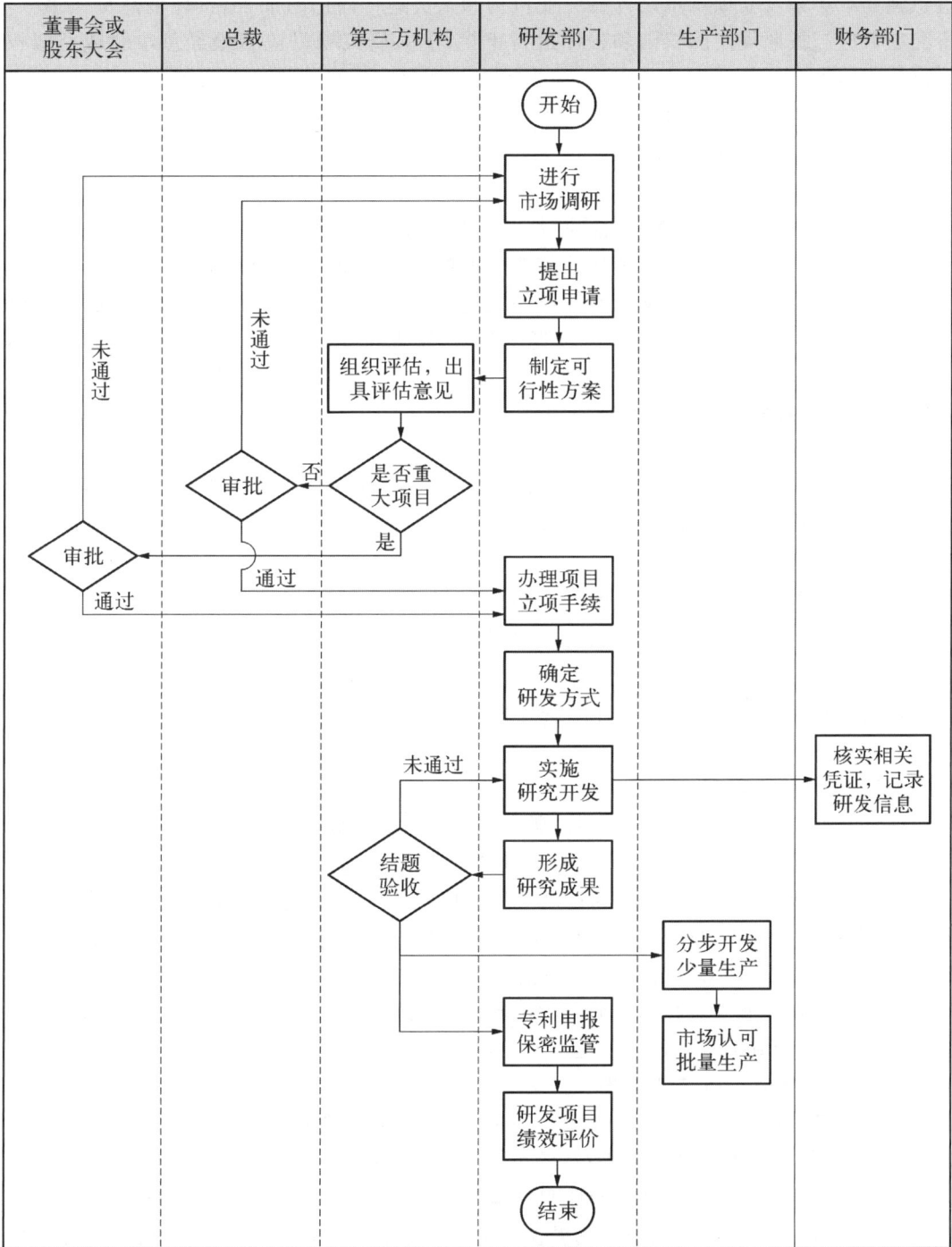

图 4-8　企业研究与开发业务控制主要流程

（2）控制措施。该环节风险的控制措施包括：第一，企业应当根据实际需要，结合研发计划，提出研究项目立项申请，开展可行性研究，编制可行性研究报告。第二，企业可以组织独立于申请及立项审批之外的专业机构和人员进行评估论证，出具评估意见。第三，研究项目应当按照规定的权限和程序进行审批，重大研究项目应当报经董事会或类似权力机构集体审议决策。审批过程中，应当重点关注研究项目促进企业发展的必要性、技术的先进性以及成果转化的可行性。

（二）研发过程管理环节

1. 自主研发

（1）主要风险。第一，研究人员配备不合理，可能导致研发成本过高或研发失败。第二，研发过程管理不到位，可能造成研究费用失控或研究项目不能顺利完成。

（2）控制措施。该环节风险的控制措施包括：第一，企业应当加强对研究过程的管理，合理配备专业人员，严格落实岗位责任制，确保研究过程高效、可控。第二，企业应当跟踪检查研究项目进展情况，评估各阶段研究成果，提供足够的经费支持，确保项目按期、保质完成，有效规避研究失败风险。

2. 委托（或合作）研发

（1）主要风险。委托（或合作）单位选择不当、未签订委托（或合作）协议、委托（或合作）协议的内容存在重大疏漏或存在欺诈，可能给企业带来知识产权风险或法律诉讼风险。

（2）控制措施。该环节风险的控制措施包括：第一，企业研究项目委托外单位承担的，应当采用招标、协议等适当方式确定受托单位，签订外包合同，约定研究成果的产权归属、研究进度和质量标准等相关内容。第二，企业与其他单位合作进行研究的，应当对合作单位进行尽职调查，签订书面合作研究合同，明确双方投资、分工、权利义务、研究成果产权归属等。

（三）结题验收环节

（1）主要风险。验收制度不完善，研究成果没有经过验收就投入使用；由于验收人员的技术、能力、独立性等因素的影响，导致验收成果与事实不符。

（2）控制措施。该环节风险的控制措施包括：第一，企业应当建立和完善研究成果验收制度，严格执行验收程序，组织独立的、具备专业胜任能力的专业人员对研究成果进行评审和验收。第二，企业对于通过验收的研究成果，可以委托相关机构进行审查，确认是否申请专利或作为非专利技术、商业秘密等进行管理。企业对于需要申请专利的研究成果，应当及时办理有关专利申请手续。

（四）核心研究人员管理环节

（1）主要风险。缺乏核心研究人员管理制度，可能导致核心研究人员随意离职或技术秘密外泄，影响研发活动正常进行，给企业造成经济损失。

（2）控制措施。该环节风险的控制措施包括：第一，企业应当建立严格的核心研究人员管理制度，明确界定核心研究人员范围和名册清单，签署符合国家有关法律法规要求的保密协议。第二，企业与核心研究人员签订劳动合同时，应当特别约定研究成果归属、离职条件、离职移交程序、离职后保密义务、离职后竞业禁止的年限及违约责任等内容。第三，实施合理有效的研发绩效管理，制定核心研发人员激励体系，注重长效激励。

（五）研究成果开发环节

（1）主要风险。研究成果转化应用不足，可能导致企业资源闲置；研发过程中遭遇技术障碍，可能导致延误开发时机；新产品未经充分测试，导致大批量生产的产品，市场受阻或成本过高。

（2）控制措施。该环节风险的控制措施包括：第一，企业应当建立健全研究成果开发制度，加强研究成果的开发，形成科研、生产、市场一体化的自主创新机制，促进研究成果转化。第二，加大技术投入，组建核心技术团队，攻克技术难关。第三，研究成果的开发应当分步推进，通过试生产充分验证产品性能，坚持开展以市场为导向的新产品开发消费者测试，在获得市场认可后方可进行批量生产。

（六）研究成果保护环节

（1）主要风险。对自主开发的技术和产品的专利未进行有效保护，导致研发成果被限制使用；对合作开发的研究项目的权属未能得到明确规范，导致企业陷入产权纠纷。

（2）控制措施。该环节风险的控制措施包括：第一，建立研究成果保护制度，加强对专利权、非专利技术、商业秘密及研发过程中形成的各类涉密图纸、程序、资料的管理，严格按照制度规定借阅和使用。第二，对研究项目实施限制性接近措施，禁止无关人员接触研究成果。

🎓 案例 4-5　国家级秘密项目管控不严，新型乌金纸被大量复制

2008年7月的一天，南京金线金箔厂厂长李宝祥偶然通过一个业内朋友在市场上得到一张"黑纸"，发现与自己厂内生产的藏着国家技术机密从不外传的乌金纸几乎一模一样。1998年至2000年期间，南京金线金箔总厂研制和开发了"新型乌金纸"项目，并将该项目申请"国家技术秘密级"，并列入了科技部国家秘密项目目录。南京金线金箔厂的每包乌金纸都有编号，一张都不允许出厂，即使作废的乌金纸也是统一登记保管，事后并未发现遗失，排除被盗窃的可能。乌金纸的核心技术是一张表面涂层的配方。这一配方的研发由总工程师金某和四个研发人员共同完成，其中完整配方由金某亲手写就，并且锁在其办公室保险柜内，其他研制小组的主要成员都只有其各自的部分配方和工艺技术，不可能拿到全部配方。那么，厂里的配方是如何外泄的呢？南京金线金箔厂就此事立即报了案。很快，国家保密局介入此案，科技部也派出专家组就此事展开调查。

调查发现，是厂内研发人员陆某、黄某和陆某的丈夫陶某（南京金线金箔厂的仓库保管员）共同谋划了这件事。陆某和黄某都是乌金纸项目5人研发小组的核心人员，为乌金纸的成功研制做出了贡献。2001年，乌金纸研制成功后，陶某向妻子陆某提出把乌金纸的配方拿出来，自己开个公司私下生产乌金纸赚钱。当时研究项目已经结束，陆某已经不能随意进入实验室，她对乌金纸最关键的黑胶水配方的成分仅知道一部分，于是邀约了研究员黄某加入其队伍。

从2002年起，陆某、黄某和陶某三个人就在一起试验如何造出厂里的新型乌金纸。

4

陆某和黄某将各自掌握的新型乌金纸的配方和工艺技术的书面记录私自带回家交给陶某抄录，陶某根据技术要求采购原材。三人白天正常上班，晚上在陆家阁楼上进行研究试验，但是因为没掌握两种最核心的添加剂，试验一直不成功。这两种添加剂的配方只掌握在总工程师金某手里，并且药剂瓶上面做过保密处理，所以无法知道究竟是什么物质。

黄某在实验室工作时留意观察，发现总工程师金某掌握的那两种添加剂就放在实验室的小办公室里，小办公室在上班期间不上锁。黄某找准机会在2004年的某一天从实验室盗取了这两种添加剂各一小瓶交给陶某，由陶某多次拿到上海某化工研究所进行分析，破译了其中的化学成分。5年中三人经过100多次试验，花了5万元试制费用，于2007年试制成功了足以乱真的新型乌金纸。

2007年9月，三人注册成立了句容纸业加工厂，根据南京金线金箔总厂生产的乌金纸的原纸、原料配方和合成工艺，生产了大批量仿制的新型乌金纸投入市场，获利数十万元。

研究与开发是企业核心竞争力的本源，是促进企业自主创新的重要体现，是企业加快转变经济发展方式的强大推动力。南京金线金箔总厂研制开发的"新型乌金纸"不仅仅是企业自主创新的成果，更是"国家技术秘密级"项目。对研发成果保护是企业研发管理工作的重要环节。很多企业对机密成果的保护未能落实到具体节点上，会给企业带来巨大风险。

案例来源：马军生.内控漏洞识别与财务应对[M].昆明：云南大学出版社，2014：144-146.

思考：根据以上资料，南京金线金箔总厂对乌金纸的保护采取了哪些有效措施？其在乌金纸项目研发管理上存在哪些不足？

第六节　工程项目的内部控制与风险管理

《企业内部控制应用指引第11号——工程项目》中所称的工程项目是指企业自行或者委托其他单位所进行的建造、安装工程。工程项目通常与企业发展战略密切相关，周期较长，并涉及大额资金及物资的流转，存在较大的不确定性和风险。加强工程项目管理，有助于企业提高工程质量、保证工程进度、控制工程成本，防范商业贿赂等舞弊行为。

一、工程项目控制的总体要求

企业应当建立和完善工程项目各项管理制度，全面梳理各个环节可能存在的风险点，规范工程立项、招标、造价、建设、验收等环节的工作流程，明确相关部门和岗位的职责权限，做到可行性研究与决策、概预算编制与审核、项目实施与价款支付、竣工决算与审计等不相容职务相互分离，强化工程建设全过程的监控，确保工程项目的质量、进度和资金安全。

二、工程项目的主要流程

企业工程项目的主要流程涉及工程立项、工程招标、工程造价、工程建设和工程验收等环节。

（一）工程立项

工程立项是对项目合法身份的确认，是指企业通过项目规划、可行性研究、初步设计、立项申报、立项决策等环节获得相关部门的建设许可的过程。

（二）工程招标

工程招标是指企业对拟建的工程项目通过法定的程序和方式吸引建设项目的承包单位竞争，并从中选择条件优越者来完成工程建设任务的过程。

（三）工程造价

工程造价是指企业对工程的建设价格（预期或实际所需的全部费用总和）进行测算的过程。

（四）工程建设

工程建设阶段的工作主要包括工程物资采购、工程监理、工程价款结算和工程变更处理等几个模块。

（五）工程验收

工程验收是指工程项目竣工后由建设单位会同设计、施工、监理单位以及工程质量监督部门等，对该项目是否符合规划设计要求以及建筑施工和设备安装质量进行全面检验的过程。

企业工程项目的立项、招标、造价环节控制主要流程如图 4-9 所示，工程项目的建设、验收环节控制主要流程如图 4-10 所示。

三、工程项目的关键控制点及控制措施

（一）工程立项环节

（1）主要风险。如果工程项目立项缺乏可行性研究或者可行性研究流于形式，决策不当，盲目上马，很可能导致难以实现预期效益或项目失败。

（2）控制措施。该环节风险的控制措施包括：第一，企业应当根据发展战略和年度投资计划，提出项目建议书，编制可行性研究报告，并组织内部相关机构专业人员进行充分论证和评审，在此基础上，按照规定的权限和程序进行决策，决策过程应有完整的书面记录。第二，重大工程项目应当报经董事会或类似决策机构集体审议批准，任何个人不得单独决策或擅自改变集体决策意见。第三，企业应当在工程项目立项后、正式施工前，依法取得建设用地、城市规划、环境保护、安全、施工等方面的许可。

（二）工程招标环节

（1）主要风险。如果项目招标暗箱操作，存在商业贿赂，可能导致中标人实质上难以承担工程项目、中标价格失实及相关人员涉案。

（2）控制措施。该环节风险的控制措施包括：第一，企业应当采用公开招标的方式，择优选择具有相应资质的承包单位和监理单位，规范工程招标的开标、评标和定标工作，不得将应由一个承包单位完成的工程肢解为若干部分发包给几个承包单位。第二，企业

4

127

政府主管部门	总裁	财务部门	相关部门	工程部经理	项目经理

开始

提出工程项目投资的需求

指示进行项目投资研究

不予投资建议

编制拟投资建设工程项目建议书

审核　否
审批　是　否
审批　否
是　是

不予投资建议

组织项目可行性研究并起草报告

审核　否
审批　是　否
审批　否
是　是

启动工程项目准备工作

项目工程招标

确定中标单位

签订项目合同

编制工程概算书

审批　否　是　审核　否　是　审核　否
是

编制工程预算书

审批　否　是　审核　否　是　审核　否
是

工程进入开工筹备阶段

工程项目决策、招标等资料备案保存

与施工方对接项目建设

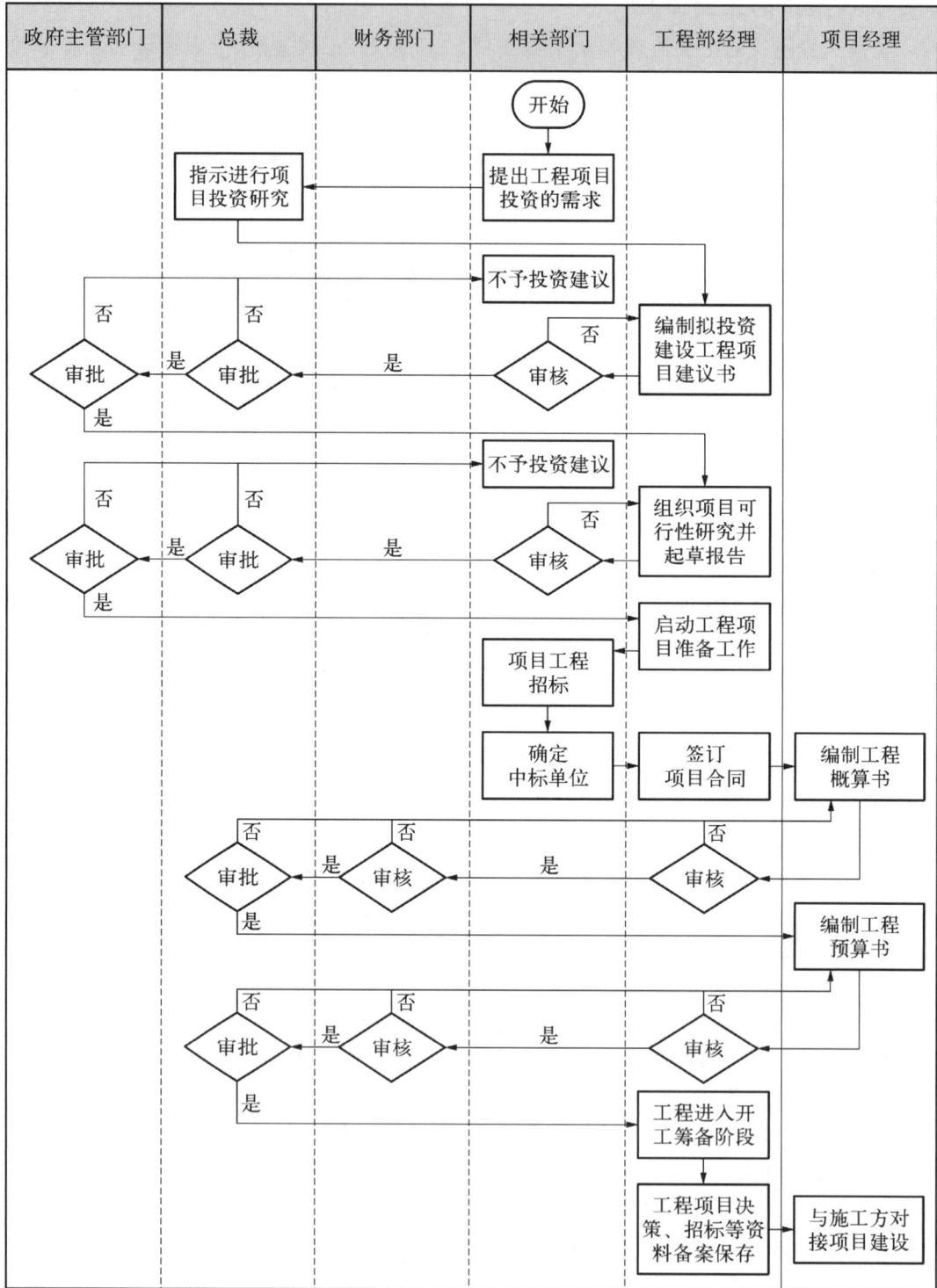

图 4 - 9　企业工程项目的立项、招标、造价环节控制主要流程

总裁	财务部门	工程部经理	项目经理	施工单位	外部单位

按照中标的工程项目合同进行施工

由监理机构对工程项目建设过程实施监督

填报工程质量、工程进度等报表

审批 否 ← 是 审批 否 ← 是 审核 否

拟定项目进度款支付计划

审批 是

定期检查工程进度

申请支付工程进度款

审批 否 ← 是 审核 否

提交工程进度款支付申请书

按合同约定方式和金额办理支付

工程完工申请竣工验收

组织相关部门进行全面工程项目竣工验收

合格 否 → 对不合格处进行修改

是

审批 否 ← 是 审核 否 ← 是

提交竣工验收报告

审批 是

编制竣工财务决算说明和财务决算报表

收集整理竣工决算材料

绘制工程平面示意图，进行工程造价分析

审批 否 ← 是 审核 否

汇总形成竣工财务决算报告

审批 是

报政府主管部门审批

结束 ← 办理工程项目交付使用手续

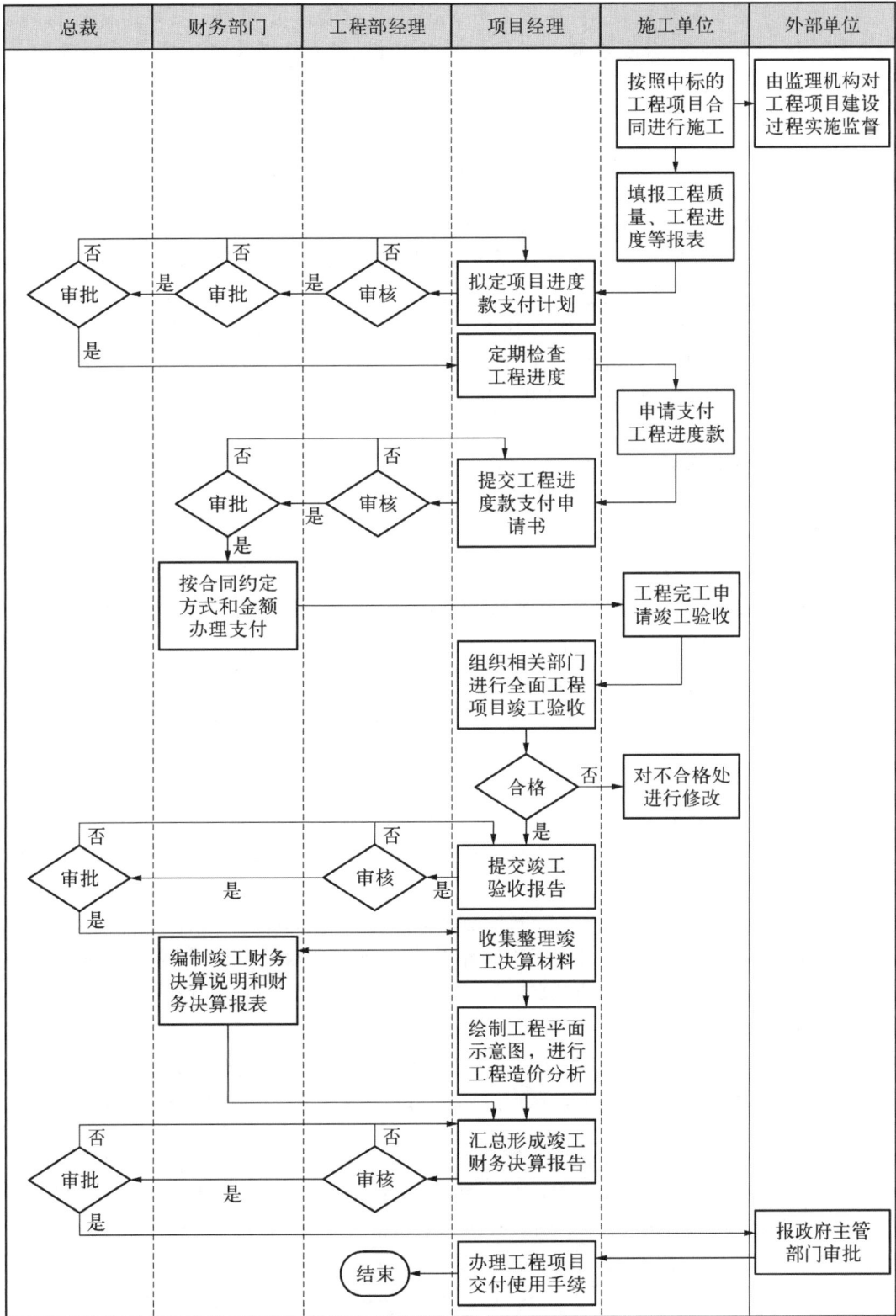

图 4 - 10　企业工程项目的建设、验收环节控制主要流程

应当依照国家招投标法的规定,遵循公开、公正、平等竞争的原则,发布招标公告,提供文件。第三,企业应当依法组织工程招标的开标、评标和定标,并接受有关部门的监督。

（三）工程造价环节

（1）主要风险。如果工程造价信息不对称、技术方案不落实、概预算脱离实际,有可能导致项目投资失控。

（2）控制措施。该环节风险的控制措施包括:第一,企业应当加强工程造价管理,明确初步设计概算和施工图预算的编制方法,按照规定的权限和程序进行审核批准,确保概预算科学合理。第二,企业可以委托具备相应资质的中介机构开展工程造价咨询工作。第三,企业应当建立设计变更管理制度,因过失造成设计变更的,应当实行责任追究制度。第四,企业应当组织工程、技术、财会等部门的相关专业人员或委托具有相应资质的中介机构对编制的概预算进行审核,工程项目概预算按照规定的权限和程序审核批准后执行。

（四）工程建设环节

（1）主要风险。倘若工程物资质次价高、工程监理不到位、项目资金不落实,可能导致工程质量低劣,进度延迟或中断。

（2）控制措施。该环节风险的控制措施包括:第一,企业应当加强对工程建设过程的监控,实行严格的概预算管理和工程监理制度,切实做到及时备料,科学施工,保障资金,落实责任,确保工程项目达到设计要求。第二,企业应当实行严格的工程监理制度,委托经过招标确定的监理单位进行监理。第三,企业财会部门应当加强与承包单位的沟通,准确掌握工程进度,根据合同约定,按照规定的审批权限和程序办理工程价款结算,不得无故拖欠。第四,工程建设过程中涉及项目变更的,应当严格审批;重大项目变更还应当按照项目决策和概预算控制的有关程序和要求重新履行审批手续。

（五）工程验收环节

（1）主要风险。如果竣工验收不规范或最终把关不严,可能导致工程交付使用后存在重大隐患。

（2）控制措施。该环节风险的控制措施包括:第一,企业收到承包单位的工程竣工报告后,应当及时编制竣工决算,开展竣工决算审计,办理竣工验收手续。第二,企业应当按照国家有关档案管理的规定,及时收集、整理工程建设各环节的文件资料,建立完整的工程项目档案。

🎓 **案例 4 - 6　　国企海外项目巨亏 41.48 亿,最终国家掏钱买单**

2009 年 2 月 10 日,中国铁建总公司旗下上市公司中国铁建与沙特阿拉伯王国城乡事务部签署了《沙特麦加萨法至穆戈达莎轻轨合同》,双方约定采用 EPC＋O&M 总承包模式(即设计、采购、施工加运营、维护总承包模式)施工完成沙特麦加轻轨铁路项目。根据合同,中国铁建从 2010 年 11 月 13 日起负责该项目三年的运营和维护,2010 年 11 月 13 日开通运营,达到 35％的运能,2011 年 5 月完成所有调试,达到 100％的运能。截至 2010 年 10 月 31 日,按照总承包合同金额确认的合同总收入为人民币

120.51 亿元,总成本为人民币 161.99 亿元,项目净亏损人民币 41.48 亿元。

中国铁建沙特轻轨项目发生巨额亏损的原因之一是中国铁建当时在与沙特方面签署《沙特麦加萨法至穆戈达莎轻轨合同》的时候非常草率,没有进行全面调查,没有对该项目的风险进行全面评估。其实沙特政府这个项目已经招标好多年,有很多工程公司都投过标,其中还包括沙特当地最大的铁路建设集团(报价为 27 亿美元)。中国铁建根据国内广州轻轨的投标成本来测算沙特项目的成本,报价是 17.7 亿美元。然而,沙特轻轨工程建设过程中,困难重重,除所有国际工程普遍存在的语言、工作习惯等障碍外,该项目还存在自然环境十分恶劣的情况:施工区域地处高温和特大风沙区,夏季地表的最高温度可达到 70 摄氏度左右;施工区域严重缺水,淡水比石油更加珍贵。正常情况下,如此困难的项目,施工时间应该不低于两年,可是中国铁建在合同中约定的建造时间却只有 16 个月。

中国铁建沙特轻轨项目发生巨额亏损的原因之二是合同条款缺乏细节。这个合同采用的是 EPC+O&M 总承包模式,但是在实际建造过程中,沙特政府却指定了另外的国际公司按照欧洲标准来做设计,还自己从欧洲采购了不少价格高昂的关键控制设备。中国铁建不能主导项目的设计和采购,就只管建造。在项目执行过程中,沙特方面不断提出增加工程量的要求,甚至提出新的功能需求,还缩短了工期,而双方此前在合同中却并没有针对上述内容列出详细的工程量和工程进度。

中国铁建沙特轻轨项目发生巨额亏损的原因之三是项目执行中的控制不到位。沙特方面负责的地下管网和征地拆迁严重滞后,这里的工人普遍按照 8 小时工作制度来推进工期,拒绝加班。在国内工程承包行业,承建方如果遇到这些情况,通常有权要求停工并向业主进行索赔。但在沙特轻轨项目上,中国铁建没有启动止损措施,而是从全系统 15 家单位调集大量人员驰援现场,进行"不讲条件、不讲价钱、不讲客观"的大会战。为了将整个项目完成,中国铁建不得不赔本继续推进项目工期。中国铁建也没有及时报告项目建设相关的重大事项,直到 2010 年 10 月发现巨额亏损可能无法弥补后,才将这一事件公之于众。

2010 年,中国铁建的业绩出现大幅下降,全年营业收入 4 701.6 亿元,同比增长 32.2%;归属上市公司股东净利润 42.5 亿,同比下降 35.7%。净利润的下降主要是由于受到沙特项目的影响。如剔除该部分影响,则公司归属上市公司股东净利同比增长 20%以上。

2011 年 1 月 21 日,中国铁建与中铁建总公司签署《关于沙特麦加轻轨项目相关事项安排的协议》,约定自 2010 年 10 月 31 日后,中铁建总公司行使及履行中国铁建该项目总承包合同产生的所有权利和义务,并向中国铁建支付人民币 20.77 亿元的对价;同时中国铁建不再承担或享有该项目于 2010 年 10 月 31 日之后发生的亏损或盈利。这意味着,为了减少上市公司股东的损失,中国铁建将这个项目的风险和损失转嫁给了母公司中铁建总公司,由国家为这个巨大的亏损买单。

案例来源:齐荣光,梁权.从中铁建沙特巨亏看海外工程项目风险管理[J].会计之友,2011(19)20−21.

思考:中国铁建在沙特轻轨项目建设过程中存在哪些内部控制方面的问题?

第七节 担保业务的内部控制与风险管理 —————●

《企业内部控制应用指引第 12 号——担保业务》中所称担保,是指企业作为担保人按照公平、自愿、互利的原则与债权人约定,当债务人不履行债务时,依照法律规定和合同协议,承担相应法律责任的行为。

在现代市场经济中,担保业务具有"双刃剑"特征,即担保在降低银行等债权人贷款风险、使债权人与债务人形成了稳定可靠的资金供需关系的同时,也会使企业陷入担保怪圈和旷日持久的诉讼拉锯战,导致企业重大经济损失。加强担保业务管理,有助于企业防范担保业务风险。

一、担保业务控制的总体要求

企业应当依法制定和完善担保业务政策及相关管理制度,明确担保的对象、范围、方式、条件、程序、担保限额和禁止担保等事项,规范调查评估、审核批准、担保执行等环节的工作流程,按照政策、制度、流程办理担保业务,定期检查担保政策的执行情况及效果,切实防范担保业务风险。

二、担保业务的主要流程

企业办理担保业务,主要包括受理申请、调查评估、担保审批、合同签订、日常监控、会计控制、终止担保和责任承担等环节。

(一)受理申请

受理申请是指被担保人提出担保申请并提供相关材料,由担保人对担保业务材料的完整性、合法性以及是否具备申请条件等进行审查。

(二)调查评估

调查评估是指担保人对担保项目和被担保人资信状况进行调查,对担保业务进行风险评估。

(三)担保审批

担保审批是指担保人根据调查评估结果及相关材料的审查,分析被担保人的履约能力、反担保情况及自身相关利益等,做出是否办理该担保业务的决定。

(四)合同签订

担保合同签订是指担保人对照业界的担保原则、担保标准和担保条件,依据企业自身的既定权限和程序,与被担保人签订担保合同。

(五)日常监控

日常监控是担保人对担保项目进行的日常管理,对被担保人的经营情况、财务状况以及担保事项的执行情况等进行跟踪检查。

(六)会计控制

会计控制是指担保人需要对担保业务涉及的事项进行准确、完整的会计记录、会计处理和相关信息披露。

（七）终止担保

终止担保是指担保合同到期、被担保事项达到解除条件、被担保事项在担保期内发生自然事故导致被担保内容无法继续履行或者被担保事项发生严重违反条款情况时,企业主动终止担保关系。

（八）责任承担

责任承担是指如果被担保人无法偿还到期债务,担保人将按照担保合同约定对债务承担连带清偿责任。

企业担保业务控制主要流程如图4－11所示。

三、担保业务的关键控制点及控制措施

（一）受理申请环节

（1）主要风险。担保管理制度不健全,导致企业难以对被担保人提出的担保申请进行初步评价和审核;对被担保人提出的担保申请审查把关不严,导致申请受理流于形式。

（2）控制措施。该环节风险的控制措施包括:第一,企业应依法制定和完善担保政策和担保管理制度,明确担保的对象、范围、方式、条件、程序、担保限额和禁止担保的事项。第二,企业应严格按照担保政策和担保管理制度对担保申请人提出的担保申请进行审核。

（二）调查评估环节

（1）主要风险。对担保申请人的资信调查不深入、不透彻或者对担保项目的风险评估不全面、不科学,导致企业担保决策失误或遭受欺诈。

（2）控制措施。该环节风险的控制措施包括:第一,企业应委派具备胜任能力的专业人员对担保申请人进行资信调查和风险评估,并对担保项目的经营前景和盈利能力进行合理预测。第二,调查评估人员与担保审批人员应当分离。第三,企业应该明确不予担保的情形,划定担保业务不可触碰的"红线"。第四,调查评估结束之后,应形成书面评估报告,全面反映调查评估情况,作为日后追究有关人员担保责任的重要依据。

（三）担保审批环节

（1）主要风险。授权审批制度不健全、审批不严格或者越权审批,可能造成担保业务的审批不规范、担保决策出现重大疏漏,导致企业利益受损。

（2）控制措施。该环节风险的控制措施包括:第一,建立和完善担保授权审批制度,明确授权批准的方式、权限、程序、责任和相关控制措施,规定各层级人员应当在授权范围内进行审批,不得超越权限审批。第二,建立和完善重大担保业务的集体决策审批制度。第三,被担保人要求变更担保事项的,企业应当重新履行调查评估程序,根据新的调查评估报告重新履行审批手续。

（四）合同签订环节

（1）主要风险。未经授权对外订立担保合同或者担保合同内容存在重大疏漏和欺诈,可能导致企业诉讼失败、权利追索被动、经济利益和形象信誉受损。

（2）控制措施。该环节风险的控制措施包括:第一,企业应严格按照经审核批准的担

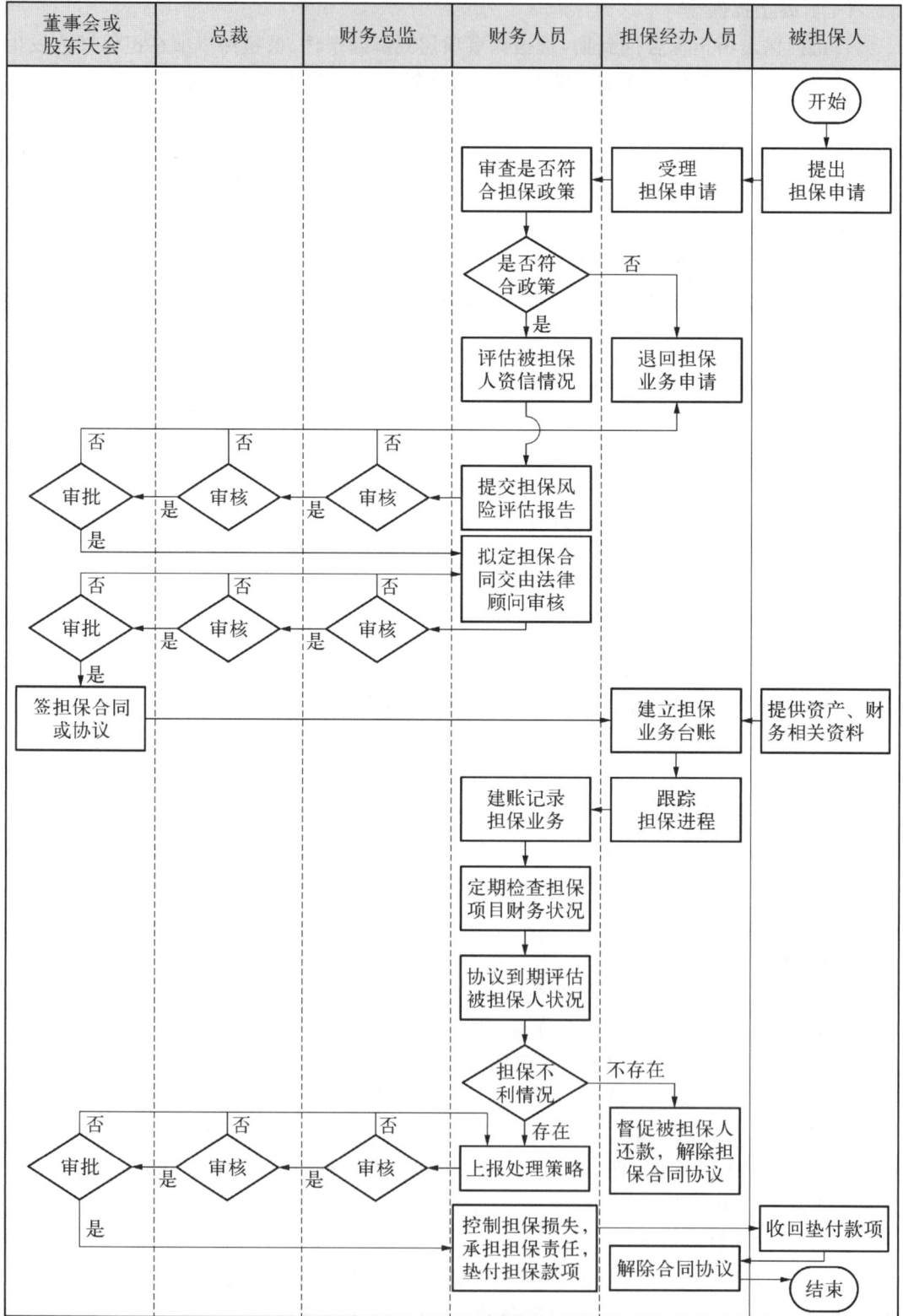

图 4-11　企业担保业务控制主要流程

保业务订立担保合同。合同订立经办人员应当在职责范围内,按照审批人员的批准意见拟订合同条款。第二,企业应该组织人员对合同条款进行审核,确保担保合同条款内容完整、表述严谨准确、相关手续齐备。第三,企业应该建立担保合同会审联签制度,由担保业务经办部门会同法律部门、财会部门、内审部门等参与担保合同会审联签,增强担保合同的合法性、规范性和完备性。第四,企业应加强对身份证明和印章使用的管理,确保担保合同用章用印符合当事人真实意愿。

(五)日常监控环节

(1)主要风险。如果对被担保人在担保期内出现财务困难或经营陷入困境等状况监控不力,应对措施不当,可能会导致企业承担法律责任。

(2)控制措施。该环节风险的控制措施包括:第一,企业担保经办部门应当加强担保合同的日常管理,定期监测被担保人的经营情况和财务状况,对被担保人进行跟踪和监督,了解担保项目的执行、资金的使用、贷款的归还、财务运行及风险等情况,确保担保合同有效履行。第二,担保合同履行过程中,如果被担保人出现异常情况,应当及时报告,妥善处理。

(六)会计控制环节

(1)主要风险。担保业务会计记录不全,不利于企业对担保业务进行日常监控;担保会计处理或信息披露不符合有关监管要求,可能导致企业遭受行政处罚。

(2)控制措施。该环节风险的控制措施包括:第一,企业应当加强对担保业务的会计系统控制,及时足额收取担保费用,建立担保事项台账,详细记录担保对象、金额、期限、用于抵押和质押的物品或权利以及其他有关事项。第二,企业财会部门应当及时收集、分析被担保人在担保期内经审计的财务报告等相关资料,持续关注被担保人的财务状况、经营成果、现金流量以及担保合同的履行情况,积极配合担保经办部门防范担保业务风险。第三,对于被担保人出现财务状况恶化、资不抵债、破产清算等情形的,企业应当根据国家统一的会计准则或制度规定,合理确认预计负债和损失。第四,企业应当加强对反担保财产的管理,妥善保管被担保人用于反担保的权利凭证,定期核实财产的存续状况和价值,发现问题及时处理,确保反担保财产安全完整。

(七)终止担保环节

(1)主要风险。未及时终止担保关系,可能造成担保展期或承担不必要的责任,导致企业担保风险增加。

(2)控制措施。该环节风险的控制措施包括:第一,企业应当在担保合同到期时,全面清理用于担保的财产、权利凭证,按照合同约定及时终止担保关系。第二,企业应当妥善保管担保合同、与担保合同相关的主合同、反担保函或反担保合同,以及抵押、质押的权利凭证和有关原始资料,切实做到担保业务档案完整无缺。第三,企业应通过日常监测密切关注担保项目的异常动向,发现终止迹象的,应及时做出处理。

(八)责任承担环节

(1)主要风险。违背担保合同约定不履行代为清偿义务,可能被银行等债权人诉诸法律成为连带被告,影响企业形象和声誉;承担代为清偿义务后向被担保人追索权利不力,可能造成较大经济损失。

(2)控制措施。该环节风险的控制措施包括:第一,在被担保人确实无力偿付债务或

4

履行相关合同义务时,企业应自觉按照担保合同承担代偿责任,维护企业诚实守信的市场形象。第二,代偿之后,企业的担保业务部门、财会部门、法律部门等应当通力合作,运用法律武器向被担保人追索赔偿;同时,企业应依法处置被担保人的反担保财产,尽力减少经济损失。第三,严格落实担保业务责任追究制度,对在担保中出现重大决策失误、未履行集体审批程序或不按规定管理担保业务的部门及人员,严格追究其行政责任和经济责任。

🎓 **案例 4-7　　　　《九民纪要》后担保审查第一案**

浙江金盾控股集团有限公司(以下简称"金盾集团公司")是国内先进能源装备系统供应商,拥有多项专利技术和创新产品。其产品广泛应用于国内外重点工程和项目,其中在地铁隧道风机领域,公司在国内市场上的市场占有率超过40%。

2018 年 1 月 9 日,中财招商投资集团有限公司(以下简称"中财招商")与浙江金盾压力容器有限公司(金盾集团的孙公司,以下简称"金盾压力公司")和周建灿签订了《借款合同》,合同中约定借款本金 2 亿元,日利率千分之一,借款期限 20 天,用途为资金周转。浙江金盾风机股份有限公司(金盾集团的子公司,系上市公司,股票代码 300411,以下简称"金盾股份公司")、浙江金盾消防器材有限公司(金盾集团公司的子公司)、浙江格洛斯无缝钢管有限公司(金盾压力公司的子公司)、浙江蓝能燃气设备有限公司(金盾压力公司的孙公司)、汪银芳(周建灿的配偶)、周纯(周建灿的儿子)作为担保人对该借款提供连带责任保证。借款合同到期后,金盾压力公司和周建灿仅支付利息 352 万元,但剩余本金 1.9 亿元未清偿,担保人亦未履行担保义务。

2018 年 1 月 30 日,金盾集团公司的董事长周建灿坠楼身亡。

2018 年 4 月 17 日,金盾股份收到浙江省杭州市中级人民法院发来的应诉通知书。中财招商诉称,浙江金盾压力容器有限公司、周建灿曾与其签订借款合同,金盾股份为该笔借款连带保证人之一。中财招商起诉要求债务人归还逾期本金 1.9 亿元及利息并承担诉讼相关费用,保证人承担连带清偿责任。杭州中院以案件涉及刑事犯罪为由,于 2018 年 8 月裁定驳回中财招商的起诉。

中财招商上诉后,浙江高院撤销了杭州中院的裁定,指令杭州中院继续审理。杭州中院经审理后,又于 2019 年 12 月判决金盾股份公司为金盾压力公司、周建灿提供担保的行为无效,金盾股份不承担责任,驳回由原告中财招商对金盾股份的诉讼请求。杭州中院认为,周建灿是金盾股份公司的股东及实际控制人,并非金盾股份公司的法定代表人,其以金盾股份公司的名义为自己及自己控制的金盾压力公司提供担保,并不符合《中华人民共和国公司法》第 16 条公司对外提供重大担保必须经股东会或股东大会决议的规定,属于无权代理行为。同时,作为一家上市公司,金盾股份公司对外担保的决策程序及决策结果属于应当公开披露的事项,中财招商完全可以通过查询公司公告发现并无相关信息,并进一步与公司核实,但显然中财招商在订立合同时并未对公司的章程、董事会及股东大会决议等与担保相关的文件进行审查,而直接接受周建灿代表公司作出担保,其并未尽到合理审查义务,并无合理理由相信周建灿有代理权。

在周建灿构成无权代理而且未经金盾股份公司追认的情况下,该代理行为对金盾股份公司不发生法律效力,应由行为人承担责任。

中财招商再次上诉后,浙江高院于 2020 年 4 月作出终审判决,认定担保无效,但判决金盾股份公司应承担 1/3 的赔偿责任。浙江省高院认为双方过错程度相当。对于判决金盾股份承担赔偿责任的理由之一,浙江省高院认为,金盾股份公司对于周建灿及关联企业压力容器案涉借款向中财招商提供连带责任保证担保的行为未能及时发现和制止,存在管理不当的过错责任,应就因保证合同无效导致中财招商利益受损承担赔偿责任。由于中财招商对保证合同无效也负有审查不严的过错责任,双方过错程度相当。

金盾股份公司不服浙江高院的二审判决,向最高人民法院申请再审,最高院于 2020 年 12 月裁定驳回了公司的再审申请。金盾股份公司因不服浙江高院作出的二审判决及最高院再审裁定,向浙江省人民检察院申请检察监督,请求依法提请最高人民检察院向最高院提出抗诉,要求撤销浙江高院作出的判决,改判驳回两案原告的起诉或驳回其诉讼请求。

2021 年 5 月,浙江省人民检察院受理公司的检察监督申请。

浙江省人民检察院已决定对浙江省高级人民法院对本案的民事判决提请抗诉,并已于 2022 年 3 月 1 日报请最高人民检察院。

注:2019 年 11 月 14 日,最高人民法院发布《全国法院民商事审判工作会议纪要》(法〔2019〕254 号),并即时生效。这是最高人民法院出台的第九个会议纪要,而且聚焦民商事审判工作,故被称为《九民纪要》。

案例来源:吴则悦.后九民纪要时代上市公司违规担保无效及过错认定[J].淮南职业技术学院学报,2020(5)124-127.

思考:关于企业担保业务控制,我们从金盾股份公司担保案中能获得哪些启示?

第八节 业务外包的内部控制与风险管理

《企业内部控制应用指引第 13 号——业务外包》中所称的业务外包是指企业利用专业化分工优势,将日常经营中的部分业务委托给本企业以外的专业服务机构或其他经济组织完成的经营行为。外包业务通常包括研发、资信调查、可行性研究、委托加工、物业管理、客户服务、IT 服务等。加强业务外包管理,有助于规范企业业务外包行为,防范业务外包风险。

一、业务外包控制的总体要求

企业应当建立和完善业务外包管理制度,规定业务外包的范围、方式、条件、程序和实施等相关内容,明确相关部门和岗位的职责权限,强化业务外包全过程的监控,防范外包风险,充分发挥业务外包的优势。企业应当权衡利弊,避免核心业务外包。

二、业务外包的主要流程

企业业务外包流程主要包括制定业务外包实施方案、审批业务外包实施方案、选择业务外包承包方、签订业务外包合同、实施业务外包活动、管理业务外包过程、验收业务外包成果、会计系统控制等环节。

（一）制定业务外包实施方案

制定业务外包实施方案，是指企业根据年度生产经营计划和业务外包管理制度，结合确定的业务外包范围，制定实施方案。

（二）审批业务外包实施方案

审核批准是指企业按照规定的权限和程序审核批准业务外包实施方案。

（三）选择业务外包承包方

选择承包方是指企业按照批准的业务外包实施方案选择承包方。

（四）签订业务外包合同

企业与选定的承包方签订业务外包合同，约定业务外包的内容和范围、双方的权利和义务、服务质量标准、保密事项、费用结算以及违约责任等事项。

（五）实施业务外包活动

组织实施业务外包是指企业按照业务外包制度、工作流程和相关要求，组织业务外包过程中人、财、物等方面的资源分配，建立与承包方的合作机制，确保承包方严格履行业务外包合同。

（六）管理业务外包过程

业务外包过程管理是指企业对承包方在业务外包合同期内的履约情况进行的动态管理。

（七）验收业务外包成果

验收业务外包成果是指企业在业务外包合同执行完成后，组织相关部门或人员对完成的业务外包成果进行验收。

（八）会计系统控制

会计系统控制是指企业根据国家统一的会计准则和会计制度，加强对外包业务的核算与监督，做好外包费用结算工作。

企业业务外包业务控制主要流程如图 4-12 所示。

三、业务外包的关键控制点及控制措施

（一）业务外包实施方案的制定环节

（1）主要风险。缺乏业务外包管理制度，导致企业制定实施方案时无据可依；业务外包管理制度未明确业务外包范围，可能导致有关部门在制定实施方案时，将核心业务进行外包；实施方案不合理、不符合企业生产经营特点或内容不完整，可能导致企业业务外包失败。

（2）控制措施。该环节风险的控制措施包括：第一，企业应建立和完善业务外包管理制度，根据各类业务与核心主业的关联度、对外包业务的控制程度以及外部市场成熟度等标准，合理确定业务外包的范围。第二，企业应严格按照业务外包管理制度规定的业务外包范围、方式、条件、程序和实施等内容制定实施方案，避免将核心业务外包，同时确保方

董事会	总裁	归口管理部门	相关职能部门	财务部门

开始

否 → 审批 ← 制定外包战略

是 → 确定外包业务内容 → 制定业务外包实施方案

否 → 审批 ← 否 → 审批 ← 制定业务外包实施方案

是 → 是 → 选择承包方

否 → 审批 ← 否 → 审核 ← 拟定业务外包合同

是 → 是 → 签订业务外包合同

做好与承包方的对接工作

定期检查和评价承包商的外包业务履行情况

验收业务外包成果，交接关键技术资料

否 → 审批 ← 否 → 审核 ← 开具或提供付费证书

是 → 是 → 核实外包凭证，记录外包信息

支付外包业务相应费用

结束

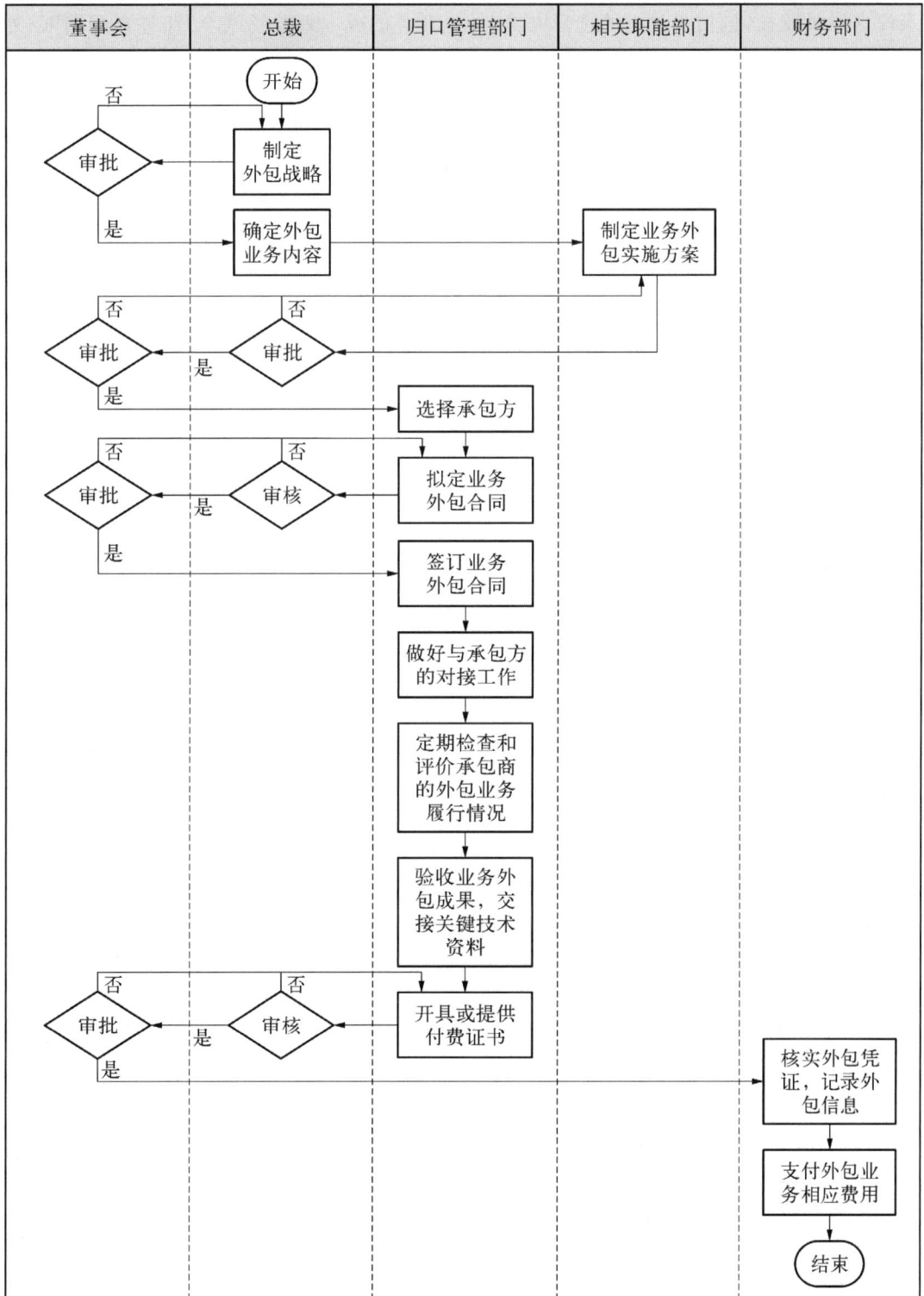

图 4-12 企业业务外包业务控制主要流程

4

案的完整性。第三,根据企业年度预算以及生产经营计划,对实施方案的重要方面进行深入评估以及复核,包括承包方的选择方案、外包业务的成本效益及风险、外包合同期限、外包方式、员工培训计划等,确保方案的可行性。

（二）业务外包实施方案的审批环节

（1）主要风险。审批制度不健全,导致对业务外包的审批不规范;审批不严格或者越权审批,导致业务外包决策出现重大疏漏。

（2）控制措施。该环节风险的控制措施包括:第一,建立和完善业务外包的审核批准制度,明确授权批准的方式、权限、程序和相关控制措施,规定各层级人员应当在授权范围内审批,不得越权审批。第二,企业应当根据年度生产经营计划和业务外包管理制度,结合确定的业务外包范围,拟定实施方案,按照规定的权限和程序进行审批。第三,企业的总会计师或分管会计工作的负责人应当参与重大业务外包的决策,对业务外包的经济效益做出合理评价。第四,对于重大业务外包方案,应当提交董事会或类似权力机构审批。

（三）业务外包承包方的选择环节

（1）主要风险。承包方的主体身份不合法或缺乏应有的专业资质、从业人员缺乏应有的专业技术资格和相应的从业经验,可能导致企业外包受损;外包价格不合理,造成外包成本过高,导致业务外包不经济;业务外包过程中存在商业贿赂等舞弊行为。

（2）控制措施。该环节风险的控制措施包括:第一,企业应当按照批准的业务外包实施方案,充分调查候选承包方的主体资格、专业资质、技术实力及其从业人员的经验和专业技能之后,择优选择承包方。第二,企业应当综合考虑内外部因素,合理确定外包价格,严格控制业务外包成本,切实做到符合成本效益原则。第三,企业应当引入竞争机制,按照有关法律法规,遵循公开、公平、公正的原则,采用招标等适当方式择优选择承包方。第四,企业应当建立严格的回避制度和监督处罚制度,避免相关人员在选择承包方过程中出现舞弊行为。

（四）业务外包合同的签订环节

（1）主要风险。合同条款对承办方的责任界定不清晰,可能导致企业陷入合同纠纷和法律诉讼;承包方的保密义务和责任不明确,可能导致企业遭受泄密。

（2）控制措施。该环节风险的控制措施包括:第一,企业应当在合同中明确外包业务的内容和范围、双方权利和义务、服务和质量标准、保密事项、费用结算标准和违约责任等事项的细节,避免产生合同纠纷。第二,在合同的保密事项方面,企业应当在业务外包合同或另行签订的保密协议中明确规定承包方的保密义务和责任,要求承包方向其从业人员提示保密要求和应承担的责任。

（五）业务外包活动的实施环节

（1）主要风险。企业组织实施业务外包的工作不充分或未落实到位,可能导致难以实现业务外包的目标。

（2）控制措施。该环节风险的控制措施包括:第一,企业应当按照业务外包制度、工作流程和相关要求,制定业务外包实施全过程的控制措施,确保承包方在履行外包业务合同时有章可循。第二,企业应当做好与承包方的对接工作,加强与承包方的沟通与协调,及时搜集相关信息,发现和解决外包业务日常管理中存在的问题。

（六）业务外包过程的管理环节

（1）主要风险。承包方在合同期内无法继续按照合同约定履行义务，导致业务外包失败；承包方无法持续提供符合质量要求的产品或服务，导致企业的业务外包优势难以发挥。

（2）控制措施。该环节风险的控制措施包括：第一，企业应当对承包方的履约能力进行持续评估，发现有偏离合同目标的迹象，应及时要求承包方调整改进。第二，在对承包方的监控过程中，如果有确凿证据表明承包方存在重大违约行为将导致业务外包合同无法履行的，企业应当及时终止合同，指定有关部门按照法律程序向承包方索赔，并追究责任人责任。第三，企业应当建立应急机制，对重大业务外包的各种意外情况做出充分预估，制定临时替代方案，避免业务外包失败造成企业生产经营活动中断。

（七）业务外包成果的验收环节

（1）主要风险。验收方式与业务外包成果交付方式不匹配、验收标准不明确或验收程序不规范，可能导致验收工作流于形式，不能发现业务外包中存在的异常，给企业带来经济损失。

（2）控制措施。该环节风险的控制措施包括：第一，企业应当根据承包方业务外包成果交付方式的特点，制定不同的验收方式。第二，企业应当根据业务外包合同的约定，结合在日常绩效评价基础上对外包业务质量是否达到预期目标的基本评价，确定验收标准。第三，企业应当组织相关部门或人员，严格按照验收标准对承包方交付的产品或服务进行审查和测试，出具验收证明。第四，验收过程中发现异常情况的，应当立即报告并查明原因，与承包方协商采取恰当的补救措施，问题严重的应依法索赔。

（八）会计系统控制环节

（1）主要风险。业务外包相关的会计记录不完整、会计处理不恰当，可能导致财务报告信息失真；业务外包相关的结算审核不严格、支付方式不恰当、金额控制不严，可能导致企业资金损失或信用受损。

（2）控制措施。该环节风险的控制措施包括：第一，企业财会部门应当根据企业会计准则和会计制度的规定，结合外包业务特点和企业管理机制，及时、准确地对外包业务进行记录和处理。第二，企业应该严格按照合同约定的结算条件、结算方式、结算程序和费用标准办理外包费用的结算工作。

案例 4-8　　　　　不生产耐克鞋的耐克公司

多年来，耐克运动鞋在全球范围内畅销不衰。1998 年，耐克凭借 914 亿美元的销售额迈入世界 500 强，成为一家傲视群雄的世界级企业。随着耐克在全球知名度的提高，"耐克从来不生产一双耐克鞋"这句话也变得非常有名。那么全球畅销的耐克鞋是怎样生产出来的呢？答案就是生产外包。

耐克公司最初和其他制鞋企业一样，有厂房和生产工人，生产的鞋主要是供给美国国内的消费者。但是美国国内市场的需求毕竟有限，而且在阿迪达斯和彪马两大巨头的打压下，耐克公司能拥有的市场份额非常有限。要改变这种状况，耐克公司就需要开拓广阔的海外市场。

4

耐克公司的创始人奈特想到了一个"借鸡生蛋"的方法,即如果在世界上每个国家都设立一个工厂,公司只出资金和技术力量,而工厂的主管、工人都由当地人组成,这样就可以既避免关税,又减少总公司的负担。他召集各级主管和全体职员会,把自己的想法告诉大家,并分析了这种做法的可行性和好处。这一想法得到了大家的赞同。

奈特最先实践这一想法的目标是欧洲和日本。随着各地区生产成本的变化,耐克公司的合作对象不断变化:先是日本、西欧,其后是韩国、中国台湾,接着是中国大陆、印度,到20世纪90年代,耐克开始看好越南等劳动力更为廉价的东南亚。

耐克公司自己不设厂,不仅所有的产品都是外包给其他生产厂家制造,甚至连公司设计的样品都是由台湾试制的。耐克向外部借力,通过整合外部资源,为其所用,从而扩展自己的疆域;利用外部的能力和优势来弥补自身的不足。这样一来,耐克公司节省了大量的生产基建资产、设备购置费用以及人工费用,利用全球最廉价的劳动力为其制造产品。这是耐克之所以能够以较低的成本和其他品牌竞争的重要原因,也为其全球化战略发挥了积极的作用。

耐克的经理人经常在全球物色优秀的接包商,往往是一个合作协议刚刚签订,其经理人员又夹着皮包赶往另一个国家或城市寻找成本更低、质量更可靠、交货更及时的接包商。耐克公司虽然没有工人也没有厂房,但是为公司制造产品的工人和厂房却遍及全球。耐克公司的高级职员只需要坐飞机来往于世界各地,把公司设计好的样品与图纸送到已经与公司签订合约的厂家,最后验收产品,贴上"耐克"的标签就可以了。

针对接包商的不同情况,耐克公司采取不同的策略对待:

(1)对于高品质的接包方,耐克公司让其生产最新的、最贵的"代言产品"。这种接包商数量较少,能够承担较高的生产成本,耐克公司通常与其共同研发新产品,并在新技术方面与其共同投资。

(2)对于大规模的接包方,耐克公司只让其生产某一种类型的鞋,如篮球鞋。这种接包商为保证其生产规模,除了承接耐克公司的业务之外通常还要为多个其他发包方生产,因此耐克公司不与其联合开发产品,只与其进行产品生产合作。

(3)对于发展中国家的接包方,耐克公司努力培养使其发展成为更高级的供应商。这种接包商因为劳动成本低、地点分布广泛,而且都是专门承接耐克公司的发包业务的,因此耐克公司努力把双方连接起来,调动高级别的伙伴为其提供培训、为其协助融资以及把自身的一些劳动密集型的生产活动转给这些接包方来帮助其发展。

生产外包的目的就是让其他更具成本优势的企业来完成产品生产,在整个供应链上实行聚焦战略,专注于自己擅长的领域进行经营,耐克公司就是这一原则的成功实施者。耐克公司的生产采用全部外包的方式的前提是其拥有强大的研发能力和市场营销能力,从而使其获得了超出传统经营模式的高额利润。

案例来源:赵世新.我国制鞋业外包的战略选择——基于耐克公司业务外包的分析[J].经济师,2010(2)293-294.

思考:关于业务外包控制,我们从耐克公司的生产外包案例中能获得哪些启示?

第九节 财务报告的内部控制与风险管理 ————●

《企业内部控制应用指引第 14 号——财务报告》中所称的财务报告是指反映企业某一特定日期财务状况和某一会计期间经营成果、现金流量的文件。财务报告是企业财务信息对外报告的重要形式之一。通过对财务报告加强管理,企业可以规范财务报告的编制,保证财务报告的真实、完整。

一、财务报告控制的总体要求

企业应当严格执行会计法律法规和国家统一的会计准则或制度,加强对财务报告编制、对外提供和分析利用全过程的管理,明确相关工作流程和要求,落实责任制,确保财务报告合法合规、真实完整和有效利用。企业的总会计师或分管会计工作的负责人负责组织领导财务报告的编制、对外提供和分析利用等相关工作。企业负责人对财务报告的真实性、完整性负责。

二、财务报告的主要流程

企业财务报告的主要流程由财务报告编制、财务报告对外提供和财务报告分析利用三个环节组成。

(一)财务报告编制

财务报告编制是指企业按照国家统一的会计准则、会计制度规定的财务报告格式和内容,根据登记完整、核对无误的会计账簿记录和其他有关资料编制财务报告。

(二)财务报告对外提供

财务报告对外提供是指企业依照法律法规和国家统一的会计准则或制度的规定,及时对外提供财务报告。

(三)财务报告分析利用

财务报告分析利用是指企业定期编写财务分析报告,并通过定期召开财务分析会议等形式对企业的经营管理状况和存在的问题进行全面分析。

企业财务报告控制主要流程如图 4-13 所示。

三、财务报告的关键控制点及控制措施

(一)财务报告编制环节

(1)主要风险。编制财务报告违反会计法律法规和国家统一的会计准则或制度,可能导致企业承担法律责任和声誉受损。

(2)控制措施。该环节风险的控制措施包括:第一,企业编制财务报告时,应当重点关注会计政策和会计估计,对财务报告产生重大影响的交易和事项的处理应当按照规定的权限和程序进行审批。第二,企业应当按照国家统一的会计准则或制度规定,根据登记完整、核对无误的会计账簿记录和其他有关资料编制财务报告,做到内容完整、数字真实、计算准确,不得漏报或者随意进行取舍。第三,企业集团还应编制合并财务报表,明确合并财务报表的合并范围和合并方法,如实反映企业集团的财务状况、经营成果和现金流

4

董事会	总裁	财务总监	财务部经理	财务部会计人员

开始

拟定财务报告编制方案

审批 否／是

签发至各参与编制部门

提交对财务报告产生重大影响的交易和事项以及会计政策和会计估计变更与调整事项

审核 否／是

审批 否／是

审批 否／是

处理各类项目账务

全面清查资产、核实账务

编制(合并)会计报表及附注

编制财务情况说明书

形成财务报告

审核 否／是

审核 否／是

审批 否／是

接受外部审计，形成审计意见

审批 否／是

将审计后的财务报告装订、盖章、签字

向财务报告使用者披露，报监管部门备案

利用财务报告信息定期进行财务分析

将财务报告相关资料整理归档、妥善保存

结束

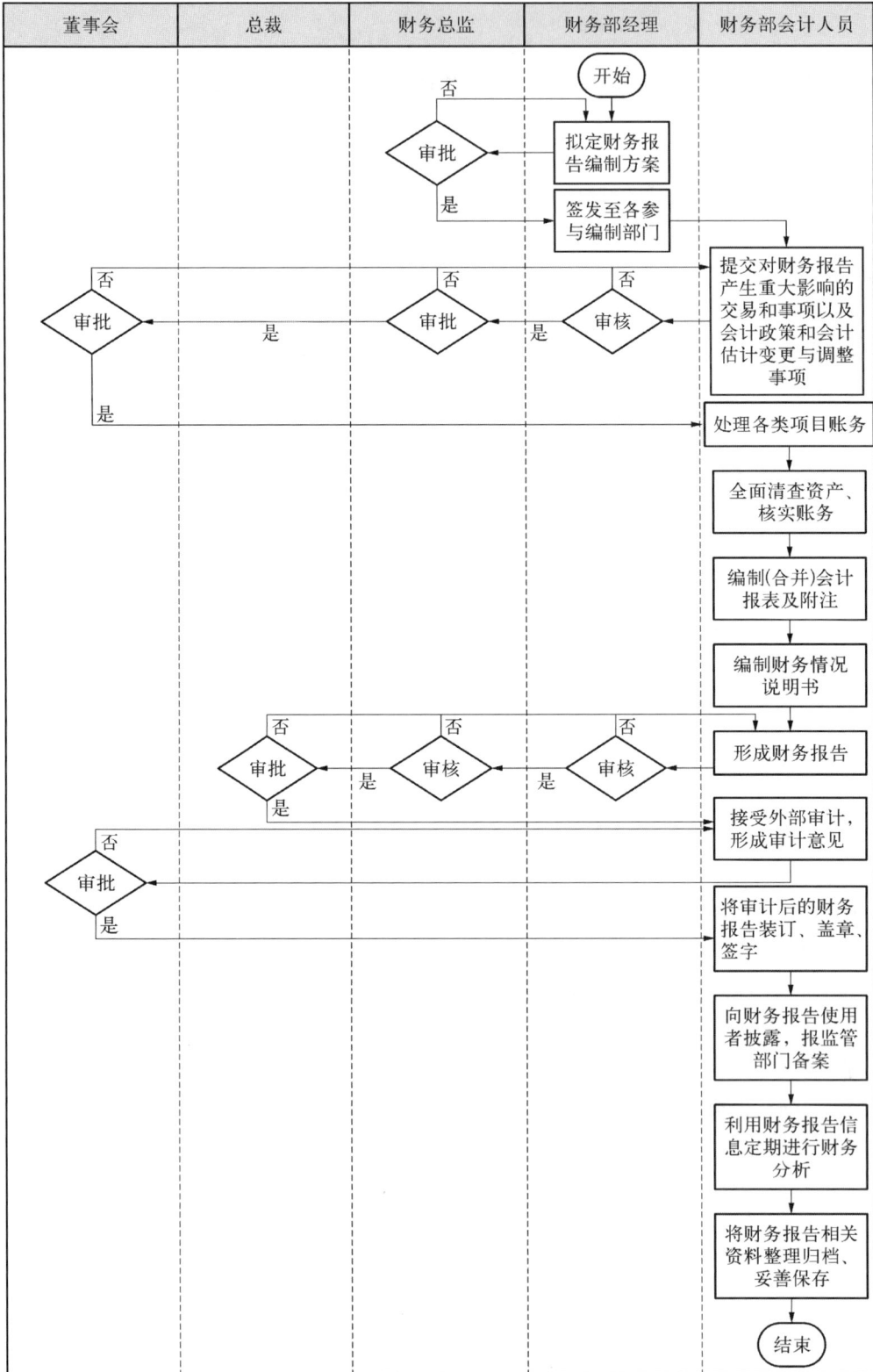

图 4 - 13　企业财务报告控制主要流程

量。第四,企业编制财务报告,应当充分利用信息技术,提高工作效率和工作质量,减少或避免编制差错和人为调整因素。

(二)财务报告对外提供环节

(1)主要风险。企业提供虚假财务报告,误导财务报告使用者,造成报告使用者的决策失误,干扰市场秩序。

(2)控制措施。该环节风险的控制措施包括:第一,企业应当依照法律法规和国家统一的会计准则或制度的规定,及时对外提供财务报告。第二,企业财务报告编制完成后,应当装订成册,加盖公章,由企业负责人、总会计师或分管会计工作的负责人、财会部门负责人签名并盖章。第三,财务报告须经注册会计师审计的,注册会计师及其所在的事务所出具的审计报告,应当随同财务报告一并提供。第四,企业对外提供的财务报告应当及时整理归档,并按有关规定妥善保存。

(三)财务报告分析利用环节

(1)主要风险。企业不能有效利用财务报告,难以及时发现企业经营管理中的问题,还可能导致企业财务和经营风险失控。

(2)控制措施。该环节风险的控制措施包括:第一,企业应当重视财务报告分析工作,定期召开财务分析会议,充分利用财务报告反映的综合信息,全面分析企业的经营管理状况和存在的问题,不断提高经营管理水平。第二,总会计师或分管会计工作的负责人应当在财务分析和利用工作中发挥主导作用。第三,企业定期的财务分析应当形成分析报告,构成内部报告的组成部分。第四,财务分析报告结果应当及时传递给企业内部有关管理层级。

课 后 练 习 题

一、单项选择题

1. 企业筹资、投资和资金营运等活动的总称是(   )。

A. 资金活动   B. 资产管理   C. 担保业务   D. 外包业务

2. 销售业务中收款环节存在的主要风险不包括(   )。

A. 企业信用管理不到位   B. 结算方式选择不当

C. 账款催收不力   D. 销售的会计记录和处理不及时

3. 下列选项中不适合外包的业务是(   )。

A. 可行性研究   B. 研究与开发   C. 核心业务   D. 资信调查

4. 缺乏对担保合同的跟踪管理或监控不力,无法对被担保人出现的异常情况进行及时报告和处理,给企业造成损失,属于担保业务中(   )环节的风险。

A. 受理申请   B. 日常监控   C. 调查评估   D. 担保审批

5. 缺乏对采购合同履行情况的有效跟踪、运输方式选择不合理等属于采购业务中(   )环节的风险。

A. 选择供应商   B. 确定采购价格

C. 管理供应过程   D. 物资验收

二、多项选择题

1. 企业强化研究与开发控制的作用体现在以下哪些方面（　　）。

A. 有助于促进企业自主创新　　　　　B. 有助于促进企业增强核心竞争力

C. 有助于企业有效控制研发风险　　　D. 有助于企业实现发展战略

E. 有助于促进企业反舞弊

2. 下列关于无形资产管理的说法，正确的有（　　）。

A. 无形资产的管理部门需要实时关注无形资产的权利保持以及特许使用的期间和权利义务

B. 无形资产的管理部门负责根据无形资产的使用状况，及时维护本部门无形资产台账

C. 为了保持无形资产的先进性，企业需要定期或不定期对无形资产进行技术升级和更新换代

D. 不论是哪种方式取得的无形资产，都必须经过验收

E. 无形资产管理有助于促进企业固定资产的安全

3. 工程建设阶段的工作主要包括以下哪些选项（　　）。

A. 工程监理　　　　　　　　　　　　B. 工程价款结算

C. 工程物资采购　　　　　　　　　　D. 工程变更处理

E. 工程招标

4. 以下哪些选项属于财务报告分析利用环节的控制措施（　　）。

A. 企业应当定期召开财务分析会议，充分利用财务报告反映的综合信息，全面分析企业的经营管理状况和存在的问题

B. 总会计师或分管会计工作的负责人应当在财务分析和利用工作中发挥主导作用

C. 企业定期的财务分析应当形成分析报告并及时传递给企业内部有关管理层级

D. 企业对外提供的财务报告应当及时整理归档，并按有关规定妥善保存

E. 分析企业社会责任情况

5. 以下哪些选项是筹资方案审批环节的控制措施（　　）。

A. 企业应当根据分级授权审批制度，按照规定程序严格审批经过可行性论证的筹资方案

B. 重大筹资方案，应贯彻集体决策的原则，实行集体决策审批或者联签

C. 企业应当对筹资方案的战略性、经济性、风险性进行评估

D. 筹资方案发生重大变更的，应当重新进行可行性研究并履行相应的审批程序

E. 分析企业的投资舞弊

三、判断题

1. 每年年末，企业的存货应由存货的保管人员进行盘点、清查，查明存货盘亏、盘盈的原因，编制存货盘点报告（　　）。

2. 通常情况下，企业的存货由生产部门根据生产需求进行采购（　　）。

3. 企业应制定固定资产投保财产保险的制度，明确规定价值较大或风险较高的固定资产投保财产保险的相关政策和程序（　　）。

4. 如果印章保管人外出开会，为了不耽误企业正常业务的开展，印章保管人可以将

印章交给空白票据管理人暂时保管（　　）。

5. 投资活动是指企业日常生产经营中各类资金的组织和调度，以保证资金正常运转的活动（　　）。

四、简答题

1. 投资活动有哪些关键控制点？如何实施控制？
2. 筹资活动有哪些关键控制点？如何实施控制？
3. 资金营运有哪些关键控制点？如何实施控制？
4. 采购业务有哪些关键控制点？如何实施控制？
5. 存货管理中有哪些关键控制点？如何实施控制？
6. 固定资产管理中有哪些关键控制点？如何实施控制？
7. 无形资产管理中有哪些关键控制点？如何实施控制？
8. 销售业务有哪些关键控制点？如何实施控制？
9. 研究与开发常见的风险有哪些？
10. 担保业务常见的风险有哪些？
11. 工程项目常见的风险有哪些？
12. 业务外包常见的风险有哪些？
13. 财务报告常见的风险有哪些？

五、案例分析题

A 公司的内部控制存在哪些问题？

A 公司是一家大型国有企业，在 2020 年内部控制自查过程中发现以下情况：

（1）对外投资方面的情况：2020 年 2 月，A 公司董事长赵某经朋友介绍认识了声称是某境外金融投资公司总经理的钱某，相谈盛欢。言谈中钱某称自己公司刚好有一个投资产品在售，期限 3 个月，年化收益率 15％上下，机会难得，如果感兴趣可以尝试一下。这个投资产品只针对高端客户，投资起点是 1 000 万元，目前还有少量额度，如要购买需尽快转款，以免丧失良机。赵某考虑到公司刚好有一些闲置资金，如果抓住这个投资机会能给公司带来高额回报，于是决定向钱某任职的金融投资公司转入 1 000 万元购买该投资产品。赵某当即命令财会部的人员先将 1 000 万元资金汇往该金融投资公司，说过后再向董事会补办报批手续、补签投资协议等。财会部人员接到董事长的命令后当天就按对方给予的账号汇出了资金，待打对方留下的联系电话核实是否收到汇款时却始终联系不上钱某。后经查实，这家境外金融投资公司并不存在。

（2）对外担保方面的情况：2020 年 4 月，公司总经理孙某指示风险管理部的李某以 A 公司的名义为其亲戚开办的甲公司向银行申请的 100 万元流动资金贷款办理担保事宜。A 公司一直没有担保方面的相关管理制度，李某个人认为被担保的甲公司的董事长是本公司总经理的亲属，为其担保应该不会出问题，于是以 A 公司的名义办理了担保手续。后来，甲公司因经营不善破产，A 公司承担了 100 万元的连带赔偿责任。

（3）工程项目方面的情况：2019 年 5 月，A 公司工会提出申请修建职工活动中心，由工会有关人员进行可行性研究，经 A 公司董事会审批同意并授权由工会主席周某具体负责工程项目的实施和对工程价款支付的审批。2019 年 6 月，周某私自决定将工程交由与

4

其关系较好的某个体施工队承建,约定工程总投资3 000万元,工程建设期为12个月。在工程建设过程中,施工队负责人向周某提出,职工活动中心的建设应顺应潮流,建议增加瑜伽馆、室内篮球馆、室内射箭馆的建设。周某认为这一建议可取,指示工会有关人员提出工程项目变更申请,自己签字批准后实施。2020年6月,工程项目完工后,工程决算金额为3 600万元,由工会有关人员办理了竣工验收手续,由财务部门将交付使用资产登记入账。职工活动中心交付使用后,员工发现室内篮球馆、室内射箭馆等多项工程设施存在严重质量问题。

(4)设备采购方面的情况:2020年7月初,A公司决定从国外引进两台具有世界领先水平的生产设备,遂指派副总经理吴某带队组团赴国外供货商公司实地考察。考察期间,考察团观看了所要采购设备的图片和影视资料,未进行实地考察,也未进行技术测试就进入谈判环节。双方代表经过谈判,并经各自公司授权批准,签订了采购合同。7月15日,A公司按照合同约定一次性支付了设备款2 300万元。8月中旬,两台设备运达,A公司组织人员启封、安装、调试后立即投入生产。在生产过程中,这两台设备多次出现故障。后经专家鉴定,这两台设备系更换了部分零部件、重新喷涂了油漆的国外淘汰多年的旧机器,其实际价值不及购买价的十分之一。

要求:分别针对以上情况,从内部控制的视角指出A公司内部管理中存在哪些问题?

第五章 信息与沟通

学习目标

1. 掌握信息与沟通的含义
2. 掌握内部信息传递控制的三个目标、七个程序的风险和控制措施
3. 掌握信息系统内部控制的内容
4. 掌握反舞弊的责任归属、工作重点领域

第一节　信息与沟通概述

一、信息与沟通的概念

信息与沟通是指企业及时、准确、完整地收集、整理与企业经营管理相关的各种内外部信息，并借助信息技术，促使这些信息以恰当的方式在企业各个层级之间、企业与外部相关方之间，进行及时传递、有效沟通和正确使用的过程。

信息与沟通贯穿于内部控制体系的内部环境、风险评估、控制活动、内部监督四个要素，同时，又是四个要素的工具，为企业内部控制有效运行提供信息保证，有助于提高企业内部控制的效率和效果。

信息的有用性是指在规定的时间内，将正确的信息传递到恰当的人手中。如果信息已经失去了时效性，则失去了应有的价值；信息也应当是准确的、向不同层级的人员传递或汇报的信息的详略程度是不同的；恰当的人是指企业各层级的人员都能够获得所需要的内部、识别信息。

二、信息的类型

信息包括内部信息和外部信息。

（一）内部信息

内部信息是指来源于企业内部，由各项经营管理活动产生的信息，包括：企业经营目

标、工作计划、人力资源政策、规章制度、生产信息、经营信息、财务信息、员工举报信息、信息系统生成的信息等。

（二）外部信息

外部信息是指由企业外部产生，对企业的生产经营管理具有一定影响作用的信息。包括：宏观经济形势、行业信息、技术进步趋势、竞争对手状况、法律法规信息、政府部门的监管信息等。

三、沟通

（一）沟通的方式

（1）电子沟通：发送或者接收电子邮件、召开视频会议、发送和接收微信等方式。电子信息同样可以作为内部控制痕迹，具有法律效力。

（2）书面沟通：会议记录、公司文件、市场调查研究资料、供应商报价单、企业投标文件、上级主管部门发出的监管函等。

（3）口头沟通：打电话、面对面交谈、召开座谈会等方式。

（二）企业外部沟通与内部沟通

1. 外部信息沟通

外部信息沟通是企业与外部相关利益者的沟通，企业有责任建立良好的外部沟通渠道，对外部有关方面的建议、投诉和其他信息进行记录、处理、反馈。外部相关利益者包括：投资人、债权人、客户、供应商、政府监管机构、外部审计机构、社会评级机构、新闻媒体等。

2. 内部信息沟通

企业应当将内部控制相关信息在企业内部各管理层级、责任单位、业务环节之间，做好从上级到下级的沟通、同级别人员之间的沟通，下级人员向上级人员的反馈。

🎓 **案例 5 - 1　　　　三鹿的迟报使安全事故恶化**

三鹿在 2007 年就已经接到了消费者发来的食用三鹿奶粉导致疾患的投诉。资料显示，2007 年 12 月以来，石家庄三鹿集团公司陆续接到消费者关于婴幼儿食用三鹿牌奶粉出现疾患的投诉。而到了 2008 年 5 月 17 日，三鹿集团已经发现自己销售的奶粉可能存在问题。5 月 20 日，三鹿内部成立了技术攻关小组，开始研究这一问题，结论是，部分奶粉可能含有假蛋白物质，但没有明确是三聚氰胺。之后，三鹿集团向河北省检验检疫局送检，得到的结论是此物质为三聚氰胺。

在 2007 年 12 月至 2008 年 8 月 2 日的 8 个月中，三鹿集团公司未向石家庄市政府和有关部门报告，也未采取积极补救措施，导致事态进一步扩大。石家庄市政府 2008 年 8 月 2 日接到三鹿集团公司关于三鹿牌奶粉问题的报告后，虽然采取了一些措施，但直至 9 月 9 日才向河北省政府报告三鹿牌奶粉问题。调查表明，2008 年 8 月 2 日至 9 月 8 日的 38 天中，石家庄市委、市政府未就三鹿牌奶粉问题向河北省委、省政府未作过任何报告，也未向国务院和国务院有关部门报告，违反了有关重大食品安全事故报告的规定。

习近平总书记指出,确保食品安全是民生工程、民心工程,是各级党委、政府义不容辞之责。当前,我国食品安全形势依然严峻,人民群众热切期盼吃得更放心、吃得更健康。要牢固树立以人民为中心的发展理念,坚持党政同责、标本兼治,加强统筹协调,加快完善统一权威的监管体制和制度,落实"四个最严"的要求,切实保障人民群众"舌尖上的安全"。

案例来源: 周丽敏,张翼.清算三鹿[N].中国经营报,2009-01-05(A06).

思考: 三鹿如果尽早沟通食品安全事故,会有哪些影响?

第二节　内部信息传递

一、内部信息传递的概念

内部信息传递,是指企业内部各管理层级之间通过内部报告形式传递生产经营管理信息的过程。

二、内部信息传递控制目标

内部信息传递的内部控制目标包括如下三个方面:

(一)真实准确性

真实的信息是指信息不是虚假的信息,不是竞争对手故意杜撰的信息。

准确的信息是指信息要全面而且正确,不能以偏概全、不存在个别的数值错误、个别的文字描述错误等现象。

不够真实和准确的信息将严重误导信息使用者,导致其做出的决策失误,造成不同程度的经济损失。

(二)及时有效性

及时性是指信息失去效力之前就已经提供给决策需要的人。

有效性是指信息对决策具有相关性。

(三)遵循保密原则

保密原则要求不具备信息使用权的人不应当知悉相关的信息。例如,企业的产品成本信息、定价的基准、技术秘密、负债信息等,这些信息一旦被竞争对手获得,将给企业带来不同程度的损失。

企业的董事、监事、管理层、技术人员、基层员工都应当保守本职工作所涉及的商业秘密。

三、内部信息传递的七个步骤

信息在企业内部进行有目的的传递,对执行企业全面预算、识别企业生产经营活动中的内部和外部风险,最终落实企业发展战略具有重要作用。

企业内部信息传递流程包括:建立内部报告指标体系、收集内外部信息、编制及审核

5

内部报告、构建内部报告流转程序及渠道、内部报告有效使用及保密要求、内部报告的保管、内部报告的评估七个步骤。

四、内部信息传递的主要风险点和控制措施

（一）建立内部报告指标体系

企业内部报告指标涉及集团、业务单元、职能部门等不同的层级，涉及企业的各种业务，内部报告指标用于经营决策、业绩考核、风险评估等需要。

1. 风险

（1）内部报告指标体系的设计未能结合企业的发展战略，使战略的设计、执行缺乏相应的报告指标，导致战略设计不恰当、调整不及时。

（2）内部报告指标体系层级混乱，集团、业务单位、职能部门之间的内部报告指标无法形成一个逻辑严密的体系。

（3）与全面预算管理要求相脱节，内部报告指标不能全面反映预算控制的过程和结果。

（4）内部报告指标一旦设定后，不能根据环境和业务变化有所调整，不具有灵活性。

2. 控制措施

（1）认真研究企业集团、业务单位、职能部门等不同层级的发展战略、风险控制要求和业绩考核标准，根据各层级对信息的需求和详略程度，建立各个层级的内部报告指标体系。

（2）各个层级的内部报告指标之间应当形成一个逻辑严密的体系，使集团、业务单位、职能部门之间的目标能够相互衔接。

（3）内部报告指标需要依据全面预算的标准进行信息反馈，将预算控制的过程和结果向企业内部管理层报告，以有效控制预算执行情况，实现资源的最有效配置和管理的协同效应。

（4）内部报告指标要根据环境和业务变化，灵活调整。

（二）收集内外部信息

1. 风险

（1）收集的内外部信息过于散乱，不能突出重点。

（2）内容准确性差，据此信息进行的决策容易误导经营活动决策。

（3）获取内外部信息的成本过高，违反了成本效益原则。

2. 控制措施

（1）企业应当有针对性地收集信息。确保信息来源可靠。企业可以通过行业协会组织、业务往来单位、市场调查、来信来访、网络媒体、监管部门等渠道收集外部信息；通过财务会计资料、经营管理资料、调研报告、专项信息、内部刊物、办公网络等渠道，获取内部信息。企业应当形成常规性的信息收集渠道，避免付出高昂的代价去购买信息。

（2）根据信息使用者的需求，按照一定的标准对信息进行分类汇总，然后，再提供给特定对象。

（3）企业应当检查信息在事实和时间上有无差错，是否合乎逻辑，来源单位是否权威，资料份数、指标体系是否完整。

（4）企业应当在收集信息的过程中，在保证信息来源权威的前提下考虑获取信息的成本高低、是否便捷。对于专业性强的信息，要权衡其成本和信息的使用价值，避免采购成本高但使用价值低的信息。

（三）编制及审核内部报告

1. 企业内部报告类型

（1）合同类相关的内部报告。例如，对外投资合同、担保合同、债权债务类合同。

（2）管理类报告。例如，董事会会议纪要、内部职能部门重大调整、人力资源情况报告、定期财务报表等。

（3）研究调查类。对市场的调查报告、对内部生产故障的调查报告等。

（4）经营决策报告。包括资本经营决策、资产经营决策、商品经营决策、生产经营决策等。

2. 风险

（1）内部报告未能根据各内部使用单位的需求进行编制，针对性不强。

（2）内部报告编制的内容缺失、漏项；在编制完成的时间上不及时。

（3）未经相关负责人授权审批，就向有关部门传递。

3. 控制措施

（1）以不同种类的内部报告应当具有的指标体系为基础，编制内容全面、简洁易懂、紧扣信息使用者需求的内部报告。

（2）确定内部报告编制的时间节点，提高报告编制的准确性，保证内部报告的及时性。

（3）向相关内部报告编制人员传达内部报告的审核制度，确保内部报告经审核后再进行传递。

（四）构建内部报告流转程序及渠道

1. 风险

（1）企业缺乏内部报告传递流程，导致相关人员无法收到内部报告。

（2）内部报告未按传递流程进行传递，出现越级传递。

（3）内部报告流转不及时。例如，财务部门不能向销售部门及时提供应收账款的拖欠、清偿情况，导致销售部门继续向欠款大户赊销商品，最终导致大量坏账。

2. 控制措施

（1）制定内部报告传递制度。

（2）内部报告应当按照职责分工和权限指引中规定的报告关系传递信息。重要信息应制定制度，使相关人员可以越级及时传递给董事会、监事会、经理层。但是，制度规定之外的领域，不得越级传递内部报告。

（3）及时更新和传递内部报告，通过使用电子信息系统，提高信息传递效率。

（五）内部报告有效使用及保密要求

1. 风险

（1）企业各级管理层在决策时并没有充分利用内部报告提供的各种信息，管理和指导企业日常的生产、经营、战略调整等活动。

（2）企业各级管理层没有把内部报告中的信息用于风险识别、分析、应对措施。

5

（3）商业秘密通过企业内部报告被泄露。

2. 控制措施

（1）企业各级管理层在日常的生产、经营、战略调整等活动中，充分使用内部报告提供的信息。

（2）企业各级管理层应通过内部报告提供的信息进行风险识别、分析，并制定应对措施。

（3）企业应当明确保密内容、保密措施、密级程度、传递范围，防止商业秘密通过内部报告泄漏。

案例 5-2　　管理数据计量粗放，管理活动不留痕迹

企业在各项经营管理活动中会产生大量的数据、文档和记录，这些资料不仅是企业核算的依据，也是内部控制的关键证据。但调查发现，建设公司的员工对这些重要资料的采集、整理和保存的意识还比较薄弱。例如，在采购前对市场价格的调查记录、对供应商的选择依据等资料，不仅是采购部门以后重复采购时的参考，也是第三方部门对其监督检查的重要依据，但公司对这些资料的保留不作要求。又如，公司对原材料的计量比较粗放，对石料的验收采用看吃水线估计数量的方法，而据笔者了解，该方法误差能达到 30%。

案例来源：王一浩，李若山.企业内控建设的困惑与难题——来自上海某建设公司内控咨询项目的经验和启示[J].财务与会计，2008(1)17-19.

思考：谈谈如何保留数据痕迹。

（六）内部报告的保管

1. 风险

（1）企业缺少内部报告的保管制度。例如，在原材料采购之前，对市场价格的调研资料、对供应商选择的依据、信用状况等资料，没有保管，之后再进行采购时，无据可依。

（2）内部报告的保管存放杂乱无序。例如，内部报告没有分类、编号、分别归档，导致查找困难，甚至丢失。

（3）对重要资料的保管期限过短。例如，当发生原材料质量问题时，追溯之前的采购调研资料、供应商选择依据、信用状况等资料时，发现资料已经全部丢失或者仅仅找到部分资料。

（4）保密措施不严，通过私人感情就可以查看保密文档。

2. 控制措施

（1）建立内部报告保管制度，负责相应业务的人员有责任保管与自身业务相关的内部报告。

（2）企业相关业务部门对内部报告进行分类、编号、分别归档。

（3）企业对内部报告分别设置永久保管、限期保管等不同类别，并逐步建立电子内部报告保管库。

（4）企业制定严格的内部报告保密制度，查阅保密报告，必须经过授权审批。

（七）内部报告的评估

企业通过内部报告评价制度,评价内部报告是否全面、完整;内部信息传递是否及时、有效。

1. 风险

（1）企业没有完整的内部报告评价体系,不了解内部报告制作是否全面、完整,信息传递是否及时、有效。

（2）对内部报告制作、传递不佳的责任人,缺乏相应的惩戒机制。

2. 控制措施

（1）企业建立完整的内部报告评估制度,并且定期进行评估,至少每年对内部报告评估一次。

（2）企业必须执行内部报告制作和传递的奖惩机制。对于内部报告制作角度片面、信息不完整的责任人,以及内部报告传递不及时的相关责任人,予以批评,并与绩效考核结合起来。

案例 5 - 3　关于对江苏辉丰生物农业股份有限公司及相关当事人给予纪律处分的决定

经查明,江苏辉丰生物农业股份有限公司(以下简称"辉丰股份")及相关当事人存在以下违规行为:

（一）2016 年定期报告社会责任情况披露不真实、不完整

中华人民共和国生态环境部于 2018 年 4 月 20 日在官方网站公开发布《盐城市辉丰公司严重环境污染及当地中央环保督察整改不力问题专项督察情况》的通报,通报指出辉丰股份环境违法问题严重。辉丰股份于 2018 年 4 月 20 日披露收到盐城市环境保护局出具的《行政处罚决定书》(盐环罚字〔2018〕7 号),对公司环境违法行为罚款 148 万元,其中特别提到:"公司 2015、2016 年利用无防渗漏措施的雨水管沟输送高浓度生产废水,4、6 号危废仓库门口堆放有危险废物,未设置危险废物识别标志"。辉丰股份在 2018 年 4 月 24 日回复本所关注函中披露,2016 年 7 月 28 日盐城市大丰区环保局出具大环罚字〔2016〕31 号《行政处罚决定书》,因公司存在部分危废及中间体露天堆放、未入库的危废未进行网上申报,合计罚款人民币五万元。辉丰股份在 2016 年定期报告第五节重要事项第十八项"社会责任情况"中的披露内容与上述环保违规事项和公司收到的《行政处罚决定书》中认定的违规事实不相符,存在披露内容不完整、不真实的问题。

（二）未及时如实披露高管人员无法履职事项

2018 年 3 月中下旬,中华人民共和国生态环境部成立督查组对辉丰股份严重环境污染问题开展专项督察,辉丰股份副总经理奚圣虎于 3 月 21 日被连云港市灌南县公安局刑事拘留,无法正常履职。辉丰股份未能及时披露奚圣虎无法正常履职的事实,直至 3 月 29 日才在《关于媒体报道的澄清说明公告》中披露,子公司连云港市华通化学有限公司正在接受环保检查,辉丰股份副总经理奚圣虎在配合环保部调查。

5

鉴于上述违规事实及情节,依据本所《股票上市规则(2018 年修订)》的相关规定,经本所纪律处分委员会审议通过,本所作出如下处分决定:

(1) 对江苏辉丰生物农业股份有限公司给予公开谴责的处分。

(2) 对董事长兼总经理仲汉根,董事兼副总经理陈晓东,董事兼副总经理季自华,董事姜正霞、张建国、李萍,监事卞祥、季红进,副总经理奚圣虎、金文戈、陈健,副总经理兼财务总监杨进华,董事会秘书兼副总经理孙永良给予公开谴责的处分。

(3) 对独立董事茅永根、夏烽、周立,监事王彬彬给予通报批评的处分。

思考: 如何规避信息披露带来的风险?

第三节　信息系统控制

一、信息系统控制概述

(一) 信息系统

信息系统是指企业利用计算机和通信技术,对内部控制进行集成、转化和提升所形成的信息化管理平台。

(二) 信息系统的内部控制的主要目标

(1) 促进企业有效实施内部控制,提高企业现代化管理水平,减少人为操纵因素。

(2) 增强信息系统的安全性、可靠性、合理性、保密性、完整性、可用性,为建立有效的信息与沟通机制提供支持保障。

(三) 信息系统内部控制的内容

(1) 信息系统,包括计算机硬件、软件、人员、信息流、运行规程等。

(2) 信息系统内部控制包括一般控制、应用控制。

① 一般控制包括信息系统的开发、运行和维护的控制,涵盖战略规划、开发建设、运行维护、系统终结四项内容。

其中,运行维护包括日常运行维护、变更管理、安全管理三项内容。

② 应用控制是指利用信息系统对业务处理实施的控制,包括输入控制、处理控制、输出控制。

案例 5-4　　ERP 流程是万能的吗?

ERP 流程的发明与运用给企业带来了福音。由于 ERP 能够做到对企业所有业务的全流程覆盖,企业管理者很容易通过系统对企业的交易事项进行控制。内部控制的一些原则和措施,例如,不相容职务分离、授权,复核与监督等在系统都能得到体现和实施。有的系统还能对企业交易进行自动预警,系统将人工控制转化为自动控制,确实提高了内部控制的效率和准确度。由此,很多企业管理层认为只要运用了 ERP

流程,通过其严密设计,可以控制企业所有经济业务的风险,企业发生的任何事项都逃不过网络监督。然而最近上海发生的一家大型跨国连锁超市营业款被窃案,却为持有这种看法的企业敲响了警钟。以收银员、计算机管理员为主的普通员工,居然利用超市 ERP 系统的漏洞,在短短半年之间悄无声息地从超市窃走 397 万元的营业款。

方元,毕业于上海一所中专学校,学的是计算机专业,曾任该超市某分店的计算机网络管理员。其职责是负责维护分店所有收银机的正常运行。方元平时工作非常认真,业务能力也很强,对软件技术非常精通。方元经常通宵加班,有时感到饥饿,就想拿超市中的食品吃。但该超市平时监督很严,内部工作人员拿超市的商品,保安也要抽查,是否有付过款的收银小票。然而对这样的检查,方元很不以为然。于是,他凭借自己对计算机的精通,利用维护网络系统的机会,通过输入一笔程序,轻易地在不付钱的情况下,打出收银小票。然后堂而皇之地凭收银小票享用自己钟情的食品。这样白吃了几个月之后,有一次他将事情告诉了同在这家超市担任司机的好友陈炜嘉,陈炜嘉兴奋不已,他告诉方元,既然能拿食品,也就可以拿钱;根据超市规定,大件商品一一锁定,但小件商品 5‰ 的自然损耗率,超市这么大,只要在小件商品上做点文章,积少成多,收获会很可观。方元怦然心动,认为只要经过严密设计,就不会被发现,于是,他们带着发财的梦想,决定联手捞钱。

方元设计一个补丁程序,由另一个负责终端的程序管理员于琪植入超市的系统。该补丁程序能将收银机的当日营业款在合计时自动减少 20%。即如果收银员收到 100 元,打给顾客的收银小条也是 100 元,但汇总给超市的营业款却只有 80 元。这样,超市的东西卖出去了,营业款也收回来了,只不过收银员收到的是全额营业款,而交上去的却只有其中的 80%。其余的 20% 资金就被截留下来。这样,与 20% 营业额相对应的货品虽然卖给了顾客,但是,超市并没有收到钱,就会出现货品的库存数量总是远低于账面记录的货品数量。

陈炜嘉专门负责招募和培训"可靠"的收银员作为内应。收银员只要在收银机上简单地按几个键,由方元设计的程序就会自动发挥作用。涉案人员达 43 人之多。

2006 年 5 月,上海市金山区法院对该案进行了判决,以职务侵占罪判处方元有期徒刑 14 年,陈炜嘉有期徒刑 12 年,其他 40 名被告人分别被判处有期徒刑 6 个月至 10 年不等。

案例来源:李永伟,李自洁,李若山.ERP 流程是万能的吗?——某跨国连锁超市舞弊案的分析和启示[J].财务与会计,2007(11)13-15.

思考:如何避免信息系统管理人员舞弊?

二、信息系统的开发

(一)制定信息系统开发的战略规划

1. 风险

(1)缺乏战略规划或者规划不恰当,可能导致企业财务管理信息系统、销售管理信息系统、生产管理信息系统、人力资源管理系统、办公自动化系统等各自为政,无法整合的现象;或者导致上述不同的系统重复建设。

（2）没有把信息化与企业业务需求相结合，降低了信息系统的应用价值。

2．控制措施

（1）企业制定信息系统开发的战略规划、年度计划，促进经营管理活动与信息系统协调统一。

（2）在信息系统战略规划时，考虑业务部门、管理部门的需求，与组织架构、业务范围、地域分布、技术能力相匹配，避免脱节。

（二）选择恰当的信息系统开发方式

信息系统开发有自行开发、业务外包、外购调试三种形式。

（三）自行开发的风险和控制措施

1．风险

（1）计划不当，导致进度滞后、费用超支、质量低下。

（2）需求文档表述不准确，技术上不可行。

（3）根据需求文档进行系统设计时，设计方案不全面，不能满足需求文档要求。

（4）把设计方案转换为计算机编程语言的过程发生错误。

（5）测试不充分。

（6）上线时，缺乏计划、人员培训、新旧信息系统数据不一致。

2．控制措施

（1）制定恰当的计划并反复论证，采用标准的项目管理软件。

（2）需求文档充分吸收各业务部门的需求，并准确表述。

（3）设计方案初稿要与业务部门进行沟通，说明对需求的覆盖情况。设计方案的变更需要授权审批。

（4）建立代码复查评审制度，执行统一的编程规范。

（5）区分单元测试、组装测试、系统测试、验收测试等不同的测试，建立严格的流程。

（6）制定上线计划、组织人员培训、制定数据迁移计划、制定新旧系统衔接计划。

（四）业务外包的风险和控制措施

1．风险

（1）外包服务商存在道德风险。例如，偷工减料、信息泄密。

（2）外部合同条款不准确、不完善。

（3）缺乏外部服务跟踪评价机制或者跟踪评价不到位，导致外部服务不能满足需求。

2．控制措施

（1）选择信誉好的外包服务商，外包服务商选择进行集体审批。

（2）在合同中与外包服务商签订保密协议；明确合同条款，在合同中要求预留尾款，以备评估后再支付。

（3）定期对外包服务商进行评价，建立评价指标体系。

（五）外购调试的风险和控制措施

1．风险

（1）软件产品型号不对。

（2）供应商选择不当。

（3）服务商选择不当。

2．控制措施

（1）企业应当了解自身需求、市场上与企业业务相关的软件产品的不同特点，听取同行的建议。

（2）了解供应商的产品功能、升级能力、服务支持能力。

（3）服务商指导企业把通用软件产品与本企业需求相结合，要考察服务商对软件产品的熟悉程度，是否理解企业的需求。

三、信息系统的运行和维护

（一）日常维护

日常维护的主要工作包括系统的日常操作、日常巡检和维修、系统运行状态监控、异常事件的报告和处理等。

1．风险

（1）没有建立日常运行管理规范。

（2）没有例行检查，导致一些恶意攻击长期隐藏。

（3）信息系统没有定期备份。

2．控制措施

（1）建立信息系统管理制度。

（2）做好系统运行记录，对于异常现象、发生时间和原因详细记录。

（3）建立异地备份数据基地，定期备份数据。

（二）系统变更

系统变更包括硬件的升级扩容、软件的修改和升级等。

1．风险

（1）随意变更。

（2）变更后效果不理想。

2．控制措施

（1）建立系统变更的制度。

（2）对系统变更进行测试，加强访问授权控制、数据转换控制、用户培训等。

（三）安全管理

信息系统安全是信息系统包含的所有硬件、软件和数据受到保护，不因偶然和恶意的原因而遭到破坏、更改和泄漏，信息系统能够正常运行。

1．风险

（1）硬件设备分布范围广、种类多，管理难度大。

（2）少数员工滥用系统资源；对系统的缺陷和漏洞的防护不够；计算机病毒清理不力。

（3）利用计算机进行舞弊。

2．控制措施

（1）建立信息系统资产管理制度，保证硬件和网络安全。

（2）建立信息系统安全管理机构，制定相应的法律法规、安全技术标准，有针对性检查病毒、缺陷、漏洞。

（3）设置信息系统不相容岗位：系统开发建设人员、系统管理和维护人员、系统操作

5

和使用人员,对每类人员设置不同的权限;岗位变更后要取消原有权限。

四、信息系统的应用控制

(一) 输入控制

1. 风险

输入系统的数据不准确、不完整、不及时,导致输出数据错误。

2. 控制措施

(1) 避免后台修改和删除数据。

(2) 在信息系统中设置操作日志功能,记录操作者、登录时间、操作内容等。

(3) 对于录入错误的数据,设置系统自动报告功能。

(二) 处理控制

1. 风险

(1) 没有经过授权,非法处理业务。

(2) 信息系统处理过程没有内部控制痕迹。

(3) 信息系统处理错误,导致业务中断。

2. 控制措施

(1) 严格规范不同用户的授权管理制度。

(2) 严格规范操作日志的设计和运行。

(3) 对信息系统进行定期维护,及时发现错误并修正。

(三) 输出控制

1. 风险

(1) 敏感信息泄漏。

(2) 输出的信息不准确、不完整。

(3) 输出信息被舞弊者修改。

2. 控制措施

(1) 确保经过授权的用户才能获取输出信息。

(2) 使用数据勾稽关系检验,保证数据正确、完整。

(3) 设置文档密码,防止信息被篡改。

案例 5-5　　入侵计算机信息系统　获取虚拟货币

2020 年 10 月份,仅有小学文化的凌士山和凌月生发现某公司计算机系统的划转漏洞,通过一个抓包软件在该平台上抓取数据,然后手动将抓取的数据开头添加"—"号发送至平台,就可以看到自己在平台的钱包账户内的虚拟货币增加。仅 2020 年 10 月 16 日凌晨 2 点到 5 点 15 分期间,两人总计盗取泰达币 62 万个,以太币 12 687.995 6 个,比特币 149.996 279 27 个。凌月生将盗取的虚拟币的私钥放在一部金色苹果手机里面,存在其堂妹暂住地保险柜内,此外两人总计变现了约 200 万元人民币,用于购买宝马车等支出。

2020 年 10 月 16 日早上 9 点,公司平台维护人员才发现其所服务的平台发生异常大额提现情况,当时泰达币的售价大概每个 6.7 元人民币,以太币售价大概每个 2 500

元人民币,比特币售价大概每个 7.9 万元人民币。该公司受 XX Global XX Ltd.委托对某数字资产交易平台进行系统研发维护和技术咨询服务,依据该公司与 XX Global XX Ltd.公司签订的技术服务合同,此次系统入侵事件,该公司按照协议需赔付对方公司人民币 5 025.97 万元。

　　窃取比特币类案件目前大量存在,从刑事判决情况看,窃取比特币的刑法定性主要有两种观点:一种是将比特币认定为财产,符合刑法盗窃罪构成要件的,构成盗窃罪;另一种是认为比特币是一种数据,窃取比特币构成非法获取计算机信息系统罪。该案中辩护人提出的破坏计算机信息系统罪则与非法获取计算机信息系统罪类似。

　　2022 年 5 月 5 日,北京法院审判信息网披露了这份刑事诉讼案件判决文书,案涉"价值"5 000 万元的虚拟货币被盗,包括泰达币、以太币、比特币。最终,北京市朝阳区人民法院(下称"朝阳法院")否定了辩护人提出的构成破坏计算机信息系统罪的辩护意见,支持了北京市朝阳区人民检察院(下称"朝阳检察院")的指控,裁定被告犯盗窃罪,判处有期徒刑 12 年,罚金 20 万元,剥夺政治权利 2 年。

　　案例来源: 朱英子.北京一法院以盗窃罪判决虚拟货币被盗案:是数据还是财产?虚拟货币法律属性仍存争议[N].21 世纪经济报道,2022 - 05 - 12(8).

　　思考: 本案中,虚拟货币为何被看作资产?

第四节　反舞弊

　　舞弊是指任何以欺骗、隐瞒或违背信用为特征的非法行为。企业舞弊即在企业中,员工、高管或者股东以欺骗、隐瞒或违背信用为特征,为私利进行的违规违法行为。反舞弊是反对、整治舞弊的行为。

一、反舞弊的责任归属

　　审计委员会或董事会授权的机构负责企业反舞弊的指导工作。

　　企业管理层负责建立反舞弊机制,并组织实施反舞弊工作。

　　企业指定具体组织并执行反舞弊工作的部门。例如,审计、监察、内部控制部门等。工作内容包括:受理舞弊举报、组织舞弊调查、出具处理意见、向管理层和审计委员会或董事会授权机构做出报告。

二、明确反舞弊工作的重点领域

　　根据不同的舞弊理论,分析反舞弊工作的重点领域。

(一)舞弊的相关理论

1. 舞弊三角理论

　　舞弊三角理论是指舞弊的发生需要同时具备压力、机会、自我合理化三个因素。压力包括工作压力、经济压力、不良习惯等。机会是指舞弊可能实施的环境,例如,缺乏内部控制、内部控制名存实亡、缺少举报信息、对舞弊者欠缺处罚等。自我合理化是指舞弊者给自己的合理化借口,例如,我只是暂时借用,以后有钱了就还;我每天加班,企业付的工资很低,这是企业欠我的;大家都拿,我也应该拿;拿点办公用品不是偷等。

2. GONE 理论

该理论是由四个英文单词的首字母组成,G 是 greed,贪婪;O 是 opportunity,机会;N是 need,需要;E 是 exposure,暴露。如果一个员工有贪婪之心,而且需要钱财,又有舞弊的机会,并且考虑自己的舞弊不会被发现,就很有可能舞弊。

(二) 反舞弊工作的重点领域

(1) 未经授权或者采取其他不法方式侵占、挪用资产。

(2) 在财务报告或者其他报告中存在虚假记载、误导性陈述或者重大遗漏行为。

(3) 董事、监事、经理及其他高级管理人员滥用职权。

(4) 相关人员串通舞弊等。

(5) 对举报人保护力度小、信访信息处理不及时。

(6) 缺乏舞弊风险评估机制。

(7) 忽视员工的道德准则体系的培训。

(8) 内部审计监察不严格。

(9) 不关注员工个人征信。

员工在过高的压力下,就可能发生舞弊行为,如果个人征信出现异常,则舞弊的压力就增加了。

案例 5 - 6　通过调阅个人征信报告,创新员工异常行为监督管理方式

多年来,尽管各级银行根据上级单位相关要求,在强化意识形态建设、完善细化监督及惩戒制度、积极开展以案释纪释法等警示教育、时时进行提示提醒、定期或不定期持续开展专项排查等方面积极作为,但监督效果却依然不容乐观。通过分析 2015年、2016 年、2017 年连续三年采取的监督管理方式我们不难看出,对于经济金融存在异常情况的员工,无论是领导干部的三级谈话方式、部门侧面了解后上报方式、监督部门的各类排查,其本质都需要员工主动配合。对员工个人情况的了解,监督管理部门多基于员工性情及精神状态是否有变化、吃穿用等消费水准是否有异常、工作状态是否有变化、家庭生活有无异常这类外在表象。而通过司法机关所开展的员工异常情况对账式排查,其排查结果往往是已经发生过或正在发生的异常情况,属于"过去时或正在进行时",未达到早发现的目的。也就是除去存在异常情况员工的自身主客观因素外,从监督管理角度分析,对员工异常情况缺少有效监督手段,是员工异常情况没有被早发现、早预警、早处置的主要原因之一。

作为地级市一级的各级银行,辖区编内在职员工均有数百人,每位员工的个性、文化素质、道德修养、家庭生活各有不同,导致对待管理部门的各种异常行为排查主观接受程度参差不齐。特别是最容易引发风险的个人集资、信用卡套现、多重贷款等经济金融异常的真实情况,因涉及个人隐私、员工自我保护意识等主客观因素影响,监督部门很难真正深入了解员工经济金融异常的真实情况,也就无法及早及时发现风险、及早及时将风险化解在萌芽状态。面对部分经济金融存在异常情况的员工不主动申报、

监督管理部门又缺少有效监督手段问题,笔者认为,只有在加强监督管理工作与不侵犯个人隐私之间寻找平衡点,才能突破经济金融情况异常的员工不主动申报这一监督瓶颈。

有的案件是因违法员工通过信用卡套现,利用利息差进行民间借贷或进行投资活动,资金链断裂无法偿还信用卡欠款所引发。这给我们所有监督管理者一个启示:当个人信用出现异常情况时,如果能从信用报告中发现问题,就等于提早发现风险,相当于将风险防范的关口尽可能前移,也就能采取有效措施进行防范,从而实现"治未病"的目的。个人征信报告虽然不能全面反映员工经济金融情况,但在一定程度上可以帮助监督管理部门了解干部职工信用卡使用情况、各类个人贷款(住房、消费)、为他人提供担保、法院的失信被执行等状况。

但是,根据《中华人民共和国个人信息保护法》《征信业管理条例》《征信业务管理办法》《关于规范金融信用信息基础数据库向国家机关提供查询服务的通知》等相关规定,信息主体有两次免费查询(线下查询)个人征信报告(详细版征信报告)的权力,超过免费查询次数,再查询时就需要缴纳一定费用。作者建议征信系统增加信用异常过滤功能,将信用异常的人群增加过滤标识,或者开发大数据后台配合监督管理部门自动筛选提供存在风险公职人员清单功能,方便各机关团体通过查阅征信系统了解员工是否存在异常情况。加强监督管理部门人员职业道德和保密教育工作,尽最大可能预防因监督管理部门人员主观或客观原因造成的泄密情况。

案例来源:王咏梅.通过调阅个人征信报告创新员工异常行为监督管理方式[J].黑龙江金融,2022(2)34-36.

思考:员工个人征信如何影响舞弊动机?

三、规范舞弊案件的举报、调查和报告程序

(1)企业应当设立举报热线电话、电子邮件、举报信箱等,社会各方和企业员工的举报投诉都可以通过上述途径进行反映,企业应当书面记录举报内容,以供管理层或者审计委员会检查。

(2)企业规范舞弊案件的调查程序,负责反舞弊工作的部门应当会同内部控制部门、法律部门共同评估举报内容,做出是否调查的决定。涉及管理层的举报,应当向董事会及其审计委员会批准后,再进行调查。企业应当向举报人反馈调查结果。

(3)有关舞弊案件的调查结果和反舞弊的常设机构的工作报告,应当及时向董事会及其审计委员会、管理层报告。

(4)董事会审计委员会对信访、内部审计、监察、接受举报过程中收集的信息进行复查,监督管理层是否滥用职权干预举报工作。

(5)定期召开反舞弊情况通报会,建立反舞弊情况的通报制度。

四、舞弊的补救措施和处罚

(一)举报投诉制度

举报投诉制度是企业内部建立的,鼓励员工对企业内部各类违法或不当行为进行举报,并由专门机构对举报投诉内容进行调查处理的一系列政策、程序和方法。

企业员工处于经营活动第一线,能够及时发现内部控制中的不足或者舞弊行为,并能

5

够提出合理化建议。因此,投诉举报是企业掌握信息的重要途径。

(二)举报人保护制度

为了切实保护投诉人,维护投诉人的合法权益,企业应当建立举报人保护制度,采取严密的事前、事中、事后的保护措施,防止出现打击报复的事件。

案例 5-7　　引入吹哨人　别只看奖励

2002 年,美国《时代周刊》的年度人物选择了三位女性:联邦调查局的员工科琳·罗利、世通公司的员工辛西娅·库珀、安然公司的员工莎朗·沃特金斯。她们有一个共同的名字,叫作吹哨人 whistleblower。

她们究竟做了什么?罗利的调查显示,9·11 的悲剧原本有机会被制止,是联邦调查局的失误酿成大祸。至于库珀和沃特金斯,只用看看世通和安然的名字,就能明白她们在揭露这两桩财务造假丑闻中的关键作用。

谈到这些,只是为了更好表述吹哨人的作用。吹哨人制度的核心,就是依靠内部员工在第一时间、第一地点察觉问题,吹响哨声,制止问题。

完善食品安全监管体系,深圳的一项制度创新就是引入吹哨人。值得玩味的是,深圳的立法表述里使用的是"激励",而不是惯常的"奖励"。

食品安全需要吹哨人,只有内部人才不会受制于信息不对称。有一篇关于地沟油的报道曾经写道,企业的提纯技术可以用一流来形容。事实上,假如只是看最终成品,检测技术并不能发现地沟油的出身。再好比前两年的福喜事件,假如不是记者卧底拍下了过期牛肉重新回炉的景象,涉事企业的内外两本账足以瞒天过海。

但是,引入吹哨人,不能只看奖励。在当下的解读里,吹哨人制度在价值观层面被"矮化",甚至直接等同于"重赏之下必有勇夫"。这样的解读,无益于吹哨人制度的普及。

首先,吹哨人的吹哨,是源于公共利益受到损害。关于 2002 年的年度人物,《时代周刊》的评语是:"她们冒着巨大的职业及个人危险去揭露世通公司、联邦调查局以及安然公司的事实真相"。假如一味强调经济奖励,那么吹哨人的本质就从社会人变成了经济人。不妨回顾中国的职业打假人,他们的出现曾是整顿市场秩序的巨大助力,但是眼下,却有着"异化"倾向。

其次,吹哨人需要经济奖励予以激励,但更需要制度的保护,以及社会认同的精神激励。在吹哨那一刻,"奖励"肯定不是第一考虑,"吹哨人"的首要后顾之忧无疑就是人身权利不受伤害。就以深圳为例,因为举报被开除的事件时常见诸报端,当中甚至还包括跨国公司。因此,塑造一个保护吹哨人的人文氛围,会比重奖更有激励效果。

最后,过于强调经济奖励,并不有利于食品安全社会共治。引入吹哨人制度,目的是建立一种预警机制,从而实现常态化。对于守规矩的企业来说,吹哨人制度其实一直在实施,在质管体系里是一个普通的管理办法,甚至可以理解为常见的合理化建议有奖征集。但是,过于强调奖励,在某种程度上却是将生产企业提前放在了对立面。哨声响起来,为的是公益。奖励固然重要,激励更为长效。

案例来源:钱飞鸣.引入吹哨人　别只看奖励[N].深圳商报,2016-07-01(A04).

思考:如何鼓励我国企业员工举报舞弊行为?

五、内部控制在反舞弊中的作用

（一）内部控制对舞弊的避免作用

一方面,内部控制通过优化信息与沟通,增加内部监督的频率、加大惩罚力度等机制,使得舞弊者的舞弊成本大于舞弊收益,使舞弊者考虑到被发现的概率增大以及被发现之后的处罚加重,而不敢轻易涉足舞弊行为。另一方面,内部控制通过不相容岗位分离、会计系统控制、授权审批控制等措施,降低了舞弊发生的概率。

（二）内部控制对舞弊的纠正作用

并不是所有的舞弊行为通过内部控制都可以事前避免,当舞弊行为已经发生的情况下,内部控制也可以发挥一定的防护作用,通过检查、监督、分析、考核等手段,及时发现错误,并给予纠正。

（三）反舞弊的控制措施

1. 预防性控制

常见的预防性控制包括:

（1）制订针对舞弊的政策和程序;

（2）利用数据库查询和数据挖掘工具;

（3）提供舞弊投诉举报热线;

（4）监督员工的表现;

（5）强制休假;

（6）向员工、客户、供应商宣传企业的制度规范,防止串通;

（7）提供舞弊风险培训课程;

（8）提供员工辅导计划,帮助员工平衡工作和生活压力;

（9）实施职责分离、双重监督、双重控制;

（10）建立全面质量管理计划;

（11）聘用诚信的员工;

（12）建立道德规范和行为准则;

（13）建立和完善内部审计体系;

（14）加入同行业联合反舞弊行动。

2. 检查性控制

检查性控制有助于发现已经存在的舞弊,包括:

（1）对自动化的或者人工的商业交易进行审计跟踪;

（2）执行常规的内部审计;

（3）定期进行非常规的内部审计;

（4）开展员工绩效评估;

（5）留意员工生活方式的变化;

（6）留意员工的行为对工作、组织的影响;

（7）定期对资产、金融证券、贵重物品进行盘点。

3. 纠正性控制

纠正性控制可以最大限度地降低舞弊带来的损失。主要是针对发现的舞弊行为,及

5

时采取措施,降低财务损失和其他损失。

课后练习题

一、单项选择题

1. 负责企业反舞弊的指导工作的是( )。

A. 监事会
B. 审计委员会或董事会授权机构
C. 员工
D. 管理层

2. 负责企业反舞弊的实施工作的是( )。

A. 监事会
B. 审计委员会或董事会授权机构
C. 员工
D. 管理层

3. 负责对信访、内部审计、监察部门的工作进行复查的是( )。

A. 监事会　　B. 审计委员会　　C. 员工　　D. 管理层

4. 属于外部信息的是( )。

A. 企业资产负债表
B. 企业利润表
C. 企业现金流量表
D. 行业协会的报告

5. 需求文档在技术上不可行,属于哪个环节的风险( )。

A. 项目计划环节
B. 需求分析环节
C. 系统设计环节
D. 编程环节

二、多项选择题

1. 内部信息传递的内部控制目标包括( )。

A. 真实准确性　　B. 及时有效性　　C. 风险规避性　　D. 保密性
E. 风险感知性

2. 信息系统的一般控制包括( )。

A. 战略规划　　B. 开发建设　　C. 运行维护　　D. 系统终结
E. 输入控制

3. 信息系统的应用控制包括( )。

A. 输入控制　　B. 处理控制　　C. 输出控制　　D. 系统控制
E. 风险控制

4. 信息系统开发方式包括( )。

A. 目标开发　　B. 自行开发　　C. 外购调试　　D. 业务外包
E. 系统开发

5. 输出控制的风险包括( )。

A. 敏感信息被没有授权的用户获得

B. 输出的信息在内容上不正确

C. 输出的信息在内容上不完整

D. 输出的信息被篡改

E. 输出的信息形式上不规范

三、判断题

1. 信息与沟通贯穿于内部控制体系的内部环境、风险评估、控制活动、内部监督等四个要素（　　）。

2. 企业在内部传递信息，不需要做保密方面的规定（　　）。

3. 企业收集外部信息时，可以信任外部寄送过来的举报信件，并启动调查（　　）。

4. 内部报告不需要永久保留（　　）。

5. 不需要对举报人通报结果（　　）。

四、简答题

1. 信息与沟通的概念是什么？

2. 信息的有用性是指什么？

3. 沟通的三种方式是什么？

4. 反舞弊工作的重点领域是什么？

5. 信息系统的内部控制目标是什么？

五、案例分析题

中美吹哨人制度对比

美国的吹哨人制度

2010 年 7 月，美国国会通过《2010 年多德-弗兰克华尔街改革和消费者保护法案》(Dodd-Frank Wall Street Reform and Consumer Protection Act of 2010，以下简称《多德-弗兰克法案》)对 1934 年《证券交易法》进行了修订，在《证券交易法》中加入了第 21F 节"证券吹哨人激励与保护"(Securities Whistleblower Incentives and Protection)。其中规定，SEC 应制定相关的规章制度，给予吹哨人奖励。吹哨人自愿向 SEC 提供有关违反联邦证券法行为的线索，使相关的司法、行政执法或其他制裁取得成功后，SEC 酌情决定对其奖励的金额。在罚款金额超过 100 万美元的情况下，给予吹哨人的奖励不得低于收取罚款的 10%，且不得高于 30%。2011 年 5 月 25 日，SEC 根据第 21F 节的授权制定了《吹哨人规则》，此规则为吹哨人制度提供了具有可操作性的法律定义、规则和程序，明确了吹哨人获得奖励应提供线索的形式和方式，以及确定奖励金额的相关程序等关键事项。10 年来的实施效果证明，吹哨人制度为 SEC 规制证券违法违规行为做出了重要贡献。通过吹哨人提供的线索，SEC 成功查处了多起案件，并从中获得了超过 25 亿美元的经济性救济。其中，没收非法所得超过 14 亿美元，并将没收的近 7.5 亿美元用于赔偿受损投资者。为奖励吹哨人在此过程中做出的重要贡献，SEC 向 80 项执法行动中的 97 个吹哨人发放了超过 5.23 亿美元的奖励。

在奖励的给予和评估方面，与内控体系的协调问题在《多德-弗兰克法案》征求意见时就存在集中争议。《多德-弗兰克法案》中并无吹哨人须先向公司内部合规部门举报、无果后再向 SEC 举报的前置要求，有论者因此质疑当时拟议的《多德-弗兰克法案》抛弃了公司内控体系自我纠错的功能。因此，在 SEC 制定的《吹哨人规则》中，对吹哨人制度与公司内控体系的功能发挥进行了适当平衡。例如，前文提到的吹哨人先向公司的内控部门举报，不会导致其线索失去原始性而丧失获得奖励的资格。又如，吹哨人先向内控部门举报可获得更高额奖励等，以鼓励吹哨人重视在公司内控体系中发挥作用。

5

在对吹哨人的反报复保护方面,原《吹哨人规则》对《多德-弗兰克法案》进行了扩大解释,不论是向公司内控部门举报的内部吹哨人,还是直接向 SEC 举报的吹哨人,都给予反报复保护。但在司法实践中,对于吹哨人是否必须向 SEC 报告才能获得反报复规则的保护,美国法院没有明确立场,持相反意见的两方争论不休。例如,第五巡回法院就持与 SEC 相反的观点,认为《多德-弗兰克法案》中的吹哨人保护机制仅适用于最初向 SEC 报告的那些人。美国最高法院关于数字房地产信托有限公司诉萨摩斯一案的判决最终也认可了这一立场,将内部吹哨人排除在《多德-弗兰克法案》的反报复保护机制之外。新《吹哨人规则》也采取了此立场,规定如果内部吹哨人没有在向公司内部纪律部门举报之前向 SEC 报告,就不能受到反报复保护。

中国的吹哨人制度

2001 年证监会《有奖举报通告》、2014 年证监会《举报规定》及 2019 年新《证券法》,共同构成了我国证券有奖举报制度的规范基础。

对于一般案件提供线索属实的,奖金不高于 3 000 元;对于重大案件提供线索属实的,奖金不高于 2 万元,且"举报重大线索或有特殊贡献的,可给予重奖"。截至 2014 年 7 月 13 日,举报中心收到各类举报材料 494 件,其中最多的是反映上市公司信息披露的线索,占比 15.2%。证监会于 2019 年 8 月 2 日宣布拟对三起案件线索的举报人给予奖励,这是有奖举报制度建立以来的第一次完整实践。

2020 年 1 月 14 日,证监会公布了修订后的《举报规定》。此次修订是在 2014 年《举报规定》基础上进行的增减变动,进一步优化了我国的有奖举报制度。

新《举报规定》特别提高了内部知情人员提供重大案件线索的最高奖励额度,将上限提高为 60 万元,旨在加强对内部知情人员提供线索的鼓励。

关于反打击报复,原《举报规定》只是在第 21 条中笼统地规定打击报复举报人,依法承担法律责任;新《举报规定》则明确了"被举报人不得采取暴力、胁迫、诽谤、泄露个人隐私或者其他违法手段打击报复举报人",且"被举报人不得以解除、变更劳动合同或者其他方式打击报复单位内部举报人"。除了保护举报人免受打击报复的具体手段,还特别明确了单位内部举报人免受雇主特有的打击报复方式,提高了规则的明确性。

案例来源:孙宝玲.美国证券吹哨人制度改革展望与镜鉴[J].证券市场导报,2021(11)2-11.

要求:评析中美两国吹哨人制度对反舞弊的影响。

第六章 内 部 监 督

学习目标

1. 掌握内部监督的概念
2. 掌握日常监督的种类
3. 掌握内部审计的概念
4. 掌握专项监督的频率的决定因素
5. 掌握内部监督与内部控制其他四个要素之间的关系

内部监督是内部控制五要素之一,内部监督促使董事会和管理层预防、发现、整改内部控制设计和运行中存在的问题和薄弱环节,对内部控制的有效运行和不断完善起着重要作用。

第一节 内部监督概述

一、内部监督的概念

内部监督是企业对内部控制建立和实施情况进行监督检查,评价内部控制的有效性,发现内部控制缺陷,应当及时加以改进。

二、内部监督与控制活动的区别

控制活动是针对某一特定的风险所采取的措施;而监督活动则是评价整个内部控制体系的设计和运行情况。如表 6-1 所示,以应付账款为例,说明两者的差异。

三、内部监督与内部控制其他四个要素之间的关系

(一)内部环境是内部监督的基础

董事会、监事会、经理层等构成的"两会一层"(国有企业是董事会、监事会、党委会、经理层等构成的"三会一层")是否重视内部监督,是否要求定期沟通在内部监督中发现的各种不足以及所采取的控制措施,直接影响了内部监督效果。反之,良好的内部监督,有利

169

表 6 - 1　　　　　　　　　　　　控制活动与内部监督的差异

控 制 活 动	内 部 监 督
A 部门的应付账款专员定期把 A 部门应付账款明细账与总账进行对账,调节事项会及时地被检查和处理	(1) 独立于控制活动操作的管理层:查阅所有的分部或者下属单位执行应付账款对账的相关的文档记录;检查调节事项在金额和性质上是否正确 (2) 独立于控制活动操作的管理层评估应付账款对账时所使用信息的来源和质量是否恰当;是否识别、评估、应对内外部变化而产生的新风险
应付账款主管定期复核和审批应付账款明细账与总账之间的对账情况	独立于控制活动操作的管理层每半年评估负责复核和审批职责的主管是否接受了适当的培训并且具备相关的专业知识,是否按照应付账款相关流程开展其复核和审批工作

　　表格内容来源:Treadway 委员会发起组织委员会.内部控制——整合框架(2013)[M].财政部会计司,译.北京:中国财政经济出版社,2014:116.

于完善企业的内部环境,促进企业实现内部控制目标。

　　(二)风险评估、控制活动、内部监督构成三位一体的闭环控制系统

　　企业根据识别风险、分析风险的结果,采取恰当的风险应对措施,制定并实施针对特定风险的控制活动,再通过事前内部监督、事中内部监督、事后内部监督,对风险识别、分析、应对的适当性和针对特定风险采取的控制活动的有效性进行检查评价,并提出优化方案,有利于实现风险管控目标。

　　(三)内部监督的履行过程离不开信息与沟通的支持

　　只有获得充分、可靠的信息,内部监督的专职执行机构或者其他机构才能评价内部控制的设计和执行的有效性,并且把发现的问题及时报告给上级领导和相关责任部门,促进整改。反之,良好的内部监督也将改进企业的信息与沟通中的信息质量和传递效率。

四、内部监督机构

　　(一)专职的内部监督机构

　　为了保证内部监督的客观性,应当由独立于内部控制设计和执行的机构去履行内部监督的职责。

　　《企业内部控制基本规范》第 44 条规定,"企业应当根据本规范及其配套办法,制定内部控制监督制度,明确内部审计机构(或经授权的其他监督机构)和其他内部机构在内部监督中的职责权限,规范内部监督的程序、方法和要求"。

　　根据规定,内部审计机构是专职的内部监督机构。如果内部审计机构人手不足、力量薄弱,企业也可以授权监察部门履行内部监督职责,也可以成立跨部门人员组成的内部监督机构。

案例 6 - 1　　　　　　世通公司的内部审计

　　1. 事件始末

　　世通公司成立于 1983 年,当时叫"长途电话折扣服务公司",65 万美元原始投资是埃博斯把自己经营的汽车旅馆作为抵押获得的银行贷款。埃博斯的策略很简单,就是利用自己经营汽车旅馆的经验,通过并购扩大客户基础从而取得规模经济。并购策略取得了意想不到的效果,公司业绩大幅提升,尝到并购甜头的埃博斯开始谋划公司公开上市,以获得更多并购所需要的资金。不过要通过首次公开募股上市并不容易,埃博斯咨询的几个投资银行都不看好他,于是埃博斯想到了"曲线救国"的办法。1989年,埃博斯成功并购一家已经在纳斯达克上市的公司,使他的公司一夜间变成了上市公司,从而进入并购和发展的"快车道"。1995年,公司更名为世通。1999年,世通公司以370亿美元收购比自己大三倍的微波通信公司后,成为美国仅次于电话电报公司的第二大电信公司,股票价格最高达64美元。1999年10月,世通公司发动的以1290亿美元收购斯普林特公司的计划因司法部的压制而宣告失败,世通公司受到致命一击,股票价格下跌60%,还背上了300亿美元的债务。之后,公司管理层为了保持公司股票价格,导演了以支出变投资的手段虚增利润的会计舞弊。

在2002年6月发生了转折,库柏和她的团队发现了一些可疑的会计分录,但会计人员要么表示不知道分录含义,要么试图把他们指向错误的方向。更值得怀疑的是,沙利文要求推迟该项审计工作,主计长则认为审计这些分录是在浪费时间,应当审计其他项目,就连审计委员会主席也认为不必深究这些分录,等待首席财务官的解释就可以。

在"世通丑闻"中,公司首席财务官沙利文是会计舞弊的设计师,主计长是实施者,而3名会计人员则是操作者,他们共谋做的假账最初被认定为38亿美元,最终被确认为110亿美元。为此,他们付出了惨痛的代价:沙利文被判监禁5年,其余4人分别被判缓刑监禁3年至监禁1年零1天不等。在审判中,虽然埃博斯一再辩护自己不懂会计、对会计舞弊不知情,但最终被认定有罪,被判处25年监禁。

世通公司申请破产保护后,4万多名员工失去工作,无数投资者损失惨重。在向受到不公正对待的投资者支付7.5亿美元赔偿后,世通公司于2004年4月从破产保护中摆脱出来,改名为微波通信公司,2005年2月以76亿美元被收购,总部迁出密西西比州。

2. 世通公司的内部审计部门

内部审计部的人力资源和运作经费严重匮乏,辛西亚所领导的内部审计部只有区区的27个工作人员,与拥有85 000名员工、资产总额超过1 000亿美元、经营业务遍布65个国家和地区的庞大规模形成巨大反差。

世通内部审计部的人数规模只相当于其竞争对手的一半,内审人员的平均单位成本(内部审计部发生的所有成本除以内审人员数)为87 000美元,而其竞争对手内审人员的平均成本为161 000美元。

内部审计部理论上直接向审计委员会负责,但实际上直接接受首席财务官沙利文的领导,缺乏最起码的独立性,加大了内部审计部对世通进行会计监督的难度。

内部审计部被剥夺财务审计的权力,主要从事经营绩效审计和预算执行情况审计,内部财务审计的职能外包给安达信,财务会计的双重审计监督被弱化为单一审计监督。

世通高管人员对内部审计发现的内部控制薄弱环节重视不够,对内部审计提出的改进建议置若罔闻。例如,内部审计部2000年11月7日的一份报告表明,尽管内部审计多次提出世通的赊销和应收账款管理系统存在重大缺陷,但这些缺陷自1997年起就一直没有得到纠正,2001年进行的内部审计发现这一问题依然存在。

6

审计委员会对内部审计部缺乏应有的督导,既没有要求内部审计部报送内审计划,也没有与内部审计部建立正式的沟通渠道,使高管人员可以随心所欲地限制内部审计部接触敏感的财务问题。

内部审计与安达信缺乏实质性的沟通和互动,这主要是因为世通将内部审计的部分职能(内部财务审计)外包给安达信。

案例来源:黄世忠.世通舞弊案的警示[J].财务与会计,2003(8)16-18.

刘济平.但愿历史不再重演——读《告密者》有感[J].中国内部审计,2010(10)90-91.

思考:为保证内部审计部门独立性,内部审计部门应当由谁领导?

(二)其他机构或人员的监督职责

1. 内部控制机构、董事会的审计委员会、监事会、经理层、国有企业的党委会的监督职能

除了内部审计机构之外,内部控制机构、董事会的审计委员会、监事会、经理层、国有企业的党委会也具有监督职能。此外,企业的下属单位或内部机构对本单位或者机构的内部控制设计和运行情况进行监督,上述内容详见"日常监督的种类"。

2. 跨业务单元或职能部门的监督

一个企业可以利用来自不同的业务单元或者职能部门的员工,来评估内部控制的各项要素。例如,来自业务单元A的质量审核人员可以定期评估业务单元B的内部控制设计和运行情况。而且,来自不同业务单元或者职能部门的员工参加内部控制的设计和执行的评估,有助于改进不同的业务单元或者职能部门之间的沟通。

3. 普通员工的监督

就某个职能部门的普通员工来说,她的职责中并没有监督其他员工是否有不道德的行为、是否有违法行为、是否有违反公司规章制度的行为等,因此,为了提高内部监督的效果,企业应当鼓励员工的主动监督行为。例如,某企业的门卫的职责是按时开门、按时关门,如果该门卫能够主动监督进出公司的车辆是否有偷窃公司资产的行为,就提高了内部监督的效果。

第二节　内部监督的方法

内部监督的方法分为日常监督和专项监督两种情况。

一、日常监督

(一)概念

日常监督是指企业对建立与实施内部控制的情况进行常规、持续的监督检查。

(二)日常监督的种类

按照监督主体,日常监督分为董监高监督、单位监督、内部控制机构监督、内部审计机构监督等四个类别,国有企业还包括党委会监督。

1. 董监高的日常监督

（1）董事会监督。董事会召开董事会会议或者专业委员会会议,利用内部审计机构、外聘专家、外部审计师、政府监管部门、客户提供的信息,也可以询问非管理层的员工,评估经理层采取的风险评估、控制活动的执行情况。

按照 2018 年 9 月,中国证券监督管理委员会发布的《上市公司治理准则》规定,审计委员会的主要职责包括:

① 监督及评估外部审计工作,提议聘请或者更换外部审计机构;

② 监督及评估内部审计工作,负责内部审计与外部审计的协调;

③ 审核公司的财务信息及其披露;

④ 监督及评估公司的内部控制;

⑤ 负责法律法规、公司章程和董事会授权的其他事项。

（2）监事会监督。按照 2018 年 9 月,中国证券监督管理委员会发布的《上市公司治理准则》规定,监事会的权力和职责包括:

① 监事有权了解公司经营情况。上市公司应当采取措施保障监事的知情权,为监事正常履行职责提供必要的协助,任何人不得干预、阻挠。监事履行职责所需的有关费用由公司承担。

② 监事会依法检查公司财务,监督董事、高级管理人员履职的合法合规性,行使公司章程规定的其他职权,维护上市公司及股东的合法权益。监事会可以独立聘请中介机构提供专业意见。

③ 监事会可以要求董事、高级管理人员、内部及外部审计人员等列席监事会会议,回答所关注的问题。

④ 监事会的监督记录以及进行财务检查的结果应当作为对董事、高级管理人员绩效评价的重要依据。

⑤ 监事会发现董事、高级管理人员违反法律法规或者公司章程的,应当履行监督职责,并向董事会通报或者向股东大会报告,也可以直接向中国证监会及其派出机构、证券交易所或者其他部门报告。

（3）经理层监督。某个职能部门的负责人对本部门的内部控制的设计和运行的效果进行监督。例如,财会部门负责人监督本部门的资产是否安全;业务活动、人事工作等的财务风险及其控制活动、财务信息传递是否及时准确等。

如果涉及的职能部门较多,经理层召开经理办公会、生产例会、经济活动分析会等会议,收集、汇总内部各职能部门的经营管理信息,持续监督这些部门的工作进展、风险评估、控制活动情况。经理层也可以向员工征集合理化建议,监督职能部门领导对员工提出的问题进行整改。

6

🎓 **案例 6-2　　　　质量主管监督**

　　一个中型制造业公司每一个月召开一次由生产主管、库存经理、需求计划主管参加的生产例会,对现有的生产水平、产品改良计划和实施情况进行讨论。质量主管也应邀参加会议,质量主管评估在例会上获得的信息,向管理层或者其他相关人员提出质疑,确定企业是否开展了针对产品质量的恰当的分析、行动、后续追踪工作,产品质量是否存在异常情况、不正常的趋势等情况。根据上述信息,产品质量主管对产品的生产计划、生产流程、风险评估、控制活动等提出建议。

案例来源: Treadway 委员会发起组织委员会.内部控制——整合框架(2013)[M].财政部会计司,译.北京:中国财政经济出版社,2014:118.

思考: 除了质量主管的监督之外,还有哪些经理层监督?

(4) 国有企业党委会监督。在国有企业,党委会也履行内部监督的责任。

① 党管内部审计。《2019年度内部审计工作指导意见》规定,"各部门各单位要认真落实坚持党对审计工作领导的工作要求,部门单位党组织、董事会(或者主要负责人)应当定期听取内部审计工作汇报,加强对内部审计重要事项的管理"。

② 与董事会、监事会、内部审计部门协同工作。《国务院办公厅关于进一步完善国有企业法人治理结构的指导意见》规定,"纪检组组长(纪委书记)可列席董事会和董事会专门委员会的会议"。审计署发布的《内部审计工作指导意见》规定,"国有企业内部审计部门与内部纪检、巡视巡察、组织人事等部门的沟通协作,建立信息共享、结果共用机制"。《中国共产党国有企业基层组织工作条例(试行)》规定,"善用企业监事会、审计、法律、财务等监督力量,发挥职工群众监督、社会监督和舆论监督作用,推动各类监督有机贯通、相互协调,形成监督合力,提高监督效能"。

③ 履行具体的监督活动。《中国共产党国有企业基层组织工作条例(试行)》规定,"国有企业党组织落实党内监督责任,建立健全党内监督制度机制,强化日常管理和监督,充分发挥内设纪检组织、党委工作机构、基层党组织和党员的监督作用。加强对企业领导人员的党性教育、宗旨教育、警示教育,落实谈心谈话制度,加大提醒、函询、诫勉等力度,通过巡视巡察、考察考核、调研督导、处理信访举报、抽查核实个人有关事项报告等方式"进行党内监督。对于某些重点环节更是要加强日常监督,例如,"国有企业党组织加强对制度执行的监督,加强对企业关键岗位、重要人员特别是主要负责人的监督,强化对权力集中、资金密集、资源富集、资产聚集的重点部门和单位的监督,突出'三重一大'决策、工程招投标、改制重组、产权变更和交易等重点环节的监督,严肃查处侵吞挥霍国有资产、利益输送等违规违纪问题。问题严重的,应当及时向上级党组织报告"。

2. 单位(机构)的日常监督

企业的下属单位或内部机构定期对职权范围内的经济活动实施自我监督。

(1) 企业的下属单位或内部机构召开部门例会或者运营分析会议,汇集本单位或者本机构的内外部信息,分析并向上级单位报告存在的问题、是否整改、拟定的整改措施等,这些会议可以起到对本单位或者机构的日常的经营管理活动进行监督的效果。

(2) 企业的下属单位或内部机构对本单位或者机构的内部控制设计和运行情况开展自我测评,至少每年一次,评价内外部环境变化、业务性质变化、业务变更导致的重要性变化等内容,并且提出进一步完善内部控制的措施。

3. 内部控制机构的日常监督

设立有专门的内部控制机构的公司应当充分发挥该机构的作用,该机构汇集内部审计、外部审计、政府监管部门的信息,根据风险评估以及针对该风险设置的控制措施,展开持续的评价活动,了解风险是否管控到企业承受范围之内。

内部控制机构还可以通过内部控制自我评估的方法,召集管理层和员工就企业内部控制制度设计和执行中的问题,进行面谈和讨论,开展问卷调查,分析问卷结果等方式,开展内部监督活动。

4. 内部审计机构的日常监督

内部审计,是一种独立、客观的确认和咨询活动,它通过运用系统、规范的方法,审查和评价组织的业务活动、内部控制和风险管理的适当性和有效性,以促进组织完善治理、增加价值和实现目标。

(1)内部审计的监督职能。内部审计机构制定内部审计计划,定期组织生产经营审计、内部控制专项审计、舞弊审计、绩效审计、经济责任审计等活动,并且提出整改建议。

内部审计机构接受董事会审计委员会的监督指导,定期向董事会及其审计委员会、监事会、经理层汇报工作。

(2)国有企业内部审计的特殊规定。国有企业内部审计机构或者履行内部审计职责的内设机构应当在企业党组织、董事会(或者主要负责人)直接领导下开展内部审计工作,向其负责并报告工作。国有企业应当按照有关规定建立总审计师制度。总审计师协助党组织、董事会(或者主要负责人)管理内部审计工作。

🎓 案例 6-3　　　　　　内部控制日常监督案例

A 公司系国有企业 B 集团控股的混合所有企业,注册资本 1 亿元,实收资本 5 000 万元,B 集团实际出资 2 750 万元,占股比为 55％,自然人王某、民营企业 D 公司分别出资 1 250 万元、1 000 万元,占股比分别为 25％、20％。A 公司主要经营食品、粮油、化工原料等贸易业务,王某作为 A 公司引进的职业经理人、法人代表,负责日常经营管理。除股东出资外,A 公司经营所需资金均依赖 B 集团提供的信用借款,自成立以来,A 公司累计从 B 集团借入资金 16.9 亿元。A 公司经营期间,王某以盘活沉淀资金、增加企业盈利为由,向 B 集团请示拟开展无风险的国债逆回购业务,获准后在证券交易所开立证券账户开始操作。事实上,A 公司并非仅开展国债逆回购业务,而是由实际控制人王某利用 B 集团借款直接从事二级市场股票交易,并擅自开户参与部分高风险的非套保期货业务,且一直对 B 集团隐瞒从事股票、期货交易的事实,在 B 集团相关会议上,也从未审议或提及二级市场股票、期货投资。直到监督人员得知线索,深入 A 公司实地核查相关账册及交易资料,真实情况才浮出水面:王某违反公司规定,未经审批程序,私自指示财务人员挪用 A 公司资金投入股市、期货累计 8 500 万元,截至事发日,该项投资实际亏损 4 850 万元、浮亏 2 402 万元,均未入账。不仅如此,王某还通过与民企股东 D 公司控制的 E 公司开展食品、粮油等大量的关联交易,"高买低卖"进行利益输送,并通过由他人代持 E 公司股权形式从中获利。

对此,日常监督如何发挥作用?

(1)事前提醒。在日常监督中,当 B 集团审议为 A 公司提供借款时,监督人员多次提出建议:一是 B 集团单方承担对 A 公司的借款责任,总额过大而且超股权比例严

6

重,而非国有股东既未按股权比例借款,又未提供担保或反担保责任,不符合股权多元化企业股东同股同权同责原则,B集团要落实其他股东担保或反担保措施,加强股权多元化企业管控;二是A公司要增强自身造血能力,尽量减少对B集团的资金依赖;三是股东尚未到位的注册资本要尽早补足。

(2)事中预警。监督人员在专项核查中发现,A公司大额资金往来随意,利用B集团借款参与股票增发、开展高风险的期货业务操作,当即明确提出:按现有国资监管制度规定,不得使用借款进行金融投资,要高度重视金融投资资金来源的合规性。在自身实力较弱的情况下,借款进行金融投资风险较大,尤其不是套期保值性质的高风险期货交易更不能涉足。王某对监督人员口头承诺停止股票、期货交易,但事后依然我行我素,继续操作。

(3)提出监督建议。针对上述情况,监督人员提出以下建议:一是A公司要严控金融投资风险,采取有效措施,退出二级市场股票、期货操作,减少投资亏损,确保资金安全。规范业务操作、财务资金管理,强化内控制度执行力。二是B集团要督促A公司完善内控体系,规范投资决策程序、业务审批流程及财务管理,并收回对A公司的借款,严控国有利益输送。三是对造成资产损失、涉及利益输送的相关责任人进行严肃追责,以示惩罚、警戒。

案例来源: 吴熙君,彭天.混改后对股权多元化企业监督案例的剖析及对策[J].国有资产管理,2022(5)52-56.

思　考: 日常监督是否应当与党组织监督结合起来,更好地发挥作用?

二、专项监督

(一)概念

专项监督是指在企业发展战略、组织结构、经营活动、业务流程、关键岗位员工等发生较大调整或变化的情况下,对内部控制的某一或者某些方面进行有针对性的监督检查。

(二)专项监督的执行机构

内部审计机构、内部控制机构、企业内部跨业务单元或者职能部门组成的专项监督小组,或者聘请外部中介机构,都可以履行专项监督的职责,但是,上述机构或者监督小组不得对本人负责的业务活动进行评价或者监督。

在国有企业,党组织的纪委部门对企业的廉政情况进行专项监督。

🎓 案例6-4　　　　　闲置房产专项监督

2016年6月,集团派出审计组赴下属某公司开展经济责任审计,审计过程中,审计组发现,该公司位于珠海市的账面原值149.23万元的四套房产多年来一直处于闲置状态,相比较于被审计单位30亿元的资产总额,这四套房产账面净值72.70万元可以忽略不计,但是,该问题依然引起审计组的高度重视,为什么处于繁华都市的四套房产多年闲置?企业为什么没有对这些闲置房产采取盘活措施?当审计组问询被审计企业的领导时,对方闪烁其词,不置可否,这加重了审计组的疑虑。经过进一步深入调查,审计组了解到,这四套房产是企业在20多年前购置,当时主要用于领导干部休息疗养使用,目前,由几位已经退休的老领导占用。审计组在审计报告中对该问题进行了反映,同时责成企业限期收回房产并进行盘活。在向集团党委汇报审计结果时,集团主要领导对此事高度重视,要求对整个集团的闲置房产特别是非经营性房产进行专项审计。

（1）精心准备审计方案。为了全面摸清集团非经营性房产目前存在的主要问题类型,审计组选择了历史悠久、规模较大的某地区重点企业进行摸排,发现存在产权不清晰、未纳入财务核算、被无偿占有、长时间闲置等问题。在此基础上,审计部门领导与审计组一起梳理了所有下属企业的具体特征,拟定了集团审计部牵头督导,相关部门协同,各层级企业分级负责、分头自查、分头整改的总体思路。全集团435户企业的非经营性房地产进行了全面摸排,共查出问题房产830套,共计54.15万平方米。

（2）层层负责、组织得力。纳入集团合并报表范围内的所有实体企业都需要开展自查工作,采取"单位自查、板块复核、总部抽查"和"逐级汇总、层层负责"的方式进行,形成了上下合力,实体企业、板块公司、集团总部各负其责的局面,提高了工作效率。

（3）深入分析、重点突出。审计部对企业填报的自查问题进行分类汇总、深入分析,发现问题的共性和规律性,并且围绕企业自查报告中的关键疑难问题,重点关注、跟进、调查、督促,摸清问题背后的真实原因。

（4）意见明确、问题鲜明。集团下属六大板块和事业部,各板块历史背景不同,主营业务不同,资产结构不同。审计部在专项核查及统计分析的基础上,针对不同板块和事业部的特点,下发有针对性的整改意见,确保各板块及实体企业高效整改。

（5）纵横联动、直面问题。通过开展逐项审计调查,审计组梳理出各级企业非经营性房产共1 550套,建筑面积88万平方米,其中,涉及问题或者风险较大的房产830套,主要涉及无偿使用、长期闲置、无产权证、未纳入财务核算、未及时办理过户、涉及法律纠纷六大类问题和风险。

（6）集团督促、合力整改。集团领导高度重视,集团董事长亲自部署审计整改工作,指派主管副总经理组织召开审计调查情况通报会议,集团办公厅负责牵头协调和督办,集团纪委负责监督,财务部、资本运营部提供财务核算和资产处置方面支持。

（7）效果显著。通过谈判、协商、诉讼等手段,收回81套被无偿占有房产,采取出租方式盘活房产215套,取得直接经济效益1.57亿元。

案例来源：中国内部审计协会.内部审计结果运用典型经验汇编[G].北京：中国内部审计协会,2020：11-15.

思考：除了闲置房地产,内部审计还可以在哪些方面发挥作用?

（三）专项监督的范围和频率的决定因素

专项监督的范围和频率应当根据风险评估结果、变化发生的性质和程度以及日常监督的有效性等予以确定。

1.风险评估的结果

重要业务事项和高风险领域所需的专项监督频率通常较高;对于风险发生的可能性较低但影响程度大的业务事项,如突发事项,进行日常监督的成本很高,应更多地依赖专项监督。

2. 变化发生的性质和程度

当内部控制各要素发生变化,可能对内部控制的有效性产生较大影响的情况下,例如,重要业务的流程发生变化、关键技术人员辞职、重大收购等情况,企业应当组织实施独立的专项监督,专门就该变化的影响程度进行分析研究。

3. 日常监督的有效性

日常监督是对企业日常发生的经营活动进行的监督,如果日常监督有效,可以迅速应对环境发生的变化,对专项监督的需求程度就低。反之,对专项监督的需求程度就高。

(四)专项监督的三个阶段

1. 计划阶段

计划阶段主要任务包括:确定本次内部监督的目标和范围;确定执行该项监督任务的监督小组成员;确定该专项监督的主管部门和主管人员;规定该专项监督的方法、时间、实施步骤;就监督计划达成一致意见。

2. 执行阶段

执行阶段主要任务包括:获得对该专项监督涉及的业务单元或业务流程的了解;了解业务单元或业务流程的内部控制程序是如何设计和运作的;应用恰当的方法评价内部控制程序;通过与企业内部审计标准的比较来分析结果,并在必要时采取后续措施;记录内部控制缺陷和拟定的纠正措施;复核、验证调查得到的结果。

3. 报告和纠正措施阶段

对专项监督过程中发现的内部控制缺陷,应当分析缺陷的性质和产生的原因,提出整改方案,获得业务单元或者业务流程管理者的情况说明或者纠正措施,采取适当的形式及时向董事会、监事会或者经理层报告。

第三节 内部监督的程序和要求

一、内部监督的程序

(一)建立健全内部监督的高层基调和相应的制度

1. 建立内部监督的高层基调

公司的董事会、监事会、经理层,国有企业的党委会,要在集团、分部和各职能部门充分强调对于内部监督的重视,采取多种措施提升内部监督人员的独立性、客观性、专业胜任能力。

2. 建立相应的内部监督制度

建立内部监督的组织架构、人力资源、工作方法、报告途径等方面的制度,建立公司的反舞弊的举报机制。

(二)实施监督

实施监督的过程包括风险排序、识别关键控制点和控制措施、发现内部控制缺陷三个流程。

1. 对被监督对象进行风险排序

根据不同的被监督对象,对该被监督对象的各种风险发生的概率、所带来的损失进行估算,计算每个风险的风险值,并进行风险大小排序。

2. 审查和评价被监督对象是否针对风险制定了关键控制点,并且采取了控制措施

对于被监督对象排序靠前的风险,考察被监督对象是否建立了关键控制点,并且采取了控制措施。

3. 发现内部控制缺陷

例如,某集团下属的电缆企业接受内部监督,该电缆企业每一个月需要使用 100 吨铜,但是,铜的价格波动很大,内部监督人员发现,该电缆企业经常因为铜的价格波动,每个月原材料成本上升达 1 000 万元,但是,该电缆企业没有采用措施来控制原料铜的价格波动。没有对铜价格波动采取控制措施是该电缆企业的内部控制缺陷。

(三)分析和报告内部监督结果

按照内部监督的结果,把内部控制缺陷分为一般缺陷、重要缺陷、重大缺陷,对内部控制缺陷进行排序,并报告给企业恰当的管理层级。

重大缺陷,是指一个或多个控制缺陷的组合,可能严重影响企业内部控制的有效性,进而导致企业无法及时防范或发现严重偏离控制目标的情形。当存在一个或多个内部控制重大缺陷时,企业应当在内部控制评价报告中做出内部控制无效的结论。

重要缺陷,是指一个或多个控制缺陷的组合,其严重程度虽低于重大缺陷,但仍有较大可能导致企业无法及时防范或发现偏离控制目标的情形。重要缺陷虽然不会严重影响内部控制的整体有效性,但是仍然需要引起企业重视和关注。

一般缺陷,是指除重大缺陷、重要缺陷之外的其他控制缺陷。

(四)对内部控制缺陷进行整改

董事会和管理层督促那些存在内部控制缺陷的责任单位进行整改,提升内部控制设计和运行的有效性。

二、内部监督的要求

(一)对监督人员的要求

负责监督的人员应具有客观性和胜任能力。

1. 客观性

客观性是指内部监督人员在从事内部审计活动时,应当以事实为依据,保持公正、不偏不倚的态度。

客观性可能受到影响的情况包括:审计本人曾经参与过的业务活动;与被审计单位存在直接利益关系;与被审计单位存在长期合作关系;与被审计单位管理层有密切的私人关系;遭受来自组织内部和外部的压力;内部审计范围受到限制。

2. 胜任能力

胜任能力是监督人员在内部控制和相关流程方面的知识、技能和经验。

内部监督人员应当通过后续教育、职业实践等途径,主动学习和掌握相关的法律法规、专业知识、技术方法、内部监督实务的发展变化,保持和提升专业胜任能力。

（二）内部监督所需要的信息的特性

（1）信息的相关性。按照信息的相关性，内部监督使用的信息可以分为两种：一种是直接信息，可以证实内部控制的运行情况，一般是通过观察执行中的内部控制、重新执行内部控制、直接评估内部控制的执行等方式获得；另一种是间接信息，是指在内部控制执行中可以表明内部控制发生了改变或者无效的其他所有信息，这些信息包括但不限于：内部控制运行的统计数据；关键风险指标；关键绩效指标；与同行业对比的数据等。间接信息需要推理后才能作出内部控制是否有效的结论，因此，识别内部控制缺陷的能力相对于直接信息较弱。例如，已经存在的内部控制缺陷可能因为不够重大而无法被作为异常情况识别出来，或者间接信息可能已经随着时间的推移失去识别异常的能力。

（2）信息的可靠性。信息的可靠性是指信息是准确的、客观的、可以验证的（即无偏见信息的程序）。

（3）信息的及时性。信息的及时性是指信息必须在一定的时间范围内生成并使用，从而能够预防内部控制缺陷，或者在这些内部控制缺陷产生不利影响之前，就及时被发现并且被整改。

（4）信息的充分性。信息的充分性是指针对某一控制点的业务记录中，有多少个样本被纳入了内部监督测试的范围。对于关键控制点，内部监督者应当考虑增加样本量。

课后练习题

一、单项选择题

1. 一般来说，企业专职的内部监督机构是（　　）。

A. 监事会　　　　　　　　　　　　B. 审计委员会

C. 内部审计部门　　　　　　　　　D. 管理层

2. 在国有企业，领导企业内部审计工作的是（　　）。

A. 监事会　　　　　B. 审计委员会　　　C. 党委会　　　D. 管理层

3. 不负责建立内部监督的基调的是（　　）。

A. 监事会　　　　　B. 审计委员会　　　C. 员工　　　D. 管理层

4. 内部监督的基础有（　　）。

A. 风险评估　　　　B. 内部环境　　　C. 控制活动　　　D. 沟通与交流

5. 与控制活动、内部监督构成三位一体的闭环控制系统的是（　　）。

A. 风险评估　　　　B. 内部环境　　　C. 管理系统　　　D. 沟通与交流

二、多项选择题

1. 内部监督所需要的信息是（　　）。

A. 相关的　　　　B. 可靠的　　　C. 及时的　　　D. 保密的

E. 充分的

2. 内部监督人员应当具备（　　）。

A. 战略性　　　　B. 客观性　　　C. 胜任能力　　　D. 系统性

E. 控制性

3. 关键控制点可以考虑(　　)。

A. 复杂程度较高的控制

B. 需要高度判断力的控制

C. 已知的控制失效

D. 相关人员缺少实施某一控制所必需的资质或经验

E. 管理层凌驾某一控制活动之上

4. 按照监督主体,日常监督包括(　　)。

A. 董监高监督   B. 单位监督

C. 内部控制机构监督   D. 内部审计监督

E. 系统监督

5.《中国共产党国有企业基层组织工作条例(试行)》规定,"国有企业党组织落实党内监督责任,建立健全党内监督制度机制,强化日常管理和监督"的内容包括(　　)。

A. 巡视巡察   B. 考察考核

C. 调研督导   D. 处理信访举报

E. 抽查核实个人有关事项

三、判断题

1. 在国有企业,党组织不具有内部监督职责(　　)。

2. 内部监督与控制活动是没有差异的(　　)。

3. 关键控制点与一般控制点没有差异,都需要内部监督(　　)。

4. 内部监督的执行者虽然不懂业务,但是,不影响监督的效果(　　)。

5. 专项监督的频率并不依赖于日常监督的效果(　　)。

四、简答题

1. 什么是内部审计?

2. 内部监督的程序是什么?

3. 执行内部监督的人员需要具备哪些要求?

4. 执行日常监督的内部监督的机构有哪些?

5. 内部监督的信息需要具有哪些要求?

五、案例分析题

一张加油卡引出的舞弊事件

内部审计人员了解到 A 公司因工作性质特殊,有 100 辆公务用车,加油费和维修费年均 400 万元左右。通过审查该公司内控制度,了解到公务车辆维修没有实行严格的事前审批和事后验收制度,公车加油未严格实施一车一卡的管理。如此庞大的公务用车规模,却没有与之相适应的管理办法,这里是否存在一些"猫腻"?内审人员带着疑问,决定将公务用车运行管理作为审计的重点。根据审计测算,该公司公务用车行驶里程数与实际油耗量不成正比,对照查看某年财务凭证发现,该公司公务油卡充值报销单据中油卡充值记录是自行打印的电子表格,凭证中没有附中石化加油 IC 卡台账对账单,并且发现加油记录登记台账有多处涂改痕迹。不断发现新的问题,更加验证了前期的疑问。但是如何核实这些疑问,将疑问转化为证据链?

6

　　针对上述分析发现的疑点,由于该公司加油登记簿手工账不便于汇总核对,内审人员运用 WPS 的图文识别功能,将手工账转换成电子数据,便于审计分析数据。内审人员对油卡充值的其他凭证进行梳理,经过集体讨论,决定从外围入手,赴中石化采集该公司 2016 年—2018 年中石化加油 IC 卡台账对账单。通过数据分析,发现该公司财务账面显示加油卡主卡绑定 14 张副卡,但中石化反映实际绑定的 27 张副卡,其中 13 张副卡储值消费记录均未在该公司财务账面显示。内审人员以 13 张副卡的去向为重点,结合加油记录,最终查出隐匿的 13 张副卡分别由该公司原董事长兼总经理任某某、副总经理杨某某、分管车辆的大队长赵某持有,为自己的私家车加油使用,个人获利 32.39 万元。

　　查出该公司公务油卡管理存在的集体腐败问题后,内审人员意识到,该公司公务用车管理存在的腐败问题可能不止于此,决定以公务油卡腐败为突破口,对该公司公务用车情况进行全面审计,以大数据分析为抓手,采集该公司车辆维修、油卡使用、派车记录、房产数据、停车数据等,开展车辆维修单显示的发动机型号与公车发动机型号、车辆出勤时间和车辆加油时间、车辆加油频次分析,车辆加油地点和出勤去向分析,停车地点和出勤去向分析等,内审人员通过对上述疑点进行核实,发现该公司车辆管理人员利用职务之便套取公务用车维修费、公务油卡费用、公车私用、私车公养等违纪违规问题,涉及金额 69.89 万元。

　　一是非公务出差地点加油。内审人员将该公司同一时段内公务油卡记录中加油地点与派车记录中的出差地点进行交叉比对,发现该公司公务油卡 2016 年—2018 年在广西、云南、四川、湖南等省异地加油和圈存,同时期公司财务差旅费报销没有显示到以上地方出差的记录。经内审人员调查取证发现,该公司工作人员存在私车公养,套取公务油卡油费的行为,涉及金额 13.06 万元。

　　二是非车辆运行时段加油。按照《党政机关公务用车管理办法》的规定,公务用车严格执行回单位或者其他指定地点停放制度,节假日期间除工作需要外应当封存停驶。根据上述规定,内审人员对中石化加油 IC 卡台账对账单进行数据分析,按年度汇总查询该公司深夜 22 点至次日早上 7 点的加油记录。分析发现该公司油卡从 2016 年—2018 年在非车辆运行时间加油记录 123 次。其中 2016 年深夜 22 点至次日早上 7 点加油 77 次共计 4.77 万元,2017 年深夜 22 点至次日早上 7 点加油 25 次共计 1.85 万元,2018 年深夜 22 点至次日早上 7 点加油 21 次共计 1.53 万元。经内审人员调查取证,该公司存在套取公务油卡费用的违纪违规问题,涉及金额 8.15 万元。

　　三是公车私用。内审人员在审核凭证中发现该公司鄂 C×××22 车核销了 800 元停车费,凭证缴费期间是 2016 年 12 月 18 日至 2017 年 3 月 18 日,停车费发票显示停车地点是某住宅小区。内审人员运用 SQL Server 关联比对功能,将该公司职工身份证号与房产信息进行关联,查出该停车地点是公司副总经理杨某某居住地。内审人员进一步调查发现,该公司副总经理杨某某经常将公务用车开回家使用,存在既领取公务交通补贴又违规使用公务用车的行为。

　　四是同一张加油卡汽油柴油混加套取油费。内审人员发现,该公司鄂 C×××99 车辆发动机为柴油发动机,却存在汽油加油记录;鄂 C×××12 车辆发动机为汽油发动机,却存在柴油加油记录。通过数据分析和数据筛查,内审人员查出该公司工作人员存在套取公务油卡油费的违纪违规行为,涉及金额 53.76 万元。

五是非正常维修车辆套现。经查看该公司车辆 2016 年—2018 年运行维护费发现，该公司常用业务车辆 85 台,2016 年—2018 年车辆维修费支出合计 520.6 万元,维修费用远高于行业正常水平。经内审人员深入调查发现,该公司在实际工作中并未按照车辆维修规范流程操作,车辆维修随意性大,所有车辆的维修费凭证均无驾驶员验收签字。内审人员根据被审计单位管理车辆维修管理混乱的现状,重点关注车辆维修频率高、次数多、金额大的记录。通过数据分析和数据筛查,发现部分车辆存在维修频率过高、反复维修的情况,个别车辆一年内维修次数达到 20 余次;部分车辆维修在某一时段内维修金额过大,已超过车辆购置价格,疑似虚假维修。此外内审人员关联车辆基本信息表和车辆维修明细表,从中提取车辆购置时间、车辆内饰、真皮等关键字段,发现该公司存在新车大修、超标准配置车辆高档内饰的问题。上述行为产生的高额费用均以公务用车维修费名义核销。经内审人员调查取证,该公司通过非正常维修车辆套现 13.61 万元。

内部审计人员将发现的 A 公司腐败窝案线索及时移交给纪检监察部门。该公司原董事长兼总经理任某某涉嫌严重违纪违法,当地检察院以任某某涉嫌贪污罪、受贿罪,依法向当地法院提起公诉;该公司副总经理杨某某涉嫌严重职务违法,当地纪委监委派驻某纪检监察组对杨某某涉嫌严重违纪问题,已予党纪立案审查;该公司分管车辆的大队长赵某被双开,并追究其刑事责任。集团对此项审计方法高度认可,并在集团巡视巡察中广泛应用该方法。

中央八项规定实施以来,部分企业中的少数党员干部仍存在思想认识不到位的情况,认为中央八项规定精神是对党政机关公务人员的要求,没必要在企业严格落实。还有个别领导干部廉洁自律意识淡漠,认为落实中央八项规定精神可能就是"一阵风",存在消极应付、执行不力等问题。此外,部分企业虽然按照相关要求制定了本单位《公务接待管理规定》《公车使用管理办法》《公用经费管理使用办法》等落实中央八项规定精神的管理办法,但仍存在制度内容空洞、要求不具体、不细致的情形。

案例来源：陈梦捷,黄杰.一张加油卡引出的舞弊事件[J].中国内部审计,2022(1)68－69.

要求：根据上述内容,设计如何从内部控制制度上堵住加油舞弊的漏洞?

第七章　内部控制评价

学习目标

1. 掌握内部控制评价的主体、对象和性质
2. 了解内部控制评价的组织实施和基本程序
3. 了解内部控制评价的原则和方法
4. 掌握内部控制缺陷的分类及认定
5. 了解内部控制评价报告的编制、披露和报送要求

在企业内部控制实务中,内部控制评价是极为重要的一环。企业通过对内部控制的有效性进行评价,可以促使企业自我完善内部控制体系、提升公众形象、实现与政府监管的协调互动。企业应当根据《企业内部控制基本规范》和《内部控制评价指引》的规定,结合自身的实际情况,制定内部控制评价办法,明确内部控制评价的原则、内容、程序、方法以及报告形式等相关内容,确保内部控制评价工作落到实处。

第一节　内部控制评价概述

一、内部控制评价的兴起

我国在《企业内部控制基本规范》和《企业内部控制评价指引》出台之前,上市公司的管理层是根据自己的意愿出具内部控制自评报告的。

2008 年 5 月 22 日,财政部会同证监会、审计署、银监会、保监会出台了《企业内部控制基本规范》。《企业内部控制基本规范》第四十六条规定:"企业应当结合内部监督情况,定期对内部控制的有效性进行自我评价,出具内部控制自我评价报告"。

2010 年 4 月 15 日,财政部会同证监会、审计署、银监会、保监会发布了 18 项《企业内部控制应用指引》以及《企业内部控制评价指引》和《企业内部控制审计指引》,明确指出企

业应根据《企业内部控制基本规范》《企业内部控制应用指引》《企业内部控制评价指引》，设计内部控制评价报告的种类、格式和内容，明确内部控制评价报告的编制程序和要求，按照规定的权限经批准后对外报出。《企业内部控制评价指引》的发布，为企业开展内部控制自我评价提供了一个共同遵循的标准。

内部控制基本规范和配套指引的发布，标志着我国企业内部控制规范体系已经形成。为了确保企业内部控制规范体系平稳顺利实施，五部委提出了分步实施的要求：要求 2011 年 1 月 1 日起在境内外同时上市的公司施行；2012 年 1 月 1 日起扩大到在上海证券交易所、深圳证券交易所主板上市的公司施行，在此基础上，择机在中小板和创业板上市公司施行，同时鼓励非上市大中型企业提前执行。这意味着 2012 年后，绝大部分上市公司要出具内部控制的自评报告。内部控制的自评报告成了上市公司财务报表的"强制性附件"。

二、内部控制评价的概念

《企业内部控制评价指引》第二条规定，企业内部控制评价是指企业董事会或类似权力机构对内部控制有效性进行全面评价、形成评价结论、出具评价报告的过程。

对内部控制评价定义的理解可以从以下几方面进行：

（一）内部控制评价的主体

董事会或类似的权力机构是内部控制设计和运行的责任主体，也是内部控制评价的责任主体。董事会可指定审计委员会来承担对内部控制评价的组织、领导和监督职责，并通过授权内部审计部门或独立的内部控制评价机构执行内部控制评价的具体工作，但董事会仍对内部控制评价承担最终的责任，对内部控制评价报告的真实性负责。

在实践中，董事会可以聘请会计师事务所等中介机构对企业内部控制的有效性进行评价，但其对内部控制承担的责任不能因此减轻或消除。

（二）内部控制评价的对象

内部控制评价的对象是内部控制的有效性。所谓内部控制有效性，是指企业建立与实施内部控制对实现控制目标提供合理保证的程度，包括内部控制设计的有效性和内部控制运行的有效性。其中，内部控制设计的有效性，是指为实现控制目标所必需的内部控制要素都存在并且设计恰当；内部控制运行的有效性，是指在内部控制设计有效的前提下，内部控制按照设计的程序得到了正确执行。

评价内部控制设计的有效性时应充分考虑以下因素：第一，相关控制的设计是否能够防止、发现并纠正财务报告的重大错报；第二，相关控制的设计是否能够合理保障资产安全；第三，相关控制的设计是否能够保证企业遵循适用的法律法规；第四，相关控制的设计是否有助于企业提高经营效率和效果；第五，相关控制的设计是否有助于企业实现发展战略。

评价内部控制运行的有效性时应充分考虑以下因素：第一，相关控制在评价期内是否按设计的要求运行；第二，相关控制在评价期内是否得到了持续一致的运行；第三，在评价期内实施控制的人员是否具备必要的控制权限和控制能力；第四，在评价期内相关控制运行是以人工控制、还是以自动控制方式运行。

需要注意的是，即使同时满足设计有效性和运行有效性标准的内部控制，也只能为内部控制目标的实现提供合理保证，而非绝对保证。企业在评价内部控制时，不应以内部控

7

制目标的最终实现程度作为唯一标准直接判断内部控制设计和运行的有效性。

(三) 内部控制评价的性质

内部控制评价是企业董事会对自身内部控制有效性的自我评价,是企业持续进行自我完善的一个过程,是一个涵盖计划、实施、报告等多个阶段、包含多个步骤的动态过程,具有一定的主观性。

这种自我评价活动对企业的促进作用表现如下:其一,企业通过内部控制评价活动,识别、分析内部控制缺陷并有针对性地落实整改,可以及时堵塞管理漏洞,防范偏离目标的各种风险,从设计和执行两个层面进一步优化内部控制,从而促进企业内部控制体系不断完善。其二,企业通过公布内部控制评价报告,将自身的内部控制状况、风险管理水平以及企业的发展战略、竞争优势、可持续发展能力公之于众,有利于增强投资者、债权人以及其他利益相关者对企业的认可度,提升企业的市场形象,促进企业长远发展。

三、内部控制评价的内容

企业应当依据《企业内部控制基本规范》和《企业内部控制应用指引》的要求,结合自身的业务特点和管理需求,从内部环境、风险评估、控制活动、信息与沟通、内部监督等要素入手,确定内部控制评价的具体内容,对内部控制设计与运行的有效性进行全面评价。

(一) 对内部环境的评价

对内部环境进行评价主要从组织架构、发展战略、人力资源、企业文化、社会责任等方面进行。具体如下:组织架构的评价可以从高管的职责权限和议事规则是否明确、内部机构设置是否重叠、权责分配是否明晰、"三重一大"事项是否实行集体决策审批或者会签制度、董事会是否采取必要的措施推动企业内部控制工作等方面进行。对发展战略的评价可以从发展战略制定是否合理、可行性研究是否到位、分解落实是否到位、监控及调整是否及时等方面进行。对人力资源的评价可以从人力资源政策是否有利于企业可持续发展且有利于员工管理、是否建立了关键岗位员工的强制休假制度或定期轮岗制度、对涉密员工是否设置了离岗的限制性规定等方面进行。对企业文化的评价应从是否重视文化建设并采取措施予以落实、是否制定高管职业道德准则和员工行为守则、高管是否在文化建设中起表率作用等方面进行。对社会责任的评价可以从是否做到安全生产、是否建立严格的产品质量控制和检验制度以保证产品质量、是否采取措施促进环境保护并实现资源节约、是否依法保护员工的合法权益、是否促进充分就业等方面进行。

(二) 对风险评估的评价

对风险评估的评价主要从风险管理目标的设立是否恰当、是否运用适当的技术和工具持续识别企业内外部风险、是否运用适当的方法和技术分析风险发生的可能性和影响程度、确定的风险应对策略是否恰当等方面进行。

(三) 对控制活动的评价

对控制活动的评价主要从各项控制措施的设计是否与风险应对策略相适应、针对各类业务事项的主要风险和关键环节所制定的控制措施是否得以有效实施、应分离的不相容职务是否分离、是否存在超越权限或不按程序办理业务的情况等方面进行。

(四) 对信息与沟通的评价

对信息与沟通的评价主要从企业获取的与经营管理相关的信息的质量是否有保证、

信息的处理和传递程序是否高效透明、是否建立健全并有效实施反舞弊机制、是否建立了与经营管理相适应的信息系统等方面进行。

（五）对内部监督的评价

对内部监督的评价主要从企业是否建立了内部监督制度、是否通过日常监督和专项监督促进内部控制有效运行、是否制定了内部控制自我评价办法和考核奖惩办法、是否制定了内部控制缺陷认定标准并执行、是否对发现的内部控制缺陷进行整改并记录归档、监事会和审计委员会以及内部审计机构是否有效发挥作用等方面进行。

四、内部控制评价的核心指标

企业依据《企业内部控制基本规范》和《企业内部控制评价指引》的要求,结合自身情况围绕内部环境、风险评估、控制活动、信息与沟通、内部监督等要素确定了内部控制评价的具体内容后,还应建立内部控制评价的核心指标体系,以便对内部控制设计与运行情况进行全面评价。

企业建立内部控制评价核心指标体系时,可参照表 7-1 进行构建。

表 7-1　　　　　　　　　　　　内部控制评价核心指标

核　心　指　标		参　考　标　准
一、内部环境		
（一）组织架构	董事会、监事会、经理层的相互制衡	董事会及各专门委员会、监事会和经理层的职责权限、任职资格和议事规则是否明确并严格执行
	董事会、监事会、经理层致力于内部控制建设	1. 是否科学界定了董事会、监事会、经理层在建立实施内部控制中的职责分工 2. 董事会是否采取必要的措施促进和推动企业内部控制工作,按照职责分工提出内部控制评价意见,定期听取内部控制报告,督促内部控制整改,修订内部控制要求
	组织机构设置科学、精简、高效、透明、权责匹配、相互制衡	1. 组织机构设置是否与企业业务特点相一致,能够控制各项业务关键环节,各司其职、各尽其责,不存在冗余的部门或多余的控制 2. 是否明确了权责分配、制定了权限指引并保持权责行使的透明度
	组织架构的适应性	是否定期梳理、评估企业治理结构和内部机构设置,发现问题及时采取措施加以优化调整,是否定期听取董事、监事、高级管理人员和其他员工的意见,按照规定的权限和程序进行决策审批
	组织架构对子公司的控制力	组织架构对子公司的控制力是否通过合法有效的形式履行出资人职责、维护出资人权益,特别关注异地、境外子公司的发展战略、年度财务预决算、重大投融资、重大担保、大额资金使用、主要资产处理、重要人事任免、内部控制体系建设等重要事项
（二）发展战略	发展战略科学合理,既不缺乏也不激进,且实施到位	1. 企业是否综合考虑宏观经济政策、国内外市场需求变化、技术发展趋势、行业及竞争对手状况、可利用资源水平和自身优势与劣势等影响因素制定科学合理的发展战略

核 心 指 标		参 考 标 准
（二）发展战略	发展战略科学合理，既不缺乏也不激进，且实施到位	2．是否根据发展目标制定战略规划，确定不同发展阶段的具体目标、工作任务和实施路径 3．是否设立战略委员会或制定相关机构负责发展战略管理工作，是否明确战略委员会的职责和议事规划并按规定履行职责 4．是否对发展战略进行可行性研究和科学论证，并报告董事会和股东（大）会审议批准
	发展战略有效实施	1．是否制定年度工作计划，编制全面预算，确保发展战略的有效实施 2．是否采取有效方式将发展战略及其分解落实情况传递到内部各管理层级和全体员工
	发展战略科学调整	是否及时监控发展战略实施情况，并根据环境变化及风险评估等情况及时对发展战略做出调整
（三）人力资源政策	人力资源结构合理，能满足企业需要	1．人力资源政策是否有利于企业可持续发展和内部控制的有效执行 2．是否明确各岗位职责权限、任职条件和工作要求，选拔是否公开、公平、公正，是否因事设岗、以岗选人
	人力资源开发机制健全有效	1．是否制定并实施关于员工聘用、培训、辞退与辞职、薪酬、考核、健康与安全、晋升与奖惩等方面的管理制度 2．是否建立员工培训长效机制，培训是否能满足职工和业务岗位需要，是否存在员工知识老化
	人力资源激励约束机制健全有效	1．是否设置科学的业绩考核指标体系，并严格考核评价，以此作为确定员工薪酬、职级调整和解除劳动合同等的重要依据 2．是否存在人才流失现象 3．是否对关键岗位员工有强制休假制度或定期轮岗制度等方面的安排 4．是否对掌握国家秘密的员工离岗有限制性的规定 5．是否将有效执行内部控制纳入企业绩效考评体系
（四）社会责任	安全生产体系、机制健全有效	1．是否建立严格的安全生产管理体系、操作规范和应急预案，切实做到安全生产 2．是否落实安全生产责任，对安全生产的投入，包括人力、物力等，是否能保证及时发现、排除生产安全隐患 3．发生生产安全事故，是否妥善处理，排除故障，减轻损失，追究责任，是否有迟报、谎报、瞒报重大生产安全事故现象
	产品质量体系健全有效	1．是否制定严格的产品质量控制和检验制度并严格执行 2．是否有良好的售后服务，能够妥善处理消费者提出的投诉和建议
	切实履行环境保护和资源节约责任	1．是否制定环境保护与资源节约制度，采取措施促进环境保护、生态建设和资源节约并实行资源减排目标 2．是否实施清洁生产，合理开发不可再生资源

核　心　指　标		参　考　标　准
（四）社会责任	促进就业和保护员工权益	1. 是否依法保护员工合法权益,保持工作岗位相对稳定,积极促进充分就业 2. 是否实现按劳分配、同工同酬、建立科学的员工薪酬制度和激励机制,是否建立高级管理人员与员工薪酬的正常增长机制 3. 是否及时办理员工社会保险,足额缴纳社会保险 4. 是否维护员工健康,落实休息休假制度 5. 是否积极开展员工职业教育培训,创造平等发展机会
（五）企业文化	企业文化具有凝聚力和竞争力,促进企业可持续发展	1. 是否采取切实有效的措施,积极培育具有自身特色的企业文化,打造以主业为核心的企业品牌,促进企业长远发展 2. 企业董事、监事、经理及其他高级管理人员是否在文化建设和履行社会责任中起到表率作用,是否促进文化建设在内部各层级的有效沟通 3. 是否做到文化建设与战略发展的有机结合,使员工自身价值在企业发展中得到充分体现 4. 是否重视并购重组后的企业文化建设,平等对待被并购方的员工,促进并购双方的文化融合
	企业文化评估具有客观性、实效性	1. 是否建立企业文化评估制度,重点对董事、监事、经理及其他高级管理人员在企业文化建设中的责任履行情况、全体员工对企业核心价值观的认同感、企业经营管理行为与企业文化的一致性、企业品牌的社会影响力、参与企业并购重组各方文化的融合度,以及员工对企业未来发展的信心做出评估 2. 是否针对评估结果有无巩固和发扬文化建设成果进行评估,进而研究影响企业文化建设的不利因素,分析深层次的原因,及时采取措施加以改进

二、风险评估

（一）目标设定	1. 基于企业层面,是否有明确的目标,目标是否具有广泛的认识基础,企业战略是否与企业目标相匹配 2. 基于业务层面,各业务层面目标是否与企业目标一致,各业务层面目标是否衔接一致,各业务层面目标是否具有操作指导性 3. 是否结合企业的风险偏好,确定相应的风险承受度
（二）风险识别	1. 目标是否层层分解并确立关键业务与事项 2. 是否持续性地收集相关信息,内外部风险识别机制是否健全 3. 是否根据关键业务或事项,分析关键成功因素 4. 是否能识别影响公司目标实现的风险
（三）风险分析	1. 风险分析技术方法的适用性 2. 结合风险发生可能性和影响程度标准划分风险等级的准确性 3. 风险发生后负面影响判断的准确性
（四）风险应对	1. 风险应对策略与公司战略、企业文化的一致性 2. 风险承受度与风险应对策略的匹配程度

7

续　表

核 心 指 标		参 考 标 准
三、控制活动		
（一）控制活动的设计	控制措施足以覆盖企业重要风险，不存在控制缺失和控制过度	1. 是否针对企业内部环境设立了相应的控制措施 2. 各项控制措施的设计是否与风险应对策略相适应 3. 各项主要业务控制措施是否完善、恰当 4. 是否针对非常规性、非系统性业务事项制定了相应的控制措施，并定期对其执行情况进行检查分析 5. 是否建立重大预警机制和突发事件应急处理机制，相关应急预案的处置程序和处理结果是否有效
（二）控制活动的运行	控制活动运行符合控制措施的规定	针对各类业务事项的主要风险和关键环节所制定的各类控制方法和控制措施是否得以有效实施
四、信息与沟通		
信息收集处理和传递及时		是否有透明高效的信息收集、处理、传递程序，合理筛选、核对、整合与经营管理和内部控制相关信息
反舞弊机制健全		1. 是否建立、健全并有效实施反舞弊机制 2. 举报投诉制度和举报人保护制度是否及时、准确传达至企业全体员工 3. 对舞弊事件和举报所涉及的问题是否及时、妥善地做出处理
沟通顺畅		1. 信息在企业内部各层级之间、企业与外部有关方面之间的沟通是否有效 2. 董事会、监事会和经理层是否能够及时掌握经营管理和内部控制的重要信息并进行应对 3. 员工诉求是否有畅通的反映渠道
利用信息化程度		1. 企业是否建立与经营管理相适应的信息系统，利用信息技术提高对业务事项的自动控制水平 2. 在信息系统的开发过程中，是否对信息技术风险进行识别、评估和防范 3. 信息系统的一般控制是否涵盖信息系统开发与维护、访问与变更、数据输入与输出、文件储存与保管、网络安全、硬件设备、操作人员等方面，确保信息系统安全稳定运行 4. 信息系统的应用控制是否紧密结合业务事项进行，利用信息技术固化流程、提高效率、减少或消除人为操纵因素 5. 信息系统是否建立并保持相关信息交流与沟通的记录
五、内部监督		
内部监督能够覆盖并控制企业日常业务活动		1. 管理层是否定期与内部控制机构沟通评价结果，并积极整改 2. 是否落实职能部门和所属单位在日常监督中的责任，及时识别环境和业务变化

续 表

核 心 指 标	参 考 标 准
内部监督能够覆盖并控制企业日常业务活动	3. 日常监督的内容是否为经过分析确认的关键控制点并有效控制,是否按重要程度将发现的问题如实反映给内部控制机构,是否积极采取整改措施 4. 日常监督用以证明内部控制有效性的信息是否适当和充分,监督人员是否具有胜任能力和客观性 5. 内部审计的独立性是否得以保障,审计委员会和内部审计机构是否独立、充分地履行监督职责 6. 是否开展了必要的专项监督 7. 内部控制机构是否追踪重大风险和重要业务,是否制定内部控制自我评价办法和考核奖惩办法,明确评价主体、职责权限、工作程序和有关要求,定期组织开展内部控制自我评价,报送自我评价报告,合理认定内部控制缺陷并分析原因,提出整改方案建议
内部控制缺陷认定科学、客观、合理,且报送机制健全	1. 内部控制机构是否制定科学的内部控制缺陷认定标准并予以一贯地执行 2. 是否对内部控制缺陷进行全面、深入地研究分析,提出并实施整改方案,采取适当的形式及时向董事会、监事会或经理层报告,督促业务部门整改重大缺陷并按规定予以披露 3. 对发现的内部控制重大缺陷,是否追究相关责任单位和责任人的责任 4. 是否建立内部控制缺陷信息数据库,并对历年发现的内部控制缺陷及其整改情况进行跟踪检查
内部控制建设与评价文档妥善保管	1. 是否采取书面或其他适当方式对内部控制的建立与实施情况进行记录 2. 是否妥善保存内部控制相关记录和资料,确保内部控制建立与实施过程的可验证性 3. 对暂未建立健全的有关内部控制文档或记录,是否有证据表明,确实已经实施了有效的控制措施或者替代的控制措施

第二节　内部控制评价的程序

一、内部控制评价的组织实施

企业应当明确内部控制评价的组织形式,明确各有关方面在内部控制评价中的职责安排,定期组织相对独立的人员对内部控制的有效性进行评价,界定内部控制缺陷并提出整改方案。

（一）组织形式

企业开展内部控制评价工作可以采取自我评价或委托中介两种形式进行。

1. 企业自己进行内部控制评价

企业可以单独设置专门的机构如内部控制评价机构或者授权内部审计机构,负责内部控制评价的具体组织实施工作。

内部控制评价机构必须具备如下设置条件：一是能够独立行使对内部控制建立与运行过程及结果进行监督的权力；二是具备与监督和评价内部控制相适应的专业胜任能力和职业道德素养；三是与企业其他职能机构就监督与评价内部控制方面能够保持协调一致；四是能够得到企业董事会和经理层的支持，有足够的权威性来保证内部控制评价工作的顺利开展。

在设置内部控制评价机构的基础上，企业在开展具体评价工作时还应成立专门的评价工作组，接受内部控制评价机构的领导，具体承担内部控制评价工作。

2. 委托中介机构进行内部控制评价

企业也可以委托会计师事务所等中介机构实施内部控制评价。会计师事务所等中介机构接受委托对企业实施的内部控制评价从业务性质上讲属于非保证服务，即内部控制评价报告的责任仍然要由企业董事会承担，因此，企业董事会应加强对会计师事务所开展的内部控制评价工作的监督与指导。

（二）职责安排

内部控制评价工作的牵涉面较广，企业不同层级的机构和组织在内部控制评价工作中承担的职责如下：

1. 董事会的职责

董事会对内部控制评价报告的真实性负责，对内部控制评价工作承担最终的责任。董事会可以通过审计委员会来承担对内部控制评价的组织、领导、监督职责。董事会或审计委员会对内部控制评价报告中的内部控制重大缺陷、重要缺陷及其整改意见进行审定，对内部控制评价部门在督促整改中遇到的困难进行协调，排除障碍。

2. 监事会的职责

监事会通过审议内部控制评价报告，对董事会建立与实施内部控制的有效性进行监督。

3. 经理层的职责

经理层负责组织实施内部控制评价工作。经理层授权内部控制评价部门组织实施内部控制评价活动；为内部控制评价方案提出应重点关注的业务或事项，审定内部控制评价方案；听取内部控制评价报告，对于内部控制评价中发现的问题或报告的缺陷，按照董事会或审计委员会的整改意见积极采取有效措施予以整改。

4. 评价部门的职责

内部控制评价部门根据授权，承担内部控制评价的具体组织实施任务。内部控制评价部门负责拟订内部控制评价工作方案并认真组织实施；对于评价过程中发现的内部控制重大缺陷，应及时与董事会、审计委员会或经理层沟通并拟订整改方案；编写内部控制评价报告等。

5. 各业务部门的职责

各业务部门应配合内部控制评价机构或中介机构开展内部控制评价工作，积极组织本部门的内部控制自查、测试和评价工作，对发现的内部控制设计和运行缺陷提出整改方案并实施整改。

6. 企业所属单位的职责

企业所属单位应配合内部控制评价机构或中介机构开展内部控制评价工作，逐级落实内部控制评价责任,积极开展内部控制自查、测试和评价工作,对发现的内部控制设计和运行缺陷提出整改方案,报本级管理层审定后,督促整改。

二、内部控制评价的基本程序

企业内部控制评价的基本程序主要分为以下三个阶段:

(一)准备阶段

企业内部控制评价的准备阶段主要包括以下程序:

1. 制定评价工作方案

内部控制评价部门应当根据企业实际情况和管理要求,分析企业经营管理过程中的高风险领域和重要业务事项,制定科学合理的评价工作方案,经董事会批准后实施。评价工作方案应当明确评价主体范围、工作任务、人员组织、进度安排和费用预算等相关内容。

2. 组成评价工作组

评价工作组在内部控制评价部门领导下,具体承担内部控制检查评价任务。内部控制评价部门根据经批准的评价方案,挑选具备独立性、业务胜任能力和职业道德素养的评价人员,组成评价工作组具体实施内部控制评价工作。评价工作组成员应当吸收企业内部相关机构熟悉情况的业务骨干参加。实施评价工作前,评价人员需要接受相关培训。

(二)实施阶段

企业内部控制评价的实施阶段主要包括以下程序:

1. 实施现场测试

评价工作组根据评价工作方案确定的内部控制评价范围,入驻被评价单位,实施现场测试。现场测试的一般步骤为:

(1)了解被评价单位的基本情况。各评价工作组与被评价单位就企业文化和发展战略、组织机构设置及职责分工、领导层成员构成及分工、被评价期间生产经营计划和预算的完成、内部控制的运行及问题的整改等基本情况进行充分沟通。

(2)确定评价范围和重点。各评价工作组根据了解的基本情况进一步确定评价范围、检查重点和抽样数量,并结合评价人员的专业背景进行人员分工。

(3)开展现场检查测试。各评价工作组根据评价人员分工,综合运用各种评价方法对内部控制设计与运行的有效性进行现场检查测试。

2. 初步认定内部控制缺陷

各内部控制评价工作组根据现场测试获得的证据,对发现的被评价单位的内部控制缺陷进行初步认定,并按缺陷的严重程度分为重大缺陷、重要缺陷和一般缺陷。

3. 编制并提交现场评价报告

各评价工作组的工作底稿应该先由评价人员进行交叉复核并签字,然后由评价工作组负责人审核后签字确认。各评价工作组汇总评价人员的工作底稿后形成现场评价报告。各评价工作组将评价结果及现场评价报告向被评价单位进行通报,由被评价单位相关责任人签字确认后,提交给企业内部控制评价部门。

(三)报告阶段

企业内部控制评价的报告阶段主要包括以下程序:

7

1. 汇总各评价工作组的评价结果

内部控制评价部门汇总各评价工作组的评价结果,对各评价工作组现场初步认定的内部控制缺陷进行全面复核、分类汇总。内部控制评价部门还要对缺陷的成因、表现形式及风险程度进行定量或定性的综合分析,按照对控制目标的影响程度判定缺陷等级。对于认定的内部控制缺陷,内部控制评价部门应当提出整改建议,要求责任单位及时整改。

2. 编制内部控制评价报告

内部控制评价部门根据汇总的评价结果和认定的内部控制缺陷,综合内部控制工作整体情况,编制内部控制评价报告,并报送企业董事会、监事会和经理层审阅,由董事会最终审定后对外披露或用作他用。

第三节　内部控制评价的原则与方法

一、内部控制评价的原则

内部控制评价的原则是指企业开展评价工作应该遵循的基本要求。企业在开展内部控制评价时至少应遵循以下原则:

(一)全面性原则

全面性原则强调内部控制评价的范围应当包括内部控制的设计与运行,涵盖企业及其所属单位的各种业务和事项,对实现控制目标的各个方面进行全面、系统、综合的评价。

(二)重要性原则

重要性原则强调内部控制评价应当在全面评价的基础上,坚持以风险为导向,突出重点,着重关注那些影响内部控制目标实现的重要业务单位、重大业务事项和高风险领域。

(三)客观性原则

客观性原则强调内部控制评价工作应当准确地揭示经营管理的风险状况,如实反映内部控制设计和运行的有效性,确保评价结果客观、公正。

二、内部控制评价的方法

企业在开展内部控制评价过程中,应当根据评价内容和被评价单位具体情况,综合运用个别访谈、调查问卷、专题讨论、穿行测试、实地查验、抽样、比较分析等方法,广泛收集被评价单位内部控制设计和运行是否有效的证据。

(一)个别访谈法

个别访谈法是指企业根据内部控制评价需要,对被评价单位员工进行单独访谈以获取有关信息的方法。个别访谈法主要用于了解企业及其所属单位内部控制的基本情况。被访谈人员通常为被评价单位领导、相关机构负责人和普通员工。评价人员在访谈前应根据内部控制评价需求写好访谈提纲,访谈中应如实记录访谈内容,访谈后应撰写访谈纪要。

(二)调查问卷法

调查问卷法是指评价人员通过事先设置的问卷调查表对被评价单位不同层次的员工进行问卷调查,根据调查结果对相关项目做出评价的方法。调查问卷法通常用于企业层面评价。调查问卷覆盖的范围应包括被评价单位各个层级员工,问卷设置应尽量简单易答。

（三）专题讨论法

专题讨论法是指评价人员通过召集与业务流程相关的专业人员就内部控制执行情况或存在的控制问题进行讨论及评估的方法。专题讨论法既是内部控制评价的手段,也可以是形成缺陷整改方案的途径。

（四）穿行测试法

穿行测试法是指在内部控制流程中任意选取一笔交易,追踪该笔交易从最初起点直到最终在财务报表中的反映,来了解该业务流程控制措施设计的有效性,并识别关键控制点的方法。

（五）实地查验法

实地查验法是指评价人员对被评价单位的实物资产的数量进行实地盘点,并对实物资产的出入库环节、保管环节等控制活动进行现场观察,然后对实物资产安全性目标相关的各项控制的有效性做出评价的方法。

（六）抽样法

抽样法是指评价人员针对企业具体的业务流程,按照业务发生的频率及固有风险的高低,从确定的业务样本库中抽取一定比例的业务样本,对业务样本的控制水平进行判断,进而对整个业务流程的内部控制有效性作出评价的方法。

（七）比较分析法

比较分析法是指通过分析、比较数据之间的关系、趋势或比率等因素来识别评价关键控制点的方法。评价人员通常将评价过程中获取的被评价单位数据与历史数据、行业标准数据或行业最优数据等进行比较,捕获其中的异常情形,并重点对异常区间的内部控制有效性进行检查评价。

第四节　内部控制缺陷的认定

一、内部控制缺陷的定义

内部控制缺陷指内部控制的设计存在漏洞以致不能有效防范错误与舞弊,或者内部控制的运行存在不足和偏差以致不能及时发现并纠正错误与舞弊的情形。

内部控制缺陷是评价内部控制有效性的负向维度。企业的内部控制如果存在缺陷,则无法合理保证内部控制目标的实现。

企业开展内部控制评价的目的就是要查找内部控制缺陷,有针对性地提出整改方案,促使内部控制不断完善。

二、内部控制缺陷的分类

内部控制缺陷按照不同的标准可以分为不同的类别:

（一）按缺陷的成因或来源分类

按照内部控制缺陷的成因或来源不同,内部控制缺陷可以分为设计缺陷和运行缺陷。

7

设计缺陷是指内部控制设计不科学、不适当，即使正常运行也难以实现控制目标。

运行缺陷是指设计完好的内部控制在实际运行过程中没有严格按照设计意图执行，或者执行者没有获得必要的授权，亦或执行者缺乏执行内部控制的胜任能力，导致内部控制运行与设计脱节，未能发挥控制效果、实现控制目标。

（二）按缺陷对企业影响的严重程度分类

按缺陷对企业影响的严重程度不同，内部控制缺陷可以分为重大缺陷、重要缺陷和一般缺陷。

（三）按缺陷的具体表现形式分类

内部控制缺陷按其影响控制目标的具体表现形式不同，可以分为财务报告内部控制缺陷和非财务报告内部控制缺陷。

财务报告内部控制缺陷，是指在会计确认、计量、记录和报告过程中出现的，对财务报告的真实性和完整性、资产的安全性等内部控制目标产生直接影响的控制缺陷。

非财务报告内部控制缺陷，是指虽不直接影响财务报告的真实性和完整性，但对企业经营管理的合法合规、营运的效率和效果、发展战略的实现等内部控制目标存在不利影响的其他控制缺陷。

三、内部控制缺陷的认定标准

对内部控制缺陷的认定，是内部控制评价人员对内部控制缺陷的重要程度进行识别和确认的过程。内部控制评价人员需要将内部控制评价过程中发现的内部控制缺陷判定为重大缺陷、重要缺陷还是一般缺陷。

内部控制缺陷的认定在一定程度上决定了内部控制的成效。内部控制缺陷一经认定为重大缺陷，内部控制评价报告中的结论就是"内部控制无效"。内部控制缺陷的认定具有一定的难度，需要借助系统的、可遵循的认定标准，还需要充分运用职业判断。

由于企业所处行业、经营规模、业务性质、风险偏好等存在较大差异，《企业内部控制基本规范》及配套指引中没有对内部控制缺陷的认定标准进行统一规定。企业可以根据《企业内部控制基本规范》和配套指引中的内部控制要求，结合自身实际情况，自行确定适合本企业的内部控制重大缺陷、重要缺陷和一般缺陷的具体认定标准。企业在确定内部控制缺陷的认定标准时，应当从定性和定量两个角度考虑，并保持相对稳定。

以下分别从财务报告内部控制缺陷和非财务报告内部控制缺陷两个方面阐述内部控制缺陷的认定标准：

（一）财务报告内部控制缺陷的认定标准

财务报告内部控制缺陷是指不能合理保证财务报告可靠性的内部控制设计和运行缺陷，即不能及时防止或发现并纠正财务报告错报的内部控制缺陷。

财务报告内部控制缺陷的认定标准取决于由于该内部控制缺陷的存在可能导致的财务报告错报的重要程度，这种重要程度由两个方面因素决定：第一，该缺陷是否具备合理可能性导致企业的内部控制不能及时防止或发现并纠正财务报告错报。第二，该缺陷单独或连同其他缺陷可能导致的潜在错报金额的大小。需要注意的是，内部控制缺陷的严重程度并不取决于是否实际发生了错报，而是取决于该控制不能及时防止或发现并纠正潜在错报的可能性。也就是说只要存在这种合理可能性，不论企业的财务报告是否真正发生了错报,都意味着财务报告内部控制存在缺陷。

如果一项内部控制缺陷单独或连同其他缺陷具备合理可能性导致不能及时防止或发现并纠正财务报告中的重大错报,就应将其认定为重大缺陷。重大错报中的"重大",涉及企业管理层确定的财务报告的重要性水平。企业通常采用绝对金额法或相对比例法来确定重要性水平。

如果一项内部控制缺陷单独或连同其他缺陷具备合理可能性导致不能及时防止或发现并纠正财务报告中虽然未达到和超过重要性水平、但仍应引起董事会和管理层重视的错报,就应将其认定为重要缺陷。

对那些不构成重大缺陷和重要缺陷的内部控制缺陷,应认定为一般缺陷。

以下迹象通常表明财务报告内部控制可能存在重大缺陷:① 董事、监事和高级管理人员舞弊;② 企业更正已公布的财务报告;③ 注册会计师发现当期财务报告存在重大错报,而内部控制在运行过程中未能发现该错报;④ 企业审计委员会和内部审计机构对内部控制的监督无效。

如果企业的财务报告内部控制存在一项或多项重大缺陷,就不能得出该企业的财务报告内部控制有效的结论。

(二)非财务报告内部控制缺陷的认定标准

非财务报告内部控制缺陷是指除财务报告目标之外的,其他目标相关的内部控制缺陷,如战略缺陷、经营缺陷、合规缺陷等。

非财务报告内部控制缺陷认定具有涉及面广、认定难度大的特点。企业可以根据自身的实际情况、管理现状和发展要求,参照财务报告内部控制缺陷的认定标准,合理确定非财务报告内部控制缺陷认定的定性标准和定量标准。其中:定量标准既可以根据缺陷所造成的直接财产损失绝对金额制定,也可以根据缺陷所导致的直接损失占本企业资产、销售收入及利润等的比率确定;定性标准可以根据缺陷所造成的直接或潜在的负面影响的性质、影响的范围等因素确定。

以下迹象通常表明非财务报告内部控制可能存在重大缺陷:① 违反国家法律、法规情形严重;② 国有企业缺乏民主决策程序;③ 企业并购重组失败;④ 重要业务缺乏制度控制或制度系统性失效;⑤ 除政策性亏损原因外,企业连年亏损,持续经营受到挑战;⑥ 企业管理层或关键岗位人员流失严重;⑦ 企业在媒体上负面新闻频现;⑧ 内部控制评价的结果特别是重大缺陷或重要缺陷未得到整改。

为避免企业操纵内部控制评价报告,企业的内部控制缺陷认定标准一经确定,必须在不同评价期间保持一致,不得随意变更。

🎓 **案例 7-1 贵州茅台的内部控制缺陷认定标准**

贵州茅台酒股份有限公司是由中国贵州茅台酒厂有限责任公司、贵州茅台酒厂技术开发公司、贵州省轻纺集体工业联社、深圳清华大学研究院、中国食品发酵工业研究所、北京糖业烟酒公司、江苏省糖烟酒总公司、上海捷强烟草糖酒(集团)有限公司等八家公司共同发起,并经过贵州省人民政府黔府函字(1999)291号文件批准设立的股份有限公司。2001年8月在上交所主板上市,A股简称贵州茅台,A股代码600519。

7

目前,贵州茅台酒股份有限公司茅台酒年生产量四万吨;43°、38°、33°茅台酒拓展了茅台酒家族低度酒的发展空间;茅台王子酒、茅台迎宾酒满足了中低档消费者的需求;15年、30年、50年、80年陈年茅台酒填补了我国陈年老窖、年份酒、极品酒的空白;在国内独创年代梯级式的产品开发模式。其产品形成了低度、高中低档、极品三大系列200多个规格品种,全方位跻身市场,从而占据了白酒市场制高点,称雄于中国极品酒市场。

贵州茅台在2021年内部控制评价报告中显示的公司确定的财务报告内部控制缺陷认定的定量标准如表7-2所示:

表7-2 贵州茅台2021年财务报告内部控制缺陷认定的定量标准

指标名称	重大缺陷定量标准	重要缺陷定量标准	一般缺陷定量标准
营业收入潜在错报	营业收入的0.5%≤潜在错报	营业收入的0.2%≤潜在错报<营业收入的0.5%	潜在错报<营业收入的0.2%
利润总额潜在错报	利润总额的5%≤潜在错报	利润总额的2%≤潜在错报<利润总额的5%	潜在错报<利润总额的2%
所有者权益潜在错报	所有者权益的0.5%≤潜在错报	所有者权益的0.2%≤潜在错报<所有者权益的0.5%	潜在错报<所有者权益的0.2%
资产总额潜在错报	资产总额的0.5%≤潜在错报	资产总额的0.2%≤潜在错报<资产总额的0.5%	潜在错报<资产总额的0.2%

说明:公司财务报告内部控制缺陷认定定量标准按照上述指标孰低原则进行确定。

贵州茅台在2021年内部控制评价报告中显示的公司确定的财务报告内部控制缺陷认定的定性标准如表7-3所示:

表7-3 贵州茅台2021年财务报告内部控制缺陷认定的定性标准

缺陷性质	定 性 标 准
重大缺陷	1. 发现董事、监事和高级管理人员的重大舞弊行为 2. 已公布的财务报告进行更正 3. 注册会计师发现的却未被公司内部控制识别的当期财务报告中的重大错报 4. 公司审计委员会和内部审计对内部控制的监督无效 5. 一经发现并报告给管理层的重大缺陷未在合理的期间得到改正 6. 因会计差错导致的监管机构的处罚 7. 其他可能影响报表使用者正确判断的缺陷
重要缺陷	1. 未依照公认会计准则选择和应用会计政策 2. 未建立反舞弊程序和控制措施 3. 重要缺陷未在合理的期间得到改正 4. 对于期末财务报告过程的内部控制无效
一般缺陷	除上述重大缺陷、重要缺陷之外的其他控制缺陷

贵州茅台在 2021 年内部控制评价报告中显示的公司确定的非财务报告内部控制缺陷认定的定量标准如表 7-4 所示：

表 7-4　　　　　贵州茅台 2021 年非财务报告内部控制缺陷认定的定量标准

指标名称	重大缺陷定量标准	重要缺陷定量标准	一般缺陷定量标准
经济损失	5 000 万≤潜在损失	2 000 万≤潜在损失＜5 000 万	潜在损失＜2 000 万

说明：考虑补偿性控制措施和实际偏差率后，在参照财务报告内部控制缺陷认定的基础上，以涉及金额大小为标准，根据造成直接财产损失绝对金额制定。

贵州茅台在 2021 年内部控制评价报告中显示的公司确定的非财务报告内部控制缺陷认定的定性标准如表 7-5 所示：

表 7-5　　　　　贵州茅台 2021 年非财务报告内部控制缺陷认定的定性标准

缺陷性质	定　性　标　准
重大缺陷	以下迹象通常表明非财务报告内部控制可能存在重大缺陷： 1. 对生产运营产生重大影响（如设施永久损害，造成生产线重大缺陷或废弃、生产长时间关停） 2. 违反国家法律、法规，如对周围环境造成严重污染或者需高额恢复成本，甚至无法恢复 3. 导致一位以上职工或公民死亡 4. 对于"三重一大"事项，缺乏集体决策程序 5. 决策程序不科学，如决策失误，导致并购不成功 6. 重要岗位的管理人员或关键岗位的技术人员纷纷流失 7. 媒体负面新闻频现，负面消息在全国各地流传，政府或监管机构进行调查，引起公众关注，对企业声誉造成无法弥补的损害 8. 内部控制评价的结果特别是重大或重要缺陷未得到整改 9. 重要业务缺乏制度控制或制度系统性失效
重要缺陷	以下迹象通常表明非财务报告内部控制可能存在重要缺陷： 1. 对生产运营产生中度影响（如生产故障造成停产） 2. 负面消息在某区域流传，对企业声誉造成中等损害 3. 长期影响多位职工或公民健康 4. 环境污染和破坏在可控范围内，没有造成永久的环境影响
一般缺陷	以下迹象通常表明非财务报告内部控制可能存在一般缺陷： 1. 对生产运营产生一般影响（生产线暂时无法生产，影响货物的交付） 2. 负面消息在公司内部或当地局部流传，对企业声誉造成轻微损害 3. 长期影响一位职工或公民健康 4. 无污染，没有产生永久的环境影响

7

案例来源：根据东方财富网中贵州茅台（600519）2022-03-31 公告《600519：贵州茅台 2021 年度内部控制评价报告》内容整理编写。

思考：贵州茅台的内部控制缺陷认定标准是否可以应用到银行业？

四、内部控制缺陷的报告

《企业内部控制评价指引》第十九条规定，企业内部控制评价机构应当编制内部控制缺陷认定汇总表,结合日常监督和专项监督发现的内部控制缺陷及其持续改进情况,对内部控制缺陷及其成因、表现形式和影响程度进行综合分析和全面复核,提出认定意见,并以适当的形式向董事会、监事会或者经理层报告。重大缺陷应当由董事会予以最终认定。

内部控制缺陷报告应当采取书面形式,可以单独报告,也可以作为内部控制评价报告的一个重要组成部分。一般而言,对于一般缺陷和重要缺陷,应定期向企业经理层报告,并视情况考虑是否需要向董事会及其审计委员会、监事会报告。对于重大缺陷,应立即向董事会及其审计委员会、监事会或经理层报告。如果出现不适合向经理层报告的情形,如存在经理层舞弊缺陷或经理层凌驾于内部控制之上的情形,则应直接向董事会及其审计委员会、监事会报告。

五、内部控制缺陷的整改

企业对于认定的内部控制缺陷,应当制定整改方案并按规定权限和程序审批后执行。对于认定的重大缺陷,应及时采取整改措施,切实将风险控制在可承受度之内,并追究有关机构或相关人员的责任。

董事会应负责重大缺陷的整改,接受监事会的监督;经理层负责重要缺陷的整改,接受董事会的监督;企业内部有关部门和单位负责一般缺陷的整改,接受经理层的监督。

内部控制缺陷整改方案通常包括整改目标、整改内容、整改步骤、整改措施、整改方法和整改期限等内容。整改期限超过一年的,还应在整改方案中明确近期整改目标和远期整改目标以及对应的整改工作任务等。

第五节　内部控制评价报告

内部控制评价报告是内部控制评价的结果体现。按照报告的编制主体、报送对象和报送时间不同,内部控制评价报告分为对外报告和对内报告。

内部控制评价对外报告的使用者包括政府有关监管部门、投资者以及其他利益相关者、中介机构和研究机构等。对外报告的内容、格式等需要符合对外披露要求,披露时间也具有强制性。

内部控制评价对内报告的使用者主要是企业董事会及其审计委员会、各层级管理者以及内部监督机构。对内报告主要以符合企业董事会及其审计委员会、经理层需要为主,编制主体层级更多,内容上更加详尽,格式更加多样,编制时间可以定期也可以不定期。

一、报告的内容

内部控制评价对外报告通常包括以下内容:

(1)董事会声明。这部分主要是声明董事会及全体董事对报告内容的真实性、准确性、完整性承担个别及连带责任,保证报告内容不存在任何虚假记载、误导性陈述或重大遗漏。

（2）内部控制有效性的结论。如果不存在重大缺陷，出具内部控制有效的结论；如果存在重大缺陷，出具内部控制无效的结论，并且需要描述该重大缺陷的性质以及对实现相关控制目标的影响程度，以及可能给公司未来生产经营带来的风险。另外，如果在内部控制评价报告基准日至内部控制评价报告发出日之间发生重大缺陷的，企业须责成内部控制评价机构予以核实，并根据核查结果对评价结论进行相应调整，同时说明董事会拟采取的措施。

（3）内部控制评价工作的总体情况。这部分主要明确企业内部控制评价工作的组织形式、领导体制、进度安排和汇报途径等。

（4）内部控制评价的依据。这部分主要描述企业开展内部控制评价工作所依据的法律法规和规章制度，一般包括《企业内部控制基本规范》《企业内部控制应用指引》《企业内部控制评价指引》以及企业制定的内部控制制度和内部控制评价办法等。

（5）内部控制评价的范围。这部分主要描述内部控制评价所涵盖的被评价单位，以及纳入评价范围的业务事项以及重点关注的高风险领域。内部控制评价的范围如果有所遗漏的，应说明原因，同时说明该遗漏对内部控制评价报告真实完整性产生的重大影响等。

（6）内部控制评价的程序和方法。这部分主要描述内部控制评价工作遵循的基本流程，以及评价过程中采用的主要方法。

（7）内部控制缺陷及其认定。这部分主要描述适用本企业的内部控制缺陷具体认定标准，并声明与以前年度保持一致或说明做出的调整及调整的原因；根据内部控制缺陷的认定标准，确定评价期末存在的重大缺陷、重要缺陷和一般缺陷。

（8）内部控制缺陷的整改情况。针对评价期末存在的内部控制缺陷，阐明公司拟采取的整改措施及预期效果；对于评价期间发现并于期末已完成整改的重大缺陷，说明企业有足够的测试样本显示与该重大缺陷相关的内部控制设计且运行有效。

二、报告的编制

（一）编制时间

内部控制评价报告按照编制时间的不同，分为定期报告和不定期报告。

定期报告是指企业至少每年进行一次内部控制评价工作，编制评价报告，并由董事会对外发布或以其他方式加以合理利用。对外报告一般采用定期的方式编制并披露。年度内部控制评价报告以 12 月 31 日作为基准日。

不定期报告可以是企业因特殊事项或特定目的而临时开展内部控制评价工作并编制的对外评价报告，也可以是企业因持续开展内部控制的监督与评价过程中发现的重大缺陷即时向董事会及其审计委员会或经理层报送的对内评价报告。不定期报告的编制时间和编制频率由企业根据实际情况确定。

（二）编制主体

内部控制评价报告的编制主体包括单个企业和企业集团的母公司。

单个企业内部控制评价报告是指某一企业以自身经营业务和管理活动为基础编制的内部控制评价报告。

7

企业集团内部控制评价报告是企业集团的母公司以母公司及控股子公司的经营业务和管理活动为基础编制的内部控制评价报告，是对企业集团内部控制设计与运行有效性的总体评价。

三、报告的披露与报送

（一）报告的披露

内部控制评价报告须报经董事会批准后才能对外披露。上市公司的年度内部控制评价报告必须在基准日后4个月内向社会公开披露，以满足投资者及利益相关者了解企业治理水平、管理规范化和抵御各类风险的能力的需要，为投资者和社会公众做决策提供依据。

（二）报告的报送

内部控制评价报告须报经董事会批准后才能报送相关主管部门。非上市企业的内部控制评价报告须按规定在基准日后4个月内报送有关监管部门，例如，国有控股企业应按要求报送国有资产监督管理部门和财政部门、金融企业应按规定报送银行业监督管理部门和保险监督管理部门、公开发行证券的企业应报送证券监督管理部门。

案例 7-2　　维维食品饮料股份有限公司 2020
年度内部控制评价报告

维维食品饮料股份有限公司成立于1994年5月，于2000年6月在上海证券交易所主板上市，股票代码600300。公司所属的行业为酒、饮料和精制茶制造业，主要从事豆奶粉、乳品、白酒和茶叶的生产、销售。公司的主导产品维维牌豆奶粉名列中国同类商品市场综合占有率第一位。公司十几年均保持中国豆奶行业龙头地位，其30多个生产基地横跨全国，拥有100多条现代化食品生产线。维维牌豆奶粉成为中国最畅销商品之一，被誉为"中国豆奶大王"，品牌深入人心。

维维食品饮料股份有限公司于2021年4月24日公开披露的内部控制评价报告如下：

维维食品饮料股份有限公司
2020年度内部控制评价报告

维维食品饮料股份有限公司全体股东：

根据《企业内部控制基本规范》及其配套指引的规定和其他内部控制监管要求（以下简称企业内部控制规范体系），结合本公司（以下简称公司）内部控制制度和评价办法，在内部控制日常监督和专项监督的基础上，我们对公司2020年12月31日（内部控制评价报告基准日）的内部控制有效性进行了评价。

一、重要声明

按照企业内部控制规范体系的规定，建立健全和有效实施内部控制，评价其有效性，并如实披露内部控制评价报告是公司董事会的责任。监事会对董事会建立和实施内部控制进行监督。经理层负责组织领导企业内部控制的日常运行。公司董事会、监事会及董事、监事、高级管理人员保证本报告内容不存在任何虚假记载、误导性陈述或重大遗漏,并对报告内容的真实性、准确性和完整性承担个别及连带法律责任。

公司内部控制的目标是合理保证经营管理合法合规、资产安全、财务报告及相关信息真实完整,提高经营效率和效果,促进实现发展战略。由于内部控制存在的固有局限性,故仅能为实现上述目标提供合理保证。此外,由于情况的变化可能导致内部控制变得不恰当,或对控制政策和程序遵循的程度降低,根据内部控制评价结果推测未来内部控制的有效性具有一定的风险。

二、内部控制评价结论

1. 公司于内部控制评价报告基准日,是否存在财务报告内部控制重大缺陷

√是 □否

2. 财务报告内部控制评价结论

□有效 √无效

根据公司财务报告内部控制重大缺陷的认定情况,于内部控制评价报告基准日,由于存在财务报告内部控制重大缺陷,董事会认为,公司未能按照企业内部控制规范体系和相关规定的要求在所有重大方面保持有效的财务报告内部控制。

3. 是否发现非财务报告内部控制重大缺陷

√是 □否

根据公司非财务报告内部控制重大缺陷认定情况,于内部控制评价报告基准日,公司发现非财务报告内部控制重大缺陷。

4. 自内部控制评价报告基准日至内部控制评价报告发出日之间影响内部控制有效性评价结论的因素

□适用 √不适用

自内部控制评价报告基准日至内部控制评价报告发出日之间未发生影响内部控制有效性评价结论的因素。

5. 内部控制审计意见是否与公司对财务报告内部控制有效性的评价结论一致

√是 □否

6. 内部控制审计报告对非财务报告内部控制重大缺陷的披露是否与公司内部控制评价报告披露一致

√是 □否

三、内部控制评价工作情况

(一)内部控制评价范围

公司按照风险导向原则确定纳入评价范围的主要单位、业务和事项以及高风险领域。

1. 纳入评价范围的主要单位包括

维维食品饮料股份有限公司、维维乳业有限公司、济南维维乳业有限公司、徐州维维牛奶有限公司、新疆维维天山雪乳业有限公司、武汉维维乳业有限公司、维维华东食品饮料有限公司、维维六朝松面粉产业有限公司、徐州维维金澜食品有限公司、泸州维维食品饮料有限公司、维维东北食品饮料有限公司、维维汤旺河生态农业公司、维维粮

仓粮食储运有限公司、维维粮油(正阳)有限公司、江苏维维包装印务有限公司、维维农牧科技有限公司、西安维维食品饮料有限公司、珠海维维大亨乳业有限公司、宁夏维维农牧有限公司、维维国际贸易有限公司、维维茗酒坊有限公司、湖南省怡清源茶业有限公司及其子公司。

2. 纳入评价范围的单位占比(表7-6)

表7-6 　　　　　　　　　　　纳入评价范围单位占比

指　　　标	占比/%
纳入评价范围单位的资产总额占公司合并财务报表资产总额之比	91.03
纳入评价范围单位的营业收入合计占公司合并财务报表营业收入总额之比	94.79

3. 纳入评价范围的主要业务和事项包括

(1) 公司治理。

① 公司严格按照国家有关法律、法规的规定,建立了法人治理结构,实现了所有权、经营权和监督权分离,互相制衡。

公司建立了独立董事制度,独立董事超过1/3。

公司董事会下设4个专门委员会,即战略与发展委员会、审计委员会、薪酬与考核委员会、提名委员会,对董事会负责。

《公司章程》对股东大会、董事会、监事会、经理层的责权都作了明确规定,建立健全了规范的公司治理结构和议事规则。

② 公司根据自身业务特点并借鉴了优秀的行业经验,建立了适合公司的组织架构,各职能部门与事业部之间职责明确,相互制约,协调高效。

公司对下属分、子公司通过生产经营、财务管理、资金调度、人员管理等,对分、子公司实行集中管理,以保证公司整体战略目标的实现。

③ 公司通过多年经营实践形成了一套适合自身经营的制度体系,通过内部控制体系建设对公司制度进行了进一步的梳理及完善,以后将按照内部控制建设的要求及制度建设规定,定期补充、修订公司制度体系。

(2) 发展战略。董事会下设战略发展委员会,作为战略制定与部署的最高权力机构,负责对公司长期发展战略和重大投资决策进行研究并提出建议,其成员包括公司董事长、总经理、副总经理、总工程师、财务总监和总经理助理及其他高管人员,均具有较强的综合素质和实践经验,熟悉公司业务特点及行业发展趋势。

公司制定了《战略发展委员会工作细则》,明确了发展战略的制定以及实施、评估和调整程序,规范了发展战略的内容,以增强公司核心竞争力和可持续发展能力,适应公司经营规模不断壮大和加快发展的需要,规范公司发展战略的制定和决策程序,保证公司战略目标的实现。

(3) 社会责任。公司重视履行社会责任,建立《社会责任管理制度》,在实现股东价值最大化的同时,积极履行作为一个食品制造企业对社会承担的责任,与相关利益方保持和谐、诚信、互利、共赢的良好关系。

严格遵守公共责任法律法规,认真落实食品安全监控措施。诚信经营,严把产品安全关,公司先后建立了ISO9001质量管理体系认证、ISO22000食品安全管理体系、GB/T27341危害分析与关键控制点(HACCP)体系,并通过了第三方认证,确立了"追求优良品质,保持天然纯净,满足顾客需求,营造健康生活"的食品安全质量方针,认真落实食品安全各项措施,严把食品安全关。

注重环境保护、节能降耗、安全生产和公共卫生。先后建立了ISO14001环境管理体系、ISO10012测量管理体系等管理体系,通过了第三方认证,并制定了环境保护、能源消耗、安全生产、公共卫生的控制方法。

公司将履行社会责任相关内容纳入公司战略、制度及具体生产经营实践中去,分工明确,保证公司各项社会责任得以履行。

(4)企业文化。企业文化是企业核心竞争力的重要因素,精心培育企业文化是公司的重要职责。公司根据国家的产业政策和行业特点,结合企业的发展历史及资源背景,通过对长时期积淀的文化内涵进行总结、提炼,形成了以企业使命、愿景、核心价值观为引领的,富有公司特色的感恩文化、阳光文化、君子文化、四自文化、健康文化的企业文化体系。弘扬"奉献、诚信、责任、创新"的核心价值观。

公司通过全员参与、广泛征求意见、研讨学习、借鉴深化和宣贯推广,不断推进企业文化体系的优化和深入发展,保持公司的凝聚力,树立公司健康、向上的良好形象。

(5)财务管理。财务管理是公司内部控制建设及评价的重点之一。公司通过建立完善的制度加强对现金、银行账户及存款、票据、税务、成本费用、会计核算及财务报告与分析等财务各方面业务的管理,并通过ERP整合财务资源,逐步实现公司及各分、子公司资金集中管理、费用刚性控制、会计政策统一、财务报表及时准确。

通过财务培训及财务审计保证财务各项管理措施落实到位。

公司一直致力于建设"安全、高效"的财务体系,规避财务风险,为公司管理层及相关财务信息使用者提供可靠财务信息。

(6)关联交易。公司制定了《关联交易管理制度》明确了关联交易事项的决策权限划分、决策程序、回避制度及报告义务。

公司制定了关联方清单并及时更新,确保关联方清单真实、完整,如公司及子公司发生交易时,相关责任人必须审慎判断是否构成关联交易,如构成关联交易,必须在制度规定权限内履行义务。

(7)全面预算。主要涉及预算方案的审批、预算目标的下达和指标的分解、预算执行的跟踪和考核,预算调整等流程。

公司制定了《全面预算管理制度》,明确了预算编制、审批、调整的职责权限及程序。

公司实施了ERP全面预算管理模块以保证预算得以执行,并通过启用部分项目预算控制及定期预算分析促进预算目标实现。

(8)投资管理。公司投资管理主要涉及工程项目投资及股权投资两部分,公司建立了工程项目管理相关制度及投资管理制度,分别从立项、可研、投资决策、投资过程管理、评价等方面进行了规范,从制度层面保证投资项目决策合规、过程可控。

7

(9) 筹资管理。为规范公司在经营中的融资行为,合理安排资金,降低资金成本,减少融资风险,公司制定了《融资管理制度》,对融资授权管理、融资决策管理、融资执行管理、融资偿付管理进行了系统的规范,保证公司筹资的合法、有效及安全。

(10) 担保管理。为规范公司的担保行为,有效控制上市公司对外担保风险,保护投资者合法权益和公司财务安全,根据《中华人民共和国公司法》《中华人民共和国担保法》《企业内部控制基本规范》及《企业内部控制应用指引》等法律、法规、规范性文件以及《公司章程》,制订了《对外担保管理制度》。对公司及分、子公司的担保业务从审批到执行及披露等各方面进行了详细的规范。有效防范对外担保风险,促进公司健康发展。

(11) 信息与沟通。为了规范公司信息披露的管理,提高公司信息披露的质量,保证公司信息披露的及时性、公平性、真实性、准确性和完整性并使公司能够对市场的动态做出迅速的反应,以及确保公司各部门、各层次之间信息得到交流,加强配合,提高公司的运营管理效率,公司制定《信息披露事务管理制度》《内部信息沟通制度》等,对相关事务进行规范,职责明确,设计有效,执行有效。

(12) 采购管理。以“安全、品质、稳定”为原则、合理授权,公司建立了《物资采购管理制度》《招标采购管理制度》《低值易耗品管理制度》等制度对采购过程中的招投标管理、供应商管理、原辅料及包装物采购、固定资产采购、低值易耗品采购等业务进行了规范,责任明确,规避了采购业务中的风险,确保原材料采购的保质保量、准时、低成本,实现供求双方共赢。

(13) 销售管理。公司建立了一系列的销售管理制度,对销售业务中涉及的市场管理、经销商管理、价格管理、销售订单与合同管理、物流管理、应收款管理和售后管理等相关业务进行了详细规定,规范了销售业务,规避了销售风险,设计有效,执行有效。

(14) 资产管理。公司建立了《固定资产管理制度》《无形资产管理制度》《盘点制度》等,对资产的采购、核算、报废、盘点等进行了详细的规定,保证资产安全、完整、财务信息真实可靠。

(15) 信息系统管理。公司制定了《信息系统开发、变更与维护管理制度》《信息系统日常维护管理制度》等相关制度,对信息系统开发及日常运行相关事务进行了明确规定,确保信息系统与经营管理活动协调统一、信息系统的安全可靠运行。

(16) 行政综合管理。公司建立了行政综合管理相关的档案管理、印章管理等管理制度,对公司经营中相关活动进行了规范,职责明确,设计有效,执行有效。

(17) 法律事务管理。公司建立《职务授权及代理制度》《法律纠纷管理制度》《合同管理制度》《维权打假管理制度》等制度,规范公司法律事务,分工明确,职责清晰,规避了公司经营中的法律风险。

(18) 生产管理。公司采用先进、成熟、可靠、适用的工艺技术及一流的生产线,保证产品质量、技术指标和经济效益达到国内外同行业一流水平,确保员工安全和环境保护,降低成本,合理利用资源,走循环经济的发展道路。生产安全卫生可靠、高质量的产品,走安全卫生、高品质、规模化、高效化的精品之路。

公司建立了完整的生产相关的各项管理制度,由生产中心组织按生产控制流程,在生产计划、产品技术标准、加工工艺说明、设备操作规程等受控条件下,实施生产过程。

公司通过成立改进团队,利用课题攻关、技术革新等手段,对过程绩效指标进行监测和趋势分析,从组织机构、工艺技术、节能降耗等方面对生产过程实施有效性评价并进行改进,提高了生产过程的有效性和效率,增进了公司的核心竞争力。

(19)内部监督管理。公司建立了《内部控制管理制度》《内部控制自我评价制度》《内部审计工作章程》《内部审计制度》《内部审计手册》等相关制度,制度完善、机构独立、分工明确、运行有效,规范和加强了公司内部控制,确保公司发展战略目标和经营计划的有效实现,提高了公司经营管理水平和风险防范能力,促进公司可持续发展,保护了投资者的合法权益。

(20)人力资源管理。主要包括员工招聘与配置、员工培训、薪酬与绩效管理、岗位调动与离职等子循环。

公司建立《人事管理制度》,对公司员工的招聘、录用、任免、内部流动、考勤、考核、培训、薪酬福利、奖惩、解聘、退休等各方面均有细致规定并严格执行,充分调动了员工的积极性和创造性,增强企业凝聚力。

(21)研发管理。公司高度重视研发管理,结合公司产品结构与产品研发思路,形成了一套以企业为主体、市场为导向、产学研相结合的研发体系。始终遵循"追求优良品质,保持天然纯净,满足顾客需求,营造健康生活"的食品安全质量方针,生产出消费者满意的天然纯净的食品。

重点关注的高风险领域主要包括:财务管理、采购管理、销售管理、资产管理、生产管理、人力资源管理。

上述纳入评价范围的单位、业务和事项以及高风险领域涵盖了公司经营管理的主要方面,不存在重大遗漏。

4. 重点关注的高风险领域主要包括

关联交易、信息披露、对外担保管理、财务管理、销售管理、采购管理、生产管理、资产管理、对外投资等方面。

5. 上述纳入评价范围的单位、业务和事项以及高风险领域涵盖了公司经营管理的主要方面,是否存在重大遗漏

□是 √否

6. 是否存在法定豁免

□是 √否

7. 其他说明事项

无

(二)内部控制评价工作依据及内部控制缺陷认定标准

公司依据企业内部控制规范体系及公司内部控制评价方法,组织开展内部控制评价工作。

1. 内部控制缺陷具体认定标准是否与以前年度一致

√是 □否

7

公司董事会根据企业内部控制规范体系对重大缺陷、重要缺陷和一般缺陷的认定要求,结合公司规模、行业特征、风险偏好和风险承受度等因素,区分财务报告内部控制和非财务报告内部控制,研究确定了适用于本公司的内部控制缺陷具体认定标准,并与以前年度保持一致。

2.财务报告内部控制缺陷认定标准

公司确定的财务报告内部控制缺陷评价的定量标准如表7-7所示:

表7-7　　　　　　　　　　　财务报告内部控制缺陷评价定量标准

指标名称	重大缺陷定量标准	重要缺陷定量标准	一般缺陷定量标准
财务报表潜在错报金额	500万元以上	50万元至500万元	50万元以下

说明:将财务报告内部控制的缺陷划分为重大缺陷、重要缺陷和一般缺陷,所采用的认定标准直接取决于由于该内部控制缺陷的存在可能导致的财务报告潜在错报的重要程度。这种重要程度主要取决于两个方面的因素:

(1)该缺陷是否具备合理可能性导致公司的内部控制不能及时防止或发现纠正财务报表潜在错报。

(2)该缺陷单独或连同其他缺陷可能导致的潜在错报金额的大小。

公司财务报告内部控制缺陷认定定量标准按照上述指标孰低原则进行确定。

公司确定的财务报告内部控制缺陷评价的定性标准如表7-8所示:

表7-8　　　　　　　　　　　财务报告内部控制缺陷评价定性标准

缺陷性质	定　性　标　准
重大缺陷	单独缺陷或连同其他缺陷,导致不能及时防止或发现并纠正财务报告中的重大错报
重要缺陷	单独缺陷或连同其他缺陷,导致不能及时防止或发现并纠正财务报告中虽不构成重大错报但仍应引起管理层重视的错报
一般缺陷	不构成重大缺陷或重要缺陷的其他内部控制缺陷

说明:对于出现下列情形的,属于定性标准认定为重大缺陷:

(1)董事、监事和高级管理人员舞弊;

(2)注册会计师发现当期财务报告存在重大错报,而内部控制在运行过程中未能发现该错报;

(3)审计委员会和内部审计机构对内部控制的监督无效;

(4)能够合理证明发生的重大损失是由于一个或多个控制缺陷而导致。

3.非财务报告内部控制缺陷认定标准

公司确定的非财务报告内部控制缺陷评价的定量标准如表7-9所示:

表 7 - 9 非财务报告内部控制缺陷评价定量标准

指标名称	重大缺陷定量标准	重要缺陷定量标准	一般缺陷定量标准
直接经济损失金额	500 万元以上	50 万元至 500 万元	50 万元以下

说明：考虑补偿性控制措施和实际偏差率后，在参照财务报告内部控制缺陷认定的基础上，以涉及金额大小为标准，根据造成直接财产损失绝对金额制定。

公司确定的非财务报告内部控制缺陷评价的定性标准如表 7 - 10 所示：

表 7 - 10 非财务报告内部控制缺陷评价定性标准

缺陷性质	定 性 标 准
重大缺陷	以下迹象通常表明非财务报告内部控制可能存在重大缺陷： (1) 被公开警告、罚款； (2) 严重影响(如生产长时间关停)； (3) 负面消息在全国各地流传，对企业声誉造成重大损害； (4) 对周围环境造成严重污染或者需高额恢复成本
重要缺陷	以下迹象通常表明非财务报告内部控制可能存在重要缺陷： (1) 被公开警告、不罚款； (2) 中度影响(如生产故障造成停产)； (3) 负面消息在某区域流传，对企业声誉造成中等损害； (4) 环境污染或破坏在可控制范围内，没有造成永久的环境影响
一般缺陷	以下迹象通常表明非财务报告内部控制可能存在一般缺陷： (1) 被政府机构质疑/调查； (2) 一般影响(生产线暂时无法生产)； (3) 负面消息在当地局部流传，对企业声誉造成轻微损害； (4) 系统内危害，无外界污染和环境影响

说明：无

（三）内部控制缺陷认定及整改情况

1. 财务报告内部控制缺陷认定及整改情况

1.1 重大缺陷

报告期内公司是否存在财务报告内部控制重大缺陷

√是 □否

根据上述财务报告内部控制缺陷的认定标准，报告期内公司存在财务报告内部控制重大缺陷，数量 2 个（表 7 - 11）。

1.2 重要缺陷

报告期内公司是否存在财务报告内部控制重要缺陷

□是 √否

1.3 一般缺陷

报告期内，公司不存在财务报告内部控制一般缺陷。

7

表 7 - 11　　　　　　　　　　　　　财务报告内部控制重大缺陷情况

财务报告内部控制重大缺陷	缺陷描述	业务领域	缺陷整改情况/整改计划	截至报告基准日是否完成整改	截至报告发出日是否完成整改
公司与股东维维集团发生非经营性资金占用事项	2020 年公司发现向股东维维集团股份有限公司拆借资金 126 728 万元,其中 2020 年发生 93 728 万元,2020 年以前发生 33 000 万元。截至 2020 年 12 月 31 日拆借资金 126 728 万元已全部归还	财务管理	公司自查发现非经营性资金占用行为后,进行了积极整改,已收回本金和利息,及时纠正了违规占用资金的行为	是	是
违规担保	公司违规为徐州正禾食品饮料有限公司提供 30 000 万元担保,其中 2019 年 20 000 万元,2020 年 10 000 万元	财务管理	其中 20 000 万元担保由公司代为还款,形成维维集团资金占用,已包含在维维集团资金占用的 126 728 万元内;其余 10 000 万元由徐州正禾食品饮料有限公司直接归还完毕	是	是
违规担保	公司违规为密山金源油脂油料有限公司提供 22 200 万元担保,其中 2019 年 18 500 万元,2020 年 3 700 万元	财务管理	其中 7 200 万元担保由公司代为还款,形成维维集团资金占用,已包含在维维集团资金占用的 126 728 万元内,其余 15 000 万元由密山金源油脂油料有限公司直接归还完毕	是	是

1.4　经过上述整改,于内部控制评价报告基准日,公司是否存在未完成整改的财务报告内部控制重大缺陷

□是　√否

1.5　经过上述整改,于内部控制评价报告基准日,公司是否存在未完成整改的财务报告内部控制重要缺陷

□是　√否

2. 非财务报告内部控制缺陷认定及整改情况

2.1　重大缺陷

报告期内公司是否发现非财务报告内部控制重大缺陷

√是　□否

根据上述非财务报告内部控制缺陷的认定标准,报告期内公司发现非财务报告内部控制重大缺陷,数量 1 个(表 7 - 12)。

表 7 - 12　　　　　　　　　　　　　非财务报告内部控制重大缺陷情况

非财务报告内部控制重大缺陷	缺 陷 描 述	业务领域	缺陷整改情况/整改计划	截至报告基准日是否完成整改	截至报告发出日是否完成整改
收到中国证监会江苏监管局《行政处罚决定书》	2020 年 7 月 23 日,公司收到中国证监会江苏监管局《行政处罚决定书》(〔2020〕4 号),针对信息披露违法行为,对本公司和维维集团股份有限公司给予警告及罚款,对杨启典、赵惠卿、张明扬、崔超、宋晓梅、崔桂亮、藤谷阳一、孟召永、孙欣、张玉明、罗栋梁、侯立松、丁金礼、徐缨、肖娜、曹荣开、赵昌磊给予警告及罚款	其他	公司已采取以下整改措施: (1) 公司联合立信会计师事务所详细主动自查了近两年又一期的会计凭证,彻底自纠,股东资金占用款项已全部收回,并在国资委监督下制定了相关制度,坚决杜绝以后类似情况发生。 (2) 完善内部控制制度,强化执行力度。公司将强化内部审计工作。为防止资金占用情况的发生,公司内审部门及财务部门将密切关注和跟踪公司关联交易资金往来的情况,从以下几方面来完善相关制度进行落实: ① 完善内部审计部门的职能,充实专职的内部审计人员,在董事会的领导下行使监督权;完善控制监督的运行程序,制定详细的内部审计计划,全面开展内部审计工作;加强其对公司内部控制制度执行情况的监督力度,提高内部审计工作的深度和广度; ② 制定《防范关联方资金占用管理办法》,修订完善有关内部控制的制度,加强制度执行力度; ③ 建立大额资金往来内审部门审批制度,定期核查公司与关联方之间的资金往来明细; ④ 建立关联方资金支付防火墙制度,在审批决策程序和手续不齐备的情况下,禁止对关联方支付任何资金; ⑤ 对相关业务部门大额资金使用动态跟踪分析与研判,对疑似关联资金往来	是	是

7

续　表

非财务报告内部控制重大缺陷	缺陷描述	业务领域	缺陷整改情况/整改计划	截至报告基准日是否完成整改	截至报告发出日是否完成整改
			事项及时向董事会审计委员会汇报,督促经营层严格履行相关审批程序。 (3)加强证券法律法规的学习,提升守法合规意识: ①公司法律部人员将组织不定期开展法律、法规的内部培训工作,增加全体员工的守法合规意识; ②公司实际控制人、董事、监事、高管按照监管部门的要求积极参加监管部门组织的证券法律法规、最新监管政策和资本运作培训	是	是

2.2　重要缺陷

报告期内公司是否发现非财务报告内部控制重要缺陷

□是　√否

2.3　一般缺陷

报告期内,公司不存在非财务报告内部控制一般缺陷。

2.4　经过上述整改,于内部控制评价报告基准日,公司是否发现未完成整改的非财务报告内部控制重大缺陷

□是　√否

2.5　经过上述整改,于内部控制评价报告基准日,公司是否发现未完成整改的非财务报告内部控制重要缺陷

□是　√否

四、其他内部控制相关重大事项说明

1. 上一年度内部控制缺陷整改情况

√适用　□不适用

根据公司内部控制缺陷具体认定标准,上一年度存在财务报告内部控制重大缺陷,公司自查后,进行了积极整改,但尚未完成全面整改。

2. 本年度内部控制运行情况及下一年度改进方向

√适用　□不适用

公司本年按照《企业内部控制基本规范》及《企业内部控制应用指引》的相关要求,持续完善公司《内部控制管理制度》,并根据公司内部管理情况的变化,及时对《内部控制管理制度》进行修订,确保《内部控制管理制度》与公司实际情况相匹配。同时,公司

高度重视内部控制评价工作,通过开展本年度内部控制评价工作,及时发现公司内部控制存在的薄弱环节,对于内部控制管理缺陷给予高度重视,积极采取有效措施降低内部控制执行不到位对公司的不利影响。

公司在下一年度将严格按照整改措施和计划的要求完成公司内部控制管理缺陷的整改,重点加强关联交易、对外担保管理、投资管理、财务管理、合同管理、采购管理、销售管理,有效提升公司内部控制的薄弱环节,确保公司在所有重大方面保持有效的内部控制。

3. 其他重大事项说明
□适用 √不适用

董事长(已经董事会授权):林斌
维维食品饮料股份有限公司
2021 年 4 月 22 日

案例来源:东方财富网中维维股份(600300)2021－04－24公告《600300:维维股份2020年度内部控制评价报告》。

思考:1. 对照维维食品饮料股份有限公司 2020 年度的内部控制评价报告,内部控制评价报告应由哪些部分构成?

2. 维维食品饮料股份有限公司因为存在哪些内部控制缺陷导致在评价报告中得出了"内部控制无效"的结论?

课 后 练 习 题

一、单项选择题

1. 对企业内部控制评价承担最终责任的主体是(　　)。

A. 企业董事会　　　　　　　　B. 会计师事务所
C. 企业监事会　　　　　　　　D. 企业经理层

2. 企业内部控制评价的对象是(　　)。

A. 财务报告的公允性　　　　　B. 内部控制的有效性
C. 内部控制制度建设　　　　　D. 内部控制环境建设

3. 企业内部控制评价工作的最终结果表现为提交(　　)。

A. 财务报告　　　　　　　　　B. 审计报告
C. 内部控制评价报告　　　　　D. 内部控制评价工作底稿

4. 企业中通过审议内部控制评价报告对董事会建立与实施内部控制的情况进行监督的机构是(　　)。

A. 经理层　　　　　　　　　　B. 监事会
C. 企业各部门　　　　　　　　D. 企业所属单位

5. 如果某上市公司更正已公布的财务报告,通常表明该公司内部控制可能存

7

在( )。

    A. 一般缺陷   B. 重要缺陷   C. 重大缺陷   D. 设计缺陷

二、多项选择题

1. 企业实施内部控制评价至少应当遵循下列哪些原则( )。

    A. 全面性原则   B. 重要性原则

    C. 客观性原则   D. 及时性原则

    E. 反舞弊原则

2. 内部控制缺陷按其影响程度可分为( )。

    A. 重大缺陷   B. 重要缺陷

    C. 一般缺陷   D. 常规缺陷

    E. 舞弊缺陷

3. 企业设立的内部控制评价机构必须具备一定的设置条件,以下哪些选项符合设置条件( )。

    A. 独立性   B. 专业性   C. 协调性   D. 权威性

    E. 反舞弊性

4. 在内部控制评价过程中,以下哪些迹象出现表明非财务报告内部控制可能存在重大缺陷( )。

    A. 国有企业缺乏民主决策程序,如缺乏"三重一大"决策程序

    B. 违反国家法律、法规,如环境污染

    C. 管理人员或技术人员纷纷流失

    D. 董事、监事和高级管理人员舞弊时

    E. 财务数据造假

5. 以下哪些选项属于内部控制评价中可以使用的方法( )。

    A. 个别访谈   B. 调查问卷   C. 专题讨论   D. 穿行测试

    E. 舞弊检查

三、判断题

1. 内部控制评价能为内部控制目标的实现提供绝对保证( )。

2. 企业内部控制评价是企业的一项自我评价活动( )。

3. 内部控制评价中的重要性原则具体指内部控制评价工作应当包括内部控制的设计与运行,涵盖企业及其所属单位的各种业务和事项( )。

4. 企业的内部控制对控制目标的实现造成了事实上的严重影响才算重大缺陷( )。

5. 财务报告内部控制缺陷只能通过定量的方式予以确定( )。

四、简答题

1. 试述内部控制评价的主体、对象和性质。

2. 试述企业内部控制评价的基本程序。

3. 试述企业在开展内部控制评价时应遵循的原则。

4. 试述内部控制缺陷的定义和分类。

5. 内部控制评价报告的编制、披露和报送环节应注意哪些事项?

五、案例分析题

甲公司内部控制评价方案

甲公司系境内外同时上市的公司，其 A 股在上海证券交易所上市。根据财政部等五部委联合发布的《企业内部控制基本规范》《企业内部控制配套指引》以及《公司内部控制手册》，甲公司拟订的内部控制评价方案摘要如下：

1. 关于内部控制评价的组织领导和职责分工

董事会及其审计委员会负责内部控制评价的领导和监督；经理层负责组织实施内部控制评价，并对公司内部控制的有效性负全责；公司审计部被授权作为内部控制评价机构具体组织实施内部控制评价工作，包括拟订评价计划、组成评价工作组、实施现场评价、审定内部控制重大缺陷、草拟内部控制评价报告，及时向董事会、监事会或经理层报告等；其他有关业务部门负责组织本部门的内部控制自查工作。

2. 关于内部控制评价的内容和方法

内部控制评价围绕内部环境、风险评估、控制活动、信息与沟通等内容展开。鉴于公司已按《公司法》和公司章程建立了科学规范的组织架构，组织架构相关内容不再纳入企业层面评价范围。同时，本着重要性原则，在实施业务层面评价时，主要评价上海证券交易所重点关注的对外担保、关联交易和信息披露等业务或事项。在内部控制评价中，可以采用的方法包括个别访谈、调查问卷、专题讨论、穿行测试、实地查验、抽样和比较分析等，但考虑到公司现阶段经营压力较大，为了减轻评价工作对正常经营活动的影响，在本次内部控制评价中，仅采用调查问卷法和专题讨论法实施测试和评价。

3. 关于实施现场评价

评价工作组应与被评价单位进行充分沟通，了解被评价单位的基本情况，合理调整已确定的评价范围、检查重点和抽样数量。评价人员要依据《企业内部控制基本规范》《企业内部控制配套指引》和《公司内部控制手册》实施现场检查测试，按要求填写评价工作底稿，记录测试过程及结果，并对发现的内部控制缺陷进行初步认定。现场评价结束后，评价工作组汇总评价人员的工作底稿，形成现场评价报告。现场评价报告无须和被评价单位沟通，由评价工作组负责人审核、签字确认后报审计部即可。审计部应编制内部控制缺陷认定汇总表，对内部控制缺陷进行综合分析和全面复核。

4. 关于内部控制评价报告

审计部在完成现场评价和缺陷汇总、复核后，负责起草内部控制评价报告。评价报告应当包括董事会对内部控制报告真实性的声明、内部控制评价工作的总体情况、内部控制评价的依据、内部控制评价的范围、内部控制评价的程序和方法、内部控制缺陷及其认定情况、内部控制缺陷的整改情况、内部控制有效性的结论等内容。对于重大缺陷及其整改情况，只进行内部通报，不对外披露。

要求：根据《企业内部控制基本规范》及《企业内部控制配套指引》，逐项判断甲公司内部控制评价方案中的 1 至 4 项内容是否存在不当之处并说明理由。

7

第八章 内部控制与风险管理的新发展

💡 学习目标

1. 掌握 COSO 颁布的《企业风险管理——与战略和绩效的整合》的五个要素
2. 掌握使命、愿景、核心价值观的概念
3. 掌握 COSO 颁布的《企业风险管理——与战略和绩效的整合》的 20 个原则
4. 掌握 2013 年 COSO 委员会发布了新版《内部控制——整合框架》的 17 项原则

第一节 企业风险管理——与战略和绩效的整合

2017 年,COSO 发布了《企业风险管理——与战略和绩效的整合》,包括了内容摘要(Executive Summary)、框架(Framework)、附录(Appendices)三个部分,其中,内容摘要已经被很多学者论述,但是,框架却鲜见论述。本教材描述了框架的基本内容,框架共包括十个部分:引言;风险和风险管理的术语;战略、业务目标和绩效;整合企业风险管理;要素和评估;治理与文化;战略和目标设定;绩效;评价和整改;信息、沟通和报告等。

其中:前五个内容(引言;风险和风险管理的术语;战略、业务目标和绩效;整合企业风险管理;要素和评估)是如何应用框架的说明。后面五个内容(治理与文化;战略和目标设定;绩效;评价和整改;信息、沟通和报告)是框架的具体内容。

下面分别简述这十个方面:

一、引言

(一)基本前提

每一个实体,无论是营利性的,非营利性的,还是政府机构,都是为利益相关者提供价值而得以存在的。但是,所有实体在追求价值时都面临风险。

外部利益相关者:不直接参与实体运营,但是,受到实体运营活动的影响,或者直接影响实体所处的商业环境,或者影响实体的声誉、品牌、信任的任何当事人或组织。

内部利益相关者：在实体内部工作的各方，例如，员工、管理层、董事会等。在德国，内部利益相关者除了上述内容之外，还包括监事会。

实体：任何形式的营利组织、非营利组织或政府机构。实体可以是公开上市的、私有的、以合作方式或其他法律形式存在；实体的规模可大可小，行业各异，地理位置不同。

（二）企业风险管理的重要性

在整个组织中整合企业风险管理，可以改进组织的治理、战略、目标设定和日常运营方面的决策。它更紧密地将战略和业务目标与风险联系起来，有助于提高绩效。整合企业风险管理，为实体提供了一条创造、保持和实现价值的清晰途径。

风险影响了组织实现其战略和业务目标的能力。因此，管理层面临的一个挑战是确定组织准备接受并能够接受的风险量。有效的企业风险管理有助于董事会和管理层优化结果，以增强创造、保持和最终实现价值的能力。

（三）使命、愿景、核心价值观

（1）使命：确定了组织想要达到的核心目标和组织为什么存在。

（2）愿景：组织未来期望达到的状态或者组织将来要达到的目标。

（3）核心价值观：组织对于什么是好的、坏的、可接受的、不可接受的态度；价值观影响了组织的行为。

（4）战略是指组织达到使命、愿景，运用核心价值观的计划。企业风险管理并不创造组织的战略，但是，影响战略的开发。管理层考虑不同战略时需要风险信息，在此基础上，选择一个战略。COSO所说的"战略"的基本含义，相当于本教材第二章所说的"战略规划"的基本含义。

（5）治理：分配董事会、管理层和利益相关者之间的权力和责任。

（四）企业风险管理影响价值

一个实体的价值在很大程度上取决于管理层的总体战略决策和日常决策。这些决策可以决定实体的价值是被创造、保存、侵蚀还是实现。企业应当更紧密地把战略、业务目标与风险联系起来；以便创造、维护和实现价值。

（1）当使用资源创造的价值大于资源的成本时，价值得以创造。资源包括：人力资本、金融资本、技术、流程和品牌。例如，清晰的业务流程与混乱的业务流程相比来看，前者更可能为公司创造价值。

（2）在每日运营中使用的资源持续带来收益，价值得以保持。例如，提供优质的产品、服务，带来了客户和利益相关者的满意和忠诚，此时，价值得以保持。

（3）当管理层实施的战略没有达到预期结果或者不能完成每天的任务时，价值就减损了。例如，投入大量资源开发一个新产品，但是，最终失败了。

（4）当利益相关者获得了企业创造的收益，价值实现了。收益可以是货币的或者非货币的。例如，客户获得了企业创造的产品，供应商向企业卖出了原材料，员工获得了企业发放的工资，地方政府获得了企业上缴的利税，劳工获得了就业，那么，企业的价值就实现了。

（五）创造价值依靠于不同的组织类型

（1）营利组织创造价值依靠于成功地实施了战略，该战略平衡了市场机会和风险。例如，如果企业一味追求机会，忽略了风险，就不能创造价值。个别企业无视对赌协议中埋藏的巨大风险，看似抓住了机会，实则带来了风险。

8

（2）非营利组织和政府部门通过提供产品和服务来创造价值，这些产品和服务平衡了服务广大公众的机会与风险。例如，非营利组织提供的服务包括：公益慈善、救灾、扶贫济困、环境保护、公共卫生、文化教育、科学研究、科技推广、农村和城市的社会发展、社区建设等许多领域。非营利组织提供的服务往往是有限的，如果承诺过大、过多而不能够完成，则构成了非营利组织的风险。

（3）无论实体的类型如何，将企业风险管理实践和业务的其他方面结合起来，可以给予利益相关者更大的信心。

案例 8-1　　　　　俏江南的机会与风险

连续盈利八年后，俏江南迎来了最辉煌的时刻，成为2008年北京奥运会定点餐饮提供商中唯一一家中餐企业。全球金融危机爆发时，既有优势规模，又有奥运唯一中餐服务商知名度的高端餐饮企业俏江南获得资本市场垂青，一度有20余家私募股权基金竞争入资俏江南。

2008年，为了缓解扩张门店带来的现金压力，张兰引入鼎晖，签署《增资认购协议》，后者向俏江南注资等值于2亿人民币的美元，以换取俏江南10.526%的股权，而以张兰为法定代表人的上海俏江南投资有限公司一家独大，占股85.658%，另有一位小股东持有剩下的股权。俏江南和鼎晖当初签订的是股权回购协议以及跟随出售权条款。这些条款对鼎晖十分有利，例如，鼎晖能够以减少俏江南注册资本、向俏江南或第三方转让股份两种方式退出。

按照张兰的规划，从2010年开始，俏江南希望通过资本运作与海外收购，在3～5年内开设300～500家俏江南餐厅，每年开出新店100家左右。

资本实力得以增强的俏江南，开始把登陆中国A股市场提上日程。在改制成股份公司后，2011年3月，俏江南向中国证监会提交了A股上市的申请。然而上市申请提交之后，监管层冻结了当时所有餐饮企业的A股IPO申请。在2012年中国传统春节即将到来之时，证监会披露IPO申请终止审查名单，俏江南位于其中。至此，俏江南的A股上市之路中止。迫不得已，张兰转战香港，于同年4月份启动了香港挂牌上市的申请，计划融资3亿到4亿美元。1个月后，为筹集资金，俏江南将集团旗下主攻高端消费的子品牌"兰会所"出售。在此过程中，张兰还更换国籍以规避政策监管，然而，这些举动并没有迎来市场的回暖，俏江南赴港上市也未实现。上市遇阻，唯有引入更大的投资。为了方便鼎晖投资解套，俏江南引入欧洲股权私募基金CVC。2013年11月，CVC以3亿美元的价格收购了俏江南82.7%的股权，管理团队则持有3.5%，张兰一方持剩余的13.8%。鼎晖投资与俏江南从此"分手"。CVC收购俏江南之初，张兰本人曾告诉《财经国家周刊》，自己会继续留任俏江南董事会主席。但一年之后，市场上开始流传出张兰退出俏江南董事会的消息。2015年7月16日晚，俏江南集团宣布，最大股东CVC退出俏江南董事会，不再持有俏江南股权，改由香港保华顾问有限公司委派董事。此外，创始人张兰也离开了其一手创办的俏江南。在工商企业查询系统中，北京俏江南投资控股有限公司的法定代表人由张兰之子汪小菲变更为另一自然人秦乐天。

2013 年初开始,俏江南的多家门店由几年前的常年盈利转变为月月亏损,业绩比此前大幅下降 50%。同年的胡润富豪榜中,张兰的名字已不见踪影。俏江南门店则由 2013 年的 73 家降至 2016 年的 54 家,3 年内关店 19 家,这与其当初的扩张计划相去甚远。

案例来源: 海棠荬.俏江南风光与落寞背后,可能是"去家族化"的终结[J].商业文化,2017(1)18-21.

思考: 对赌协议究竟是机会还是风险?

(六)绩效管理

绩效管理关注有效率地利用资源,计量那些达成组织短期和长期目标的行为、任务和职能部门的绩效。绩效指标举例:

(1)财务计量:例如,投资回报率、收入、盈利能力;

(2)运营计量:例如,运营小时数、生产数量;

(3)责任计量:例如,完成服务合同或遵循管制要求;

(4)项目计量:例如,在一定的时间期间内,开发了新产品;

(5)成长性计量:例如,在新市场扩大了市场份额;

(6)利益相关者计量:例如,对失业人员的教育和基本职业能力培训。

一个组织通过把企业风险管理和每日运营活动整合起来,通过更紧密地把业务目标和风险联系起来,可以提升总体绩效。

(七)企业风险管理与内部控制的关系

(1)企业风险管理包括了内部控制的一些理念。内部控制对组织实现目标提供合理保证,内部控制帮助组织确定、分析组织达到目标所面临的风险,并管理这些风险。内部控制使管理层关注组织的运营,在遵循法规的同时追求业绩目标。

(2)企业风险管理的一些理念未包括在内部控制之内,例如,风险偏好、风险容忍度、战略、在企业风险管理框架下设定的多个目标。上述内容对内部控制来说是已经存在的前提条件,内部控制以这些前提条件为基础,进行五要素控制活动。

(八)整合企业风险管理的好处

(1)增加机会的范围。

(2)在减少负面意外的同时增加积极成果和优势。

(3)识别和管理实体范围内的风险。

(4)减少业绩可变性。

(5)改进资源配置。

(九)企业风险管理和实体适应、生存和繁荣的能力

1. 认知风险难

(1)每个实体都在不断变化的环境中着手实现其战略和业务目标。市场全球化、技术突破、兼并和收购、波动的资本市场、竞争、政治不稳定、劳动力能力和监管等,使我们很难了解实现战略和业务目标的所有可能风险。

(2)在风险的背景下,事件不仅仅是常规交易;它们还包括更广泛的业务事项,如治

8

理和运营结构的变化、地缘政治和社会影响以及合同谈判等。一些可能影响战略和业务目标的事件是显而易见的,比如利率的变化,竞争对手推出新产品,或者关键员工退休。其他的则不那么明显,尤其是当多个小事件结合在一起形成一种趋势或条件时。例如,很难确定与全球变暖有关的具体事件,但人们普遍认为这种情况正在发生。

（3）在某些情况下,组织甚至不知道或无法识别可能发生的事件。

2. 管理风险难

（1）企业风险管理的重点是管理风险,以降低事件发生的可能性,以及管理事件发生时的影响。"管理影响"可能需要组织根据情况进行调整。在某些极端情况下,可能实施危机管理计划。

（2）因为风险总是存在并且总是在变化,所以追求和实现目标可能很困难。虽然组织不可能管理风险的所有潜在结果,但它们可以改进组织如何适应不断变化的环境。也就是说,组织应当具有可持续性、弹性和敏捷性。

二、风险和企业风险管理的术语

（一）定义风险和不确定性

（1）风险:事件将要发生并且影响战略和业务目标实现的可能性。

（2）事件:一个事件或一组事件。

（3）不确定性:不知道潜在事件如何出现或是否出现的状态。

（4）严重性:对事件发生的可能性和影响的计量,或者从事件中恢复所需要的时间来衡量。

（5）组织通常关注那些可能导致负面结果的风险,例如火灾造成的损失、失去一个关键客户或出现新的竞争对手。然而,事件也可能产生积极的结果,例如天气好于预期,员工留任趋势增强,或税率改进,这些也应考虑在内。同样,有利于实现一个目标的事件可能同时对实现其他目标构成挑战。例如,需求高于预期,对财务业绩有积极影响。然而,这也会增加供应链的风险,如果公司不能及时地供应产品,可能会导致客户不满意。

（二）企业风险管理的定义

风险管理贯穿于实体创造、保持和实现价值的全过程,风险管理应用于战略制定和绩效评价,其基础是实体的文化、能力和实践。

更深入地了解企业风险管理的定义,强调企业风险管理的重点是通过以下方式:

（1）认识实体的文化。文化是由一个实体的各级人员通过他们的言行来发展和塑造的。

（2）开发实体的能力。一个有能力适应变化的组织,在面对市场、资源限制和机遇时,会更有弹性,更可能脱颖而出。

（3）风险管理应用于实践。企业风险管理不是静态的,也不是企业的附属品。相反,它不断应用于企业的整个活动范围以及个别项目,并推出新的措施。它是实体各级管理决策的一部分。

（4）风险管理与战略制定和绩效相结合。在最高层次上,企业风险管理与战略制定相结合,管理层了解实体的总体风险状况以及不同战略对该风险状况的影响。管理层特别考虑通过创新和新业务(例如健康、养老等)而产生的新机会。将企业风险管理整合到日常任务中的组织更有可能拥有更低的成本。

(5)管理战略和业务目标实现过程中的风险。企业风险管理是实现战略和业务目标不可或缺的组成部分,精心设计的企业风险管理实践为管理层和董事会提供了实现总体战略和业务目标的合理预期。

但是,即使有合理的预期,实体也可能遇到无法预料的挑战。一个组织必须根据其风险偏好,管理与战略和业务目标相关的风险。风险偏好(risk appetite)是组织在追求价值时愿意接受的风险的类型和数量。不同的战略将使一个实体面临不同种类的风险或不同数量的类似风险。

(6)与价值挂钩。风险偏好并非一成不变。随着风险管理能力的不断变化,风险偏好可能在产品或业务部门之间发生变化。例如,在经济景气时期,一家成功且成长的公司可能比经济不景气、企业前景恶化时更愿意接受某些经济下行带来的风险。风险偏好必须足够灵活,以便根据需要适应不断变化的业务条件,而无需等待定期的管理审查和批准。在风险偏好范围内管理风险可以提高组织创造、保持和实现价值的能力。

三、战略、业务目标和绩效

(一)战略和业务目标、企业风险管理、绩效之间的关系

组织根据使命、愿景和核心价值观,制定战略和业务目标,在制定战略和业务目标时,考虑接受何种类型和多少数量的风险,风险可以给组织带来机会,也可以带来损失,对于机会,要采取全面风险管理的方式进行把握,对于损失,要采取全面风险管理的方式进行降低、回避,基于以上步骤,提升组织的绩效。

(二)战略和业务目标与使命、愿景和核心价值观不一致的可能性

企业风险管理可以帮助企业避免战略错位。它可以为组织提供洞察力,以确保其选择的战略支持实体的使命和愿景。

(三)评估所选的战略

企业风险管理并不创建实体的战略,但它会告知组织,目前考虑的不同战略的风险以及最终所采用的战略。组织需要评估所选择的战略如何影响实体的风险状况,特别是组织可能面临的不同的风险类型和不同风险的数量。在评估战略可能面临的潜在风险时,管理层要考虑这些战略的前提假设。

(四)实施战略和业务目标的风险

(1)每个组织都必须考虑实施战略的风险。有时,个别风险或某些风险变得十分重要,组织可能需要修订战略。

(2)执行战略的风险也可以从业务目标的角度来看待。一个组织可以使用各种技术来评估风险。在可能的情况下,组织应当使用相同的计量单位来衡量每个目标的风险。这样做将有助于风险的严重性与既定的绩效指标协调一致。

(五)企业风险管理与绩效

(1)风险与绩效之间的关系很少是线性的。绩效目标发生变化,并不必然导致风险发生相应的变化,反之亦然。

(2)每个实体的风险状况将因其独特的战略和业务目标而有所不同。组织可以利用

8

他们的风险概况(risk profiles)来更好地理解风险、预期绩效和实际绩效之间的内在关系。

（3）风险概况有助于管理层在追求战略和业务目标时，明确哪些风险是可以接受的和可以被管理的。风险概况有助于管理者：

① 了解实体风险偏好背景下的绩效水平（见原则 7：确定风险偏好）。

② 根据组织管理风险的能力，找到组织的最佳绩效水平（见原则 9：制定业务目标）。

③ 确定与目标相关的绩效变化的容忍度（见原则 9：制定业务目标）。

④ 评估风险对预定目标的潜在影响（见原则 11：评估风险的严重性和原则 14：开发风险的组合观）。

四、整合企业风险管理

（一）整合的重要性

一个实体的成功是组织每天所做的无数决定的结果，这些决定会影响绩效，最终影响战略或业务目标的实现。大多数决策都需要从多个备选方案中选择某一个。许多决定并不是简单的"对"或"错"，而是多种因素的权衡，例如：时间与质量、效率与成本、风险与回报。

在做出此类决定时，管理层和董事会必须不断地在动态的业务环境中把握大方向，这就要求将企业风险管理思想始终集成到实体的各个方面。企业风险管理部门不仅仅是一个实体中的一个职能部门，而是可以"附加"的东西，并且与文化、实践和能力整合在一起，并应用于整个实体。

将企业风险管理与业务活动和流程集成在一起，可以得到更好的信息，从而有助于改进决策并提高绩效。此外，它还帮助组织：

（1）尽早或更明确地预测风险，为管理风险提供更多选择，并将偏差、损失、事故或故障的可能性降至最低。

（2）根据实体的风险偏好和战略，确定并寻求现有的和新的机会。

（3）更快、更一致地理解和应对绩效偏差。

（4）开发和报告更全面和一致的组合风险观，从而使组织能够更好地分配有限的资源。

（5）提高整个组织的协作、信任和信息共享。

（6）整合风险，使组织能够更好地把单个风险的发生速度和潜在破坏与追求新机遇统一起来，做出更好的决策。风险进取型的实体可能需要快速获取与风险相关的信息，并制定精简的决策流程，以寻求快速应变的机会。实体的风险偏好越激进，整合的价值就越大。

（二）影响整合的因素

对于大多数实体来说，整合企业风险管理是一项持续的努力。影响整合的因素包括时间、规模和类型、文化、管理能力、管理实践。

1. 时间对整合的影响

一个刚刚开始开发企业风险管理的实体，其所依赖的实践和能力是有限的。但随着实体的成熟，它识别、评估和应对风险的实践和能力获得了提升。

2. 规模和类型对整合的影响

时间并不是影响实体全面整合企业风险管理能力的唯一因素。规模和类型也很重要,例如,实体是否营利、非营利、被严格监管等。一家大型化学公司可能具有成熟的风险意识文化,但可能被监管机构严格监管。严格的监管要求企业必须更主动和全面地整合风险,以降低风险发生的概率和带来的损失。

企业的风险管理实践也会影响到运营结构,"每个人都是风险管理者"。风险管理应当是处理业务的一线员工所必须执行的任务之一,例如,员工有责任按照操作规程来工作,如果违反操作规程,就可能出现生产安全事故。

3. 文化对整合的影响

把更多的透明度和风险意识灌输到一个实体的文化中去,需要采取以下行动:

(1) 召开论坛或采用其他机制,分享信息、作出决策、发现和确定机会。

(2) 鼓励实体内不同等级的人升级对某一问题或某些问题的担忧,而不必担心被报复。员工抬高了风险,对管理层来说,工作量增大,可能报复抬高风险的员工。除此之外,有的实体的员工因为对风险的关注或者提出对某一问题的担忧,虽然没有被报复,但是,可能被其他员工嘲笑,他们认为,这不是问题。就实体的文化来说,员工不应当因为对风险的关注或者担忧,被嘲笑或报复,而是应当由相应岗位的管理层对员工关注的风险点所采取的控制活动给予说明。如果嘲笑或者报复提出风险的员工,可能导致风险隐藏或者风险萌芽不断壮大,造成重大灾害。

(3) 澄清和沟通实现战略和业务目标过程中不同人的角色和责任,包括风险管理方面的责任。

(4) 将核心价值观、行为、决策与激励和薪酬模式相结合。符合核心价值观、正确的行为或决策将获得更高的激励和报酬。

(5) 开发和分享对商业背景和价值创造驱动因素的深刻理解。

4. 能力对整合的影响

在以下情况下,企业风险管理的能力需要整合到实体中:

(1) 管理层能够根据其风险偏好、实体的风险状况以及随着时间推移而发生的变化,做出适当的决策。

(2) 本组织经常聘用具有相关经验的、有胜任能力的人员,他们能够根据职责进行判断和监督。

(3) 组织可以接触到有胜任能力的个人、某一领域的专家或其他技术资源来支持决策。

(4) 在对技术或其他基础设施进行必要投资时,管理层会考虑实现企业风险管理职责所需的工具。例如,投资原油期货,则需要原油期货的风险估值软件。

(5) 在讨论风险和绩效时,考虑供应商、承包商或者其他第三方。

如果供应商的供应能力、承包商的承包能力或者第三方的能力无法支撑实体的战略目标和业务目标,则考虑其带来的风险。

5. 实践对整合的影响

在以下情况下,整合了企业风险管理实践:

(1) 制定战略要评估不同选项的时候,考虑了风险。

(2) 管理层在追求绩效目标时,说明了所面临的风险。

(3) 定期、持续地监控整个实体的绩效结果和风险状况的变化。

（4）管理层能够根据实体内的变化发生的速度和范围做出决策。例如,将企业风险管理实践与月度绩效管理会议相结合。在这些会议上,他们分析业绩,讨论新的、正在出现的和不断变化的风险。这有助于提高透明度,提高对最重要风险的反应能力。

案例 8-2　　以绩考会为核心的老干妈内部控制

某日,老干妈财务部接到电话得知:经销商收货实际数比"发票账单及发货单"数量多 80 件,要求清查。财务部组织盘点却发现账实相符。管理层经过调查,还原了事情真相:成品仓库保管员确实多发货 80 件,当天收班人员自行盘库时就发现了问题,但当时不敢声张,又担心月底盘亏面临"赔偿责任",于是收班人员找到生产部车间主任,通过私人关系将当天成品入库单数据减少了 80 件填单,平了账。

对于产品生产完工入库环节的数据监控尤为重要。如何实现监控,一个思路就是稽核原材料投入与产出之间的数据关系,而真正有一一对应关系的就是一件产品消耗一个纸箱,核对纸箱领料数据与成品入库数据是一个方法,另外就是车间各班组有"班报表记录"。管理层决定财务部每天要核查前一天的这三个数据:纸箱领用数量、成品入库数量、车间班组日报数据。

财务部人员每天要到车间取班组日报表,但通常是要么没有报表,要么没有完整的班组数据;有时,夜班车间主任已经回家休息,导致难以取到数据。为了解决问题,可以填内部联络单,一式两份,这是绩考会的书面证据,一旦追究责任,绩考会就会采信。于是财务人员给生产厂长签了张内部联络单,成功解决了这件事。

老干妈结合业务流程架设了部门结构,然后设立岗位,明确岗位职责,加入内控技术,例如,不相容职务分离等。在整个考核与管理架构中,老干妈的业务流程、组织结构、岗位职责、授权执行、职务分离等,建设得很完善且细致。但要回答为什么老干妈内控完善且执行得好,就要研究老干妈的绩考会,这可以说是老干妈的特色。

绩考会每月一次,其决议由三人组成的绩考小组中的两人过半数签字生效。绩考会必查两个事项:① 部门完成工作任务的情况。比如人力资源部当月计划招聘工人的任务,生产部的计划产量,财务部是否按期提交了报表等事项。② 部门之间权责不明出现问题,要到绩考会断"官司"。在追责中,绩考组三人现场聆听各部门经理辩护,辩护往往涉及其他部门。其裁判准绳就是公司制度。

比如出现车间主任和仓库保管员串通修改入库数据,就会追究到财务部的监控失职,首先,公司制度有规定这项监控职责吗? 其次,这项职责是财务部的责任吗? 再次,财务部因为不作为还是因为其他部门导致无法作为? 比如开给厂长的内部联络单就会证明厂部不提交班组日报表而导致财务部无法履行工作。

绩考会中,所有部门经理都有权当众辩护,绩考小组集体决议生效。如果发现公司制度不完善的空白点,绩考会马上决议补充相关制度。有一次,追究一个员工迟到的责任,这位员工的辩护词是接送员工的交通车提前发车,正常是 7 点 45 分发车,但他于 7 点 44 分到车站时车已经开走了,这就涉及追究驾驶员的责任了。而驾驶员说他严格按点发车的。最终,绩考会认为时间误差客观存在。提出决议:在车上挂上一块表做标准,以弥补这一管理"空白"点。

老干妈的内控管理带给我们两点启示：一是，通过绩考会促进内控制度的执行。二是，内控管理要实现设计的科学性及进行动态化合理调整。内控管理是一个逐步完善的过程。老干妈通过绩考会促进内控制度的严格执行。公开的辩论更容易让管理层意识到内控管理的不完善之处，通过绩考会提出的调整措施也往往更容易得到支持。

案例来源： 蔺龙文.谈谈老干妈的内控[J].财务与会计,2017(12)80.

思考： 老干妈的绩考会与风险管理存在哪些联系？

五、企业风险管理的要素及管理评估

（一）企业风险管理的要素

（1）战略和目标设定：在制定战略和业务目标的过程中，将企业风险管理整合进单位的战略计划。通过对业务环境的了解，组织可以深入了解内部因素和外部因素及其对实体风险的影响。一个组织在制定战略的同时设定其风险偏好。业务目标依靠战略得以实施，并塑造实体的日常运营和优先事项。这个要素的内容类似于COSO在2003年发布的《企业风险管理——整合框架》中的"目标设定"要素的内容。

（2）绩效：组织识别和评估可能影响实体实现其战略和业务目标的风险。它根据风险的严重程度并考虑到实体的风险偏好，对风险进行优先排序。然后，组织选择风险应对措施，并监控绩效。通过这种方式，形成了实体在追求其战略和业务目标时承担的风险量。这个要素的内容类似于COSO在2003年发布的《企业风险管理——整合框架》中的"事件识别""评估风险""应对风险"要素的内容。

（3）评价与整改：通过审查企业风险管理的能力和做法，以及评价实体相对于其预定目标的现有绩效水平，组织可以考虑企业风险管理的能力和做法在多大程度上随着时间的推移而增加了价值，并将根据重大变化继续提升价值。这个要素的内容类似于COSO在2003年发布的《企业风险管理——整合框架》中的"监督"要素的内容。

（4）治理和文化：治理和文化一起构成了企业风险管理其他四个要素的基础。治理为实体定下了基调，强化了企业风险管理的重要性，并为其确立了监督责任。文化体现在决策上。这个要素的内容类似于COSO在2003年发布的《企业风险管理——整合框架》中的"内部环境"要素的内容。

（5）信息、沟通和报告：沟通是获取信息并在整个实体内共享的持续、反复的过程。管理层利用来自内部和外部的相关信息来支持企业风险管理。组织利用信息系统来获得、处理和管理数据和信息。通过使用适用于所有要素的信息，组织可以报告风险、文化和绩效。这个要素的内容类似于COSO在2003年发布的《企业风险管理——整合框架》中的"信息与沟通"要素的内容。

战略与目标设定、绩效、评价与整改三条色带代表了贯穿实体的共同过程。另外两条色带，治理和文化，信息、沟通和报告，代表了企业风险管理的支持因素。

COSO在2017年发布的五个要素回避了COSO在2003年发布的《企业风险管理——整合框架》中的"控制活动"要素，意在说明《企业风险管理——与战略和绩效的整合》与《内部控制——整合框架》是不同的。

8

当企业风险管理全面地整合到战略开发、业务目标制定、业务实施过程、绩效考评时，它可以提升实体的价值。当企业在开发战略、制定业务目标时，要与实体的使命、愿景、核心价值观保持一致。企业风险管理不是一成不变的，它被整合到战略的制定、业务目标的制定以及日常实现这些目标的决策当中去了。

（二）企业风险管理评估

一个组织将风险管理到可以接受的程度，包括：

（1）与企业风险管理有关的组成部分和原则已经存在并发挥作用。

（2）与企业风险管理有关的要素正在以综合的方式一起运作。

（3）实施相关原则所需要的控制措施已经存在并发挥作用。

在这三点中，"存在"是指为实现战略和业务目标而设计和实施的企业风险管理的要素、原则和控制措施。"发挥作用"意味着他们持续运作，以实现战略和业务目标。"一起运作"指的是要素之间的相互依赖关系以及它们如何协调地工作。

六、治理和文化

无论实体是小型家族式私营公司、大型复杂的跨国公司、政府机构还是非营利组织，其文化反映了实体的核心价值观：信念、态度、期望行为、了解风险的重要性。

（一）原则 1：实行董事会风险监督

董事会对战略进行监督，并履行治理责任，以支持管理层实现战略和业务目标。

1. 问责与责任

董事会对实体的风险监督负有主要责任，一般来说，整个董事会负责风险监督，将管理风险的日常责任交给管理层。

2. 技能、经验和商业知识

董事会通过其集体的技能、经验和业务知识监督企业风险管理。只有董事会了解实体的战略和行业，并随时了解相关问题，才有可能进行风险监督。随着业务环境的变化，战略和业务目标的风险也随之变化。因此，对董事会成员资格的任职要求可能会随着时间的推移而改变。每个董事会必须自行决定并定期审查其是否具备提供有效监督的适当技能、专业知识。

3. 独立性

董事会整体上应该是独立的，不存在任何利益冲突或利害关系方带来的不当影响。影响董事会独立性的因素包括：

（1）在实体中拥有大量的经济利益。

（2）目前或最近受雇于本组织担任行政职务。

（3）最近向董事会提供了实质性的建议。

（4）与实体有实质性业务关系，例如作为供应商、客户或外包服务提供商。

（5）与组织有正在执行的合同关系。

（6）向实体捐赠了大量资金。

（7）与组织内的关键利益相关者有业务或个人关系。

（8）担任具有潜在利益冲突的其他组织的董事会成员。

（9）超期担任同一董事会职务。

独立董事对管理层起着制衡的作用,确保实体的运作符合其利益相关者的最大利益,而不是符合某些董事会成员或管理层的最大利益。

4. 企业风险管理的适宜性

董事会必须了解实体的复杂性,以及如何整合企业风险管理的能力和实践,才能提高实体的价值。

5. 组织偏见

决策中的偏见一直存在,而且也将永远存在。在一个实体中,一些证据表明,存在着过分依赖数字、忽视相反信息、对最近事件赋予的权重不恰当,以及有规避风险或过分冒险的倾向。因此,问题不在于偏见是否存在,而是在于如何管理影响企业风险管理决策过程中的偏见。董事会应当了解已经存在的或者潜在的组织偏见,并要求管理层克服这些偏见。

(二)原则 2:建立运营结构

运营结构描述实体如何组织和执行其日常操作。运营结构通常与法律结构和管理结构相一致。法律结构影响实体的运营方式,管理结构规定了业务流程管理和运营的报告路线、角色和责任。

1. 运营结构和报告渠道

组织建立了一个运营结构,并设计了执行战略和业务目标的报告途径。对于组织来说,在设计报告流程时,明确的职责是很重要的。组织还可能与影响报告途径的外部第三方建立关系,例如,战略业务联盟、外包或合资企业。

2. 企业风险管理结构

管理层根据实体的使命、愿景和核心价值观,规划、组织和实施实体的战略和业务目标。因此,管理层需要了解与战略相关的风险的信息。收集此类信息的常用方法之一就是将责任下放给风险管理委员会。

3. 权力和责任

董事会赋予管理层权力和责任,管理层再把职责和任务委派给更低的层级,以实现战略和业务目标。在管理团队中,首席风险官通常负责提供专业知识和通盘考虑整个实体面临的风险。

4. 变化实体中的企业风险管理

随着实体的变化,它从企业风险管理中寻求的能力和价值也可能发生变化。企业风险管理应根据实体的能力进行调整,同时考虑组织想要实现的目标、管理风险的方式。随着业务性质和战略的演变,运营结构也可能发生变化。因此,管理层定期评估运营结构和相关的汇报渠道。

(三)原则 3:确定合意的文化

组织定义了所需的行为,这些行为表征了实体所期望的文化。

1. 文化与期望行为

一个组织的文化反映了它的核心价值观、行为和决策。一个实体的文化影响组织如何应用企业风险管理框架:它如何识别风险,它接受什么类型的风险,以及它如何管理风险。

由董事会和管理层来定义整个实体和其中的个人所期望的文化。核心价值观驱动着

8

日常决策中的预期行为,以满足利益相关者的期望。建立一种所有员工都能接受的文化,让员工在正确的时间做正确的事情,这对于组织抓住机遇和管理风险以实现战略和业务目标至关重要。

风险文化包括风险反感型、风险中性型、风险激进型。

2. 使用判断

判断在确定所需要的文化和跨文化情境中的风险管理中具有重要作用。判断通常适用于如下情况:

(1)当可用于支持决策的信息或数据有限时。

(2)组织的战略、业务目标、绩效或风险状况发生了前所未有的变化。

(3)在业务中断期间。

判断是个人经历、风险偏好、能力、可用信息水平以及组织偏见的函数。会议中的参会者的动态、管理者的沟通方式、对员工的认可和了解都会影响管理者做出正确判断的能力。

3. 文化的效果

从制定战略到执行和取得绩效,一个组织的文化影响着如何识别、评估和应对风险。

(1)战略范围界定和业务目标设定。一个组织的文化可能会影响所考虑的战略备选方案的类型。例如,尽管可行性研究前景看好,但一个规避风险的组织可能会选择不将采矿和钻井业务扩展到新的地区。

(2)在风险识别和评估过程中应用严格标准。被一个反感风险的实体视为潜在风险的业务,可能被另一个实体视为值得追求的机会。

(3)选择风险应对措施和分配有限资源。反感风险的实体可能会配置额外资源,以获得实现特定业务目标的更高信心。

(4)绩效评估:当发现目前的绩效与预期的绩效有差异时,风险厌恶的实体可能会更快地做出改变。而风险偏好的实体可能会等待更长时间,然后再进行改变,或者可能会进行较小的改变。

4. 整合核心价值观、决策和行为

当组织的行为、决策与核心价值观不一致时,组织成功实现其战略和业务目标的能力就会受到阻碍。

如果不遵守核心价值观,通常是由于以下原因之一:

(1)高层的基调不能被有效地传达,不是高层所期望的内容。

(2)董事会不监督管理层遵守标准的情况。

(3)中层管理人员和职能部门经理不认同实体的使命、愿景和战略。

(4)战略制定和业务规划之后才考虑风险。

(5)绩效目标产生激励或压力,诱导违背核心价值观的行为。

(6)对于重要的风险和绩效事项,没有明确的上报政策。

(7)对过度冒险行为的调查和解决不够充分。

(8)管理层或其他人员故意以不符合核心价值观的方式行事。

5. 文化变迁

文化不会随着时间的推移而保持不变。组织内部的变化和外部影响可能会导致一个实体的文化转变。新的领导层可能对企业风险管理有不同的态度和理念。此外,并购可能会改变实体的使命、愿景,并影响决策。并购也会导致文化的改变。

（四）原则 4：体现对核心价值观的承诺

1. 反映整个组织的核心价值观

了解实体的核心价值是企业风险管理的基础。核心价值体现在整个实体的行动和决策中。如果对组织高层传达的这些价值观缺乏强有力的理解和承诺,风险意识可能会受到损害,风险相关的决策可能与这些价值观不一致。价值观在整个组织中传播的方式通常被称为组织的"基调"。

一致的基调建立了对核心价值观、业务驱动因素、对员工和业务合作伙伴所期望的行为的共同理解。一致性有助于组织在追求实体的战略和业务目标时团结一致。但是,要保持一致的"基调"并不容易,例如,不同的市场可能需要不同的激励、绩效评估指标、客户服务方法等。

协调组织的文化和基调可以让利益相关者相信,实体坚持其核心价值观,追求其使命和愿景。例如,在一个以"安全第一"为核心价值观的实体中,管理层通过积极鼓励每个级别的每个员工识别和提升安全实践来证明实体的承诺。对于外部利益相关者,例如,安全检查员,通过观察实体的培训材料的基调、内部沟通和报告的内容,可以确认组织是否正在接受其文化和核心价值观。

2. 拥抱风险的文化

一个组织可以通过以下方式接受风险文化:

（1）保持强有力的领导能力。董事会和管理层重视在整个实体内,树立正确的风险意识和基调。

（2）采用参与式的管理风格。管理层鼓励员工参与决策,讨论战略和业务目标的风险。

（3）对所有行动实行问责制。管理层以文件形式下发问责制政策并遵守这些政策,向工作人员表明,缺乏问责制是不被管理层容忍的;实行问责制将得到适当奖励。

（4）将风险意识和实体的决策与绩效相结合。薪酬和激励计划与组织的核心价值观相一致。

（5）在决策过程中嵌入风险。

（6）开放地、诚实地讨论实体所面临的风险。管理层不认为风险是负面因素,管理风险是企业实现战略和业务目标的关键因素。

（7）鼓励整个实体提升风险意识。管理层不断向员工传达信息,即管理风险是他们日常职责的一部分,不仅要重视风险,而且风险对实体的成功和生存至关重要。

将个人行为与文化相结合是至关重要的。最强大的影响力来自创造和维持组织流程的管理层。明确地说,管理层制定政策、规则和行为标准。隐含地说,管理层应以身作则,以反映其核心价值观和行为标准。关键是管理层强化它所说的有价值的东西,认识到正是隐性和微妙的过程,最有效地建立起符合其核心价值观的文化。

3. 执行问责制

（1）董事会要求首席执行官负责管理实体面临的风险,建立企业风险管理的实践和能力,以支持实体战略和业务目标的实现。首席执行官和其他管理层成员一起负责问责

8

制的各个方面，从最初的设计到定期评估文化和企业风险管理的能力。

（2）管理层为员工提供指导，以便他们了解风险。同时也展示了企业对风险管理行为的各个方面的期望。高层领导有助于建立和实施问责制，以便达成实体的共同目标。

（3）管理层对偏离标准和行为的人作出回应。例如，开除员工或对未能遵守组织标准的行为采取纠正措施；启动绩效评估。

4. 对行为进行考评

在某些治理结构中，从董事会到首席执行官、管理层和其他人员都设定了绩效目标，并在每个级别对绩效进行评估。董事会评估首席执行官的绩效，首席执行官评估管理团队，等等。在每一个层面，对核心价值观和期望的文化行为进行评估，并根据需要，进行奖励或采取惩戒措施。董事会也可进行自我评估，以评估自身的优势，并确定改进企业风险管理的机会。

5. 保持沟通畅通，不受惩罚

管理风险是每个人日常职责的一部分，它不仅受到重视，而且对实体的成功和生存至关重要。开放的沟通和风险透明度使管理层和员工能够持续合作，在整个实体内共享风险信息。

6. 对核心价值观的偏差和行为的偏差做出回应

建立管理层和员工按照期望的行为做事情的文化是企业风险管理的基础，那么为什么有时候会出错呢？即使在那些坚定地表现出对其核心价值观的承诺的实体中，运营失败、丑闻、危机有时也会发生，损害组织的声誉，最终导致组织无法实现其战略和业务目标。

错误行为的发生有三个原因：人们出于困惑或无知犯错误；人们一时意志薄弱；人们选择伤害他人。知道这三件事中的任何一件都可能发生，一个组织必须协调核心价值观和行为，以帮助人们避免错误，并识别潜在的、可能发生不法行为的个人或团体。这需要对风险进行适当的评估和排序，并制定详细的风险应对措施。

一旦发现偏差，组织就会发出明确的信息，说明什么是可接受的行为或者不可接受的行为。必须及时地、而且一致地处理与行为标准之间发生的偏差。

（五）原则 5：吸引、开发和留住有能力的个人

组织致力于培育符合战略和业务目标的人力资本。

1. 建立和评估胜任能力

管理层在董事会的监督下，确定执行战略和业务目标所需要的人力资本。董事会评估首席执行官的胜任能力，管理层评估整个实体的胜任能力，并在必要时，解决胜任能力方面的不足。人力资源职能部门通过协助管理层制定工作说明、角色和职责、促进培训、评估个人风险，来实现绩效。

2. 吸引、开发和留住个人

人力资源管理过程支持和嵌入对胜任能力的持续承诺。不同级别的管理层建立了结构和流程，以便：

（1）吸引：寻找认同实体的风险文化、期望的行为、运营风格，符合组织需求，并具备胜任拟定角色能力的候选人。

（2）培训：使个人能够开发和保持适合指定角色所需要的企业风险管理能力，根据具体需要，量身定制培训，考虑多种学习方式：包括课堂教学、自学和在职培训。

（3）指导：指导个人的行为，使个人的技能和专业知识与实体的战略和业务目标保持一致，并帮助个人适应不断变化的业务环境。

（4）评估：根据既定的标准，计量个人在实现业务目标和企业风险管理中的表现。

（5）保持：加强个人激励，促使个人保持实体期望的行为和业绩。这包括提供适当的培训和认证。

3. 奖励绩效

考虑到短期和长期业务目标的实现，由管理层和董事会制定，适合实体各层级的激励措施和其他奖励措施。建立激励和奖励措施需要对风险进行适当的评估和排序，并制定详细的风险应对措施。根据激励计划，那些不遵守实体行为标准的个人将受到制裁，而不会得到提升或其他奖励。

加薪和奖金是常见的激励措施，非金钱的奖励，例如，被赋予更大的责任感、知名度和认可度，也同样有效。

4. 应对压力

压力既可以激励个人达到预期，也可能使他们担心无法实现战略和业务目标的后果。在后一种情况下，个人可能会不走程序或者从事欺诈活动。组织可以通过重新平衡工作负担或者提高资源配置水平，从积极方面来疏导压力，并继续传达道德行为的重要性。

压力过大通常与以下因素有关：

（1）不切实际的业绩目标，尤其是短期业绩。

（2）不同的利益相关者之间的业务目标相互冲突。

（3）短期财务绩效与长期的利益相关者绩效之间的不平衡，例如，追求短期财务业绩可能损害企业长期的可持续发展目标。

5. 准备接班

为做好接班准备，董事会和管理层必须制定应急计划，确定关键高管的继任计划，继任候选人应接受培训、辅导、指导，以便担任该职位。通常，较大的实体应当确定不止一个人来担任关键角色。

七、战略和目标设定

每个实体都有一个实现其使命和愿景并推动价值的战略。评估战略是否符合使命、愿景和核心价值观可能是一个挑战，但这又是一个必须接受的挑战。通过将企业风险管理与战略制定相结合，组织可以深入了解与战略和业务目标相关的风险状况。这样做可以指导组织，有助于完成战略和执行战略所需的任务。

（一）原则 6：分析业务环境

组织考虑业务环境对风险状况的潜在影响。

1. 了解业务环境

一个组织在制定支持其使命、愿景和核心价值观的战略时，要考虑业务环境。"业务环境"是指影响组织当前和未来战略和业务目标的趋势、关系和其他因素。业务环境可能是动态的、复杂的、变幻莫测的。

2. 考虑外部环境和利益相关者

外部环境是业务环境的一部分。外部环境包括政治、经济、社会、技术、法律和自然

8

环境。

3. 考虑内部环境和利益相关者

实体的内部环境是指实体内部能够影响战略和业务目标实现的任何东西,包括资产、人员、流程、技术四个方面。内部利益相关者是指在实体内工作的直接影响组织的人员,包括董事会董事、管理人员和其他人员。

4. 业务环境如何影响风险状况

业务环境对实体风险状况的影响可以分为三个阶段:过去、现在和未来的表现。回顾过去的业绩可以为组织提供有价值的信息,用于塑造其风险状况。查看当前绩效可以显示当前趋势、关系和其他因素如何影响风险状况。通过思考这些因素在未来会是什么样子,组织可以考虑其风险状况如何随其发展方向或者希望发展的方向而变化。

(二)原则 7:确定风险偏好

组织在创造、保存和实现价值的背景下确定风险偏好。

风险偏好(risk appetite):实体在追求价值的过程中愿意接受的风险的种类和数量。

风险能力(risk capacity):实体在追求战略和业务目标过程中,能够承担的最大的风险数量。

风险概况(risk profile):管理层需要考虑的风险的类型、严重性和风险之间的相互作用,以及这些风险对于战略和业务目标的影响。

1. 运用风险偏好

一些实体从定性角度来考虑风险偏好,而其他实体则倾向于使用定量指标,这些指标通常侧重于权衡增长、回报和风险。无论用什么方法来描述风险偏好,它都应该反映出实体的文化。制定风险偏好说明书是在风险和机遇之间寻求最佳平衡的可行方法。

2. 选择风险偏好

没有适用于所有实体的标准或"正确"的风险偏好。管理层和董事会在充分权衡的基础上选择风险偏好。风险偏好可以包含单一描述或多个描述。

对于某些实体来说,使用诸如"低风险偏好"或"高风险偏好"这样的通用术语就足够了。其他人可能认为这种说法过于模糊,因此,他们可能会寻求更量化的衡量标准。例如,一个将企业风险管理实践重点放在降低业绩可变性上的实体,可能会使用财务业绩或者股票的贝塔系数来表达风险偏好。

3. 表达风险偏好

风险偏好经董事会批准,由管理层传达,并在整个实体内传播。传播风险偏好很重要,让所有决策者了解他们层级适用的风险偏好,不同的风险偏好对应着不同的业务目标。

4. 利用风险偏好

风险偏好指导着一个组织如何在整个实体和各个运营单位之间分配资源。目标是使资源分配与实体的使命、愿景、核心价值观保持一致。因此,当管理层在经营单位之间分配资源时,它会考虑到实体的风险偏好和各个经营单位可能创造的价值。例如,管理层可能会选择将更多的资源分配给那些风险偏好较低的业务目标,而不是那些风险偏好较高的业务目标。组织协调人员、流程和基础设施,以成功地实施战略和追求业务目标,同时保持在其风险承受能力之内。

（三）原则 8：评估备选的战略

组织评估备选战略和不同风险的潜在影响。

1. 整合战略的重要性

战略必须支持使命和愿景，并与实体的核心价值观和风险偏好保持一致。如果实体无法实现其愿景，则可能无法实现其使命。

此外，战略错位会增加利益相关者的风险，组织的价值和声誉可能会受到负面影响。

2. 了解所选战略的含义

评估不同战略的方法包括：SWOT 分析、建模、估值、收益预测、竞争对手分析、情境分析等。评估通常由管理层执行，他们对整个实体的风险有全面的看法，并了解战略如何影响绩效。也就是说，管理层在实体层面了解所选择的战略将如何支持不同的业务单位、职能部门、不同地域的绩效目标。

3. 把风险偏好和战略统一起来

一个组织应该期望它所选择的战略可以在实体的风险偏好范围内执行；也就是说，战略必须与风险偏好保持一致，否则，目标和优先事项可能会出现冲突。

4. 改变战略

组织定期举行战略制定会议，说明短期战略和长期战略。如果组织确定的当前战略未能创造、实现或保持价值，或者业务环境的变化导致实体风险逼近组织的风险承受能力，或者要求组织使用不可能的资源，则战略变更是恰当的。

5. 减轻偏见

偏见总是存在的，但是一个组织在评估备选战略时应该尽量不带偏见或减轻偏见。

（四）原则 9：制定业务目标

组织建立与战略相一致的、并且支持战略实现的各个层次的业务目标时，需要考虑风险。

1. 确立业务目标

组织制定具体的、可测量的、可观察的、可实现的业务目标。业务目标提供了实体内部与实践活动的链接，以支持实体实现战略。例如，业务目标可能涉及：

（1）财务业绩：维持所有业务的盈利运营。

（2）客户愿望：在客户可以接触到的位置建立客户服务中心，方便客户访问。

（3）卓越运营：提供有竞争力的劳动合同，以吸引和留住员工。

（4）合规义务：遵守所有工作场所适用的健康和安全法律。

（5）提高效率：在节能环境中运营。

（6）引领创新：频繁地开发出新产品，引领市场创新。

业务目标可以在整个实体（分部、运营单位、职能部门）中串联在一起，也可以选择性地应用。串联在一起的业务目标更加详细，因为它们是从实体的顶部向下逐步应用的。例如，财务绩效目标从分部分解到各个运营单位。

2. 调整业务目标

业务目标与战略的一致性支持实体实现其使命和愿景。

与战略不一致或仅部分符合战略的业务目标将不支持使命和愿景的实现，并可能给实体带来不必要的风险。也就是说，组织可以更有效地分配资源，以实现其他业务目标。

8

业务目标还应当与实体的风险偏好保持一致。如果不这样做,组织可能会承担太多或太少的风险。

3. 理解所选的业务目标的含义

一个组织在决定业务目标时有很多选择。例如,假设一个组织有机会升级其核心操作系统并重新设计其现有的 IT 基础设施。一种选择是追求一个业务目标,即确定一个合适的供应商,开发一个定制的 IT 系统。另一个选择是,通过对 IT 能力进行大量投资并增加人员数量,组织可以在内部构建自己的系统。这两个目标都与总体战略相一致,因此管理层必须对这两个目标进行评估,并根据对实体的风险、资源和能力的潜在影响,确定适当的行动方案。

与制定战略的情况一样,组织需要有一个合理的预期,即在给定实体的风险偏好或可用资源的情况下,业务目标可以实现。预期由实体的能力和资源决定。如果不存在合理的期望,组织必须选择要么超过风险偏好,要么获得更多的资源,要么改变业务目标。根据业务目标对战略的重要性,也可以考虑修订战略。

4. 业务目标分类

组织可以将业务目标与实体的各种业务组(例如,运营、人力资源或其他已定义的职能领域)保持一致。除了业务组之外,业务目标还可以考虑与产品、地理位置或其他组织维度保持一致。组织如何对其业务目标进行分类是由管理层决定的。

组织不要混淆业务目标类别和风险类别。风险类别与潜在影响业务目标的风险相关,对影响业务目标的风险进行分组或与组织内其他业务单位分担上述风险。

5. 制定绩效标准和指标

组织设定指标,用来监控实体的绩效并支持业务目标的实现。例如:一家餐厅的指标是在 40 分钟内完成在线送货。通过设定指标,组织能够影响实体的风险状况。一个激进的指标可能会给业务目标带来更大的风险。

6. 理解容忍度

与风险偏好密切相关的是容忍可以接受的绩效变化。它描述了在风险偏好范围内实现业务目标相关的、可以接受的结果的范围。

与风险偏好不同,容忍度具有战术性和针对性。也就是说,它应该用可度量的单位表示(最好是与业务目标相同的单位),应用于所有业务目标,并在整个实体中实施。容忍度关注的是目标和绩效,而不是具体的风险。

例如,组织设定的目标是在线送货时间 40 分钟,但是,38 分钟到 42 分钟之间送到货物,都是可以容忍的变化范围。

组织应该了解成本和容忍度之间的关系,以便能够有效地处理相关风险。通常,容忍度越小,在该绩效水平下运行,所需的资源量就越大。

八、绩效

该要素在识别、评估、应对实体所面临的风险时,发现哪些风险事件是可能增加企业价值的"机会",哪些因素是减损企业价值的"威胁",例如,同样是新冠疫情,对餐饮业、旅游业的企业来说,是减损价值的"威胁",但是,对医药行业,尤其是擅长治疗呼吸道疾病的医药企业,则是增加价值的"机会"。故而,该要素称为"绩效"。

通过识别、评估和应对可能影响实体战略和业务目标实现的风险，可以进一步地创造、维护、实现实体的价值，并且最小化对实体价值的侵蚀。事实证明，源自交易层面的风险可能与实体层面的风险一样具有破坏性。风险可能影响某个经营单位或整个实体。它们可能与业务环境中的因素或其他风险高度相关。由于风险有多种来源，因此需要整个实体和各个层级采取一系列应对措施。

该框架的这一部分侧重于支持组织制定决策、实现战略和业务目标的实践活动。为此，各组织利用其运营结构来开发如下的实践活动：

（1）识别新出现的风险，以便管理层能够及时部署风险应对措施。

（2）评估风险的严重性，了解风险如何在实体的不同层级变化。

（3）考虑风险的优先次序，允许管理层针对这些风险优化资源分配。

（4）确定和选择风险应对措施。

（一）原则 10：识别风险

1. 确定风险清单

组织识别那些影响实体战略和业务目标实现的、新的、正在出现的、不断变化的风险。它进行风险识别活动，首先建立风险清单（inventory），然后确认现有风险仍然适用该风险清单。随着企业风险管理实践的逐步整合，对风险的认识通过正常的日常操作不断更新得以确认风险清单的完整性。一个组织这样做的频率取决于风险变化速度或新风险出现的速度。

（1）新的、从隐蔽处冒出来的、不断变化的风险包括：

① 由于业务目标的变化，例如，实体采用新战略或者修改现有的业务目标。

② 由于业务环境的变化，例如，消费者对环保或有机产品的偏好发生变化，可能对公司产品的销售产生不利影响。

③ 与业务环境变化有关，例如，法规变更导致对实体承担新义务。

④ 之前未知，例如，发现公司制造作业中使用的原材料易受腐蚀。

⑤ 之前已确定，但是，业务背景、风险偏好或支持性假设已经发生变化。例如，订货量的增加远远超出了预期，但是，生产能力远达不到订货量的要求。

（2）那些可能扰乱运营并影响组织实现战略和业务目标的风险。

① 新兴技术：可能影响现有产品或者服务的重要性和寿命的技术进步。例如，彩色电视机的发明对于黑白电视机的影响。

② 大数据和数据分析的作用：组织如何有效、高效地访问、转换和分析大量结构化和非结构化的数据源。

③ 自然资源枯竭：影响产品和服务的供给、需求，生产地点的自然资源减少和成本增加。

④ 虚拟实体的兴起：影响传统市场结构的供给、需求，分销渠道的虚拟实体日益突出。例如，淘宝、京东等虚拟实体对传统的超市运营带来的风险。

⑤ 劳动力流动：实体的日常运营中引入新业务时，需要动态的、远程的劳动力。

⑥ 劳动力短缺：确保劳动力具备实体所需的技能和教育水平，以支持实体实现绩效指标。

⑦ 生活方式、医疗保健和人口结构的变化：随着人口的变化，当前和未来客户的习惯

8

和需求不断变化。

⑧ 政治环境：政府行为改变了一个国家的产业的运营方式。

（3）风险与机会是并存的。在识别风险的过程中，就是识别机会。也就是说，有的时候，机会是从风险中产生的。例如，人口结构和老龄化人口的变化可能意味着实体当前战略的风险，但是，企业可以发展养老产业。同样，技术进步可能对零售商的分销和服务模式带来风险，但是，增加了在线服务的机会。当确定了机会时，就要在组织内部进行沟通，并且将其视为制定战略和业务目标的一部分。

2. 使用风险清单

风险清单只是列出了实体所面临风险的清单。根据识别出的不同风险的数量，组织可以按类别构建风险清单，为不同的风险提供恰当的界定。这样可以将类似的风险组合在一起，例如财务风险、客户风险、合规风险。在每个类别中，组织可以选择将风险进一步定义为更详细的子类别。风险清单可以更新，以反映管理层所确定的风险变化。

由于风险的影响不能局限于特定的级别或职能部门，识别活动应捕获所有风险，无论在何处识别，所有风险都构成实体风险清单的一部分。例如，在战略层面识别与董事会治理和实现多元化目标相关的风险，也必须在业务目标层面考虑这些风险。

3. 识别风险的方法

有多种方法可用于识别风险。组织可以将风险识别作为日常活动的一部分。根据一个实体的规模大小、地理位置、业务复杂性，管理层可以使用多种技术来识别风险。

（1）风险识别的方法。

① 跟踪过去事件的数据有助于预测未来事件。历史数据通常用于实际经历过的风险的评估，但它也可用于理解实体在不同期间的风险的相互依赖性，并开发预测和因果模型。由第三方服务商开发和维护的数据库，用于收集行业或地区发生的事故和损失的信息，可将潜在风险告知本组织。这些数据通常是以订购为基础提供的。在一些行业，已经成立了财团来共享内部数据。

② 访谈使组织了解了被访谈者对过去和当前的潜在事件的了解。对于大范围的人群，可以使用问卷或调查。

③ 关键指标是有助于识别现有风险变化的定性或定量指标。不应将风险指标与绩效指标混淆，后者通常具有可追溯性。

④ 流程分析是绘制一个流程图，以更好地理解输入、任务、输出、责任之间的相互关系。根据流程的位置，按照相关的业务目标来识别和考虑风险。

⑤ 研讨会是把来自不同职能部门和不同级别的个人聚集在一起，利用整个集团的集体智慧，制定与实体战略或业务目标相关的风险清单。

无论选择哪种方法，组织都要考虑战略和业务目标所依据的假设的变化所带来的新的或从隐蔽处冒出来的风险。在识别风险时，组织应力求准确地描述风险本身，包括风险的根本原因、风险的潜在影响、风险应对实施不力的影响。

（2）准确的风险识别的作用。

① 使组织能够更有效地管理风险清单，并了解其与战略、业务目标和绩效的关系。

② 使组织能够在业务目标的背景下更准确地评估风险的严重性。

③ 帮助组织识别风险的根本原因和影响，从而选择和部署最合适的风险应对措施。

④ 使组织能够了解风险和业务目标之间的相互依赖关系。

⑤ 支持风险组合，形成组合风险视图。

（3）组织使用标准句子结构来描述风险。以下是两种可能的方法：

① 描述潜在事件或情况的可能性。

② 描述风险对组织设定的具体业务目标的相关影响。

4. 确定风险

探索人类决策的前景理论认为，个人并不是风险中性的；相反，对损失的反应往往比对收益的反应更为极端。前景理论认为，人们不想把他们已经拥有的或认为可以拥有的东西置于风险之中，但当他们认为可以将损失降至最低时，他们将具有更高的风险承受能力。

（二）原则 11：评估风险的严重性

组织评估风险的严重性。

1. 评估风险

对实体风险清单中的风险进行评估，以了解每个风险对实现实体战略和业务目标带来影响的严重性。风险评估为风险应对措施的选择提供信息。根据所识别风险的严重性，管理层部署不同的资源和人力，以便风险保持在实体的风险偏好范围内。

2. 评估不同级别风险的严重性

（1）根据风险可能影响的业务目标，在多个级别（跨部门、职能部门和运营单位）评估风险的严重性。例如，在业务单位一级被评估为重要的风险，在分部或实体一级可能不那么重要。在实体的更高层，风险可能会对实体的声誉、品牌、可信度产生更大的影响。

（2）使用标准化的风险术语和类别，有助于评估组织各层级的风险。

3. 选择度量风险严重性的方式

管理层确定各种风险的相对严重程度，以便选择适当的风险应对措施，分配资源，并支持管理层的决策和实现绩效。措施包括：

（1）影响大小：风险的结果或影响。可能存在一系列与风险相关的影响。相对于战略或业务目标，风险的影响可能是积极的，也可能是消极的。

（2）可能性：风险发生的可能性，可以用发生的概率或频率来表示。

4. 评估方法

风险评估方法可以是定性的、定量的，或者两者兼而有之。

（1）定性方法：访谈、工作小组讨论、调查、基准法等。

（2）定量方法通常用于更复杂的活动，以补充定性技术的不足。定量方法包括：

① 概率模型。例如，风险价值、风险现金流、运营损失分布。基于某些假设，将一系列事件及其产生的影响与这些事件的概率联系起来。例如，了解每个风险因素如何变化和影响现金流，可以使管理层更好地衡量和管理风险。

② 非概率模型。例如，敏感性分析、情景分析。使用主观假设来估计事件的影响，例如，情景分析使管理层能够了解不同情况对业务目标实现的影响，例如竞争对手发布新产品、供应链中断、产品成本增加。

（3）风险评估要考虑风险之间可能存在的相互依赖关系。当多个风险影响一个业务目标或一个风险影响另一个业务目标时，可能会出现不同风险的相互依赖。风险可能同时发生,也可能按照一定的顺序发生。

5. **固有风险、目标剩余风险和实际剩余风险**

（1）固有风险是指在管理层没有采取任何直接的或集中的行动来改变其严重性的情况下,实体面临的风险。

（2）目标剩余风险是指一个实体在追求其战略和业务目标时,在知道管理层将要实施或已经实施直接的或集中的行动,来改变风险严重性的情况下,愿意承担的风险量。

（3）实际剩余风险是管理层采取措施改变其严重性后剩余的风险。实际剩余风险应等于或小于目标剩余风险。当实际剩余风险超过目标剩余风险时,应允许管理层采取进一步改变风险严重程度的其他措施。

6. **描述风险评估的结果**

（1）评估结果通常使用"热力图"或其他图形来描述,来表示实现既定战略或业务目标的每个风险的相对严重性。

"热力图"就是根据风险发生的概率和影响大小,计算风险值,然后,分别采用红色、深黄色、浅黄色、绿色等不同颜色,在表格中标注风险,其中,红色代表最高的风险,绿色代表最低的风险。

（2）管理层在描述风险评估结果时,需要:

① 确认业绩在风险容忍度范围内。

② 确认风险在风险偏好范围内。

③ 比较不同风险的严重程度。

④ 评估风险量是否大大超过实体的承受能力,并可能影响绩效指标、战略和业务目标的实现。

7. **确定重新评估的触发因素**

组织努力识别触发因素,以便在需要时,重新评估风险的严重性。触发因素通常是业务环境中的变化,但也可能是风险偏好的变化。触发因素可能是客户投诉数量的增加、经济指数的不利变化、销售额的下降、员工流动率的飙升。触发因素也可能来自竞争对手,例如,竞争对手因缺陷召回产品。同行业的竞争对手召回产品,可能意味着本企业的同款产品也存在类似风险。

🎓 **案例 8-3　　三鹿婴幼儿奶粉事件带来全行业三聚氰胺检测**

国家质检总局 2008 年 9 月 16 日在其官方网站发布"关于全国婴幼儿配方奶粉三聚氰胺专项检查的结果通报",其中,三鹿、伊利、蒙牛、雅士利等 22 个厂家的产品中检出三聚氰胺。通报称,全国目前共有 175 家婴幼儿奶粉生产企业,其中 66 家企业已停止生产婴幼儿奶粉。国家处理三鹿牌婴幼儿奶粉事件领导小组副组长、国家质检总局局长李长江表示,这次专项检查是对 109 家生产婴幼儿配方奶粉的企业,抽查了 491 个样品,检测出有 22 家企业的部分产品含有三聚氰胺。

专项检查显示,有 22 家企业 69 批次产品检出了三聚氰胺。对其余的 87 家企业的产品也进行了抽检,抽检没有检测出三聚氰胺。对于如何处理这些已经检测的"问题产品",李长江表示,检测出存在三聚氰胺的 22 家企业的 69 个批次产品,没有出厂的就地封存,不得出厂;已经进入流通领域的,配合有关部门立即采取下架、封存、召回、销毁等措施。"对检出三聚氰胺的 22 家乳品企业,凡是获得中国名牌国家免检资格的,一律撤销终止。获得国外卫生注册的,通知有关国家停止卫生注册资格。"

案例来源:郭玉志.国新办举行新闻发布会通报婴幼儿奶粉抽检情况检测出三聚氰胺乳企撤销名牌资格[N].中国企业报,2008 - 09 - 18(1).

思考:说明其他风险事件对同行业其他公司的影响。

风险的严重性和变化的频率将影响评估的频率。例如,可能需要每天评估与商品价格变化相关的风险,但可能只需要每年评估一次与人口结构或新产品市场口味变化相关的风险。

8. 评价中的偏见

管理层应识别并减轻风险评估实践中的偏见影响。偏见可能导致风险的严重性被低估或高估,并限制所选择的风险应对措施的有效性。低估严重性可能导致实体的反应不充分,使实体暴露在风险中,并可能超出实体的风险偏好。过高估计风险的严重性可能会导致不必要地部署资源,从而导致实体效率低下。

(三)原则 12:考虑风险的优先次序

组织考虑风险的优先次序,作为选择风险应对措施的基础。

1. 确定标准

组织对风险进行优先排序,以便为风险应对决策提供信息,并优化配置资源。优先次序通过采用商定的标准来确定。这些标准包括:

(1)适应性:一个实体适应和应对风险的能力。

(2)复杂性:影响实体成功的风险的性质如何? 风险影响的范围大小?

(3)速度:风险对实体产生影响的速度如何? 速度可能会使实体偏离可以接受的绩效指标范围。

(4)持续性:风险对实体的影响可能持续多久?

(5)恢复:一个实体恢复到风险容忍度的能力。

优先次序的划分考虑了风险偏好,对于那些可能接近或超过风险偏好的风险,可能会给予更大的优先权。

2. 评估风险等级

具有相似严重性的风险,其优先级可能不同。例如,两个风险都可能被评估为"中等",但管理层可能会给予其中一个风险更高的优先级,因为它具有更快的速度和持久性。或者因为一个风险比其他类似严重性的风险提供了更高的风险调整后回报。

更高优先级的风险更可能是影响整个实体或在实体层面出现的风险。

3. 利用风险偏好划分风险优先级

在确定风险优先级时,管理层还应当考虑风险偏好。导致实体接近特定业务目标相关联的风险偏好的风险通常被赋予更高的优先级。

通过对风险进行优先排序,管理层还认识到实体可以接受的风险;也就是说,有些风险已经被认为是被管理到实体可以接受的程度,这种情况下,不会考虑额外的风险应对

8

措施。

4. 各个层级的优先次序

在实体的所有级别,不同的风险可以在不同的层级分配不同的优先级。例如,运营层面的高优先级风险可能被评估为实体层面的低优先级风险。优先次序的划分考虑了风险偏好,对于那些接近或超过风险偏好的风险,可能会给予更大的优先权。

5. 不带偏见区分优先次序

管理层必须在没有偏见的情况下,努力区分风险的优先顺序。

(四)原则 13:实施风险应对

组织识别并选择风险应对措施。

1. 选择风险应对措施

对于识别出的所有风险,管理层考虑风险的严重性、优先顺序、实体所处的业务环境、相关的业务目标、组织的绩效目标等因素之后,选择并部署风险应对措施。

（1）风险应对措施分类:

① 接受:不采取任何措施改变风险的严重性。当战略和业务目标的风险已经在风险偏好范围内时,"接受"是适当的。对于实体的风险偏好之外的风险,如果管理层想要选择"接受",通常需要得到董事会或其他监督机构的批准。

② 避免:采取措施消除风险,这可能意味着停止某个生产线、拒绝向新的市场扩张、出售分部。选择回避,意味着组织无法确定将风险降低到可接受的程度。

③ 追求:采取行动,接受增加的风险,以提高绩效。这可能涉及采取更积极的增长战略、扩大业务或开发新产品和服务。当选择追求风险时,管理层了解为实现预期绩效指标而进行的任何变更的性质和程度,并且,不超过可接受的风险容忍度。

④ 降低:采取措施降低风险的严重性。这涉及无数的、日常的业务决策,这些决策将风险降低到与目标剩余风险和风险偏好相一致的严重程度。

⑤ 分担:通过转移或以其他方式分担一部分风险来降低风险的严重性。常见的方式包括外包给专业服务提供商、购买保险产品和参与对冲交易。

（2）其他行动方案。其他类型的风险应对措施要求组织考虑业务环境、业务目标、绩效指标,并且在组织的风险偏好范围内管理风险。包括:

① 审查业务目标。鉴于已识别出来的风险的严重性和实体的风险容忍度,组织审查并可能修订业务目标。

② 审查战略。鉴于已识别出来的风险的严重性和实体的风险偏好,组织选择审查并可能修订战略。

③ 审查风险偏好。如果保持在风险偏好范围内的风险值大于超出风险偏好的潜在风险值,组织也可以选择超出风险偏好。当一个实体接受了接近或超过偏好的风险作为其日常运营的一部分时,可能需要对风险偏好进行审查和重新校准。

2. 选择和部署风险应对措施

管理层选择并部署风险应对措施,同时考虑以下因素:

（1）业务背景:根据行业、地理位置、监管环境、运营结构或其他因素选择或定制风险应对措施。

（2）成本和收益:预期成本和收益通常与风险的严重性和优先顺序相称。成本包括直接成本、间接成本，对于某些实体，还包括与资源使用相关的机会成本。衡量收益可能更主观，因为它们通常很难量化。然而，在许多情况下，风险应对的益处可以在实现战略和业务目标的背景下进行评估。在某些情况下，鉴于战略或业务目标的重要性，从成本和收益的角度来看，可能没有最佳的风险应对措施。在这种情况下，组织既可以选择应对风险的措施，也可以选择重新审视实体的战略和业务目标。

（3）责任和期望：风险应对涉及公认的行业标准、利益相关者的期望，并与实体的使命和愿景保持一致。

（4）风险的优先顺序：按照风险的优先顺序分配资源。

（5）风险偏好：风险应对是把风险管理在实体的风险偏好范围内，否则就维持当前状态。管理层采取的风险应对措施也要把剩余风险管理在实体的风险偏好范围内。

（6）风险严重性：风险应对应当反映风险的大小、影响范围和性质及其对实体的影响。

通常，多个风险应对措施中的任何一个都会使剩余风险符合容忍度，有时风险的组合响应会提供最佳结果。相反，有时一个应对措施会影响多个风险，在这种情况下，管理层可能会决定不需要采取额外的措施来应对特定的风险。

3. 管理层必须认识到风险是可以管理的，但不是可以消除的

一旦管理层选择了风险应对措施，控制活动就必须确保这些风险应对措施按预期执行。一些剩余风险总是存在的，这不仅是因为资源有限，而且是因为未来的不确定性和所有措施固有的局限性。

4. 其他注意事项

选择一种风险应对措施可能会引发以前未识别的新风险，或可能产生意外后果。例如，果农购买保险降低了洪水破坏农作物的风险；但是，农民现在可能面临现金流不足的风险。

（五）原则 14：全面把握风险组合

1. 了解风险组合观

企业风险管理允许组织从实体范围或组合的角度来考虑风险状况的潜在影响。管理层首先考虑与每个分部、运营单位或职能部门相关的风险。每个部门的经理都会对本部门的风险进行综合评估，以反映该部门相对于其业务目标和风险容忍度的剩余风险状况。

一个风险在一个单元中可能是不可接受的，但在另一个单元来看是可以接受的。如果风险组合之后的结果显示，风险值明显低于实体的风险偏好，管理层可能会激励某个经营单位经理接受更大的风险，努力提高实体的价值。

2. 开发风险组合观

在开发风险观时，按整合程度分为四个层次：

① 最小组合风险观：在以风险为中心的视角下，实体识别和评估不露痕迹的风险。主要关注的是潜在风险事件，而不是目标。例如，影响实体遵守当地法规的违约风险。

② 有限集成风险类别观：使用"风险清单"中捕获的信息，风险类别通常反映实体的经营结构。例如，合规部门将负责帮助组织管理与合规相关的风险。

③ 部分集成风险概况观：采用更综合的观点，组织将重点放在业务目标和与这些目

8

标达成相关的风险上。例如,所有目标可能受到合规相关的风险的影响。此外,识别并考虑业务目标之间可能存在的依赖关系。

④ 全面集成组合风险观:在这一级别,重点转移到实体的战略和业务目标上。更大的整合支持在实体恰当的层级上识别、评估、应对和审查风险。董事会和管理层更加关注战略的实现。

3. 分析风险组合

为了评估风险的组合情况,组织需要同时使用定性和定量技术。定量技术包括回归建模和其他统计分析方法,以了解风险组合对变化和冲击的敏感性。定性技术包括情景分析和基准测试。

(1) 通过强调风险组合,管理层可以审查:

① 风险严重性评估的假设是否恰当。

② 单个风险在压力条件下的表现。

③ 组合中风险的相互依赖性。

④ 现有风险应对措施的有效性。

(2) 进行压力测试、情景分析或其他分析有助于组织避免或更好地应对重大意外和损失。

九、评价与整改

(一) 原则 15:评估重大变化

1. 将评价整合到业务实践中

组织通常会在战略、业务目标和绩效的设定中预见到许多变化。实质性变化可能导致新的风险或者使现有的风险发生变化,并影响支撑战略的关键假设。

实质性的变化,例如,收购一个实体或采用一个新的系统,可能会改变实体对风险的组合观点,或影响企业风险管理的运作方式。在收购的情况下,整合被收购公司的运营可能会影响现有的文化和风险。采用新系统可能会带来与信息安全相关的新风险,这种情况可能会影响数据的获取和管理方式。

2. 评估内部环境

(1) 快速增长:当业务快速扩张时,现有组织架构、业务活动、信息系统或资源可能会受到影响。由于交易量的增加,信息系统可能无法有效地满足对风险信息的要求。风险监督的角色和责任需要根据收购引起的架构变化和地域变化重新定义。资源可能会紧张到现有风险应对措施和行动失效的程度。

(2) 创新:无论何时引入创新,风险应对措施和管理措施都可能需要修改。例如,通过移动设备开展销售活动,可能需要针对该技术的访问控制。

(3) 领导层和人员的重大变化:管理层的变化可能会影响企业风险管理。新进入管理层的人可能不了解实体的文化,可能有不同的理念,或者可能只关注业绩而忽视风险偏好或容忍度。

3. 评估外部环境

不断变化的监管或经济环境:法规或经济状况的变化可能导致竞争压力的增加、运营要求的变化以及不同的风险。

在风险事件发生后进行"事后剖析"是很有用的,以审查组织的反应是否恰当,并考虑哪些经验教训可以应用于未来的事件。

（二）原则 16：评价风险和绩效

1. 将评审整合到业务实践中

企业风险管理的重点工作是管理风险,要么将风险的类型和数量降低到可接受的水平,要么在新的机会出现时适当地抓住机会。随着时间的推移,一个实体可能无法像预期的那样有效地开展其实践活动,这可能与不正确的假设、开展的实践活动、实体能力或文化因素有关。通过评估绩效指标,组织寻求以下问题的答案：

（1）实体是否按预期的那样运行并实现了目标？组织识别出了已经发生的差异,并考虑可能导致这些差异的因素。如果增长低于计划,组织可能需要重新审视战略。

（2）发生了哪些可能影响绩效的风险？通过绩效评估,可以确认风险是否已被识别,或是否出现了新的风险;实际风险水平是否在风险容忍度的界限内。

（3）实体是否承担了足够的风险来实现其目标？当一个实体未能达到其目标时,可能是因为承担的风险不足。尽管分配了资源,但实体承担的风险仍然不足。

（4）风险量的估计是否准确？对业务环境的理解、风险评估的假设是否正确？

2. 如果组织确定绩效指标值不在其可接受的变化范围内,或目标绩效指标值带来的风险状况与预期的风险状况不同,则需要：

（1）审查业务目标：如果实体的绩效指标没有在可接受的变化范围内实现,组织可以选择更改或放弃业务目标。

（2）审查战略：如果实体因为追求业绩指标而带来的风险状况与预期的风险状况存在重大偏差,组织可以选择修改其战略。在这种情况下,它可以重新考虑以前评估过的替代战略,或者确定新的战略。

（3）审查文化：审查本组织的文化,并确定组织的运作是否符合风险意识。组织是否愿意承担足够的风险以获得成功,还是因为承担太多风险并导致不良后果？

（4）修改目标绩效值：组织可以选择修改目标绩效值,反映出绩效结果与风险严重性是恰当匹配的。

（5）重新评估风险结果的严重性：组织可能会对相关风险重新进行风险评估,结果可能会因为以下因素而改变：业务环境的变化、新数据或信息的可用性、变更初始评估的假设。

（6）审查风险的优先顺序：组织可以决定提高或降低已识别风险的优先顺序,以支持资源的重新分配。

（7）修订风险应对措施：组织可以考虑改变或增加应对措施,使风险符合目标绩效和风险状况。

（8）修改风险偏好：采取纠正措施,以保持或恢复实体的风险状况与风险偏好的一致性,但也可以扩展到修订风险偏好,如果要修改,需要董事会或风险监督机构的审查和批准。

3. 考虑实体的能力

绩效评估的一部分是考虑组织的能力及其对绩效的影响。如果没有达到绩效目标,是因为能力不足吗？纠正措施包括重新分配资源、修改业务目标或探索替代战略。

8

（三）原则 17：追求企业风险管理的改进

1. 追求改进

那些有恰当的企业风险管理的实体也能变得更有效率。通过将持续的评估嵌入到业务实践中，组织可以系统地改进企业风险管理实践；单独的评估也有助于改进。

2. 管理层在整个实体(职能部门、经营单位、部门)中追求持续改进，以提高各级企业风险管理部门的效率和效用。在以下任何一个领域，都有机会重新审视并提高效率和有用性：

（1）新技术：新技术可能提供提高效率的机会。

（2）历史缺陷：审查业绩可以查明历史缺陷或过去失败的原因，这些信息可用于改进企业风险管理。

（3）组织变革：通过追求持续改进，可以确定组织变革的需求。

（4）风险偏好：评估绩效可以清楚哪些因素影响了实体的风险偏好。这也为管理层提供了一个改善其风险偏好的机会。

（5）风险种类：追求持续改进的组织可以随着业务的变化而改进风险识别，从而导致实体修改其风险种类。例如，一个实体的风险类别不包括网络风险，但现在该实体已决定提供几种在线产品和服务，因此该实体正在修改风险类别，将网络风险包括在内，以便能够准确地制定其战略。

（6）沟通：审查绩效可以识别过时的或功能不好的沟通流程。例如，在评估绩效时，组织发现电子邮件没有成功地传达其计划。作为回应，该组织决定通过博客和即时消息传达计划。

（7）同行比较：评价本行业的其他公司，可以帮助组织确定其是否在行业绩效边界之外运营。

（8）变化率：管理层考虑业务环境演变或变化的速率。

十、信息、沟通和报告

数据量和业务量都呈指数级增长，企业面临着海量数据以及这些数据的处理、组合、存储速度等方面的挑战。有了如此多的可用数据，组织可能会感到"信息过载"的压力。

组织将数据转换为有关利益相关者、产品、市场和竞争对手行动的信息。通过组织的沟通渠道，他们可以向目标受众提供及时、相关的信息，也可以识别可能影响实体战略和业务目标的风险。

（一）原则 18：利用信息和技术

组织利用实体的信息和技术系统来支持企业风险管理。

1. 利用相关信息

组织在应用企业风险管理实践时利用相关信息。"相关信息"是帮助组织在决策过程中更加敏捷反应的信息，给他们带来竞争优势。组织使用信息来预测可能妨碍实现战略和业务目标的情况。

组织要考虑哪些信息可供管理层使用，哪些信息系统和技术用于捕获这些信息，以及获取这些信息的成本。然后，管理层和其他人员可以确定信息如何支持企业风险管理实践。

为了有用,必须在需要时向决策者提供信息。同样重要的是,信息必须是高质量的。如果基础数据不准确或不完整,管理层可能无法做出正确的判断、估计或决策。为了维护高质量的信息,组织采用数据管理系统,并制定具有明确责任的信息管理政策。

2. 不断变化的信息

转换为信息的数据是结构化的或者非结构化的。结构化的数据通常是指高度组织且易于搜索的信息(例如,数据库文件、公共索引或电子表格)。相比之下,非结构化数据不遵循预定义的数据模式,也不进行组织(例如,电子邮件、照片、视频、文字处理文档)。几项研究估计,今天非结构化数据超过结构化数据80%以上。

随着人工智能、数据挖掘和机器学习等技术的采用,可以收集、转换和分析大量的非结构化数据,并将其转换为有助于组织做出更好的商业决策的信息。这些进步,再加上人的分析,使管理者有了更深刻的洞察力。

简言之,数据分析技术的进步可以帮助企业避免"信息过载",并充分利用现有的大量数据。拥有更多的与决策相关的信息也可以减少对个人经验和判断的依赖。

3. 数据源

转化为信息的数据变成了知识,例如,对发布在社交媒体上的评论的分析确定了实体品牌的潜在风险。数据可以从各种来源以各种形式进行收集。

4. 风险信息分类

组织可以使用常见的风险种类对其捕获的信息进行分类。可以按职能部门领域进行分类;也可能基于实体的大小、规模和复杂性进行分类。

使用一组通用的风险分类,有助于组织汇总风险信息,以确定整个实体的风险集中在一起是否有任何潜在的不良影响。

5. 管理数据

必须妥善管理数据,以提供正确的信息,支持具有风险意识的决策。这就要求捕获和保存数据的质量。有效的数据管理考虑三个关键要素:数据和信息治理、流程和控制以及数据管理结构。

(1)数据和信息治理有助于及时、可验证和安全地向最终用户提供标准化、高质量的数据。数据和信息治理有助于数据结构标准化、分配责任和维护质量。此外,它们还为数据所有者和风险信息所有者确定了各自的角色和责任。

(2)流程和控制有助于实体增强数据的可靠性,并允许根据需要进行更正。

(3)数据管理结构指的是技术的基础设计,以便数据可以可靠地读取、排序、索引、检索,并与内部和外部利益相关者共享,最终保护其长期价值。

6. 利用技术支持信息处理

技术常常与信息系统相联系。然而,技术不仅仅涉及数据的处理和报告;它还可以帮助组织开展活动。

但是,技术也会给实体带来新的风险,这对实现战略和业务目标至关重要。决定采用何种技术取决于许多因素,包括组织目标、市场需求、竞争需求以及相关的成本和收益。组织需要权衡获取和管理信息的好处与选择或开发支持技术的成本。

7. 不断变化的要求

管理层利用技术和重新布局技术来满足广泛的需求,包括因内部和外部变化而产生

8

的需求。当实体对其运营所处的业务环境中的变化作出响应，并调整其战略和业务目标时，它们还必须审查其技术。

（二）原则19：沟通风险信息

组织使用沟通渠道来支持企业风险管理。

1. 与利益相关者沟通

组织有各种渠道向内部和外部利益相关者传达风险数据和信息。这些渠道使组织能够提供用于决策的相关信息。

（1）内部利益相关者沟通。在内部，管理层在整个组织内清楚地传达实体的战略和业务目标，以便所有级别的人员都能理解他们各自的角色。具体而言，沟通渠道使管理层能够传达：

① 企业风险管理的重要性、相关性和价值。

② 定义实体的文化所具有的特征、期望的行为和核心价值观。

③ 实体的战略和业务目标。

④ 风险偏好和风险容忍度。

⑤ 管理层和员工对企业风险和绩效管理的总体期望。

⑥ 组织对与企业风险管理有关的任何重要事项的期望，包括薄弱事项、情况的恶化或不遵守的情况。

（2）外部利益相关者沟通。管理层还向股东和其他外部各方传达有关实体战略和业务目标的信息。企业风险管理是这些沟通中的一个关键主题，通过沟通，外部利益相关者不仅了解战略和绩效，而且还了解为实现战略而自觉采取的行动。例如，召开季度分析师会议讨论绩效。

一个拥有开放沟通渠道的实体也可以从外部利益相关者那里接收信息。例如，客户和供应商可以提供关于产品或服务的设计或质量的信息，使组织能够满足不断变化的客户需求或偏好。或者来自环境团体的关于实体可持续发展方面的询问，可以让一个组织对领先的可持续发展模式有深入的了解，或者发现对组织声誉的潜在风险。这些信息可以通过电子邮件沟通、公共论坛、博客、热线或其他渠道获得。

2. 与董事会沟通

董事会和管理层之间的有效沟通对于组织实现战略和业务目标以及在商业环境中抓住机遇至关重要。关于风险的沟通首先要明确界定风险责任：谁需要知道，他们什么时候需要采取行动。各组织应审查其治理结构，以确保董事会和管理层明确分配和界定责任，并确保该结构支持预期的风险沟通。董事会的职责是提供监督，并确保适当的措施到位，以便管理层能够识别、评估、确定风险的优先次序和应对风险。

为了有效沟通，董事会和管理层必须对风险及其与战略和业务目标的关系有共同的理解。此外，董事需要深入了解业务、价值驱动因素、成本动因、战略和相关风险。许多董事会成员利用现场访问作为沟通渠道，与管理层和员工接触，了解运营和管理。

董事会和管理层不断讨论风险偏好。作为其监督职责的一部分，董事会确保有关风险偏好的沟通保持开放的姿态。它可以通过召开正式的季度董事会会议，以及召开特别会议来解决具体事件。董事会和管理层可以将风险偏好声明作为试金石，使他们能够识别战略本身或战略之外的风险，监控实体的风险状况，并跟踪企业风险管理计划的有效性。

管理层提供任何有助于董事会履行其风险监督职责的信息。

董事会可以营造一种环境,使管理层能够放心地向董事会提供风险信息,即使他们还没有计划好的或者恰当的风险应对措施。在这些风险的严重性往往不明确的时候,管理层可能不太愿意与董事会讨论这些新出现的风险。董事会可以鼓励管理层提供更及时和更有见地的对话,而不是等待这些风险在实体内部演变。

3. 沟通方法

沟通方式千差万别,从举行面对面会议,到在企业内部网上发布消息,到在行业大会上宣布新产品,再到通过社交媒体和新闻专线向全球股东广播。

沟通方法可以采取以下形式:

(1) 电子信息(例如电子邮件、社交媒体、短信、即时消息)。

(2) 外部/第三方材料(如工业、贸易和专业期刊、媒体报告、同行公司网站、重要的内部和外部索引)。

(3) 非正式/口头沟通(例如,一对一的讨论、会议)。

(4) 公共活动(例如,路演、市政厅会议、行业/技术会议)。

(5) 培训和研讨会(例如,现场或在线培训、网播和其他视频形式、讲习班)。

(6) 书面内部文件(例如,简报、绩效评估报告、问卷调查、政策和程序、常见问题解答)。

除上述列表外,当正常渠道不足以传达需要高度注意的事项时,需要单独的沟通渠道。许多组织提供了一种匿名与董事会或董事会代表交流的方式,例如,举报热线,以便在行为标准出现异常或出现不适当行为时促进沟通。

(三) 原则 20:做好关于风险、文化和绩效的报告

1. 确定报告的用户及其角色

关于风险、文化和绩效的报告支持各个层级的人员了解风险、文化和绩效之间的关系,并改进战略和目标设定、治理和日常运营方面的决策。对报告的要求取决于用户的需要。报告用户可能包括:

(1) 对实体负有治理和监督责任的管理层和董事会。

(2) 负责管理已识别风险的风险承担者。

(3) 寻找了解实体的绩效和风险应对有效性的外部保证提供者(例如外部审计师)。

(4) 外部利益相关者,例如,监管机构、评级机构、社区团体等。

(5) 要报告风险以履行其职责的其他各方。

了解每个报告用户的治理和运营结构也很重要。每个报告用户都需要不同级别的风险和绩效的详细信息,以履行其在实体中的职责。

运营架构内的每个团队根据其风险管理职责编制报告,披露信息。

2. 报告的特征

(1) 定量和定性信息。报告结合了定量和定性的风险信息,根据实体的规模、类型和复杂性,报告可以从十分简单到非常复杂。风险信息支持管理层的决策。

(2) 历史和前瞻的信息。在报告中,历史信息可以传递有意义、有用的信息,但强调前瞻性信息更有益处。了解为实现实体的使命和愿景而采取的全部流程,以及实体运营

8

所处的业务环境,有助于管理层将历史信息与潜在的预警信息联系起来。

（3）内部和外部的信息。关键趋势、新出现的风险、绩效变化的早期预警分析需要内部和外部信息。

3.报告的类型

风险报告可能包括以下的部分或者全部内容:

（1）组合风险观的报告勾勒了影响实体实现战略和业务目标的那些风险的严重性,显示了实体面临的最大风险、特定的风险和机遇之间的相互依赖关系。管理层或董事会的风险报告关注上述内容。

（2）侧重于实体内部的不同级别的风险报告,例如,一个分部或运营单位的风险报告。

（3）对根本原因的分析,使用户能够理解支撑组合风险观和风险概况的假设和变化。

（4）敏感性分析,计量了战略的关键假设变化的敏感性,以及对战略和业务目标的潜在影响。

（5）对新出现的、不断变化的风险的分析,提供了前瞻性的观点、风险清单的变化、对资源需求和分配的影响,在上述情况下,实体的预期绩效变化等信息。

（6）关键绩效指标概括了实体的风险容忍度以及战略或业务目标的潜在风险。

（7）趋势分析说明了组合风险观、风险状况、实体的绩效三个方面的发展和变化。

（8）事故、违规和损失的披露有助于深入了解风险应对的有效性。

（9）跟踪企业风险管理的计划和举措,了解其效果如何。

风险报告由某一领域的专家的评论和分析加以补充。例如,合规、法律和技术专家经常就风险的严重性、风险响应的有效性、趋势分析变化的驱动因素、实体可能拥有的行业发展机会提供评论和分析。

4.向董事会报告风险

在董事会一级,可能既有正式报告,也有非正式的信息共享。

管理层向董事会报告的方式有很多种,但报告的重点必须是战略、业务目标、风险、绩效之间的联系。向董事会报告是最高级别的报告,采取组合风险观。向董事会报告应当促进讨论实体在实现其战略和业务目标过程中的绩效指标的完成情况,以及实现这些目标时,潜在风险的影响。

5.形成书面的文化报告

一个实体的文化是以行为和态度为基础的,衡量它通常是一项非常复杂的任务。文化报告可以体现在:

（1）文化趋势分析。

（2）以其他实体或标准为基准。

（3）薪酬方案和对决策的潜在影响。

（4）"经验教训"分析。

（5）评价行为趋势。

（6）风险态度和风险意识调查。

6.关键指标

关键指标用于预测风险。它们通常是定量的,但也可以是定性的。关键指标报告发放给管理风险的实体的不同层级。关键指标应当与关键绩效指标一起报告,以证明风险与绩效之间的相互关系。关键指标用来支持实体采用积极主动的绩效管理方法。

例如,把产量作为关键指标。在一家制造公司中,可以通过风险视角来观察产量。超过目标的生产量可能对产品质量构成潜在风险。在上述案例中,关键绩效指标是实际的产量,风险包括产品质量风险、供应商延误、劳动力短缺、设备停工。

再例如,企业的人力资源部门的目标是每年低于3%的员工离职率,关键指标是三年内退休的员工的百分比,关键绩效指标是每年实际的员工离职率。关键绩效指标是以历史数据为基础的,其上升并不一定意味着风险,主要是看,是否在历史数据的变动范围之内。

7. 报告频率和质量

管理层与那些将要使用报告的人密切合作,以确定需要哪些信息,他们需要报告的频率,以及他们对报告内容的偏好。管理层负责实施适当的控制措施,使报告准确、清晰和完整。

报告频率应与风险的严重性和优先级相称。报告应使管理层能够确定组织承担的风险的类型和数量、风险的持续性、现有风险应对措施的适宜性。例如,酒店业或航空业的股票价格或竞争对手定价的变化,可以每天报告,与风险的潜在变化相称。相比之下,组织的长期战略的进展所产生的风险的报告可能是每月或每季度报告一次。

第二节　内部控制——整合框架

2013年,COSO委员会发布了新版《内部控制——整合框架》,主要内容包括:三个目标、五个要素和17项原则。其中的三个目标(运营目标、报告目标、合规目标)、五个要素与1992年的版本基本相同,差异是内容上略有扩充,例如,运营目标是指组织运营的效率和效果,包括运营目标、财务业绩目标、保护资产安全目标等[1]。17项原则和这些原则包括的87个关注点如下。

一、控制环境

控制环境包括5项原则:组织对诚信和道德价值观做出承诺;董事会独立于管理层,并对内部控制的建立和实施效果进行监督;管理层在董事会的监督下,围绕企业目标,建立健全组织架构、报告路径以及合理的授权和责任机制;组织对吸引、开发和保留认同组织目标的人才做出承诺;组织本着实现其目标的宗旨,让员工各自担负起内部控制的相关责任。控制环境的5项原则共包括了20个关注点。

(一)原则1:组织应展现对诚信和道德价值的承诺

关注点:

(1)应确定"高层基调"。董事会和各级管理层通过指示、行动展现诚信和道德观对

---

[1] Treadway委员会发起组织委员会.内部控制——整合框架(2013)[M].财政部会计司,译.北京:中国财政经济出版社,2014:17.

内部控制体系持续运行的重要性。

（2）应建立行为准则。董事会和高级管理层建立行为准则，在行为准则中明确对诚信和道德观的期望，使组织各层级、外包服务商、业务合作伙伴了解组织的行为准则。

（3）应评价对行为准则的遵守情况。落实相关流程，评价个人或团队遵守行为准则的情况。

（4）应及时处理行为偏差。对偏离主体期望的行为进行及时地、持续地识别和整改。

（二）原则2：董事会应展现出其独立于管理层，并对内部控制的开展与成效实施监督

关注点：

（1）应建立监督责任。董事会应当确认并接受其对内部控制负有监督职责。

（2）应运用专业知识。董事会确定并定期评估董事会成员应当拥有的知识和专业技能，以保证董事会有效履行职责。

（3）应保持独立运作。董事会必须拥有足够数量的、独立于管理层的，能够客观地进行评估和决策的成员。

（4）应履行对内部控制体系的监督职责。董事会对管理层设计、实施、执行的内部控制负有监督责任。

（三）原则3：管理层为实现目标，应在董事会的监督下确立组织架构、汇报路线、合理的权力与责任

关注点：

（1）应考虑主体的所有架构。董事会和管理层应当考虑采用支持组织目标实现的架构。该架构不一定是复杂架构，架构的设计依据是否有助于达成组织目标。

（2）应制定汇报路线。管理层设计并评价组织汇报路线，促进信息与沟通，促进权力和责任的行使，从而管理组织的业务活动。

（3）应定义、分配及限制权力与责任。董事会和管理层应当授予权力、界定责任、使用恰当的流程和技术，在组织的不同层级分配责任并进行职责分离。

（四）原则4：组织应展现出其对吸引、培养和留用符合组织目标要求的人才的承诺

关注点：

（1）应建立政策及实践。组织的政策和实践活动应当反映出为了实现组织目标所需要的胜任能力的要求。

（2）应评估胜任能力并改善不足。董事会和管理层应当根据已经建立的政策和实践活动，评估整个组织和外包服务商的胜任能力，并对不足进行改善。

（3）应吸引、培养和留用人才。组织应当提供必要的指导、培训，吸引、培养和留用足够数量的人才、外包服务商，以实现组织的目标。

（4）应规划与准备后续人才。董事会和管理层应当制定人才应急计划。

（五）原则5：组织为实现目标，应要求员工承担内部控制的相关责任

关注点：

（1）应通过组织架构、权力与责任来强化问责机制。董事会和管理层应当建立机制，沟通与要求员工承担内部控制的相关责任，并落实必要的整改措施。

（2）应建立绩效衡量、激励和奖励机制。董事会和管理层应当针对组织各个层级的责任，建立绩效衡量指标、激励和奖励机制。

（3）应评估绩效衡量、激励和奖励机制的持续相关性。董事会和管理层应当评估绩效衡量、激励和奖励机制与实现内部控制目标的责任是否紧密地联系起来。

（4）应考虑过度的压力。董事会和管理层在绩效衡量和考评业绩时，应当考虑被考评人是否压力过大。

（5）应评价业绩并赏功罚过。董事会和管理层应当对内部控制责任的履行情况进行考评，依据绩效考评结果给予恰当的奖励和惩罚。

二、风险评估

风险评估包括 4 项原则：组织设定清晰的目标，以识别和评估与目标相关的风险；组织对影响其目标实现的风险进行全面的识别和分析，并以此为基础来决定应如何管理风险；组织在对影响其目标实现的风险进行评估时，考虑潜在的舞弊行为；组织识别和评估可能对内部控制体系造成较大影响的变革。风险评估的 4 项原则共包括了 27 个关注点。

（一）原则 6：组织应设定清晰明确的目标，以识别和评估与目标相关的风险

关注点：

1. 运营目标

（1）应反映管理层的选择。运营目标反映管理层对行业、业绩方面的考虑。

（2）应考虑风险容忍度。管理层应当考虑实现运营目标时，可以接受的偏离范围。

（3）应涵盖运营和财务绩效目标。组织的运营目标应当反映组织期望达到的运营和财务绩效水平。

（4）应形成资源配置的基础。组织应当以运营目标作为分配资源的基础。

2. 外部财务报告目标

（1）应符合适用的会计准则。

（2）应考虑重要性水平。管理层应当考虑财务报表列报的重要性水平。

（3）应反映主体经营活动。外部财务报告应当反映基础的交易和事项。

3. 外部非财务报告目标

（1）应符合既定的外部标准和框架。外部非财务报告应当符合外部的法律、法规、规章制度等。

（2）应考虑所需要的精确度水平。外部非财务报告应当满足信息使用者对精确度的要求。

（3）应反映主体的活动。外部非财务报告应当反映基础的交易和事项。

4. 内部报告目标

（1）应反映管理层的选择。内部报告应当为管理层提供决策所需的信息以及管理主体所需要的信息。

（2）应考虑精确度要求。内部报告应当满足信息使用者对精确度的要求。

（3）应反映主体活动。内部报告应当反映主体的各种基础的交易和事项。

5. 合规目标

（1）应反映外部法律法规及规章。合规目标中融入法律、法规、规章制度。

（2）应考虑风险容忍度。管理层考虑合规目标可以接受的偏离程度。

8

（二）原则7：组织应对影响其目标实现的风险进行全范围的识别和分析，并以此为基础来决定应如何管理风险

关注点：

（1）应涵盖主体、下属单位、分部、业务单元和职能部门层面。组织在主体、下属单位、分部、业务单元和职能部门层面识别和评估影响目标实现的风险。

（2）应分析内部和外部因素。风险识别应当考虑内部和外部因素及其对目标实现的影响。

（3）应让适当层级的管理层参与。适当层级的管理层参与到风险评估工作中来。

（4）应评估所识别风险的重大性。通过流程对所识别的风险进行分析，包括对风险的重要性水平的估计。

（5）应决定如何应对风险。风险评估的时候，应当考虑应对风险的方式，例如，接受、降低、规避、分担。

（三）原则8：组织应在评估影响其目标实现的风险时，考虑潜在的舞弊行为

关注点：

（1）应考虑不同类别的舞弊。组织在评估舞弊的时候，需要考虑虚假报告、资产损失的可能性、不当行为所导致的舞弊行为。

（2）应评估动机和压力。组织在评估舞弊的时候，要考虑各种动机和压力。

（3）应评估机会。组织应当考虑舞弊的机会，例如，未经过授权的取得、使用、出售资产的行为；改变报告的内容；其他不当行为等。

（4）应评估态度和合理化。组织在评估舞弊的时候，要考虑管理层和员工是如何参与不当行为并为此进行辩解的。

（四）原则9：组织应识别并评估对其内部控制体系可能造成重大影响的改变

关注点：

（1）应评估外部环境变化。风险识别过程中，应当考虑监管环境、物理环境、经济环境的变化。

（2）应评估商业模式变化。风险识别过程中，应当考虑新业务的潜在影响、现有业务面临的剧烈变化、已经收购的或者剥离的业务对内部控制的影响、对外国的依赖、对某些技术的依赖等。

（3）应评估领导层变化。风险识别过程中，应当考虑管理层变动以及管理层变动带来的内部控制理念和态度的变化。

三、控制活动

控制活动包括3项原则：组织选择并设计控制活动，将风险对其目标实现的影响降到可接受水平；针对信息技术，组织选择并设计一般控制活动以支持其目标的实现；组织通过预期的政策和确保这些政策得以贯彻执行的程序来开展控制活动。控制活动的3项原则共包括了16个关注点。

（一）原则10：组织应该选择并执行那些可以将影响其目标实现的风险降至可接受水平的控制活动

关注点：

（1）应与风险评估相结合。控制活动应当有助于处理风险和降低风险的应对措施的落实。

（2）应考虑主体特有的因素。在选择和执行控制活动时，管理层要考虑主体的环境、经营的性质和范围、组织的特点等因素。

（3）应确定相关业务流程。管理层确定哪些业务流程，需要采取控制活动。

（4）应评估控制活动类别的组合。控制活动包括很多类别，管理层考虑采取控制活动组合来降低风险，例如，自动化控制与人工控制相结合、预防性控制与发现性控制相结合。

（5）应考虑控制活动的适用层级。不同层级适用的控制活动不同。

（6）应强调职责分离。管理层考虑不相容职务分离，如果职责分离难以实现，考虑替代措施。

（二）原则 11：针对信息技术，组织应选择并执行一般控制活动以支持其目标的实现

关注点：

（1）应决定在业务流程中应用的信息技术和信息技术一般控制之间的依存度。管理层应当考虑自动化控制活动、业务流程中应用的信息技术之间的联系和区别。

（2）应建立与信息技术基础设施相关的控制活动。管理层应当对信息技术基础设施采取控制活动。例如，计算机、网络、电力等的安全。

（3）应建立与安全管理流程相关的控制活动。例如，设置访问权限、只对相关人员授权等。

（4）应建立与信息技术引进、开发、维护流程相关的控制活动。例如，建立需求文档、采取授权批准、关键控制点检查等控制活动。

（三）原则 12：组织应通过政策和程序来实施控制活动。政策是建立预期，程序是将政策付诸行动

关注点：

（1）管理层应制定政策和程序以支持管理层指令的实施。政策是建立预期，程序是将政策付诸实施。

（2）应确立政策和程序执行的职责和问责制。管理人员或其他人员应当明确自己在控制活动中的职责，高级管理层根据职责履行情况对上述相关人员进行问责。

（3）应及时执行。责任人应当按照政策和程序的要求及时履行控制活动。

（4）应实施整改措施。责任人在执行控制活动过程中，对发现的事项进行调查并采取恰当的行动。

（5）应选用足以胜任的人员。只有具有胜任能力的人员才能在控制活动执行过程中，保持尽责和持续关注。

（6）应重新评估政策和程序。管理层应当定期检查控制活动，确保控制活动持续相关，在必要的时候，更新控制活动的政策和程序。

四、信息与沟通

信息与沟通包括 3 项原则：组织获取或生成信息，并使用相关的、高质量的信息来支持内部控制发挥作用；组织在其内部沟通传递包括内部控制的目标和职责在内的必要信息以支持内部控制发挥作用；组织与外部相关方就影响内部控制发挥作用的事项进行沟

8

通。信息与沟通的 3 项原则共包括 14 个关注点。

（一）原则 13：组织应获取或生成和使用高质量的、相关的信息来支持内部控制的持续运行

关注点：

（1）应识别信息需求。组织应当建立流程识别所需要的信息，这些信息可以支持其他内部控制要素的持续运行，从而实现组织的目标。

（2）应收集内外部数据。组织的信息系统应当从组织的内部和外部持续地收集信息。

（3）应将相关数据转化为信息。信息系统处理相关的数据，并将其转化为组织需要的相关的信息。

（4）应在处理过程中确保信息质量。信息系统提供的信息应当及时、准确、完整、可验证、可保存；而且，信息要经过复核。

（5）应考虑成本效益原则。组织要考虑获取信息的成本，所获取的信息的数量、性质、精确度应当与组织目标相匹配。

（二）原则 14：组织应在内部对内部控制目标和责任等必要信息进行沟通，从而支持内部控制持续运行

关注点：

（1）应当沟通内部控制信息。应当建立信息沟通机制，使所有人员理解并履行各自的内部控制职责。

（2）应当与董事会沟通。管理层与董事会应当进行沟通，使双方都能获得履行职责所需要的信息。

（3）应当提供独立的沟通途径。在内部沟通时，当常规的沟通渠道失去效力时，应当提供匿名的、保密的沟通途径。例如，举报热线。

（4）应当选择相关的沟通方式。确定内部沟通方式的时候，应当考虑沟通时机、受众、信息的性质。

（三）原则 15：组织应就影响内部控制发挥作用的事项，与外部进行沟通

关注点：

（1）应当与外部沟通。应当建立与外部利益相关方沟通信息的流程。外部利益相关方包括外部股东、监管者、客户、消费者、供应商、分析师等。

（2）应当从外部渠道输入沟通。允许监管者、客户、消费者、供应商、分析师等外部利益相关方向董事会、管理层提供信息。

（3）应当与董事会沟通。管理层应当与董事会就外部渠道获得的信息进行沟通。

（4）应当提供独立的沟通途径。与外部沟通时，当常规的沟通渠道失去效力时，应当提供匿名的、保密的沟通途径。例如，举报热线。

（5）应当选择相关的沟通方式。在确定外部沟通方式的时候，应当考虑沟通时机、受众、信息的性质、法规要求、受托人的期望等。

五、监控

监控包括 2 项原则：组织选择、设计并实施持续的或专门的评估以确认内部控制各个要素是否存在并且正常运行;组织及时地评价内部控制的缺陷,并视情况与那些负责采取纠正措施的相关方(包括:高级管理层、董事会)进行沟通。监控的 2 项原则包括了 10 个关注点。

(一)原则 16:组织应选择、开展并实施持续和(或)单独评估,以确认内部控制的各要素存在并持续运行

关注点:

(1)应考虑持续评估和单独评估的组合。这一要求与我国的内部控制监督中提出的日常监督、专项监督相结合的要求是一致的。

(2)应考虑变化率。当管理层选择并开展持续评估和单独评估的时候,应当考虑业务或者业务流程的变化率。

(3)应建立对基础的理解。内部控制体系的设计和运行现状,可以作为开展持续评估和单独评估的基础。

(4)应选用具备专业知识的人员。应选用具备专业知识的人员开展持续评估和单独评估。

(5)应与业务流程整合。持续评估应当嵌入到业务流程之中,并持续调整以适应情况变化。

(6)应调整范围和频率。管理层应当依据风险评估的结果,来调整单独评估的范围和频率。

(7)应客观地评估。应当定期开展单独评估,以提供客观的反馈。

(二)原则 17:组织应评价内部控制缺陷,并及时与整改责任方沟通,必要时还应与高级管理层和董事会沟通

关注点:

(1)应评价结果。管理层和董事会应当对持续评估和单独评估的结果进行评价。

(2)应沟通缺陷。应当与相关的责任方沟通整改缺陷,必要时与高级管理层和董事会沟通。

(3)应监督整改措施。管理层应当持续跟踪缺陷及其整改情况。

课后练习题

一、单项选择题

1. 下列哪项是组织的核心目标,确定了组织想要达到什么目标和组织为什么存在的是( )。

A. 愿景　　　　　B. 使命　　　　　C. 价值观　　　　　D. 管理思想

2. 下列哪项是组织对于什么是好的、坏的、可接受的、不可接受的态度( )。

A. 愿景　　　　　B. 使命　　　　　C. 核心价值观　　　　D. 管理思想

3. 下列哪项不是财务计量指标( )。

A. 投资回报率　　　　　　　　　　B. 收入

C. 盈利能力　　　　　　　　　　　D. 管理层周转率

4. 下列属于运营计量指标的是( )。

A. 企业资产负债表 B. 运营小时数

C. 企业现金流量表 D. 行业协会的报告

5. 风险应对措施不包括( )。

A. 避免风险 B. 接受风险 C. 拥抱风险 D. 追求风险

二、多项选择题

1. 内部利益相关者包括( )。

A. 员工 B. 管理层 C. 董事会 D. 客户

E. 供应商

2. 整合企业风险管理的好处包括( )。

A. 增加机会的范围

B. 改进资源配置

C. 减少业绩可变性

D. 识别和管理实体范围内的风险

E. 在减少负面意外的同时增加积极成果和优势

3. 影响风险整合的因素包括( )。

A. 实体的文化

B. 实体的规模

C. 实体的复杂性

D. 实体接受风险意识文化的时间

E. 资产负债表的内容

4. 企业风险管理的五个要素包括( )。

A. 治理和文化 B. 战略和目标设定

C. 绩效 D. 评价与整改

E. 信息、沟通和报告

5. COSO 在 2013 年发布的《内部控制——整合框架》中,控制活动包括的 3 项原则( )。

A. 组织选择并设计控制活动,将风险对其目标实现的影响降到可接受水平

B. 针对信息技术,组织选择并设计一般控制活动以支持其目标的实现

C. 组织通过预期的政策和确保这些政策得以贯彻执行的程序来开展控制活动

D. 注重组织架构

E. 考虑企业社会责任

三、判断题

1. 非营利性的实体,因为不追求利润最大化,所以,这类实体不是为利益相关者提供价值的( )。

2. 风险偏好(risk appetite)是一成不变的( )。

3. 企业风险管理是实现战略和业务目标不可或缺的组成部分( )。

4. 组织在制定战略和业务目标时不需要考虑组织的使命、愿景和核心价值观( )。

5. 当企业订单激增时,对企业是千载难逢的好机会,应当全部接单( )。

四、简答题

1.《企业风险管理——与战略和绩效的整合》的20项原则是什么？

2. 沟通的方式包括哪些？

3. 2013年，COSO委员会发布了新版《内部控制——整合框架》的17项原则是什么？

4.《企业风险管理——与战略和绩效的整合》原则16：评价风险和绩效的基本内容是什么？

5.《企业风险管理——与战略和绩效的整合》原则20：关于风险、文化和绩效的报告的基本内容是什么？

五、案例分析题

"原油宝"投资的不是石油，而是原油期货。原油期货的投资门槛较高，普通投资者很难参与。而"原油宝"产品的特点是交易起点低，其交易起点为1桶，交易最小递增单位为0.1桶。投资者可以选择做多、做空原油。认为原油将上涨的，可以选择做多，不看好未来原油价格的，选择做空。此次发生巨额亏损的，就是多头投资者。

2020年4月3日，芝加哥商品交易所通知，允许"负油价"申报和成交，从4月5日开始生效。4月15日，芝加哥商品交易所清算所发布测试公告称，如果出现零或者负价格，所有交易和清算系统将继续正常运行，所有常规交易和头寸处理都可以在清算中执行。4月21日凌晨，芝加哥商品交易所原油期货出现上市以来第一次负值：-37.63美元/桶。原油期货价格还没有变成负数之前，中国银行没有给原油宝的客户斩仓或者转仓到下一个月份；另外几家主要商业银行也有类似原油宝的产品，他们要么选择给客户斩仓要么选择转仓，因此，除了中国银行，其他银行并没有发生要求投资者在输掉投资的本金后还要倒贴的情况。

为了对原油宝产品进行推介，中国银行宣称不具备金融专业知识的投资"小白"也可以进行操作，以此增加产品的吸引力，存在过度宣传和误导金融消费者的嫌疑。很多购买中行原油宝产品的散户，在不了解交易规则、不清楚产品性质、不明晰产品风险等级的情况下，仅凭产品营销人员的片面说辞以及个人的浅显认知就贸然进入高风险市场，最终酿成了惨重的后果，导致众多多头客户不仅本金全部亏完，还"倒欠"银行巨款。按照期货交易所的交易规则，要进行实物交割，一般需要具备相应的资质。然而，散户均不具备这样的条件。因此，不管价格高低，期货交易所都会直接平仓。

中国银行主动承担"穿仓"部分的损失，制定出1 000万以下的小户有机会拿到20%的保证金；1 000万以上的大户，则需要承担全部保证金损失的差异化处理方案。

资料来源：林江、姜松、刘发跃、李虹含、王光俊.原油宝"倒贴"风波后，如何强化风险管控？[J]财政监督，2020，(11)，28-38.

要求：从中国银行和投资者两个方面来分析原油宝"倒贴"事件的风险成因。

8

主要参考文献

[1] Treadway 委员会发起组织委员会.内部控制——整合框架(2013)[M].财政部会计司,译.北京：中国财政经济出版社,2014.

[2] COSO, Enterprise Risk Management—Integrating with Strategy and Performance [R].2017.

[3] 陈汉文,池国华.CEO 内部控制：基业长青的奠基石[M].北京：北京大学出版社,2015.

[4] 池国华,庞艳红.内部控制学[M].北京：高等教育出版社,2020.

[5] 方红星,池国华.内部控制[M].4 版.大连：东北财经大学出版社,2020.

[6] 李晓慧,何玉润.内部控制与风险管理：理论、实务与案例[M].2 版.北京：中国人民大学出版社,2016.

[7] 刘胜强.企业内部控制[M].3 版.北京：清华大学出版社,2014.

[8] 潘琰.内部控制[M].2 版.北京：高等教育出版社,2018.

[9] 企业内部控制编审委员会.企业内部控制基本规范及配套指引[M].上海：立信会计出版社,2017.

[10] 企业内部控制编审委员会.企业内部控制基本规范及配套指引案例讲解[M].上海：立信会计出版社,2019.

[11] 中国内部审计协会.内部审计系列准则[EB/OL].[2022 - 11 - 30].http://www.ciia.com.cn/cnlots.html?id=40.

[12] 全国人民代表大会.中华人民共和国公司法[EB/OL].(2018 - 10 - 27).http://www.gov.cn/xinwen/2018-10/27/content_5334901.htm.

[13] 王清刚,吕敏康,吴志秀.内部控制与风险管理：理论、实践与案例[M].北京：高等教育出版社,2021.

[14] 许国才,徐健.企业内部控制流程手册[M].北京：人民邮电出版社,2017.

[15] 杨有红.企业内部控制[M].北京：北京大学出版社,2019.

[16] 杨有红.企业内部控制系统——构建、运行、评价[M].北京：北京大学出版社,2013.

［17］中国证券监督管理委员会.上市公司治理准则［EB/OL］.(2018-09-30).
http://www.csrc.gov.cn/pub/zjhpublic/zjh/201809/t20180930_344906.htm.

［18］中国注册会计师协会.公司战略与风险管理——2020年度注册会计师全国统一考试辅导教材［M］.北京:中国财政经济出版社,2020.

［19］中华人民共和国财政部.企业内部控制规范2010［M］.北京:中国财政经济出版社,2010.

［20］中华人民共和国财政部.关于印发《小企业内部控制规范(试行)》的通知［EB/OL］.(2017-07-17).http://www.gov.cn/xinwen/2017-07/07/content_5208800.htm.

［21］中华人民共和国财政部会计司.行政事业单位内部控制规范讲座［M］.北京:经济科学出版社,2013.

［22］中华人民共和国财政部会计司.企业内部控制规范讲解2010［M］.北京:经济科学出版社,2010.

［23］中华人民共和国审计署.审计署关于内部审计工作的规定［EB/OL］.(2018-01-12).http://www.gov.cn/gongbao/content/2018/content_5288830.htm.